F·奥瑟若德　主编

尼耳斯·玻尔集

第十卷

物理学以外的互补性

1928-1962

D·否尔霍耳特 编　　戈 革 译

华东师范大学出版社

上海市版权局著作权合同登记　图字：09－2010－703号

尼耳斯·玻尔在他的书房中,1942 年

译 者 说 明

1. 本书作者可以说是科学史上一位"大名垂宇宙"的人物；他的生平，见本书第一卷所载其得意门生雷昂·罗森菲耳德撰写的《传略》；他的科学-哲学思想，应该由科学史界和科学哲学界作出认真的研究和公平的评价，在此不以个人浅见妄加评论.

2. 本书所收的文章和书信，除英文者外，有的附有丹麦文原文或德文原文，中译本主要据英文本译出，其他文字的原文一律不排印，以节省篇幅.

3. 人名译法：有通用译法者尽量采用通用译法，但也有少数例外；索引中已有者，正文中不再附注原文；索引中没有者，在正文中初次出现时附注原文.

4. 中译本排列次序—依外文版原书.

5. 原书中的个别印刷错误或明显笔误，中译本中都作了改正，一般不再附注说明.

6. 本书中的边码均为外文版原书中的页码(不一定连贯).

7. 中译本的脚注格式参照外文版原书，少量中译者注另行标出.

主 编 序

自从 1927 年尼耳斯·玻尔表述了互补性观点时起,这一观点就构成了他的各式各样的思想和活动的基础.首先,正如《尼耳斯·玻尔集》第六卷和第七卷中的文献所证实的那样,这一观点起源于玻尔在物理学中的工作;在那一学科中,他继续精化了这个观点.然而,玻尔其次就用越来越大的精力试图向越来越广泛的听众解释并推行了互补性.在这种过程中,他把自己的观点应用到了物理学以外的一些领域,例如心理学、生物学和人类学中.本卷包括了玻尔在这种领域中主要发表的论述,它同时也是他对哲学问题的主要贡献.第三,互补性观点是在一种背景上提出的,那种背景可以大致地称为玻尔的政治活动;这是将成为本书第十一卷的中心注意点的一个论题.

不过必须强调,因为玻尔把互补性看成了一种概括着所有这些领域的普遍概念,这套著作集的卷次划分所暗示的关于他的互补性观点的各种应用之间的区分是随意的.因此,本卷的内容必须联系到玻尔的其他著作来加以考虑,特别是联系到编入第六、七和十一卷中的那些著作来加以考虑.事实上,正如本卷的前言是从讨论表示在第七卷的某些文章中的那些玻尔的哲学观点开始的那样,第十一卷的前言也将必须引用编入第十卷中的某些文章.

玻尔关于哲学问题的著作一直是分散的,而且他也从来没能出版他的某些亲密同事们所说的"大书"(The Book),即他的互补性观点及其应用的综合论述.玻尔撰写那样一本书的动机,部分地起源于他对专业哲学家们的怀疑;那些人对现代自然科学中那些迅速发展的不够敏感是他在私下谈话中常感痛心的.然而,与此同时,"大书"却也将证实,玻尔并不是没有顾及哲学传统就根据他的科学知识及科学活动而达到了他的哲学立场.正如这一特定卷的编者在他的全卷引言中所指明的那样,玻尔的哲学兴趣是从很年轻时就开始了的.事实上,当他在 20 年代后期表述了互补性观点时,他的友人之一就曾在这种观点中认出了玻尔在青年时期提出的一些想法.

没有那本"大书",我们就不得不满足于在玻尔所发表的关于哲学问题的各种论述中寻求一种综合.收集了玻尔带有哲学倾向的出版物的现在的这本文集,无疑是这种寻求所能应用的最好资料.考虑到玻尔的分散著作中的焦点的缺乏和重复,我们特别幸运的是有一位兼通科学史的哲学家来作我们的指导.虽然最终我们必须倚靠玻尔自己的原话,但是大卫·否尔霍耳特对这些叙述的阅读却为诠释和解说玻尔的多种多样的哲学观点提供了一种有帮助的和有新意的构架.

　　这是《尼耳斯·玻尔集》中我独自担负了主编职责的第一卷.然而,在我于1989 年接手这一任务之前,工作已经由于否尔霍耳特(在和前任主编艾里克·吕丁格尔的密切合作下)奠定了坚实的基础而得到了很好的准备.事实上,当时否尔霍耳特和吕丁格尔已经在即将载入本卷中的资料的选择方面取得了实质性的进展.在我还根本没有想到我会接替他职位的很久以前,吕丁格尔就在如何做《玻尔集》的工作方面教给了我许多东西,尽管那个阶段上我还没有正式介入这一工作.为了这种指教,也为了他在担负了完全不同的职责以后继续给予的协助和建议,我对他实在非常感谢.在被任命接替吕丁格尔当了尼耳斯·玻尔文献馆的馆长以后,我和否尔霍耳特越来越密切地一起做了本卷的工作.我将深切怀念最近这些年来和否尔霍耳特在一起时的愉快和亲密合作.

　　在各种其他任务之间完成这一工作,曾经是涉及许多困难任务的一个长久而曲折的过程,其中尤其显著的是翻译的过程.尽管模仿玻尔的独特文体将必然遭到失败,但是我们仍然作出了努力,避免了玻尔不会用到的那些词句.翻译了原为德文的信件的希耳黛·列维(Hilde Levi)也曾经作出了另外的贡献;她对她因某种原因而认为不合适的任何译文提出了严正的批评.在特别困难的事例中,来自约尔根·卡耳卡尔和奥格·玻尔的协助是不可估价的.在辨认六篇康普顿演讲中的玻尔字句方面,奥格·玻尔的协助也是不可缺少的;那些演讲曾专为本卷而进行了重录.我们的前任秘书海丽·波拿巴(Helle Bonaparte),在 1991 年离开文献馆之前翻译了一些玻尔的文章;她的卓越语文才能对本卷的早期准备起了重要作用.从那以后,从丹麦文到英文的翻译一直是在和菲利希蒂·泡尔斯密切合作下进行的;我确信,我们之间常常出现的导致有关英语之几乎一切方面的建设性讨论的那些分歧观点,曾经对最后的结果有一种积极的效果.

　　其他的任务关系到用作范本的那些发表物的寻索和选择,以及在编辑脚注中给出的那些背景资料的获得.在许多事例中,这是由吕丁格尔和否尔霍耳特完成的那种基础工作的一部分,但是仍然剩下了若干问题,其中一些问题涉及了向若干地方进行的若干探询.对这一过程作出了贡献的个人和单位为数甚多,以致我无法一一举出.下面的叙述应该够了:乌普萨拉大学的卡尔·格朗丁在取得瑞典的文献方面帮了大忙,而波洛尼亚大学的鸠连诺·潘卡耳迪教授则协助提供了一份特别难得的范本.

在工作中,我曾经和艾耳塞维(Elsevier)的尤斯特·基尔茨(Joost Kircz)及其下属人员进行了精彩的合作,其中我愿意特别感谢贝特西·莱特福特(Betsy Lightfoot),她在本卷的技术准备的一切方面的努力曾经是不可缺少的.

然而,我的最密切的合作却是和尼耳斯·玻尔文献馆的工作人员的合作.菲利希蒂·泡尔斯(Felicity Pors)曾经作为对等的工作者在一切阶段上并在所有层次上参加了工作,而安妮·丽丝·喇斯姆森(Anne Lis Rasmussen)则愉快地参加了各种计算机打印技术的学习,这种技术是书籍生产的这一新时代所必需的.我将永远感谢他们两人,也永远感谢希耳黛·列维,为了他们那种极其耐心和积极热情的独特结合.每年在尼耳斯·玻尔文献馆待半年的阿伯拉罕·派斯曾经提供了一专长的和精神的一般支持.

最后,我要为了他们温和而坚定地推动我完成了工作而向尼耳斯·玻尔文献馆的董事会敬致谢忱.

芬·奥瑟若德
1997 年 5 月于尼耳斯·玻尔文献馆

第 十 卷 前 言

《尼耳斯·玻尔集》的这一卷收载了玻尔的若干演讲词和文章,全卷分为四编.本卷的标题"物理学以外的互补性"主要是指的第一编,该编比其他各编大得多,并且包括了讨论生物学及其有关的心理学问题和哲学问题之基本问题的一些论文.在收载了由玻尔付诸发表的那些论文以后,在第一编后加了一个单独的附录,其中收载了玻尔在这一领域中未发表的一些最有兴趣和最重要的著作.第一编中的文章涵盖了玻尔一生最后的三十年,并且显示了他对生物学问题的巨大兴趣,以及他论证生物学不能归结为物理学和化学的那种坚持不懈的努力.他的基本观点是,和有生机体的科学分析有关的观察,要求一种互补的眼光,这种眼光在相等的程度上排除了生机论和传统的机械论.虽然在这些文章中有可能追索出玻尔的观点在三十年间的某种发展,但是他的基本观点却从头到尾保持了不变.

第二编包括了一些具有更普遍文化兴趣的作品.其中某些作品表明,玻尔认为互补观点在科学领域以外也是有价值的.

第三编包括玻尔所写的关于伟大丹麦哲学家哈若德·赫弗丁的文章,玻尔总是怀着很大的敬意谈到赫弗丁的.赫弗丁是玻尔的父亲克里斯蒂安·玻尔的一位亲密朋友;当尼耳斯·玻尔在哥本哈根大学读一年级时,他通过赫弗丁的讲课接触了哲学的主要论题.这些短文被单独编成一编,是由于科学史中的一种持续的争论,即关于赫弗丁对玻尔在物理学中的工作以及他的整个科学手法的可能影响的争论.

第四编包括阐述 20 世纪物理学史的一些文章.玻尔对他的前辈们和老师们怀着很大的敬意,从而他很慎重地准备了这些文章.

在第一至第四编中的每一编中,发表的材料都是根据一篇演讲被提出的日期,或者当文章并不是一篇演讲的直接结果时,则根据文章的发表日期而按编年次序排列的.例如,虽然直到 1952 年才印出,玻尔在 1928 年在他的同班同学在丹麦中学毕业的 25 周年集会上发表的演讲(第二编,文 I)是按照他发表演讲的年份来排定次序的.然而,在一篇演讲稿在印出以前经过了实质性的改动的情况下,则采用其印行的年月作为编排的基础."斯提诺演讲"(第一编,文Ⅹ)就是这种情况;玻尔在1949年发表了这篇演讲,但是直到1957年才把它印出.

复制在本卷中的任何范本,却是所涉及的文章的最初文本.唯一的例外是第一篇文章,《光和生命》,此处所印的文本是玻尔所明确认定的文本.当后来的文本和最初的文本有实质性的差异时,这些差异都已在该范本前面的一页上注明.

第五编包括和从第一编到第四编中的资料有关的通信.照例,尼耳斯·玻尔文献馆所藏的有关的未发表稿本的一份简目,形成了本卷的一篇附录.

工作是在艾里克·吕丁格尔任尼耳斯·玻尔文献馆馆长的期间开始的;我承他第一次介绍到文献馆来,并在有关传记学和科学史的许多问题方面给予了普遍的指导,无任感谢.自从芬·奥瑟若德在1989年接任馆长以来,我曾经和他进行了密切而有成果的合作.他曾经用最大的细心校阅并改进了我已经做了的工作,直到最小的细节,而他的努力对本卷的编选来说是不可缺少的.在文献馆中的工作中,我从希耳黛·列维、菲利希蒂·泡尔斯和文献馆的前任秘书海丽·波拿巴那里得到了特别高品质的协助.我也感谢现任秘书安妮·丽丝·喇斯姆森在定稿的编辑方面所给予的大力协助.

一些引言的未定稿不但由艾里克·吕丁格尔和芬·奥瑟若德看过,而且由奥格·玻尔和约尔根·卡耳卡尔看过.我从这些人,以及从因斯·林德哈德受到了许多批评和指教,对此我甚为感谢.在工作中,我有一段时间和阿伯拉罕·派斯合用一间办公室,他的许多发人深思的评论和鞭辟入里的看法曾经对我是很重要的.

大卫·否尔霍耳特

1997年4月于奥登塞大学

目 录

第一编　生物学及有关领域中的互补性

第二编　其他领域中的互补性

第三编　关于哈若德·赫弗丁的论文

第四编　历　史　论　文

第五编　通　信　选

《尼耳斯·玻尔集》前几卷概况

在雷昂·罗森菲耳德(1904—1974)担任了《尼耳斯·玻尔集》的头三卷的主编以后,艾里克·吕丁格尔继续担任了从第五卷到第九卷的主编(其中第七卷是和芬·奥瑟若德共同主编的)*.在以下,这些卷(都由 North-Holland/Elsevier 出版)将简称为"第一卷"、"第二卷"等等.它们是:

第一卷,早期著作(1905—1911)(J·汝德·尼耳森编).1972 年版.

第二卷,关于原子物理学的著作(1912—1917)(乌耳里希·霍伊尔编).1981 年版.

第三卷,对应原理(1918—1923)(J·汝德·尼耳森编).1976 年版.

第四卷,周期系(1920—1923)(J·汝德·尼耳森编).1977 年版.

第五卷,量子力学的出现(以 1924—1926 年为主)(克劳斯·斯陶耳岑堡编).1984 年版.

第六卷,量子物理学的基础Ⅰ(1926—1932)(约尔根·卡耳卡尔编).1985 年版.

第七卷,量子物理学的基础Ⅱ(1933—1958)(约尔根·卡耳卡尔编).1996 年版.

第八卷,带电粒子在物质中的穿透(1912—1954)(因斯·陶尔森编).1987 年版.

第九卷,原子核物理学(1929—1952)(鲁道耳夫·派尔斯编).1986 年版.

---

* [中译者按:第四卷没有主编署名,实际上是由尼耳森和吕丁格尔共同负责的.]

期刊名称缩写表

Ann. d. Phys.	Annalen der Physik(Leipzig)
Berl. Tid.	Berlingske Tidende (Copenhagen)
Chem. News.	Chemical News (London)
Fys. Tidsskr.	Fysisk Tidsskrift (Copenhagen)
Handbuch der Phys.	Handbuch der Physik (Berlin)
ICSU Review.	International Council of Scientific Unions Review (Amsterdam)
J. Chem. Soc.	Journal of the Chemical Society (London)
J. Mond. Pharm.	Journal Mondial de Pharmacie (The Hague)
Kgl. Dan. Vid. Selsk. , Filos. Medd.	Filosofiske Meddelelser udgivet af Det Kongelige Danske Videnskabernes Selskab(Copenhagen)
Kgl. Dan. Vid. Selsk. , Mat. -fys. Medd.	Matematisk-fysiske Meddelelser udgivet af Det Kongelige Danske Videnskabernes Selskab (Copenhagen)
Kgl. Dan. Vid. Selsk. Skr.	Det Kongelige Danske Videnskabernes Selskabs Skrifter. Naturvidenskabelig og mathematisk Afdeling (Copenhagen)
Month. Not. Roy. Astr. Soc.	Monthly Notices of the Royal Astronomical Society (London)
Nach. Akad. Wiss. Göttingen, Math-Phys. Kl.	Nachrichten von der Akademie der Wissenschaften zu Göttingen, Mathematisch-Physikalische Klasse
Nach. Ges. Wiss. Göttingen, Math-Phys. Kl.	Nachrichten von der Gesellschaft der Wissenschaften zu Göttingen, Mathematisch-Physikalische Klasse
Naturwiss.	Die Naturwissenschaften (Berlin)
Overs. Dan. Vid. Selsk.	Oversigt over Det Kongelige Danske Videnskabernes

Overs. Dan. Vidensk.	Selskabs Forhandlinger[①](Copenhagen)
Selsk. Forh.	
Overs. Dan. Vidensk.	
Selsk. Virks.	
Phil. Mag.	Philosophical Magazine (London)
Phil. Sci.	Philosophy of Science (East Lansing, Michigan)
Phil. Today.	Philosophy Today (Collegeville, Indiana)
Phys. Rev.	Physical Review(New York)
Phys. Z.	Physikalische Zeitschrift(Leipzig)
Phys. Zs.	
Phys. Zeitsch.	
Proc. Phys. Soc.	Proceedings of the Physical Society(London)
Proc. Roy. Soc.	Proceedings of the Royal Society of London
Sitz. Ber. Wiener Akad.	Sitzungsberichte der Wiener Akademie der Wissen-
d. Wiss. , mat. nat. Kl.	schaften, Mathematisch-Naturwissenschaftliche Klasse
Verh. deutsch. Phys. Ges.	Verhandlungen der deutschen physikalischen Gesellschaft
	(Braunschweig)
Z. Phys.	Zeitschrift für Physik(Braunschweig)
Z. Physik	
Zs. f. phys.	

---

① 自 1931 年 6 月份起：Oversigt over Det Kongelige Danske Videnskabernes Selskabs Virksomhed.

名 词 缩 写 表

AHQP	Archive for History of Quantum Physics（量子物理学史档案）
AIP	American Institute of Physics（美国物理学协会），College Park，Maryland
Bohr MSS	Bohr Manuscripts（玻尔文稿），AHQP
BSC	Bohr Scientific Correspondence（玻尔科学通信），AHQP
CERN	Centre Européen pour la Recherche Nucléaire（欧洲核研究中心），Geneva
DF	David Favrholdt（大卫·否尔霍耳特）
Mf	Microfilm（缩微胶片）
MS，MSS	Manuscript（稿本）
NBA	Niels Bohr Archive，Copenhagen（尼耳斯·玻尔文献馆，哥本哈根）

全 卷 引 言

物理学以外的互补性

大卫·否尔霍耳特 撰

  本卷所收各文处理的主要是尼耳斯·玻尔关于物理学以外的一些课题的想法. 远在量子力学被建立的很久以前,他就对有关心理学中和生物学中描述的问题显示了兴趣,然而却没有发表他的观点. 只有在他于1927年提出了他的互补性论点来作为量子力学中观察和描述之条件的一种阐明以后,玻尔才公开评论了其他的知识领域,其目的在于证明可以从"量子力学的认识论教益"得出什么结果. 从1929年开始,他在发表的演讲词和文章中一次又一次地讨论了心理学中和生物学中,以及人类学科中的认识论问题. 既已找到了处理量子力学之不寻常特色的方法,他显然感到自己处于一种较好的地位来对其他科学领域中的观察和描述的条件作出一些阐明.

  本卷每一编中的文章是按编年次序排列的,为的是显示玻尔关于生物学、心理学以及物理学以外的其他学科的想法的发展. 可以看到,他在对他举出的观点的许多反驳中间,一步步地澄清了自己的观点和精化了自己的术语. 然而,在他的思维的基本主题方面,从1927年以来却几乎看不出什么变化. 因此,在这篇总的引言中,我在提出这一阶段中的问题方面并没有照顾编年次序.

1. 玻尔最初发表的论述

  玻尔在1927年9月纪念亚力山德罗·伏打逝世100周年的国际物理学家会议上发表了他的所谓《科摩演讲》,引入了互补性这一概念. 他在七个月以后问

世的一篇演讲词修订本中写道①:

> 就这样,量子理论的本性就使我们不得不承认时空标示和因果要求是依次代表观察的理想化和定义的理想化的一些互补而又互斥的描述特点……确实,在原子现象的描述中,量子公设给我们提出了这样一个任务;要发展一种"互补性"理论,该理论的无矛盾性只能通过权衡定义和观察的可能性来加以判断.

玻尔的互补性论点常常被看成量子力学中的观察局面的一种哲学诠释,而且被说成了"哥本哈根诠释";这种诠释得到了其他许多人的支持,其中包括海森伯、泡利和玻恩的支持. 然而玻尔却不认为他的观点是一种诠释,而认为它是量子力学内部的描述和观察的可能性的一种叙述. 互补性论点处理的是我们进行观察的条件,从而它就是一种认识论的叙述. 然而,既然这些条件是受到作用量子之存在的制约的,并从而是不同于我们在经典物理学中所遇到的那些条件的,那么,量子力学就已经给了我们一种玻尔所说的"认识论的教益",这种教益可能也有助于我们阐明其他科学领域中的基本问题. 我们即将看到,线索就在于不断地检查我们的观察和描述的条件,从而玻尔就下功夫思索了描述的本性和概念的应用等问题.

XXV 　于是,从 1927 年开始,他对基本的心理学问题和生物学问题的旧兴趣便复活了. 这种重新抬头的兴趣的最初迹象,出现在前面所引的那篇文章中. 该文提到了量子力学内部的局势,并且结束如下②:

> 然而,我希望,互补性这一概念是适于表征目前形势的;这种形势和人类概念形成中的一般困难深为相似,这种困难是主体和客体的区分中所固有的.

这种说法在一篇于 1929 年 6 月发表在"Die Naturwissenschaften"(自然科学)上的文章中得到了进一步的加工. 在这里,玻尔评论了描述我们自己的心理活动时

---

　① N. Bohr, *The Quantum Postulate and the Recent Development of Atomic Theory*, Nature (Suppl.) **121** (1928) 580—590, quotation on p. 580. 讲演词的稍有补充的文本见 *Atomic Theory and the Description of Nature*, Cambridge University Press, Cambridge 1934 (reprinted 1961), pp. 52—91, quotation on pp. 54—55. The latter volume is photographically reproduced as *Atomic Theory and the Description of Nature*, *The Philosophical Writings of Niels Bohr*, Vol. Ⅰ, Ox Bow Press, Woodbridge, Connecticut 1987. The former version of the article is reproduced in Vol. 6, pp. 148—158, quotation on p. 148. 关于玻尔这篇讲演的详细版本资料见本书 Vol. 6, pp. 110—112.

　② Bohr, *Quantum Postulate*, ref. 1, Vol. 6, p. 158.

的困难[3]:

> 所讨论的认识论问题可以简单地叙述如下：为了描述我们的心理活
> 动，一方面，我们要有一种客观给定的内容来和一个知觉主体相对立；而另
> 一方面，正如在这样一个断语中所暗示的，在主体和客体之间不可能保持任
> 何明确分界线，因为知觉主体也属于我们的心理内容.

他也讨论了意志自由的问题，并且建议说，"人脑的种种过程的细致考察"是由于
作用量子而被排除了的. 他说，我们必须预料，一种观察脑中过程的尝试"将在意
志的感知中带来本质的改变"[4].

不久以后，玻尔就在 1929 年 8 月在第 18 届斯堪的纳维亚自然科学家会议
上的演讲中提出了关于生物学的某种更详细的观点. 他在那里论述说[5]:

> 但是，在更加深奥的生物学问题中，我们所关心的是机体反应外界刺激　　XXVI
> 时的自由和适应能力，而对于这种问题来说，我们就必须期待发现这样一件
> 事实：更大范围的联系的认知，将要求我们把一些条件考虑在内，这些条件
> 和在原子现象的情况下确定着因果描述的界限的那些条件相同.

上述的三篇文章，于 1929 年 11 月间发表在哥本哈根大学的一本校庆文
集[6]中. 在文集的"绪论"[7]中，玻尔写道，第三篇文章中对心理学问题的提及[8]具
有一种双重的目的，那就是既要使我们更容易习惯于物理学中的新局势，又要为
在量子力学之认识论教益的启示下更深入地理解心理学问题铺平道路[9]:

---

③ N. Bohr, *Wirkungsquantum und Naturbeschreibung*, Naturwiss. **17**（1929）483—486.
Reproduced in Vol. 6, pp. 203—206 and reprinted in *Atomtheorie und Naturbeschreibung*, Julius Springer
Verlag, Berlin 1931, pp. 60—66. Translated into English as *The Quantum of Action and the Description
of Nature* in *Atomic Theory and the Description of Nature*, ref. 1, pp. 92—101, quotation on p. 96. The
English version is reproduced in Vol. 6, pp. 208—217, quotation on p. 212.

④ *Ibid.*, pp. 216—217.

⑤ N. Bohr, *The Atomic Theory and the Fundamental Principles Underlying the Description of
Nature* in *Atomic Theory and the Description of Nature*, ref. 1, pp. 102—119, quotation on pp. 118—
119. Reproduced in Vol. 6, pp. 236—253, quotation on pp. 252—253.

⑥ N. Bohr, *Atomteori og Naturbeskrivelse. Festskrift udgivet af Københavns Universitet i
Anledning af Universitetets Aarsfest November 1929*, Bianco Luno, Copenhagen 1929.

⑦ N. Bohr, *Indledende Oversigt* in *ibid.*, pp. 5—17, reproduced in Vol. 6, pp. 259—273.
Translated into English as *Introductory Survey* in *Atomic Theory and the Description of Nature*, ref. 1,
pp. 1—24, which is reproduced in Vol. 6, pp. 279—302.

⑧ Bohr, *Quantum of Action*, ref. 3.

⑨ Bohr, *Introductory Survey*, ref. 7, Vol. 6, p. 298.

　　　　正如文中所强调的,作者感到很清楚的是,目前我们必须满足于或多或少适当的一些类比. 但是,相当可能的是,不但在这些类比的后面存在着和一些认识论方面有关的一种联属,而且在和双方都有着直接联系的生物学根本问题后面也隐藏着一种更深刻的关系.

"双方"二字,一方面指的是物理学,而另一方面指的是心理学. 这一义集于1931 年出了德文本[10],并于 1934 年出了英文本[11]. 二者都增入了另一篇演讲词[12],而"绪论"也增加了一篇"附志"[13];"附志"中论证了生物学不可能归结为物理学或化学. 在 1932 年出版的法文本中,"附志"的末尾增加了一段,其内容如下[14]:

　　　　尽管生物学问题和心理学问题甚至在像我这样对二者都很外行的人们看来也是有着内在的兴趣的,但是我在这些文章中处理各该问题的主要目的却是要对在原子理论中遇到的那些物理学的和认识论的问题作些阐明. 附带地说,我希望在一篇现正撰写的关于原子理论的原理的详细阐述中,用一种比撰写这些文章时的情况所允许的方式更加彻底的方式来处理那些生物学的和心理学的问题.

所提出的论点将在第一编的"引言"中加以考虑. 玻尔对生物学问题的看法的最初综合叙述,见本卷所收的他的演讲词《光和生命》[15].

XXVII

------

⑩　Bohr, *Atomtheorie und Naturbeschreibung*, ref. 3.

⑪　Bohr, *Atomic Theory and Description of Nature*, ref. 1.

⑫　Bohr, *Atomic Theory and the Fundamental Principles*, ref. 5.

⑬　Bohr, *Introductory Survey*, ref. 7, Vol. 6, pp. 299—302.

⑭　N. Bohr, *La théorie atomique et la description des phénomènes*, Gauthier-Villars et Cie, Editeurs, Paris 1932 (translated by Andrée Legros and Léon Rosenfeld), p. 21. "Abstraction faite de l'intérêt propre que présentent les questions biologiques et psychologiques, même pour ceux qui, comme nous, y sont étrangers, j'ai eu principalement pour but, en m'en occupant dans ces articles, de mettre en lumière les problèmes physiques et épistémologiques que nous rencontrons dans la théorie atomique. J'espère d'ailleurs, dans un exposé détaillé des principes de la théorie atomique, actuellement en préparation, traiter ces derniers problèmes d'une manière plus approfondie que ne le permettaient les circonstances dans lesquelles j'ai écrit ces articles." This addition remained unnoticed until after the publication of Vol. 6 and is therefore reproduced here.

⑮　N. Bohr, *Light and Life*, Nature **131** (1933) 421—423, 457—459, and in *Atomic Physics and Human Knowledge*, John Wiley & Sons, New York 1958, pp. 3—12. The Latter volume is photographically reproduced as *Essays 1933—1957 on Atomic Physics and Human Knowledge*, *The Philosophical Writings of Niels Bohr*, Vol. Ⅱ, Ox Bow Press, Woodbridge, Connecticut 1987. The former version of the article is reproduced in this volume on pp. 29—35.

2. 玻尔观点的早期根源

人们常常讨论,玻尔是仅仅在量子力学的基础上发展了他的互补性观点的呢,还是在已经发展起来的观点的启示下来看待了量子力学的呢. 人们曾对一个问题发生过特殊的兴趣,那就是,在物理学中的这一突破以前,他是否关心过诸如心理学和生物学之类的其他领域中的观察和描述的条件,从而为他面对出现在量子力学中的那些不寻常的观察问题作了准备. 这一问题事实上是有很好的文献可查的.

玻尔在 1927 年的很久以前就曾经致力于有关心理学和生物学之根本问题 XXⅧ
的思索. 他在一篇简短的自传中写道[⑯]:

> 我对那些引导了我[按即通过认识论的问题引导到量子物理学——DF]的生物学问题和心理学问题的兴趣,发源于我的早期青年时代,那时我倾听了我父亲和他的朋友圈子的讨论,其中包括我后来与之发生了特殊联系的物理学家克里斯蒂安·克里斯蒂安森和哲学家哈若德·赫弗丁;前者是我的大学老师,而后者是我和他直到他逝世都曾经有过许多获益匪浅的交谈的.

尼耳斯·玻尔的父亲克里斯蒂安·玻尔,从 1890 年到 1911 年他逝世时是哥本哈根大学的一位杰出的生理学教授. 在这段时间内,玻尔一家住在哥本哈根的一条叫做"宽街"的街上的生理学院的教授住所中. 因此,从他的孩提时期开始,尼耳斯·玻尔就是在一种浓厚的科学气氛中长大的.

在一篇 1957 年的文章中,玻尔引述了他父亲关于生物学的主张,并且接着写道:"我引述了这些说法,它们表示着一些人的态度,而我就是在这些人中间长大的,我在年轻时曾倾听了他们的议论……"[⑰]在文章的原稿上,我们发现了一条小注:"从早期青年时代,我记得曾经听到卡尔·郎格、契维兹和我父亲讨论过这一类问题[即活力论-机械论的争论——DF]."[⑱]约翰·亨利克·契维兹(1850—1901)是解剖学教授;卡尔·朗格(1834—1900)是病理解剖学教授. 朗格和威廉·詹姆斯是著名的"詹姆斯-朗格情绪理论"的倡始者. 既然朗格殁于

---

⑯　N. Bohr, *Selvbiografi af Æresdoktoren*(荣誉博士自传), Acta Jutlandica **28** (1956) 138.

⑰　N. Bohr, *Physical Science and the Problem of Life* in *Atomic Physics and Human Knowledge*, ref. 15, pp. 94—101, quotation on p. 96. Reproduced on pp. 116—123, quotation on p. 118.

⑱　*Fysik og biologi*, Foredrag i Biologisk Selskab, 26. 3. 1946. Bohr MSS, microfilm no. 17.

1900 年而契维兹殁于 1901 年,玻尔就必然谈的是他早期青年时代的事.

在他读大学的年月中,玻尔曾经有过一种想法,认为主体的不可捉摸和意志自由的问题可以借助于和所谓黎曼面的类比来阐明. 在他的最后一次口头史访谈中,他告诉了我们怎样阐明[19]:

XXIX

在当时,我确实想写一些哲学方面的东西,而且那是关于和多值函数的类比的问题……如果你有一个 X 的平方根,你就有两个值. 如果你有一个对数,你就有更多的值. 于是问题就在于,如果你要说你现在有两个值,譬如说有平方根的两个值,那么你就可以在平面上绕行,因为,如果你是在一个点上,你就取一个值,而在其次一个点上就会有一个和此值相去甚远的值以及一个和此值甚为接近的值……在像对数和平方根这样的函数中,如果它们在原点上有一个奇值,那么,如果你从一个点开始并且沿着并不绕过原点的闭合路线走一圈儿,你就回到相同的[值]……但是,当你绕过原点时,你就会到达函数的其他的值,于是这就是一种很好的办法,可以像狄里克利[黎曼]那样取一个有着许多层的面,把各层适当连接起来,使得你恰好在不同的层上有函数的不同的值. *

问题在于,我们可以在一句话中用"我"这个字来指不同的意义而仍然对它的意义有一种清楚的理解,因为"我"字的不同指示是安排在不同的平面或层上的. 例如"我不知道我是否应该为我的所作所为而感到惭愧,但我实在不得不那样做"这句话是可以理解的,因为我们不自觉地把"我"字的不同用法安排到了不同的层次上:

我们有很好的理由相信,玻尔在把这种看法的年代定为他读大学的年代方面是正确的. 在 1910 年 6 月 26 日给他弟弟哈若德的一封信中,玻尔写道[20](尼耳斯·玻尔致哈若德·玻尔,1910 年 6 月 26 日. 丹麦文原信见第一卷原第 510 页,英译本见该卷原第 511 页):

……我必须承认,我不知道自己是对你的被任命、是对此刻我那些电子的良好行为、还是对这个公文包最感高兴;也许,唯一的回答是,情绪也像认

---

[19] Interview with Niels Bohr, 17 November 1962, AHQP. Transcript, p. 1. 方括号(但不是删节号)为原转录本所有.

* [中译者按:几乎可以肯定,正是在讲这段话时,玻尔在他的书房黑板上给后人留下了那著名的"黎曼平面示意图".]

[20] 在第一卷, p. 513 上,英译本把"情绪"(emotions)译成了"感觉"(sensations),丹麦原文为 Følelser.

识一样,必须安排在一些不能比较的平面上.

当时哈若德·玻尔正在哥廷根,他从 1909 年秋季就在那里留学,因此似乎可以很自然地假设,他们在更早的时候就已经讨论过这样的平面了. 另外我们也知道,玻尔和他的表弟爱德伽·鲁宾(1886—1951)讨论过心理学问题. 鲁宾在当了一个时期的哲学副教授以后,于 1922 年被提升为心理学教授;在这个位置上,他后来获得了国际声誉. 他们关于认知和记忆的长时间的讨论,可以用玻尔在 1912 年 5 月 20 日寄给鲁宾的一张明信片来作为证明[21]. 不久以后,玻尔也在一个关于视觉的实验中帮助了鲁宾[22].

"家庭照片",约 1910 年. 左起:哈若德·玻尔,历史学家和丹麦国家博物馆馆长(1938—1951)保罗·诺伦德;爱德伽·鲁宾;尼耳斯·玻尔;从 1922 年任哥本哈根大学数学教授的尼耳斯·艾里克·诺伦德·鲁宾,他是尼耳斯·玻尔的表弟,而诺伦德兄弟的妹妹马格丽特则在 1912 年嫁给了尼耳斯·玻尔.

人们在玻尔逝世后不久对奥斯卡·克莱恩进行的一次口头史访谈,提供了进一步的证据,表明了玻尔对心理学和生物学之认识论方面的早期兴趣. 克莱恩在这里评论了玻尔对意志自由问题的兴趣:"他在 1918 年夏天的那次步行中就说到了那个问题,因此我认为他一定已经对问题思考了很久了. 然后他就谈到了那个问题和量子化之间的一种类比——但那至少在我看来是很模糊的."克莱恩

---

[21] 1912 年 5 月 20 日玻尔致鲁宾的明信片,见本卷原第 576 页.

[22] 鲁宾在他的博士论文《视觉上经验到的图形:心理分析的研究》中提到了这一点,见 Gyldendal, Copenhagen 1915, pp. 191—192.

在同一次访谈中说:"我相信他当时已经说过,他的父亲对生物学有些想法,而且人们可以想到生物学中的一些种类很不相同的规律,而物理学中的规律很不相同,而且人们在生物学中可能有一些目的论的规律,我相信他当时已经提到了这些."㉓

　　最后可以提到,玻尔在 1928 年 11 月给他的瑞典同道卡尔·W·奥席恩(此人早在 1911 年就已经成为玻尔的亲密朋友)的一封信㉔中评论了他在上述"Die Naturwissenschaften"发表的文章的最后说法㉕(玻尔致奥席恩,1928 年 11 月 5 日,见第六卷原第 189 页):

　　　　正如我们在多年以前就已经讨论过的那样,全部哲学中的困难就在于这样一种情况:我们的意识的起作用是以对内容客观性方面的要求为其前提的,而另一方面,主体的概念,我们的自我这一概念,却形成我们的意识内容的一个部分.这恰恰就是那样一种困难,而我们在量子公设的精髓所要求的那种自然描述的特点中得到了这种困难的一个如此鲜明的实例.

玻尔自己把他关于自我和意志自由的思索和丹麦作家保罗·马丁·摩勒的一部未完成的小说联系了起来㉖.当玻尔还是一个孩子时,这部小说已经是一部经典作品了,而他亲自告诉我们,每一个青年人都会在大约 14 岁时收到这部作品作为坚信礼的一种礼品㉗.他显然在那种年龄时就读了这本书,也许读得更早一些.无论如何,此书给他留下了不可磨灭的印象.在他整整的一生中,他常常谈起这本书并把它介绍给别人."每一个在研究所中和玻尔发生了密切接触的人,一旦他表现得对丹麦文有了足够的掌握,就会被介绍去读这本书;那是他的入门教育的一部分"㉘.

XXIII

　　㉓　1963 年 2 月 20 日 AHQP 对奥斯卡·克莱恩的访谈,分别见转录本第 7 页和第 8—9 页.克莱恩在 *Glimpses of Niels Bohr as Scientist and Thinker* 一文中也作了类似的说明,见 *Niels Bohr, His life and work as seen by his friends and colleagues* (ed. Stefan Rozental),North-Holland Publishing Company, Amsterdam 1968, pp. 74—93, on p. 76.

　　㉔　玻尔和奥席恩的初次见面是在 1911 年夏季在哥本哈根的斯堪的纳维亚数学会议上.见第一卷原第 102 页.

　　㉕　Bohr, *Wirkungsquantum*, ref. 3.

　　㉖　P. M. Møller, *En dansk Students Eventyr*《一个丹麦大学生的奇遇》in *P. M. Møller: Efterladte Skrifter. Vol. 3*, Reitzel, Copenhagen 1843.保罗·马丁·摩勒(1794—1838)是丹麦的伟大诗人之一,但他也是一位有着神学教育基础的哲学家.他从 1826 年到 1830 年是克里斯廷纳(奥斯陆)的哲学教授,从 1830 年到 1838 年在哥本哈根大学.关于自我的问题,他或许受到了德国哲学家费希特的启发.

　　㉗　玻尔在 NBA 的未公开的录音带 *Samtale i Tisvilde August 1959*(1959 年 8 月在梯斯维里的谈话)中提到了此事.

　　㉘　L. Rosenfeld, *Niels Bohr in the Thirties* in *Niels Bohr* (ed. Rozental), ref. 23, pp, 114—136 quotation on p. 121.

　　我们可以得出结论说,在比 1927 年早得多的时候,甚至可能在比 1909 年还要早的时候,玻尔就已经发展了他的关于心理学中的观察条件的观点. 在生物学方面,克莱恩的访谈使我们想到,在玻尔于 1929 年写到这些问题的很久以前,他就受到了他父亲的观点的启示(那些观点就是,目的论的描述是不可缺少的,从而生物学就不能归结为物理学和化学).

　　我们在后面即将看到,玻尔关于心理学中的观察条件的看法和他关于量子力学中的观察条件的概念有着突出的相似性,而且和他很亲近的一些人也常常认为,早在他面对了量子力学的互补特色的很久以前,他就已经发展了互补性概念. 在 1963 年的一次访谈中,玻尔的夫人马格丽特说:"鲁宾是那个对他非常了解的人,是的. 而且后来当尼耳斯发表了他的关于互补性的那些东西时,鲁宾常常说:'你从 18 岁时就说了这样的话.'"[29]

3. 玻尔哲学观点概要

XXIII

　　虽然玻尔总是用一种相当简短的方式来提出他的关于物理学以外的互补性的想法,但他却认为互补性对理解生活和实在的一切方面来说都是很基本的. 他的基本哲学概念的下述提纲,是用一种系统化的形式提出的;可以论证,这种形式并没有忠于玻尔的精神. 然而,在他关于科学的许多思索中,玻尔总是回到几个基本的主题上来,而在进一步的考察下,那些主题是密切联系着的.

　　从玻尔关于语言和描述的想法开始,可能显得是奇怪的,因为他从来没有写过这方面的论文,也没有发表过这方面的演讲. 然而,他的文章(特别说来是他的文稿)中的许多段落都包含了关于这一论题的评论,从而都提供了一种更深地理解他称之为量子力学的"认识论教益"的那种东西的线索.

语言和描述的条件

　　语言和描述的地位,在玻尔的思想中是一个中心课题,正如在例如他在为 1958 年首次出版的第二本文集写的"引言"中所显示的那样(着重点为我所加)[30]:

　　　　如所周知,原子物理学的发展给我们带来的教益,主要就在于认识了原子过程中的一种整体性的特色,这种特色是通过作用量子的发现而显示出

　　[29]　Interview with Margrethe Bohr, 23 January 1963, AHQP. Transcript, p. 16.
　　[30]　N. Bohr, *Introduction* in *Atomic Physics and Human Knowledge*, ref. 15, pp. 1—2. Reproduced on pp. 111—112.

来的. 以下的文章将介绍量子物理学现状的主要方面，同时也将强调指出，这种现状和我们在其他知识领域中的地位有些什么相似之处；那些所谓其他的知识领域，是指机械自然观范围以外的一些领域. 我们不是在这儿处理那些多少有点模糊的类似性，而是要考查正确运用我们表达事物的思维手段的条件. 这些考虑不但旨在使我们熟悉物理科学的新颖现状，而且，由于原子问题有着比较简单的特点，这也可能有助于弄清楚在一些更广阔的领域中进行客观描述的条件.

一次又一次地，玻尔将强调一件事实，即所有的量子力学实验，必然是借助于用经典物理学概念补充过的日常语言来描述的. 他在自己的著名文章《就原子物理学中的认识论问题和爱因斯坦进行的商榷》中写道[31]：

> 为此目的，认识到这样一件事实是有决定意义的：不管现象超出经典物理解释的范围多么远，对于现象的说明都必须用经典术语表示出来. 论证很简单：我们把"实验"一词理解为这样一种情况，在该情况下我们可以告诉别人我们曾经做了什么和学到了什么，从而关于实验装置和观察结果的说明就必须通过经典物理术语的适当应用而以一种无歧义的语言表达出来.

XXXIV　在下面，我们将看到玻尔为什么认为这一事实是重要的.

在以上刚刚给出的引文中，玻尔论证道，我们必须使用经过经典物理学术语补充的无歧义的语言. 他在别的地方也宣称，我们必须使用经过无歧义语言补充的经典物理学，或是简单地主张我们不得不使用经过通常物理术语的适当精化的普通语言[32].

---

[31]　N. Bohr, *Discussion with Einstein on Epistemological Problems in Atomic Physics* in *Albert Einstein: Philosopher — Scientist* (ed. P. A. Schilpp), Library of Living Philosophers, Vol. Ⅶ, The Library of Living Philosophers, Inc. , Evanston, Illinois 1949, pp. 201—241, quotation on p. 209. Also published in *Atomic Physics and Human Knowledge*, ref. 15, pp. 32—66, quotation on p. 39. The former version of the article is reproduced in Vol. 7, pp. 341—381, quotation on p. 349. 引文中的着重点是玻尔加上的.

[32]　See, for instance, N. Bohr, *Quantum Physics and Philosophy — Causality and Complementarity* in *Philosophy in the Mid-Century, A Survey* (ed. R. Klibansky), La nuova Italia editrice, Firenze 1958, pp. 308—314. Reproduced in Vol. 7, pp. 388—394. The article is reprinted in N. Bohr, *Essays 1958—1962 on Atomic Physics and Human Knowledge*, Interscience Publishers, New York 1963, pp. 1—7. The latter volume is photographically reproduced as *Essays 1958 - 1962 on Atomic Physics and Human Knowledge*, *The Philosophical Writings of Niels Bohr*, Vol. Ⅲ, Ox Bow Press, Woodbridge, Connecticut 1987.

显然,玻尔认为这些说法是或多或少等价的. 我们即将看到,他认为经典物理学是日常语言之描述性用法的一种观念性的澄清. 日常语言之描述性用法和经典物理学之描述性用法,这二者的共同要素就在于,在这两种情况下,我们都是把我们的描述建筑在这样一件事实上:在主体和客体之间可以划出一条明确的分界线[33]. 在这样做时,我们也可以谈论我们环境中的各客体而用不着提及我们对它们的主观经验. 于是玻尔就说[34]:

> ……表征着所谓严密科学的那一特色,一般说来就是通过避免提到任何知觉主体来得到唯一性的那种企图.

二值逻辑学的法则和代数学的原理还给无歧义描述提供了另一些条件. 正如特别是在1938年给丹麦作家 H·P·E·汉森的一封信中所表明的那样,玻尔反对了约翰·斯图亚特·穆勒的认为这些条件建筑在经验推广上的观点[35]. 玻尔当然知道多值逻辑学,特别是在联系到和量子力学表述形式的逻辑地位有关的讨论时. 然而,他似乎不曾认为任何多值逻辑学是和认识论相适应的. 在这方面,玻尔写道[36]: XXXV

> 事实上,在量子表述形式中表示着这些[经典力学中一个体系的态的定义所要求的运动学的和动力学的]变量的各个符号的有限可对易性,就对应于各变量之无歧义定义所要求的那些实验装置的互斥性……联系到这一点,甚至有人提出过为了更好地表示局势是否需要求助于多值逻辑学的问题. 然而,由以上的论证可以看出,一切对日常语言和普通逻辑学的背离都可以完全避免,其方法是只用"现象"一词来指信息的无歧义传递,而在信息的叙述中"测量"一词是在标准化比较的普通意义下被使用的.

在玻尔看来,"无歧义性"是一种用不着进一步解释的基本概念. 尽管"无歧义性"无法定义,我们却可以指明无歧义交流的必要条件.

---

[33] See, for instance, N. Bohr, *On Atoms and Human Knowledge*, Dædalus **87** (1958) 164—175, reproduced in Vol. 7, pp. 412—423. See also N. Bohr, *Physical Science and the Problem of Life*, reproduced in this volume on pp. 116—123. Both articles were published in *Atomic Physics and Human Knowledge*, ref. 15, pp. 83—93, 94—101.

[34] Bohr, *Quantum of Action*, ref. 3, quotation in Vol. 6, pp. 212—213.

[35] Letter from Bohr to Hansen, 8 September 1938, NBA. Reproduced on pp. 501 (Danish original) and 503 (English translation).

[36] Bohr, *Quantum Physics and Philosophy*, ref. 32, quotation in Vol. 7, pp. 392, 393. See also the letter from Bohr to Pauli 16 May 1947, reproduced in Vol. 6, pp. 451—454.

无歧义性的另一些条件是,应该能够在空间和时间中认定客体并把它们按照因果链进行排列. 玻尔在一份 1929 年的稿子中写了下面的话[37]:

XXXVI

> 为了弄清楚所处理的局势,回想一下传统自然描述所依据的我们那些知觉形式或许是有必要的. 所谓知觉形式,我们是简单地指一些概念结构,而我们的感觉印象的习见排序法正是依赖于这些概念结构,我们的语言的习见用法也是建筑在这些概念结构之上的. 这种排序法的基础当然是认知和比较的可能性,从而通常的自然描述就是以一种企图为其特征的;就是说,我们力图相对于借助尺杆和时钟而用传统方式定义了的一个坐标系来叙述各物体的位置以及位置随时间的变化.

整个的想法简单地就是,宏观客体在时间和空间中的认定乃是无歧义性的一个必要条件. 我们不能谈论一些宏观客体而不假设它们是在某一时刻位于某处而且我们能够说我们在另一个时间-空间点上处理的是同一个客体. 关于我们获得知识的条件的进一步思索表明(玻尔致狄喇克,28 年 3 月 24 日,英文,全文见本卷原第 495 页):

> ……测量结果的永久性,似乎是观察概念本身所固有的;不论我们遇到的是照相底片上的痕迹还是直接的感官知觉,某种记忆的可能性当然都是观察结果之任何使用的必要条件. 在我看来,这种结果的永久性,恰恰就是普通的因果性的空间-时间描述的本质.

看来玻尔是认为,量子力学的任何诠释都必须用经过经典物理学术语补充的日常语言来给出. 在量子力学的范围内,客观性又是和主体与客体之间的区分相联系着的. 测量仪器将永远用一种在原理上就是不可控制的方式来和原子体系发生相互作用,但是一条明确的分界线却不但必须在测量仪器和原子体系之

---

[37] *Kausalität und Objektivität*, 1929. Bohr MSS, microfilm no. 12: "For at klargøre sig den omhandlede Situation turde det være formaalstjenligt kort at erindre om den Benyttelse af vore Anskuelsesformer, hvorpaa den sædvanlige Naturbeskrivelse hviler. Derved skal vi ved Anskuelsesformer simpelthen forstaa den Begrebsbygning, hvorpaa den tilvante Indordning af Sansefornemmelserne beror, og som ligger til Grund for vort sædvanlige Sprogbrug. Grundlaget for denne Indordning er vel Muligheden for Genkendelse og Sammenligning, og i Overenstemmelse hermed kendetegnes den sædvanlige Naturbeskrivelse ved Bestræbelsen for at udtrykke alle Erfaringer ved Stedsangivelser for materielle Legemer og disses Ændring med Tiden relativt til et paa sædvanlig Maade vde Maalestokke og Uhre defineret Koordinatsystem." [中译者按: 这是一段丹麦文的引文,多数读者(除斯堪的纳维亚三国的人以外)都不大会懂(中译者也不懂),但是为了尊重原编者的意图,仍把它引在此处.]

间画出,而且必须在实验结果和主体(即进行实验的物理学家)之间画出. 正如在经典物理学的事例中一样,观察者是一个"超然的观察者",这是沃尔夫冈·泡利在和玻尔的通信中提出过疑问的一个问题[38]. 从刚刚开始时起,量子物理学就是建筑在宏观的、完结了的观察上的,那就是已经进行到最后的而且在原理上不可逆转的观察. 在把这些观察当作实验的描述中,所用的一切概念都应该按照它们的经典物理学意义来理解. 诸如频率、波长、动量和振幅这样的概念是利用经典物理学定义了的,而一切所谓的量子物理学实验都是在空间-时间、因果性和二值逻辑的构架内加以描述的. 作为此事的推论,玻尔倡议说,在量子力学中,"现象"一词应该只用来代表在指定的情况(包括整个实验装置的说明)下得到的观察结果.

XXXVII

玻尔关于语言的观点还包括另一个很重要之点. 在谈到我们的环境的一种无歧义描述时,我们只有一种语言可供应用,那就是玻尔所说的"日常语言",为了描述的目的,除了日常语言以外别无其他可能[39]. 客观描述属于任一民族的语言[40]:

> 所谓客观性,我们理解为是利用一种语言来作出描述;那种语言是除了语种的差异以外一切人所共有的,而且人们在所涉及的领域内可以用这种语言来互相交流.

正如已经说过的那样,日常语言的描述应用和经典物理学中的观察形势,有一种共同的特色,那就是它们预先要求主体和客体之间的一条明确的、不可移动的分界线. 但是按照玻尔的意见,二者之间还存在一种更深刻的联系. 例如,他常常提醒我们想起一件事实,即经典物理学是日常语言之描述应用的一种精化;也就是说,经典物理学的那些基本概念,是由我们在自己的环境的日常描述中所用的一些概念发展而成的. 早在日常语言的描述应用中,我们就已经有了"速度"、"距离"、"时间阶段"和"加速度"之类的概念. 但是只有到了伽利略和牛顿的时代,我们才确切地学到了这些概念是怎样互相联系的. 对于"力"和"质量"之类的概念来说情况也相同;例如"质量",是起源于"重量"这一日常概念的. "温度"可以作为另一个例子,它是"热"和"冷"之类的日常概念的精化. 像"质点"和"电磁

---

[38] 1955 年 2 月 15 日泡利致玻尔,1955 年 3 月 2 日玻尔致泡利,1955 年 3 月 11 日泡利致玻尔,1955 年 3 月 25 日玻尔致泡利. 分见本卷原第 563、567、569 及 572 页.

[39] 例如参阅在注[32]中引用过的段落.

[40] *Unity of Knowledge*, 24. 9. 1953, Bohr MSS, microfilm no. 21: "Ved objektivitet vil vi forstå en beskrivelse ved hjælp af et sprog, der er fælles for alle (ganske bortset fra sprogforskellighederne mellem nationer) og på hvilket mennesker kan meddele sig til hverandre på det område, hvorom talen er."

XXXVIII 场"这样的概念,当然并不是一些存在于日常语言中的概念的明朗化,但它们却是通过一些归根结蒂可以用日常语言来说明的实验而被引入的.

在玻尔看来特别重要的就是强调,相对论和量子力学都应该被认为是经典物理学的一种推广——尽管他有时把相对论说成属于经典物理学.正如玻尔在他的 1954 年的《知识的统一性》一文中所说的那样,主要之点就在于,一切知识都是在一种适应了以前经验之说明的概念构架中出现的,从而任何这样的构架都可能被证实为太狭窄,不足以概括新的经验.概念构架的扩张将开辟"一种越来越广阔的客观描述的可能性"[41].

玻尔的看法是,每当我们无歧义地描述某种事物时,我们都是在一种概念构架中行动的;那种构架是一套相互独立的概念.在其中任何一种概念的说明中,其他那些概念必须是被预设了的;它们不能互相独立地被理解.然而物理学却已经教导我们,这样一个概念构架却可能太狭窄,以致不足以描述和解释新的、没被意料到的经验.通过对一个概念构架中各基本概念之间的相互关系进行推广来扩张该构架,似乎就永远可能在这些新的领域中确立无歧异性.

"我们既是观众又是演员"

玻尔一次又一次地强调过,作为凡人和知觉着的主体,我们是我们所探索的那个世界的一部分.他常常说,我们在存在的大剧中既是观众又是演员,而我们的许多科学工作就在于力图调和这两种地位[42].我们身在世界"之内",从而就不能"从外边"来看世界,甚至不能赋予这个世界以任何意义.因此,我们就是受到
XXXIX 以上所给出的那些描述条件的制约的.我们不能超越那些条件.我们也不能构造关于另外的条件的任何想法.我们似乎是悬浮在语言中的,正像玻尔惯于说的那样[43].

通过把玻尔的观点和认为一种超验观点是可能的常见哲学假设相对比,我们可以对玻尔的观点得到一种更深的理解.在关于量子力学之认识论地位的讨论中曾经有人提出,虽然测不准关系式阻止我们赋予例如一个电子以同时存在

[41] N. Bohr, *Unity of Knowledge* in *The Unity of Knowledge* (ed. L. Leary), Doubleday & Co., New York 1955, pp. 47—62, quotation on p. 48. 重印于本卷原第 83—98 页, 引文见原第 84 页. Also printed in *Atomic Physics and Human Knowledge*, ref. 15, pp. 67—82, quotation on p. 68.

[42] 这种"图景"多次出现于玻尔的文章中. 例如参阅, N. Bohr, *Biology and Atomic Physics* in *Celebrazione del secondo centenario della nascita di Luigi Galvani*, Bologna—18—21 ottobre 1937 - XV: I. Rendiconto generale Tipografia Luigi Parma 1938, pp. 68—78. 重印于本卷原第 52—62 页. Also published in Bohr, *Atomic Physics and Human Knowledge*, ref. 15, pp. 13—22. See also Bohr, *Unity of Knowledge*, ref. 41.

[43] A. Petersen, *The Philosophy of Niels Bohr*, Bulletin of the Atomic Scientists **14** (1963) 8—14, on p. 10.

的位置和动量,但是"自在的"电子却很可能既具有确定的位置又具有确定的动量. 或者,换一种说法就是:如果一位无所不知的上帝是存在的,他就可能知道一个电子在任一时刻的确切位置和确切动量. 不过我们却是被禁止得到这种知识的.

然而,问题却在于我们能否认为这种"上帝眼光"有任何意义. 玻尔在他逝世的前一天举行的口头史访谈中亲自对这个问题作出了评论. 他在访谈中提到,马科斯·普朗克提出了一种看法,上帝是能够根据他那神圣观察点来说出一个电子的确切位置和确切动量的,普朗克是笃信宗教的并对上帝有一种坚定的信念. 玻尔则不然,但是他对普朗克观点的反驳并没有反宗教的动机. 玻尔在访谈中发表了下面的言论[44]:

> 普朗克确实是笃信宗教的……他说,一个上帝式的眼睛肯定可以知道能量和动量是什么[当位置为已知时——DF]. 而你看,这是很难的……我对他说:您曾经谈到这样一个眼睛;但是这不是一个眼睛能够看出的问题;这是您所说的知识到底是什么意思的问题.

想法就是,我们永远是在由我们是世界的一部分这一事实所确定的条件下观察我们周围的一切的. 这就意味着,我们必须按照一种确定的方式来应用我们的概念,以便无歧义地思考和谈话. 即使我们力图设想一种描述语言,在那种语言中一切概念都是以一种全新的方式被应用的,我们也将不能理解此种"语言". 它将是不能翻译成我们的语言的,从而我们将无法把它算作一种语言.

按照玻尔的用语,上帝眼光的概念有时被称为"终极主体"的概念[45]. 不论我们赋予这一概念以什么形式,按照玻尔的看法它都是不可想象的. 这就是玻尔之所以一次又一次地强调"在存在的大剧中我们既是观众又是演员"的原因[46]. XL

玻尔关于语言和描述的看法,是和他关于物理学、生物学、心理学、宗教和文化等问题的看法完全一致的. 尽管他在几乎所有的文章中都触及了概念的应用、无歧义的交流以及描述的条件,他在关于主体的问题上却没有发表什么实质性的看法. 也许他觉得自己的观点是显而易见的. 奥格·皮特森关于玻尔在这方面的态度的表述如下[47]:

---

[44] 1962 年 11 月 17 日 AHQP. 对尼耳斯·玻尔的访谈,转录本 p. 7.

[45] See Bohr, *Unity of Knowledge*, ref. 41, quotation on p. 95.

[46] See, for instance, Bohr, *Atomic Theory and the Fundamental Principles*, ref. 5. Quotation in Vol. 6, p. 253.

[47] Petersen, *Philosophy of Niels Bohr*, ref. 43, pp. 10—11.

就我所能看到的来说,哲学地说来我们是悬浮在语言中的主张,为了无歧义的交流我们依赖于我们的概念构架的主张,以及该构架可以通过在数学中得到例示的推广来加以扩张的主张,就形成玻尔哲学的普遍基础.在他的著作中,他从来没有对这种观点作出详细的阐述.他也没有讨论这种观点和有关语言之哲学地位的其他观念的关系.他认为这是完全显然的,并且因为别人觉得它那么难懂而感到惊讶.

总之可以说,玻尔坚决认为,量子力学中的观察条件是在原理上不同于经典物理学中的观察条件的——说到底是因为普朗克常量.然而,因为无歧义性的终极要求必须得到保持,而且因为无歧义交流只能通过用经典物理学概念补充过的日常语言来进行——而且因为量子力学效应只能通过必须用经典物理学来描述的放大机构和放大仪器来加以记录,我们就不得不接受一些实验装置,它们是彼此互斥的,而又是互补的.不存在看到量子现象"背后"去的可能性,也不存在对一种没有观察到的量子力学实在进行形象化的可能性.这种可能性将要求一种"上帝眼光",而我们不能赋予那种眼光以任何意义,因为,作为世界的一部分(正如玻尔用演员—观众的比喻所强调的那样),我们必须永远意识到自己的描述条件.

XLI

主 体 和 意 识

20 世纪前半世纪的心理学中的大运动之一就是行为论.这一运动的倡始人约翰·B·沃森宣称,一切心理现象都可以仅仅通过观察个人的行为来加以描述和解释.在他于 1913 年出场以前,心理学在很大的程度上是建筑在内省上的.按照沃森的看法,内省是不科学的,因为它涉及所谓的"内心状态",而这是超出于主体间的(intersubjective)控制以外的.而且,它也是多余的,因为人类的情绪、想象、思维等等的描述,除了行为和生理状态以外实际上不涉及任何别的东西.沃森大胆地主张了,思维不是别的,而只是在喉间受到了压抑的语言运动.

经过某些修正,行为论变成了逻辑经验论和科学统一运动的一个不可分割的部分[48].像奥托·诺依喇特、卡尔·汉培耳和鲁道耳夫·卡尔纳普之类的哲学家们,追求了只利用"物理学主义"的语言来进行的一种心理状态的描述,在这种描述中只涉及位于空间和时间中的"可观察量".我们在下面即将看到,在一段短

---

⑧　"科学的统一性"这个名词是由诺依喇特提出的(例如参阅 *Empirische Soziologie. Der wissenschaftliche Gehalt der Geschichte der Nationalökonomie*, Vienna 1931);它变成了逻辑经验论者们的纲领的一部分.他们摒弃了存在对应于不同种类的实在或存在(例如物质、生命和意识)的不同种类的科学的想法.

时期内,玻尔和这些哲学家们是联系很密切的.在他的晚年,他认识了吉耳伯特·莱耳;此人在他的《精神的概念》[49]一书中主张,没有理由谈论"内心"状态,从而谁也没有特权来接近他自己的思想和情绪,这是玻尔发现完全不能成立的一种观点.

玻尔认为行为论是一种谬论.他会取笑它,把它说成(玻尔致泡利,1953年12月31日,全文见本卷原第547页)

> ……其名称本身就指示了它的支持者们的短小眼光的……意识形态.

他认为一个不可否认的事实就是,我们可以通过内省来观察我们的思想、情绪和心情.他也认为一个显然的事实就是,我们必须把每一个人说成一个能够观察、 XLII 获得知识、思维、自愿完成动作等等的主体.正如他在晚年所写的那样[50]:

> 至于我们关于他人的知识,我们当然只看到他们的行为;但是我们必须意识到,当这种行为是如此复杂,以致当用普通语言来论述它们时要用到自我知觉时,意识一词就是不可避免的.

如上所述,无歧义描述是以主体和客体之间的一条分界线为前提的.当我们通过内省来描述我们自己的精神活动时,局势就有点不同了,因为分界线不能按通常的方式来画了[51]:

> 为了描述我们的精神活动,我们一方面要求一种客观地给定的内容以便把它放在一个知觉主体的对面,而另一方面,正如在这样一种论断中已经蕴涵了的那样,客体和主体之间的任何截然划分都是无法保持的,因为那个知觉主体也属于我们的精神内容之列.

玻尔的另一种重要洞见就是,意识,从而还有知觉主体,都是和生命不可分割地联系着的.这似乎在他看来曾经是显而易见的,因为他只是顺便提到了它[52]:

---

[49] G. Ryle, *The Concept of Mind*, Hutchinson's University Library, London 1949.

[50] N. Bohr, *The Unity of Human Knowledge*, Revue de la Fondation Européenne de la Culture, July 1961, pp. 63—66, quotation on p. 66. 文章见本卷原第157—160页,引文见原第160页. Also published in *Essays 1958—1962*, ref. 32, pp. 8—16.

[51] Bohr, *Quantum of Action*, ref. 3. 引文见本书第六卷原第212页.

[52] Bohr, *Atomic Theory and the Fundamental Principles*, ref. 5. 引文见本书第六卷原第253页.

　　另外,我们所知的意识是和生命不可分割地联系在一起的,这一事实也
应该使我们对一种情况的发现作好准备,那就是,生与死的这一问题本身,
是不能按照各单词的普通意义来加以理解的.

　　正如我们将在第一编的引言中看到的那样,这对他的关于心理学的观念来说是
具有极大重要性的.然而,关于意识和生命的联系,他却从来没有谈过什么实质
性的东西,尽管在玻尔和戴耳布吕克的通信中,存在着对戴耳布吕克的想法的明
确反对;那想法就是,在生命消逝以后主体还活着㉝.

XLⅢ

精神肉体平行论

　　在玻尔在哥本哈根大学读一年级时听的初等哲学课程(所谓"哲学概论")
中,他了解了关于精神-肉体问题的不同观点."哲学概论"是在三位哲学家手中
的,而玻尔选了哈若德·赫弗丁的课;当时听赫弗丁的课的约有 150 名大学生.

　　赫弗丁倡导了一种他称之为同一性假说(丹麦文为"identitetshypotesen")
的观点;按照这种假说,精神和物质只是同一实物的两种不同的属性或方面.例
如,如果我想了 27 这个数,脑子里的一种生理过程就必然和这种思想相对应,
而且每当我想到 27 这个数时,这种脑过程就必然发生.反之,每当所谈的这一
脑过程发生时,27 这个想法就必然出现.思想和脑过程都是同一实物的两个
方面.

　　赫弗丁错误地相信本内狄克·斯宾诺莎(1632—1677)曾经倡导了这一观
点,而且总是说起斯宾诺莎是他的伟大先师.然而,尽管斯宾诺莎肯定主张过精
神和物质是同一实物的两种属性,他的观念却是和赫弗丁的观念完全不同的.斯
宾诺莎仅仅坚持了,一方面是物质属性的结构,另一方面是人类知识的观念结
构,这二者之间存在着一种关系.

　　毫无疑问,赫弗丁对斯宾诺莎的误解起源于德国的哲学家和心理学家 G·
Th·费希纳(1801—1887).费希纳把思想中的概念和对应的脑过程之间的关系
比喻成了一个圆的凹侧和凸侧之间的关系.例如,关于 27 这个数的思想和对应
的脑过程干脆就是等同的.它们是从两个不同的角度看到的同一个整体.赫弗丁
接受了这个观点但是却把它纳入了斯宾诺莎的《伦理学》中.

　　从 17 世纪以来,还有另外两种重要的有关精神-肉体关系的观点.一种观点

　　㉝　1959 年 6 月 30 日戴耳布吕克致玻尔(两封信),1959 年 7 月 25 日玻尔致戴耳布吕克,1959 年 8
月 3 日戴耳布吕克致玻尔,1959 年 11 月 19 日玻尔致戴耳布吕克.各信见本卷原第 478、479、481、482 和
484 页.

是勒内·笛卡儿(1596—1650)提出的；笛卡儿主张，精神和物质是存在的两种根本上不同的形式，二者以某种方式互相作用. 另一种观点以 G·W·莱布尼茨(1646—1716)的预定和谐性的概念为代表：如果我们设想把两个时钟弄成相同并同时开动，则它们将同时报时而并不相互影响. 同样，精神事件和脑过程是相关的而并无相互作用. 赫弗丁既反对笛卡儿的观点也反对莱布尼茨的观点. 他把后者称为"精神肉体平行论"以区别于他自己的同一性假说[54].

　　玻尔通过"哲学概论"课程知道了这些观点. 考虑到赫弗丁关于这一课题的许多训诫，很可惊异的就是玻尔永远用"精神肉体平行论"这一名词来代表精神事件和脑过程之间的关系，而且甚至把斯宾诺莎说成了这种观点的奠定者. 在赫弗丁看来，这想必是一种纯粹的冒犯. 这种对赫弗丁用语的背离起源于一件事实：除了赫弗丁以外，玻尔还有另外的哲学渊源. 其中一种渊源就是哲学家安东·汤姆森(1877—1915)；此人在他生命的最后一年接替赫弗丁当了哥本哈根大学的哲学教授，而且在精神-肉体关系问题上和赫弗丁意见相左. 汤姆森娶了玻尔的表姐阿达·阿德勒，而且是玻尔的一个亲密朋友. 另一种渊源就是爱德伽·鲁宾，他本来学的是哲学，后专攻心理学. 在他于 1925 年为丹麦大百科全书写的"心理学"词条中，鲁宾定义了"精神肉体平行论"，所用的方式和玻尔在不久以后所用的方式正好相同[55].

＊　　　＊　　　＊

　　玻尔从来不曾把平行论说成肉体的和精神的"世界"或"实物"之间的关系. 他所关心的是描述精神事件的条件以及描述被认为和这些事件相对应的那些脑过程的条件. 早在他还是一个少年时，他就已经意识到了(很可能是受到了保罗·马丁·摩勒的小说[56]的启发)，精神事件不能像拍电影似的被描述成一个接着一个的一系列的远方现象，也不能被一个被动的主体所观察. 这就是 19 世纪末期那些联想论心理学家们的观点，也是赫弗丁在他的《心理学大纲》中所提出的观点[57]. 玻尔认为，思想过程往往是不连续的，因为主体在考虑一个问题时可以在不同的观点中间进行选择. 当量子力学已经建立时，玻尔就意识到，忠实地对应于各精神事件的那些脑过程十分可能并不是决定论性的经典物理过程[58].

　　[54]　H. Høffding, *Outlines of Psychology* (translated by Mary E. Lowndes), Macmillan, London 1891, pp. 66—70.

　　[55]　*Salmonsens Konversations Leksikon*, Bind XIX, J. H. Schultz Forlagsboghandel A/S, Copenhagen 1925, p. 683.

　　[56]　Møller, *En dansk Students Eventyr*, ref. 26.

　　[57]　H. Høffding, *Psykologi i Omrids paa Grundlag af Erfaring*, Copenhagen 1882 (first English edition: *Outlines of Psychology*, London 1891).

　　[58]　See Bohr, *Light and Life*, ref. 15, 见本卷原第 35 页.

因此,正是玻尔,提出了精神方面和肉体方面之间的平行性是建筑在这样一件事实上的:这两个领域中的一次详尽的观察都会改变所研究的现象.因此,精神肉体平行论就不应该被理解得像在传统哲学中那样严格.

玻尔亲自告诉了我们他从摩勒的小说得到的见识[59]:

　　特别说来,所谓精神经验的分析和综合的条件,一直是哲学中的一个重要问题.很明显,牵涉到一些互斥条件的字眼儿,例如思想和情感之类,从刚刚开始有语言时就是以一种典型的互补方式而被应用的了.然而,在这方面,需要特别注意主体-客体分界线.关于我们的精神状态和精神活动的任何无歧义的传达,当然就蕴涵着我们的意识内容和粗略地称为"我们自己"的那一背景之间的一种区分,但包举无遗地描述意识生活之丰富性的任何企图,都在不同局势下要求我们不同地划定主体和客体之间的界线.

玻尔接着就大量引用了《一个丹麦大学生的奇遇》[60],他就是通过该书而知道了一个和经典物理学的观察局面不相同的观察局面的.在观察我们自己的意识生活时,我们在观察的主体和被观察的意识内容之间画一条分界线.然而,这条分界线是活动的,而且移动将不断地发生.

某些精神状态排斥另一些精神状态.正如在上面一段引文中指出的一样,思想似乎排斥感情或情绪.思想的很深集中排除所有的情绪方面,而巨大的情绪激动则排除处心积虑的思考.正如玻尔常常指出的那样,思想和感情之类的单词的应用并不意味着一个牢固连结的因果链,而是意味着一些经验;这些经验是互斥的,因为意识内容和"粗略地称为'我们自己'的背景"是可以按照不同的方式来区分的.

我们可以在知觉中找到相似的互补性.举一个玻尔的例子:一首乐曲的情绪体验排除它的意识上的分析,而乐曲的分析则排除情绪体验.但两种处理方式对我们理解什么是音乐却都是必要的.

在一般情况下,我们可以在一定的限度内在若干处理方式之间进行选择,从而有意地造成主体和客体之间的分界线的变动.当我们处理一个理论问题时,情况便常常是这样的.一个突出的例子就是歧义图形的感受.在前面提到过的鲁宾的博士论文中,向我们提供了著名的"鲁宾花瓶",它可以被看成一个花瓶或两个人头侧影,两种感受是互斥的.

XLVI

---

[59]　Bohr, *Unity of Human Knowledge*, ref. 50. Quotation on p. [159].
[60]　Møller, *En dansk Students Eventyr*, ref. 26.

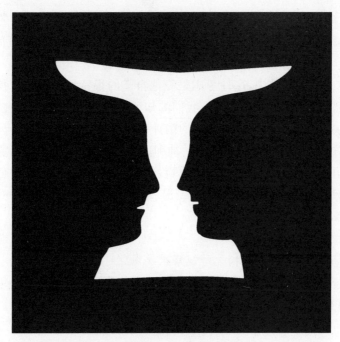

也可以看成两个人头侧影的"鲁宾花瓶"是鲁宾为他的学位
论文《视觉经验的图形》（*Synsoplevede Figurer*，ref. 22,
figure 3)而画的一个图,为的是要例示我们的知觉的一些可
以称为互补的方面.

　　在他的通俗演讲中,玻尔在他的一生中常常回到精神肉体平行论的问题上
来;可认为,这主要是为了强调,在内省中,观察局势和经典物理学中的观察局势　XLVII
很不相同,而和量子力学中的观察条件更加相似. 在下面即将看到,他企图在我
们在语言的主体倾向用法和客体倾向用法之间进行选择的能力中找出这一问题
的解.

　　一个量子现象的本质特征就是,现象不能被细分而并不改变事件的整个
进程;也就是说,在原理上就不可能分析现象的各部分,而现象只有作为一个
完成了的不可逆过程才是有意义的. 我相信玻尔在威廉·詹姆士关于意识流
的说法中找到了此事的一个类例[61]. 一种思想是不能细分的,而且只有当已
结束时它才会被觉察到. 我们不能谈论半个思想. 而且,谈论逆转一个思想
也是没有意义的. 在他晚年的文章中,玻尔强调了我们的思想和知识的不可

------

　　[61]　W. James, *The Principles of Psychology*, H. Holt, New York 1980 (reprinted by Dover, New York 1950). Cf., in particular, Chapter Ⅸ, *The Stream of Thought*, Vol. 1, pp. 224—290. 我们知道,玻尔读过詹姆士的书的若干部分. 参阅 AHQP,1962 年 11 月 17 日对尼耳斯·玻尔的采访,转录本 pp. 6—7.

逆性.任何知觉或观察,可以说都必须是一种结束了的和不可逆的现象——和生物学层次上有生机体的不可逆的变化相对应,从而是以"时间之箭"为其前提的.

在玻尔的一些稿件中,这种考虑是和他自己的很特别的广义精神肉体平行论相联系着的.在一定意义上,所有我们的知识,包括生物学的知识在内,都可以看成我们的意识的一部分.按照传统的精神肉体平行论来说,这就会导致一种佯谬:我们将被迫认为,对应于我们对精神和肉体之间的关系的观察,必然有一种生物学方面的过程,而对于这一点的体验,也必然有另一种生物学方面的对应过程,于是就使我们卷入了一种无限的倒退.但是在玻尔看来,这种形式的平行论是不可能的,因为[62]:

XLVIII
> 我们没有可能通过肉体的观察来发现脑过程中和意识经验相对应的东西.这一点的一个类例,就是我们所能得到的关于细胞结构的知识和这种结构对有机生命之表现方式的影响之间的关系.

> 互补的并不是一种精神和一个肉体,而是处理物理学及机体的概念的那一部分精神内容和我们引入关于观察主体时的那种局势.

在同一份稿件中,玻尔强调了[63]:

> 在一种说法中,很显然我们只牵涉到我们的个人思想中的东西(甚至是在贝克莱哲学意义的个人思想中的东西),但是另一方面也很明白,如果我们把这种观点推行到极度,我们就显然不能定义思想一词本身,也不能谈论别的单词了.

在某种意义上,我们可以谈到在主体-客体分界线的位置方面有所不同的一些局

---

[62] *Unity of Knowledge*, 30. 8. 1954. Bohr MSS, microfilm no. 21: "Vi har ingen, mulighed for ad den fysiske iagttagelses vej at få oplysning om, hvad der i hjerneprocesserne svarer til de bevidste oplevelser. En analogi er her forholdet imellem de oplysninger vi kan få om cellernes struktur og de udslag denne struktur giver sig i det organiske livs udfoldelse." *Unity of Knowledge*, 22. 9. 1954, *ibid*.: "Det der er komplementært er ikke forestillingen om sjæl og legeme, men den del af indholdet af the mind, som drejer sig om forestillingerne om fysikken og organismerne og den situation, hvor vi bringer tanken om det observerende subjekt ind."

[63] *Unity of Knowledge*, 30. 8. 1954, *ibid*(原引文为英文).

势之间的一种互补关系. 我们可以有意地在两种态度之间进行变动. 他说[64]，
存在

> ……(a) 那样一些局势，那时我们不是"想到"我们自己，而是以某种方式谈到外在世界……(b) 另一些局势，那时我们对付或至少是涉及我们自己. 不论关于这些局势能说什么话，那总是以机体的整体性特点为其前提的. 我们在这里就有一种术语性的澄清，或许可以更正确地说是辩证的澄清，那就是，我们意识到了自己移动了主体-客体分界线这一事实.

按照玻尔的更广义的平行论概念，我们可以通过按照不涉及主体的一种方式来应用语言而谈论我们的环境，包括物理学的和生物学的事实在内. 在物理学中和生物学中，我们都可以谈论一个"超然的观察者". 但是我们每一个人都可以"引入关于观察主体的想法". 在这种情况下，我们所说的一切事物就都变成了我们的意识的内容.

XLIX

*　　*　　*

玻尔的许多关于量子力学的"认识论教益"和关于一些可能显得和物理学相去甚远的哲学课题的思索，也许可以总结如下.

物理学家们是干什么的呢？他们观察. 他们做实验以得到一切有关的资料. 他们描述. 他们试图通过理论考虑来提供解释. 但是为了使别人能够理解，一切的描述和解释都必须是无歧义的. 这就意味着，我们的概念构架依赖于所考察的经验领域内的观察和描述的条件.

这些条件随领域而异. 量子力学中的观察和描述的条件不同于适用于经典物理学的那些条件，而生物科学、心理科学和人类科学则各自引入了十分不同的观察和描述的条件. 因此，看来没有任何根据来试图把心理学归结为生物学或把生物学归结为物理学——这里只提及 20 世纪中进行过的两种归结尝试.

作为玻尔的特征的是，他没有像逻辑经验论者们那样用很强的词句来谈论科学的统一性，而宁愿谈论知识的统一性. 在这样做时，他是愿意强调一切的人类知识都起源于我们的日常经验，并强调语言在科学中的一切应用都必须借助

---

[64] *Steno-Forelæsning i Medicinsk Selskab*, 2. 8. 1957. Bohr MSS, microfilm no. 22: "Om bevidsthedsproblemet. (1) Alt foregår i den såkaldte bevidsthed (selvfølge), men der er to situationer som vi i sproget skelner mellem (a) de situationer, hvor vi ikke 'tænker' på os selv, eller hvor vi så at sige taler om omverdenen ··· (b) situationer, i hvilke der er tale om, eller i det mindste stadig henvises til, os selv. Enhver tale om sådanne situationer forudsætter organismernes helhedstræk. Her er den terminologiske eller måske rettere dialektiske afklaring, at vi er opmærksom på at vi forskyder objekt-subjekt skillelinien. "

于我们日常生活中已经固有的那种语言的无歧义描述的应用来引入. 所有的科学结果,归根结蒂都必须用经过建筑在日常语言上的专门术语补充了的无歧义的日常语言来进行交流. 在这样的理解下,知识的统一性可以被指望在将来的科学发展中坚持下去.

第一编
生物学及有关领域中的互补性 >>>>

引　言

大卫·否尔霍耳特　撰

第一编中的文章大多集中在生物学中的观察和描述的条件方面. 因此, 在这篇引言中, 似乎宜于首先讨论玻尔在一种概念构架中塑造一种新观点的那些努力, 而这种讨论正是在那种构架中传统地进行了的. 其次, 我将概述玻尔观点的同时代的讨论. 通过这种办法, 我希望对玻尔关于生物学状况的那些考虑的更深入理解作些贡献.

1. 玻尔的生物学观点

关于生命的特征和解释的问题, 早已由亚里士多德讨论过. 机械论在 17 世纪中的发展, 把这些问题归结成了生命能否用力学来解释的问题. 认为有生机体不是别的而是复杂的机器的观点在 18 世纪和 19 世纪中被命名成了"机械论"(mechanism 或 mechanicism), 这一观点随着物理学和化学的发展而得到了精化, 但是名称却没有改变[1]. 今天的机械论, 就是认为生命可以利用物理学和化学来详尽无遗地解释的观点. 在 19 世纪和 20 世纪的进程中, 机械论已经作为牢固的研究基础而得到了多数生物学家的承认.

完全不同的"活力论"的观点也有它的追随者[2]. 活力论否认生命可以归结为物理学和化学, 但是他们的论证却涵盖了一个很广阔的观点范围. 各世代以来最著名的观点就是, 生命起源于一种无生物质所不具备的生命力. 另一种通俗的观点宣称, 作为一个整体的大自然是有生命的, 而有生机体则实现着已经出现在所谓无生物质中的那些潜在可能性.

---

[1] 许多哲学家捍卫了机械论, 例如勒内·笛卡儿(1596—1650)、托马斯·霍布斯(1588—1679)、尤利恩·拉马特里(1709—1751)和保罗·霍耳巴赫(1723—1789).

[2] 例如以燃素学说而更加闻名的 G·E·斯塔耳(1660—1734)、路易·仲马(1765—1813)、洛伦茨·奥肯(1779—1851), 而在更近的时期内则有亨利·柏格森(1859—1941)、J·J·封·于克斯于耳(1864—1944)和汉斯·德利什(1867—1941).

机械论和活力论之间的一部分争论,涉及了因果描述和目的论描述之间的关系.这个问题曾由伊曼纽耳·康德(1724—1804)在他的 1790 年的《判断力批判》中讨论过③.在刚刚谈到的意义上,康德并不是一个活力论者,不过他还是强调了,在有生机体之起源、发展和机能的描述中,一种目的论的处理方式是不可缺少的.按照康德的看法,确认某种东西为一个有生机体,这本身就意味着承认目的是一种原因.例如,如果我们描述一棵树,则枝叶要求一个树干,正如树干要求枝叶一样.康德强调了一个有生机体的惊人能力:甚至在胁迫下也保持自己的完整性的能力,使自己恢复健康的能力,在为了自己继续生长的利益而有必要时适应某种新的反常的成长的能力.他认为,机械论的和目的论的原理,只表示着两种思想模式,他们是不可通约的,但却都是必要的,如果我们要把握和研究有生的自然界的话.按照玻尔的说法,它们是互补的.

在 20 世纪开始时,争论强化了,特别是被生物学家汉斯·德利什所强化了.德利什在各种书籍④中提出了他对生长、再生和繁殖的研究,得出的结果在当时是超出任何物理学-化学解释之外的.

尼耳斯·玻尔的父亲克里斯蒂安·玻尔在"哲学概论"课中学到过康德关于目的论和因果性的看法;那种课程是哥本哈根大学的低年级课程,向学生介绍哲学概念.他的老师,哲学教授喇斯姆斯·尼耳森(1809—1884)当时恰恰对这些想法很感兴趣.克里斯蒂安·玻尔在 1878 年通过了医师资格考试,但是他在 1874 年就已经在丹麦生理学家皮特·路德维希·潘纽姆的指导下进入了生理学专业.在他于 1890 年被提名为生理学教授之前,他曾在 1880 年到 1882 年,然后又在 1883 年在莱比锡当了著名生理学家卡尔·路德维希的学生.他在那里大多是做了肌肉生理学的工作,但很快就对呼吸生理学发生了兴趣,而后来这就成了他的主要研究领域.当时卡尔·路德维希和爱德华·普弗吕格争论了一个问题:氧和二氧化碳在肺中的交换能否被解释成一种扩散过程.这就启发了克里斯蒂安·玻尔去研究了肺中的气体交换,而且在他的 1887 年的工作的基础上,他得出结论说这种交换不能在物理学-化学定律的基础上全面地得到解释.克里斯蒂安·玻尔设想了肺细胞中的一种调节过程,这是不能用扩散定律来解释,而是由作为整体的机体的需要来支配的.他得出结论说,在肺的机能的描述中,生命的维持必须考虑在内⑤.

---

③　I. Kant, *Kritik der Urteilskraft*, Bey Lagrande and Friederich, Berlin 1790. A useful English version is I. Kant, *Critique of Judgment* (transl. J. C. Meredith), Clarendon Press, Oxford 1952.

④　See, for instance, H. Driesch, *Der Vitalismus als Geschichte und als Lehre*, J. A. Barth, Leipzig 1905, and *Philosophie des Organischen*, Engelmann, Leipzig 1909.

⑤　C. Bohr has given a full account of his results in *Handbuch der Physiologie des Menschen*, Vol. I (ed. W. Nagel), 1909. A list of C. Bohr's publications in physiology and physics is given in R. Tigerstedt, *Christian Bohr*, *Ein Nachruf*, Skandinavisches Archiv für Physiologie **25** (1911) ix—xviii.

关于活力论和机械论的争论,克里斯蒂安·玻尔从来没写什么实质性的东西. 他关于这个问题的唯一议论,可以在一篇讨论肺的病理学扩张的论文的一小段中找到[6];多年以后,尼耳斯·玻尔引用了这段话[7]. 不过,这些问题在克里斯蒂安·玻尔的实验室中却是经常讨论的.

汉斯·德利什是"生命力"学说的最后一个伟大的倡导者. 其他反对机械论的生物学家们企图找出别的出路. 其中一人就是英国生理学家约翰·斯考特·哈耳丹,他在 1890 年前后访问克里斯蒂安·玻尔的哥本哈根学院时认识了他.

在若干书籍和文章中,哈耳丹论证了有生机体不能按物理学-化学来解释. 生命是一个不可简化的事实. 他说,一个活的机体是一个整体和个体,它的不断为最佳条件而进行的斗争就以一种方式控制着生命过程,这种方式是不能归结为物理学和化学的. 关于新陈代谢,他主张:"我们不能确切地说出进入身体内的那些原子和分子到底怎么样了——它们在构成活的组织时走了多远和沿什么方向,或是它们的势能是怎样立即被利用的."[8]

哈耳丹把他的观点称为"有机论",以使自己脱离开活力论[9]. 然而,关于如何定义"有机论",人们的意见却并不一致. 按照 C·劳伊德·摩尔根在 1926 年出版的一本书[10],有机论的基本概念就是,一个机体的各部分本身并不具有一种完全的存在,而是由于有它们所形成的那一整体的其他各部分才各自有其存在或生存:如果整体被分成许多部分,各部分就不再是从前的那种东西了.

上述的说法例示了当时的一些趋势,它们和尼耳斯·玻尔的观点有些相似. 我们不知道玻尔是否知道上述各作者或是否更普遍地知道当时的争论,但是有理由相信他熟悉哈耳丹的观点[11].

从他在 1927 年在《科摩演讲》中引用了互补性时开始[12],玻尔就相信互补性

6

---

⑥　C. Bohr, *Om den pathologiske Lungeudvidning（Lungeemphysem）*（On the pathological expansion of the lungs (lung emphysema)）in *Festskrift udgivet af Københavns Universitet i Anledning af Universitetets Aarsfest*, November 1910, Copenhagen 1910, pp. 5—47.

⑦　N. Bohr, *Physical Science and the Problem of Life* in *Atomic Physics and Human Knowledge*, John Wiley ＆ Sons, New York 1958, pp. 94—101, quotation on p. 96. The latter volume is photographically reproduced as *Essays 1933—1957 on Atomic Physics and Human Knowledge*, *The Philosophical Writings of Niels Bohr*, Vol.Ⅱ, Ox Bow Press, Woodbridge, Connecticut 1987. 文章见本卷原第 116—123 页,引文见原第 118 页.

⑧　J. S. Haldane, *Mechanism, Life and Personality*, John Murray, Albemarle Street, London 1913, quotation on p. 36.

⑨　See J. S. Haldane, *Organicism and Environment as Illustrated by the Physiology of Breathing*, Oxford ＆ New Haven 1917.

⑩　C. L. Morgan, *Life, Mind and Spirit*, Williams ＆ Norgate, London 1926.

⑪　F. Aaserud, *Redirecting Science. Niels Bohr, Philanthropy, and the Rise of Nuclear Physics*, Cambridge University Press, Cambridge 1990, p. 183.

⑫　见本书第六卷原第 118 和 129 页.

在物理学以外也有其应用.最明显的类例可以在主体对自己的意识状态的分析中找到;通过他年轻时对意志自由问题的思索,玻尔对那种分析是很熟悉的.现在他转向了生物学,希望对有关生命概念的老问题作些新的阐明.他认为,量子力学的"认识论教益"可以通过把我们的注意力引向生物学中的观察条件而有助于我们克服活力论和机械论之间的分歧.玻尔否认了生命力或"生命原理",认为那是不确定的;他也表述了一些论点来反对机械论.玻尔用一种很隐晦的方式提出了他的观点,从而可以理解,许多生物学家说他是一位活力论者.因此这就需要进行一次更详细的考察了.

从他关于"我"或主体的观点开始是合理的.玻尔认为急需强调,所有的知识都以一个主体为前提,这个主体不能被详尽无遗地加以表征,因为它本身就是任何分析的终极前提.甚至通过内省也不能把主体"捉住".这样做的任何尝试都将显示主体的难以捉摸.在他于 1932 年所作的演讲《光和生命》中,玻尔明显地叙述道:"解释概念本身的任何分析,很自然地将和放弃对我们自己的意识活动的解释同时开始和同时结束."[13]

自笛卡儿以来西方哲学的一个主要趋势曾经是建筑在主体的非物质本性的认知上的;主体和意识都曾经被说成一些和物质完全不同的存在形式.笛卡儿主张,空间广延是物质的定义属性,而意识是没有广延的,仅仅是一种"认识之体"(res cogitans).有生机体属于物质世界.不仅仅是行星和动物,就连人也简单地是机器,是名符其实地"无生的".然而人却有一种以某种方式和肉体联系在一起的灵魂或精神.

甚至笛卡儿哲学的反对者们也普遍地同意,想必有两种根本不同的存在形式,精神的和物质的形式.莱布尼茨和费希纳,也像赫弗丁那样认为两种存在形式是斯宾诺莎意义下的同一种实体的两种属性.

主导的想法是,当我们谈到无生的物质 a、有生机体 b 和主体或意识之类的精神"事物"c 时,分界线是在一边是 a+b 和另一边是 c 之间的:

$$a+b \quad \bigg| \quad c.$$

b 能否归结为 a 是一个科学的和经验考察的问题,而 c 到 b 的(然后又到 a 的)归结则在原理上是不可能的.这就是在赫弗丁的心理学教本上提出的观点,而玻尔在第一学年中听的初等哲学课就用了那种教本.在赫弗丁看来,a 和 b 是属于同

---

[13]　N. Bohr, *Light and Life*，Nature **131**（1933）421—423，457—459，quotation on p. 459. The article is also published in *Atomic Physics and Human Knowledge*，ref. 7, pp. 3—12，quotation on p. 11 (which has "an analysis" instead of "any analysis"). 前一种文本见本卷原第 29—35 页.

一范围的,二者全都服从因果定律和能量守恒定律.

玻尔的观点是完全不同的.他确信,主体和一切精神现象都是和有生机体不可分离的,它们形成有生机体的一个不可分割的部分.这就意味着,他把分界线放在了 a 和 b+c 之间:

$$a \quad \Big| \quad b+c.$$

有生机体除了别的东西以外还包括微生物、变形虫(阿米巴)、植物、鱼类、爬行动物、哺乳动物和人类.然而,在他关于生命之谜的讨论中,玻尔通常是把无生物和人、和个体的人相对照的.当我们把情况推向极致时,佯谬就尖锐化了.如果机械论是成立的,它的支持者们就不但必须按照物理学-化学的方式来解释有生机体的代谢、适应和复制;他们事实上还必须对活人作出一种物理学-化学的说明,而人这种很复杂的机体是不但以其新陈代谢以及生长和生殖为特征,而且以其有意识地控制自己的行为、记忆、觉察、思维和作出决定的能力为特征的.机械论必须不但解释人体的不同部分如何发挥作用,以便通过对不断变化的条件作出尽可能好的适应来保持自己的生存.它还必须能够解释一个人的整体性、统一性和个体性.这就是最后摆在机械论面前的那个问题.它必须能够甚至对一个有意识的有生机体作出一种物理学-化学的说明,因为,不论意识可能是什么,它总是这样一个机体的一种不可分割的特色.

什么东西阻止着机械论的支持者们解决这些问题呢?主要的困难就在于,获取知识这个概念是以主体的存在为前提的,从而这个主体本身就不能成为我们的知识的一部分[14].不论我觉察到什么,我将永远不能觉察或分析主体——我自己.一个觉察它自己的主体正像把本身作为一个要素而包括在内的一张图画那样地不可能.同理,在原理上我也没有可能觉察其他的头脑或主体.不论脑现象进行到什么程度,永远也不可能得到关于另一个人的精神、思想和心情的直接知识.换句话说,描述精神状态的词句永远不能成为肉体描述的一个部分.而且有关意识活动的机能的任何生理学研究,必将干扰一个人的思想原状.例如,一个人在给定情况下的自由选择的体验,是无法进行考察的[15]:

> 事实上,按照我们的观点,意志自由的感觉必须看成意识生活所独有的一种特色,它的物质平行物必须到器官机能中去找,它既不能加以因果描述,也不能加以足够彻底的物理考察以达到原子力学之统计定律的确

---

⑭　见以上注⑬中的引文.
⑮　玻尔,《光和生命》,注⑬,引文见本卷原第 35 页.

切应用.

玻尔对机械论的否定是建筑在哲学考虑上而不是建筑在生物学知识上的. 实际上,他的主要论点就是[16]:

> ……我们所知的意识是和生命不可分割地联系在一起的,这一事实也应该使我们对一种情况的发现作好准备,那就是,生与死的区分这一问题本身,是不能按照各单词的普通意义来加以理解的.

玻尔关于生物学的观点的另一个基本论题就是他关于描述的本性的想法. 我们能够无歧义地谈论我们的动作是什么意图,我们能够意识到我们为了某种目的而努力,从而我们在自己的日常生活中很自然地用一个目的论的构架来行动. "意识"概念是和"生命"概念联系着的,从而一些目的论的概念就是描述人类行为时所不可缺少的. 诸如肺、肾、胃之类的器官的机能的描述也需要一些目的论的概念和语言的一种目的论的用法. 这种语言可以说是按照它自己的本份而起作用的,它的应用不依赖于有关机体中物理学或化学层次上的那种过程的确切知识. 因此它必须建筑在特定的观察条件上[17]:

> ……原子理论的普遍教益就启示我们,要想把物理学定律同适用于描述生命现象的概念调和起来,唯一的途径就是检查观察物理现象和观察生物学现象的本质区别.

10　　"生命"和"意识"是一些可以按一种自洽的方式而被使用的概念,尽管它们在物理描述中没有用武之地. 玻尔主张,从物理学观点看来,生命就像量子对经典物理学而言那样地不合理.

　　　玻尔常常把关于生命的这种非还原论的观点和热力学中的局势相对比;在热力学中,"温度"的定义是和分子运动的力学论述不相容的,而且"温度"是在我

---

　　⑯　N. Bohr, *The Atomic Theory and the Fundamental Principles Underlying the Description of Nature* in *Atomic Theory and the Description of Nature*, Cambridge University Press, 1934 (reprinted 1961), pp. 102—119, quotation on p. 119. The latter volume is photographically reproduced as *Atomic Theory and the Description of Nature*, *The Philosophical Writings of Niels Bohr*, Vol. I, Ox Bow Press, Woodbridge, Connecticut 1987. 文章见本书第六卷原第 236—253 页,引文见原第 253 页.

　　⑰　N. Bohr, *Biology and Atomic Physics* in *Celebrazione del secondo centenario della nascita di Luigi Galvani*, *Bologna—18—21 ottobre 1937—XV : I*. *Rendiconto generale*, Tipografia Luigi Parma 1938, pp. 68—78, quotation on pp. 76—77. 文章见本卷原第 52—62 页,引文见原第 60—61 页. Also published in *Atomic Physics and Human Knowledge*, ref. 7, pp. 13—22, quotation on p. 20.

们对各分子的位置和动量毫无所知的基础上实际地被定义的[18]. 然而,与此同时,他也会反对认为生命使熵定律不再适用的观点. 如果有机器官的保持和发育所需要的自由能通过消化和呼吸而从它们的环境中不断得到供应的话,则任何物理学定律都不会被违反.

从这些普遍的论点出发,玻尔推测他能够在有关生物学中观察和描述的条件方面说一些更确切的话. 他的基本想法之一就是,虽然多数生命机能都可以用经典物理学来描述,它们却也常常和一些原子层次的机能交织在一起. 早在为1929 年出版的一本文集所写的“绪论”中[19],他就已经指出了一件事实:为了引起视觉,只需要不多的几个光量子. 然而他也同时宣称,我们不能指望作为整体的生命机能可以用量子物理学来说明. 我们在以下即将看到,他和认为意志的自由可以用量子过程来解释的观点划清了界线,他也进一步强调了,量子力学没有给出任何线索来理解一个原子集体怎么可能像有生机体那样地适应环境.

和活力论者们相反,玻尔主张,虽然生命不能按物理学-化学的方式来解释,有生机体的物理学-化学的探索却没有什么界限. 生物学研究的一切结果都必须按照物理学和化学来加以叙述,以得到无歧义的描述. 这里和一种要求有一种平行性,那就是,每一个量子力学的实验都必须用经过经典物理学概念补充的普通语言来说明. “生命”不能被放在一个特殊的本体论层次上,不能被看成和物理物质不相同的一种实体. 物理学和生物学的分界线是认识论性质的.

按照玻尔的看法,通过集中注意观察和描述的条件,我们就遇到物理分析和自我保存及生殖之类的典型生物学现象之间的一种互补关系. 玻尔假设,从物理观点来看,生命的一切过程都涉及被吸收到机体中而后又被排出的一些原子. 他起初似乎曾经相信,生命的一种物理学-化学的解释需要一个先决条件,即我们必须能在整个的代谢过程中追踪每一个体原子的命运. 后来他修改了这种严格要求;这种要求把他引到了生物学中互补的观察局势的概念. 我们可以把这种概念称为“代谢论点”:一个机体必须适当起作用,其作用方式要求它和环境不断地交换物质和能量. 因此,谈论哪些原子属于机体和哪些原子不属于机体就是没有意义的. 当说到包括各种整体论和目的论的特色在内的整个机体时,我们处理的是不能在机体及其环境之间画出明确分界线的一些观察局势. 相反地,如果我们想要把机体置于一种物理学-化学的考察之下,我们就必须把它和环境隔离开

11

---

[18]　See N. Bohr, *Chemistry and the Quantum Theory of Atomic Constitution*, J. Chem. Soc., 1932, pp. 349—384. 见本书第六卷原第 373—408 页.

[19]　N. Bohr, *Introductory Survey* in Bohr, *Atomic Theory and the Description of Nature*, ref. 16, pp. 1—24. 见本书第六卷原第 279—302 页. 最后的 4 页是一篇加在丹麦文原本上的“附志”(1931).

来. 但是在这样做时, 我们就建立了和前一种观察局势相互补的一种观察局势. 机体的隔离意味着新陈代谢的被切断.

一个机体的一切状态的一种原子层次上的物理考察, 是和保持机体活着不相容的. 在这里, 考察又会造成新陈代谢的中断并从而导致机体的死亡. 遵循着李约瑟的做法, 我们可以把这种论点称为 "死亡学论点"[20] (起源于希腊文的 Thanatos 一词, 义即死亡). 玻尔在《光和生命》中大胆地宣布说[21]:

> ……假如我们企图对一个动物的各器官进行研究, 直到能够描述单个原子在有生机体中起什么作用的地步, 我们就毫无疑问地会害死那个动物. 在关于有生机体的每一个实验中, 必然会在各机体所处的物理条件方面留下一种不确定性, 而这就使我们想到, 我们在这方面所不得不留给机体的最小自由, 将刚好大得不妨说足以使机体对我们隐藏其秘密的地步. 按照这种观点, 生命的存在恰好就应该看成生物学中的一种基元事实; 它是不能解释的, 但是却必须被取作生物学中的出发点; 这正像作用量子的情况一样: 从经典的机械物理学的观点看来, 作用量子是一个不合理的要素, 但是和基本粒子的存在放在一起, 它却形成了原子物理学的基础.

死亡学原理受到了强力的批判, 从而玻尔不得不修订了它. 我们根据他最后的一篇演讲《再论光和生命》可以看出, 在时间的过程中, 玻尔已经意识到代谢论点和死亡学论点都走得太远了[22]. 然而, 他并没有放弃他那些一般的论点.

从 1932 年发表的《光和生命》到 1962 年的《再论光和生命》, 玻尔准备了很多的文章和演讲; 其中有些很短, 以致显得像一些提纲[23], 而另外一些则仅仅重

---

[20] J. Needham, *Order and Life*, M. I. T. Press, Cambridge 1936.

[21] Bohr, *Light and Life*, ref. 13. 引文见本卷原第 34 页.

[22] N. Bohr, *Light and Life Revisited*, ICSU Review **5** (1963) 194—199. 见本卷原第 164—169 页. Also published in *Essays 1958—1962 on Atomic Physics and Human Knowledge*, Interscience Publishers, New York 1963, pp. 23—29. The latter volume is photographically reproduced as *Essays 1958—1962 on Atomic Physics and Human Knowledge*, *The Philosophical Writings of Niels Bohr*, Vol.Ⅲ, Ox Bow Press, Woodbridge, Connecticut 1987.

[23] N. Bohr, *Analysis and Synthesis in Science*, International Encyclopedia of Unified Science **1** (1938) 28; *Medical Research and Natural Philosophy*, Acta Medica Scandinavica (Suppl.) **142** (1952) 967—972; *Quantum Physics and Biology*, Symposia of the Society for Experimental Biology, Number ⅩⅣ: *Models and Analogues in Biology*, Cambridge 1960, pp. 1—5; *Physical Models and Living Organisms* in *Light and Life* (eds. W. D. McElroy and B. Glass), The Johns Hopkins Press, Baltimore 1961, pp. 1—3; *Address at the Second International Germanist Congress* in *Spätzeiten und Spätzeitlichkeit*, Francke Verlag, Bern 1962, pp. 9—11. 见本卷原第 64, 67—72, 127—131, 134—137, 141—143 页.

复了《光和生命》中的那些论点,例如提出未经修改的死亡学论点㉔. 不过,在另外一些文章中却还是可以看出某种发展的路线;玻尔在那些文章中扩大了他的观点. 例如,在《物理科学和人的地位》㉕中,包含在器官机能的描述中的不可逆性被看成了我们的时间方向观念的基础,而在《各门科学的联系》㉖中,玻尔评论了有生机体和自动机器之间的相似性,而同时也指出了,在用于计算和控制的那些装置的功能的说明中,我们可以不考虑物质的原子构成,而这在有生机体的说明中却是不可能的.

13

　　当然,玻尔从来不否认,生物学的规律可以被确立,而不必扰乱生命的进展. 从哈维发现血液循环以来,生物学和生理学的历史给我们提供了许多建筑在有生机体的解剖结果以及考察结果上的规律. 玻尔很有创见地主张了的就是,有生机体中的本质过程的详尽无遗的说明,不能不破坏人们所要考察的东西而被确立. 他在这里想到的是整体性和个体性的特色,以及在新陈代谢中遇到的自调整、机体的生长、机体对环境的适应和机体中细胞机能的遗传学控制.

　　毫无疑问,使得玻尔修改或撤销了他的某些论点的,是1953年螺旋形DNA结构的发现和随后的关于遗传密码的理解. 这种发现,部分地建筑在作为染色体之基本成分的DNA的分离上,部分地建筑在提取物的化学分析上,部分地建筑在X射线显微图片上,而另一方面则建筑在大量的实验工作和理论工作上. 复制的机制事实上是在不知道机体中在原子层次上出现着什么过程的情况下被发现和解释了的. 从认识论的观点看来,双螺旋是过时的. 它没有引起任何佯谬. 它没有要求任何新的规律. 物理的和化学的解释被发现完全足以说明生命的基本秘密之一.

　　根据他和沃尔夫冈·泡利的通信㉗,玻尔没能相信双螺旋就是问题的终点. 他主张,生命的基本单位应该是细胞而不是染色体,而细胞的机能应该是由来自整个机体的信息来控制的. 他提出(53年12月31日玻尔致泡利,见原第547页):

　　　　配子在个体生命的很晚阶段才成熟,那时适应变化的外界条件的要求可能已经发生了;因此,看来就可以很自然地假设,这样的变化不仅仅反映在表现型中,而且遗传型的不变性也只是一种初级的近似,而且是可以经历其特性对环境作出适应的那种缓慢的久期变化的.

14

　　㉔　N. Bohr, *Address at the Opening Ceremony*, Acta Radiologica (Suppl.) **116** (1954) 15—18. 见本卷原第 75—78 页.

　　㉕　Ingeniøren **64** (1955) 810—814. 见本卷原第 102—106 页.

　　㉖　Journal Mondial de Pharmacie, No. 3, Juillet - Decembre 1960, pp. 262—267. 见本卷原第 148—153 页. Also published in *Essays 1958—1962*, ref. 22, pp. 17—22.

　　㉗　1954 年 2 月 16 日泡利致戴耳布吕克,1954 年 2 月 19 日泡利致玻尔,1954 年 3 月 26 日泡利致玻尔,1954 年 4 月 6 日玻尔致泡利,1955 年 2 月 7 日玻尔致泡利. 各信见本卷原第 551,553,557,558,561 页.

玻尔和瓦耳特·艾耳萨瑟的通信表明,直到最后,玻尔还主张甚至分子生物学中的最新结果也还不允许把生物学归结为物理学㉘.他从来没有放弃他的观点,一直认为有生机体的完整性和有意识个体的特征显示出一种整体性的特色,其说明蕴涵着一种典型互补的描述模式.

看来可以合理地问问当玻尔一次又一次地提到知识的统一性时,他心中想的是什么.逻辑实证论者们将论证说,如果生物学和心理学不能归结为物理学和化学,那就不存在这种统一性.然而,玻尔的关于知识统一性的想法和逻辑实证论者的想法正好相反.毫无疑问,玻尔认为,如果我们沿着本体论的路线去思考,我们很快就会被引导着谈论不同的存在形式.我们不必去捉摸实在的本质,而应该紧紧抓住认识论,并集中考虑关于实在时我们能说些什么.把一个科学领域和另一个科学领域区分开来的,永远是观察和描述的条件的不同.通过集中考虑这些条件,我们就意识到,表观上的对立是可以解决的."要想把物理学定律同适用于描述生命现象的概念调和起来,唯一的途径就是要检查观察物理现象和观察生物学现象的条件的本质区别"㉙.当我们分析经典物理学和量子力学之间的概念关系时,情况也是这样的.然而统一性是得到了保持的,因为一切无歧义描述的基础在《全卷引言》所介绍的意义下归根结蒂还是日常语言㉚.

2. 玻尔观点的同时代讨论

毫不奇怪,玻尔的观点当时在一般的生物学家中间并没有受到特别的注意,只有那些对生物学的基本问题感兴趣的人们才对这些观点作出了反应.玻尔的观点引起了哲学家们的注意,特别是那些代表着逻辑经验论学派或逻辑实证论学派的和起源于在1923年建立的"维也纳学派"的哲学家们;这一学派在莫里兹·石里克于1928年建立了"尊敬的厄恩斯特·马赫学会"以后壮大了起来.从一开始,逻辑实证论者们就进行了反对形而上学倾向的斗争,并且确立了一个科学统一性的纲领.厄恩斯特·马赫殁于1916年.他已经通过批判肉体世界和精神世界之间的二元论以及客体和主体之间的二元论而指示了方向.在他看来,二元论意味着不同的存在层次,从而是必须避免的.按照马赫的意见,"实在"必须理解为我们所经验到的信息,而不是别的.他把这些信息称为"要素",为的是表

㉘   1959年11月19日玻尔致艾耳萨瑟,1959年12月18日艾耳萨瑟致玻尔,1959年12月29日玻尔致艾耳萨瑟.各信见本卷原第497,498及500页.

㉙   Bohr, *Biology and Atomic Physics*, ref. 17. 引文见本卷原第60—61页.

㉚   见前面的原第XXXIII页.

明它们既不是肉体的也不是精神的而只是中性的东西[31]. 一个蓝色的斑点可以在物理的方面被检查,例如通过测量所发射的光的波长来检查,从而可以被表征为某种物理的东西. 另外,它也可以在心理学的方面被检查,例如当我们估计它和其他颜色相比的视觉饱和度时,这时它就应该表征为一种心理学的资料. 但是就它本身来说,它既不是物理的东西也不是心理的东西,而只是一种中性的要素.

按照马赫的看法,实在只是一些这样的要素,而不是别的. 例如,一块石头不是别的,而只是一组比较持久的要素. 一个主体或自我也不是别的,而只是一组相对稳定的要素. 诸如"原子"、"电子"、"力"和"电磁场"之类的概念并不代表任何实在的东西. 它们不是别的,而只是为了用一种自洽的方式来描述我们的观察和实验的结果而引用的一些概念. 有关精神事件和物理事件的关系的争论,或是关于活力论和机械论的争论,都是庸人自扰的争论. 谈论存在的不同种类或不同层次是毫无意义的. 这些思索导致了科学统一性的概念[32].

证明马赫的纲领可以如何详细地实施的最初尝试是鲁道耳夫·卡尔纳普的1928 年的巨著"Der Logische Aufbau der Welt"(世界的逻辑构造)[33]. 然而,逻辑实证论者们很快就意识到了,马赫的和卡尔纳普的认识论基础在性质上都是现象论的,从而蕴涵了一种不可接受的唯我论. 从 1931 年到 1936 年,一种新的基础被发展了起来,那就是所谓的"物理论"(Physicalism). 实证论者们主张,所有的科学概念和科学论述都可以归结为关于宏观客体及其可以互相证实的性质的命题. 这种物理论形成了科学统一性(Einheitswissenschaft)运动的基础,这种运动很快就通过会议、书籍和期刊反映了出来. 在运动的支持者中,有许多资深的科学哲学家,例如菲利普·弗朗克、汉斯·赖兴巴赫和卡尔·古斯塔夫·汉培耳. 按照他们的研究计划,社会科学中的规律和概念应该用心理学的概念来定义,而心理学的概念则应该在生物学的基础上加以定义,而所有的生物学概念则应该归结为描述可观察的物理客体的语言[34].

很自然地,逻辑实证论者们对玻尔的观点发生了兴趣. 他是最著名的物理学家中的一员,他主张量子力学是建筑在观察上的,而那些观察归根结蒂要用经典物理学客体来描述. 不过,玻尔同时却宣称,生物学是不能归结为物理学和化学

16

---

[31]　E. Mach, *Die Analyse der Empfindungen* (9th edition), Gustav Fischer, Jena 1922, pp. 35—37.

[32]　See, for instance, J. Jørgensen, *The Development of Logical Empiricism*, University of Chicago Press, Chicago 1951.

[33]　R. Carnap, *Der Logische Aufbau der Welt*, Weltkreis Verlag, Berlin 1928. The English version is *The Logical Structure of the World*, Routledge and Kegan Paul, London 1967.

[34]　See Jørgensen, *Development*, ref. 32.

的. 哥本哈根大学的哲学教授之一, 约根·约根森, 是科学统一性运动中的领袖人物之一, 而且和爱德伽·鲁宾也有密切的接触. 正如"全卷引言"中所提到的那样[35], 鲁宾是玻尔的一位好友. 他从 1929 年开始和约根森讨论了生物学问题和心理学问题. 然而, 丹麦以外的运动成员只是通过帕斯夸耳·约尔丹而知道了玻尔的观点. 约尔丹认为自己是一个宣了誓的马赫主义者和一个被接受了的运动成员, 其实情况很难说是这样.

约尔丹以其对量子力学之发展的重要贡献而闻名, 而且他也和玻尔一样对生物学和心理学的基础感兴趣. 在一封写于 1930 年 1 月的信中, 玻尔表述了他在和约尔丹的哲学讨论中的乐趣[36], 而在 1931 年 3 月间的一次对哥本哈根的访问中, 约尔丹有机会和玻尔讨论了互补性观点的普遍推论, 于是他发表了一些关于量子力学对生物学的适切性的论文. 然而不久就证实, 约尔丹的观点是建筑在对玻尔的一种严重误解上的. 不过, 约尔丹却引用了玻尔的话来支持他自己的观点, 而玻尔慢慢地才意识到约尔丹的兴趣是和他自己的兴趣不相同的.

在 1931 年 5 月间, 约尔丹寄给玻尔一份稿子[37], 后来这份稿子经过补充发表在"Die Naturwissenschaften"上[38]. 在这篇论文中, 约尔丹声称, 外部世界("Aussenwelt")和内在主观世界("Innenwelt")之间的传统区分, 已经被一种情况所埋葬了, 那情况就是, 外部世界中的每一事物都依赖于观察过程. 量子力学已经证明, 我们记录下来的每一事物都受到观察的影响, 其方式正如精神状态受到自我观察的影响时的方式一样. 借助于这种不成立的论点, 约尔丹试图支持了马赫的哲学.

引用了玻尔, 约尔丹解释说, 精神肉体平行论类似于量子力学中的波粒二象性. 至于意志自由的问题, 他提出了一种轻松的解: 在无机物质中, 各个原子的非因果性通过一种标准统计分布来展平; 而在有生机体中, 它们可以通过机体中的放大机制而显示宏观的非因果性的行为. 这就是约尔丹的所谓关于意志自由的"放大假说", 这种假说事实上早在 1927 年已由美国生物学家喇耳夫·斯台诺·里利提出[39].

在他给约尔丹的复信中, 玻尔用友好的口气批评了他的年轻同道所提出的三点看法. 首先, 他不同意约尔丹关于"Aussenwelt"和"Innenwelt"的想法, 因为

---

[35]　见上文《全卷引言》, 原第 XXIX 页.
[36]　1930 年 1 月 25 日玻尔致约尔丹的信. 见本卷原第 515 页.
[37]　1931 年 5 月 20 日约尔丹致玻尔的信, 见本卷原第 517 页. 约尔丹的稿子 *Statistik, Kausalität und Willensfreiheit*(统计法, 因果性和波动力学)现藏 NBA.
[38]　P. Jordan, *Die Quantenmechanik und die Grundprobleme der Biologie und Psychologie*, Naturwiss. **20** (1932) 815—821.
[39]　R. S. Lillie, *Physical Indeterminism and Vital Action*, Science **66** (1927) 139—144.

经典物理学必须以主体和客体之间的明确划分为前提而且也不曾被量子力学所推翻.第二,他指出,约尔丹的关于精神肉体平行论的考虑可能导致对他自己的观点的一种误解.最后,他同意了约尔丹的看法,认为非因果性是生命的一种特色(1931 年 6 月 5 日玻尔致约尔丹,见本卷原第 520 页):

> 我当然同意一点,即给我们以必要的自由的,首先就是无机宏观宇宙中的因果概念之适用性的基本界限;而且,在这种意义上,非因果性可以看成生命的一种特征.

不过,他还是声称,机体的反应是和生物学所特有的规律密切地联系着的,从而在原理上是和放大装置不同的.玻尔说,他还不曾完成他自己的观点的发展. 18

在所标日期为 1931 年 6 月 22 日的约尔丹致玻尔的其次一封信中[40],约尔丹提出了一个有生机体共有三个范围——第一个范围包括各个基本"中心"即各个非因果的过程,第二个范围包括放大机构,而第三个范围包括各个工具器官.后一范围包括骨骼和肌肉,它们是可以用力学方式来描述的."放大作用"是某种目的论的综合作用,因为一定存在一个中间层次,在那里,各单个原子的无规统计效应被用这种或那种方式协调起来.因此就不可能在原子层次上用实验来观察一个有生机体的状态.那将干脆就意味着机体的死亡.

很奇怪的是,在 1931 年 6 月 23 日给约尔丹的一封信中[41],玻尔表示了同意所有这些设想,它们是和他在仅仅一年以后在《光和生命》中表示的观点相反的.他强调说,他的主要兴趣不是要进入生物学研究的本身.他的兴趣只在于生物学的认识论方面.

在 1932 年 11 月 26 日给玻尔的一封信中[42],约尔丹附寄了他在"Die Naturwissenschaften"上发表的文章的抽印本,该文除增加了关于有机物本性("Das Wesen des Organischen")的一节以外,和玻尔在 1931 年 5 月份收到的那份稿子完全相同.玻尔在 1932 年 12 月 27 日的一封信中感谢了约尔丹,并且写道(1932 年 12 月 27 日玻尔致约尔丹,全信见本卷原第 532 页):

> 我很高兴您的关于量子力学和生物学问题的美好文章终于发表了.

---

[40]　1931 年 6 月 22 日约尔丹致玻尔,信文见本卷原第 525 页.
[41]　1931 年 6 月 23 日玻尔致约尔丹,信文见本卷原第 528 页.
[42]　1932 年 11 月 26 日约尔丹致玻尔,信文见本卷原第 530 页.

　　在一段时间之内,期刊"Erkenntnis"(知识)和逻辑实证论者们召开的会议,成了讨论约尔丹的和玻尔的观点的场所. 在 1934 年的一篇文章中[43],约尔丹很不理解地引用了玻尔的话来支持他的想法. 他在文章中重复了放大假说和死亡学假说,并且声称当脑子受到穿透性 X 射线的照射时,生命的过程就会因为康普顿效应而被破坏.

　　约尔丹的观点受到了猛烈的批评. 莫里兹·石里克指出,放大假说并不蕴涵自由而只蕴涵偶然性. 自由并不仅仅是缺乏因果性,而自由选择也不仅仅是量子跳跃的放大[44]. 菲利普·弗朗克认为,约尔丹的论点并不能证明生物学是一门自足的科学[45]. 在他对这些和另一些作者的答复中,约尔丹引用了玻尔的话,并且强调了生物学不能完全地归结为现代物理学[46]. 约尔丹的对玻尔观点的误解性提倡,刺激了逻辑实证论者们和玻尔讨论整个问题的兴趣. 这可能就是把 1936 年的科学统一性会议放在哥本哈根召开并邀请玻尔去致开幕词的背景.

　　除了这种讨论以外,我们只能找到很少的对玻尔观点的评论. 奥托·梅耶尔霍夫批评了死亡学原理,并且指出了,当一个动物死了时,它的所有器官并不是同时死亡. 例如,由电刺激引起的肌肉收缩在机体死亡以后还可以观察到[47]. 另一个反对者是李约瑟,他在 1936 年出版的一本基本著作中攻击了哈耳丹的和玻尔的观点,也攻击了里利的 1927 年的文章. 关于代谢论点,他写道:"哈耳丹想要探索能否赋予一个离开它的环境的机体以任何意义",他得到结论说:"……如果在机体和切近的环境之间不能画一条分界线,则在切近环境和远方环境之间也画不出更好的分界线."他批评了我们所说的玻尔的死亡学原理,他指出,"随着实验技术的日益精化,对实验材料造成的伤害将越来越小"[48]. 许多生物学家觉得玻尔的论点太模糊和太玄妙. 可能是人们对他的思想的看法的一种特征,使得生物学家们倾向于把他看成一个活力论者. 在 1933 年在哥本哈根拜访了玻尔以后,著名生物学家 H·J·穆勒在一封信中写道,他很高兴"在那里见到了物理学

　　[43]　Pascual Jordan, *Quantenphysikalische Bemerkungen zur Biologie und Psychologie*, Erkenntnis **4** (1934) 215—252.

　　[44]　Moritz Schlick, *Ergänzende Bemerkungen über P. Jordans Versuch einer quantentheoretischen Deutung der Lebenserscheinungen*, Erkenntnis **5** (1935) 181—183.

　　[45]　Philipp Frank, *Jordan und der radikale Positivismus*, Erkenntnis **5** (1935), p. 184.

　　[46]　P. Jordan, *Ergänzende Bemerkungen über Biologie und Quantenmechanik*, Erkenntnis **5** (1935) 348—352.

　　[47]　O. Meyerhof, *Betrachtungen über die naturphilosophischen Grundlagen der Physiologie*, Naturwiss. **22** (1934) 311—314.

　　[48]　J. Needham. *Order and Life*, M. I. T. Press, Cambridge, Massachusetts 1936, pp. 9, 11, 30.

家玻尔,但是我然后就发现他关于生物学的观点是不可救药地活力论的"[49].　　　　20

　　在一封 1934 年的信中,马科斯·戴耳布吕克通知玻尔说,约尔丹在柏林的经验哲学学会上发表了一篇演讲,自称代表玻尔的观点.戴耳布吕克警告玻尔说,马科斯·哈特曼和另外一些生物学家对演讲相当生气.在一篇针对哈特曼的短文中,戴耳布吕克对玻尔的观点进行了总结;他说,玻尔事实上并不认为生物学家们为了研究机体就必须杀死机体,而且也承认生物学的描述可以是严格因果性的.戴耳布吕克把一份短文寄给了玻尔,而玻尔同意了文章的内容[50].

　　1936 年,逻辑实证论者们在哥本哈根召开了他们的第二届科学统一性国际会议.主要议题是"因果性问题".会议在 6 月 21 日至 26 日举行,而且是在卡尔斯伯荣誉府的玻尔住宅中开幕的.玻尔发表了一篇演讲;在演讲中,他间接地推翻了约尔丹的观点.例如他宣称,量子力学没有给活力论的问题和意志自由问题提供任何解,而且也强调了,他反对精神论,即反对把精神看成笛卡儿意义下的一种特殊的存在形式[51].在一封所标日期为 1936 年 9 月 5 日的给梅耶尔霍夫的长信中,他论述了演讲中的这一论题和其他问题[52].

　　玻尔的演讲没有得到他的听众的赞许,而且他在会议以后显然意识到了他的观点和逻辑实证论者的观点很不相同.然而并不是每个人都对玻尔的想法持反对态度.早在 1932 年,他就在马科斯·戴耳布吕克身上看到了一位热心的弟子.当时戴耳布吕克是 26 岁,申请到了一份洛克菲勒奖学金,可以到哥本哈根去在玻尔指导下工作和到苏黎世去在沃尔夫冈·泡利指导下工作.戴耳布吕克已经学习了天文学和物理学,而且在 1930 年在柏林大学通过了关于锂的量子力学的哲学博士论文的答辩.

　　《光和生命》这篇演讲,是玻尔完全致力于生物学之哲学问题的第一篇演讲.他是作为第二届国际光学会议的开幕词而发表了这篇演讲的;会议于 1932 年 8　　21月份召开,处理的是光在生物学、生物物理学和治疗学中所起的作用[53].他起初在接受邀请方面是踌躇的,而且直到会议开幕的三个星期以前才同意在会上发表一篇演讲.关于这一点,芬·奥瑟若德写道[54]:

---

　　[49]　Aaserud, *Redirecting Science*, ref. 11, pp. 98—99.

　　[50]　1934 年 11 月 30 日戴耳布吕克致玻尔(附文章)和 1934 年 12 月 8 日玻尔致戴耳布吕克.信及文章见本卷原第 465 页及以后.

　　[51]　N. Bohr, *Causality and Complementarity*, Phil. Sci. **4** (1937) 289—298. 见本卷原第 39—48 页.

　　[52]　1936 年 9 月 5 日玻尔致梅耶尔霍夫,见本卷原第 541 页.

　　[53]　*IIe Congrès International de la lumière, biologie, biophysique, thérapeutique —— Copenhague 15 - 18 Août, 1932*, Engelsen & Schrøder, Copenhagen (no date), where Bohr's lecture is reproduced on pp. XXXVII — XLVI.

　　[54]　Aaserud, *Redirecting Science*, ref. 11, p. 91.

　　或许是由于决定得较晚,他在光学会议上的演讲是很少的几篇没有留下讲稿的演讲中的一篇.而且,这篇演讲后来以几种语言和版本出版,而在表述上只有较小的改动.这对玻尔来说是十分非典型的,他的著作一般在出版以前要多次易稿.此事表明,在他和约尔丹的通信以后,玻尔关于生物学的思想已经在实质上成熟了.

沃尔纳·海森伯、马科斯·戴耳布吕克和帕斯夸耳·约尔丹在
卡尔斯伯荣誉府的花园中,1936 年.

　　事实上,通常很细心的玻尔认为表述上的差异是那样的无关宏旨,以致当他在若干年后用几种文字出版这篇作品时,他并没有在每一次都用相同的文本[55].

　　戴耳布吕克来到哥本哈根正是时候,正好赶上听到玻尔的演讲.这篇演讲刺激了他对生物学的兴趣.他特别被演讲中提出的量子物理学和生物学之间的那些平行性迷住了.遗传复制和遗传变异的问题当时是一个谜.一方面,遗传在上千世代中是惊人的稳定的;另一方面,变异也确实会发生.尽管基因的概念很有用,但是在 1932 年,谁也没有分离出一个基因.基因的大小已经根据果蝇实验而近似地知道了,但是它们的物理的和化学的成分在当时还是一个秘密.

　　1932 年秋季,戴耳布吕克开始在柏林的威廉皇帝化学研究所中随丽丝·迈特纳和奥托·哈恩一起工作.在那里,他在随后的五年之内用自己的业余时间在讨论班上和讨论小组上追随了自己的生物学方面的兴趣.在威廉研究所中工作

───────────────

[55]　见上文原第 28 页.

期间,他和生物学家 N・W・季莫菲耶夫-莱索夫斯基及生物物理学家 K・G・齐默尔进行了接触. 他们向他介绍了辐射在果蝇中引起变异的现象. 提出了一个问题: 量子力学能否说明基因的稳定性和变异性. 出发点是 H・J・缪勒用一种果蝇(Drosophila melanogaster)做的实验,结果表明从紫外线到 γ 射线之间的辐射会正比于辐射剂量而增加变异率.

讨论的结果由季莫菲耶夫-莱索夫斯基、齐默尔和戴耳布吕克写成了一篇文章[56]. 每一作者分头写了这篇"三人论文"中的自己的部分,而最后的一节是三人合写的. 在他自己的部分中,戴耳布吕克说遗传学不能归结为物理学和化学,并且提出基因在新陈代谢过程中只起催化剂的作用. 假设基因是一个分子(这在当时还只是一种猜想),戴耳布吕克把基因看成了一个量子力学体系,并把由 X 射线引起的变异看成了从一个稳定电子态到另一个稳定电子态的变化.

戴耳布吕克在 1935 年把文章的一份副本寄给了玻尔[57],并因为文中没有包括有利于互补性的任何论点而感到遗憾. 正如可以从一封在 1935 年 8 月份写给戴耳布吕克的信中看到的那样[58],玻尔变得对问题深感兴趣了. 他接着就组织了一次关于"变异机制"的会议,于 9 月 27 日到 29 日在哥本哈根召开——这是人们曾经召开过的第一次关于基因的物理学和化学的会议. 大约有 35 个人出席了会议,其中包括季莫菲耶夫-莱索夫斯基和戴耳布吕克.

戴耳布吕克的目的是足够深入地研究遗传学领域和细胞学领域,以找出一个佯谬,它在性质上要和引向量子物理学的那些佯谬相似,那就是普朗克的作用量子的发现和卢瑟福的原子核的发现. 假若这样一个佯谬可以被找到,通往一个新的科学领域的门就会被打开,而生命之谜就会有一个新的面貌.

1935 年,洛克菲勒学院的 W・M・斯坦利得到了一个轰动一时的发现. 他得出了烟草花叶病毒的结晶,这种病毒因为可以引起烟草的花叶病而得名. 当和寄主机体接触时,这种病毒既显示复制作用又显示变异作用,但是在结晶形态下,它却是一种可以形成粉状沉积物的蛋白质. 确实,这就很像戴耳布吕克所要寻找的那种生命的个体单位. 这种单位的存在,早先曾由生物学家 J・格雷提出过;格雷曾经同意了玻尔《光和生命》中的想法,认为生命是像作用量子那样基本的一个事实[59]. 虽然基因和病毒之间的相似性自从 20 年代以来就被讨论过,但是只有到了斯坦利那时,病毒才能作为基因的模型而被使用. 现在总算有了可

23

---

[56]　N. W. Timoféeff-Ressovsky, K. G. Zimmer und M. Delbrück, *Über die Natur der Genmutation und der Genstruktur*, Nach. Ges. Wiss. Göttingen, Math-Phys. Kl., Fachgruppe Ⅵ: Biologie **1** (1935) 189—245.

[57]　1935 年 4 月 5 日戴耳布吕克致玻尔的信,见本卷原第 472 页.

[58]　1935 年 8 月 10 日玻尔致戴耳布吕克的信,见本卷原第 473 页.

[59]　J. Gray, *The Mechanical View of Life*, Nature **132** (1933) 661—664.

能,可以说是研究纯粹的复制机构,而不必像在果蝇的事例中那样同时注意到机构只是它的一部分的那个机体了.

　　1937年,戴耳布吕克得到了洛克菲勒基金会的一份奖学金;他选择了到帕萨迪纳的加利福尼亚理工学院(Caltech)去和著名遗传学家T·H·摩尔根一起工作.戴耳布吕克在Caltech没有参加活跃的果蝇小组,而却加入了生物化学家艾莫瑞·艾利斯的集体,当时艾利斯正在装置研究菌病毒(噬菌体)的实验.从那时起,戴耳布吕克逐渐减少了他在辐射遗传学方面的努力而却铺平了通往双螺旋的道路.他对噬菌体的研究被证明为有成果的,后来他和细菌学家萨尔瓦多·劳拉进行了成功的合作,并一起和阿非雷德·荷尔什合得了1969年的诺贝尔医学奖.然而,他的哲学期望却没有实现.虽然噬菌体代表了一个独立的单细胞中的复制过程的最简单事例,并从而可以看成"生命的基本单位",戴耳布吕克的分子机制的研究却表明了它们比原子层次上的任何东西都更复杂.随着电子显微镜的改进,噬菌体的照片就显示出来它不是一种"基本的"生物学单位,而是一种甚至不必进入寄主机体中也能复制自己的复杂机体.另外,寄主菌还可以通过发生变异来反抗噬菌体的攻击,这就使人们想到菌中和噬菌体的复制机制发生相互作用的一些过程.

　　在他旨在寻找互补关系的继续研究中,戴耳布吕克转向了藻菌类的感觉生理学的研究.虽然藻菌有一种在量子层次上起作用的感觉机制,戴耳布吕克却仍然没有能够实现他的哲学雄心.这些雄心在1954年12月的一封戴耳布吕克致玻尔的信中叙述得很清楚[60].

　　在1944年,加拿大出生的细菌学家O·T·阿沃瑞和他的合作者们证明了,肺炎双球菌的特性之一,依赖于一种特定分子即DNA的存在.这就允许了一条假说:DNA就是遗传物质.在50年代开始时,人们渐渐弄明白了,复制问题的答案存在于DNA的结构中.通过杰姆斯·D·沃森的、弗朗西斯·克里克和罗萨林·富兰克林的对DNA结构的探明,问题完全解决了.生命的巨大秘密之一已经在化学和物理学的基础上得到了答案.戴耳布吕克的噬菌体纲领已经证明了它的适切性.但是结果却反驳了戴耳布吕克的关于生物学的普遍观念.

　　当戴耳布吕克听说了双螺旋的事时,他的第一个希望就是一个佯谬将会出现.在1953年4月间给玻尔的一封信中,他写道(1953年4月14日戴耳布吕克致玻尔,全信见本卷原第474页):

　　　　非常惊人的事情正在出现在生物学中.我认为吉姆·沃森已经做出了

───────────────

　60　1954年12月1日戴耳布吕克致玻尔的信,见本卷原第475页.

一个发现,可以和 1911 年卢瑟福的发现相媲美.

玻尔 1951 年 5 月 2 日的回信表明他已经听到了此事[51].戴耳布吕克似乎暗示,这一发现召唤一个理论步骤,其数量级等于玻尔 1913 年的原子理论的数量级.但是,如上所述,双螺旋没有引发任何佯谬.对玻尔和戴耳布吕克来说,它只意味着他们关于生物学的想法暂时地被遗传学所否定了.很典型地,玻尔没有由于这一发现而灰心丧气,它事实上是增大了他对生物学的兴趣.

戴耳布吕克从来没有丧失他对玻尔有关生物学的看法的兴趣.例如,当他在 1962 年 6 月间组织科隆大学遗传学研究所(Institut für Genetik der Universität zu Köln)的落成典礼时,戴耳布吕克邀请了玻尔在典礼上发表主要的演讲.于是他给他的老师写信说,玻尔(1962 年 4 月 15 日戴耳布吕克致玻尔,全信见本卷原第 488 页):

> 可能愿意利用这样一个机会,来在已经发生了的那些新发展的背景上,更深入地谈谈你在 30 年前发表过的那些意见.

戴耳布吕克和玻尔之间的通信[52]表明,正像经常做的那样,玻尔尽最大可能作了准备.在落成典礼以后,玻尔病了,而且身体不好使他没能在 1962 年 11 月 18 日突然逝世以前准备好他的《再论光和生命》的发表稿[53].

戴耳布吕克的科学事业是科学史上常见现象之一例;就是说,一个科学家得出了结果或对发现作出了贡献,而那些结果或贡献却反驳了他的希望和预期.他的科学事业也提供了一个例证,表明甚至很抽象和很玄想的想法也可以有实用的效果.

尽管戴耳布吕克对于玻尔的想法很感热心,尽管玻尔对于戴耳布吕克的工作也很热心,但还是可以提出一个问题:戴耳布吕克是否理解了玻尔的认识论考虑的深度?事实上,玻尔从来不曾提出过生物学的研究将揭示和 1911 年卢瑟福的发现相类似的实验事实并从而引入一种佯谬.这不是他处理生物学问题的方式.他不断强调的一点是,为了描述有生机体特别是有意识的机体,我们必须建立一种概念构架,它一方面在本质上不同于经典物理学和化学,另一方面也在本质上不同于量子力学.玻尔有时提到热力学描述和经典力学之间的关系(这是

<hr>

[51]　1953 年 5 月 2 日玻尔致戴耳布吕克的信,见本卷原第 475 页.
[52]　1962 年 4 月 15 日到 5 月 21 日的戴耳布吕克和玻尔的通信,见本卷原第 488—494 页.
[53]　演讲稿于玻尔去世以后由他的儿子奥格・玻尔完成,并作为《再论光和生命》发表,见注[22].

两种概念构架，它们在某种意义上是互补的），来作为物理学和生物学之间的关
26　系的类例．玻尔所要求的描述条件，后来被发现为在生物学中并不一定依赖于某
些拒绝一切物理分析的特殊生物学基础事实的被发现．我的希望是，下面这些玻
尔的关于生物学及有关问题的著作的充分展示（辅之以一些未发表资料的选
编），将有助于给他那些甚至受到过他的某些最亲密同道的误解的观点提供一种
精确的论述．

Ⅰ. 光 和 生 命

Nature **131** (1933)，421—423，457—459.

1932 年 8 月 15 日在哥本哈根国际光疗会议开幕式上的演讲

参阅《全卷引言》的原第 XXVII 和 XLV 页，以及第一编《引言》的原第 7、11 和 20 等页.

[中译者按：本卷的这篇文章是按发表在 Nature 上的原样复制的，而《原子物理学和人类知识》一书中所收的此文，也是依据的 Nature 文本. 但二者在分段上和遣词造句上有许多不同的地方（大意当然是相同的），因此我们重新进行了翻译，没有完全采用将近四十多年前的旧译本. 以后的一些文章情况也类似.]

《光和生命》(1932)

用英文、丹麦文和德文发表的不同版本

英文本：*Light and Life*

A　"IIe Congrès International de la lumière, biologie, biophysique, thérapeutique Copenhague, 15 - 18 août 1932", Engelsen & Schröder, Copenhagen (no date), pp. XXXVII—XLVI

B　Nature **131** (1933) 421—423, 457—459

C　"Atomic Physics and Human Knowledge", John Wiley & Sons, New York 1958, pp. 3—12 (reprinted in: "Essays 1933—1957 on Atomic Physics and Human Knowledge, The Philosophical Writings of Niels Bohr, Vol. II", Ox Bow Press, Woodbridge, Connecticut 1987, pp. 3—12)

丹麦文本：*Lys og liv*

D　Naturens Verden **17** (1933) 49—59

E　"Atomfysik og menneskelig erkendelse", J. H. Schultz Forlag, Copenhagen 1957, pp. 11—22

F　"Naturbeskrivelse og menneskelig erkendelse" (eds. J. Kalckar and E. Rüdinger), Rhodos, Copenhagen 1985, pp. 96—118

德文本：*Licht und Leben*

G　Naturwiss. **21** (1933) 245—250

H　"Atomphysik und menschliche Erkenntnis", Friedr. Vieweg & Sohn, Braunschweig 1958, pp. 3—12

除少数改正外，C 是 A 的重印本.
D 是玻尔据 A 的译本.
B 是玻尔据 D 的重译(见本卷原第 533 页,1933 年 1 月 19 日玻尔致克莱恩).
D、E、F 完全相同.
G 和 B 相对应.
H 和 G 完全相同,除少数不关紧要的表述差异以外.

光 和 生 命

作为一个只限于研究无生物体的性质的物理学家,我在接受盛情的邀请来在这样一个科学家集会上发表演说时是不无踌躇的. 今天,诸位科学家会聚一堂,为的是推进我们关于光在治疗疾病方面的有益效果的知识. 对于这一门美好的、对人类福利如此重要的科学,我实在没能有所贡献. 我最多只能谈谈纯无机的光现象;这些现象多少年来曾经特别吸引了物理学家们的注意,其很大的原因就在于光是我们的主要观察工具这一事实. 然而我曾经想到,借此机会,联系到这些谈话来接触到一个问题也许是有兴趣的;那就是,在物理学这一有限范围内得到的结果,可以在多大程度上影响我们对于有生机体在自然科学领域中所占地位的看法.

尽管生命之谜具有很微妙的特性,这个问题却在科学的每一阶段上都出现过,因为任何的科学解释都必然就是把较复杂的现象的描述归结为较简单的现象的描述. 然而,在目前,由原子理论之晚近发展所揭示了的自然现象之力学描述(机械描述)的一种本质局限性的意外发现,却给老问题带来了新兴趣. 这种局限性,事实上正是通过对光和物体之间的相互作用进行彻底的研究而最初被认识到的;这种相互作用显示了一些特色,它们是不能和迄今对物理解释所提的那些要求互相调和起来的. 正如我将努力阐明的那样,物理学家们掌握这一局势的那些努力,在某种方式上是和生物学家们对生命的各个方面所或多或少直觉地采取了的那种态度相仿佛的. 但是我愿意立刻强调指出,只有在这种形式化的方面,光才显示和生命的类似性,因为光或许是一切物理现象中最不复杂的一种现象,而生命的多样性却远远超出于科学分析的把握之外.

从一种物理学的观点看来,光可以定义为隔着一定距离的一些物体之间的能量传递. 如所周知,这样一种能量传递在电磁理论中得到了一种简单的解释,而电磁理论则可以看成经典力学的一种把超距作用和接触力调和起来的直接推广. 按照这种理论,光被描述成了一些耦合着的电振动和磁振动,它们和无线电传输中所用的普通电磁波的不同只在于它们的振动频率更大而波长更小. 我们通过直接的视觉或通过适当的光学仪器来对物体进行的定位,是根据了光的实际上的直线传播的;事实上,这种实际上的直线传播,则完全依赖于光的波长和所及物体的线度及仪器的线度相比之下的微小性.

　　然而,光的波动本性这一想法,不但形成我们关于色现象的解释的基础,而且对光学现象的每一种详细分析来说也是具有不可缺少的重要性的——而色现象已经在光谱学中提供了关于物质之内部构造的如此重要的信息. 作为一个典型的例子,我只需提到当来自同一光源的光可以沿两条不同的路程而传到一个屏上时就会出现的干涉图样就行了. 我们在这样的事例中发现,在屏上,在两个波列的周相一致的那些点上,也就是在两个光束中的电振动及磁振动具有相同方向的那些点上,两个光束所分别引起的效应是加强的;在这些振动具有相反方向而两个波列被说成互相反相的地方,效应是减弱甚至互相抵消的. 这种干涉图样已经使得光的传播的波动本性的非常彻底的检验成为可能,以致这种观念不能再被看成一种通常意义下的假说,而是必须看成所观察到的现象的描述方面的一种不可缺少的要素了.

　　但是,如所周知,光的本性问题在近年以来曾经受到了重新的讨论,这是能量传递中的一种奇特的原子论特色被发现的结果;这种特色从电磁理论的观点看来是完全不可理解的. 事实上,已经证实,光的一切效应都可以追溯到一些个体的过程,在每一个过程中有一个光量子被交换,光量子的能量等于电磁振动的频率和普适作用量子或称普朗克常量的乘积. 光现象的原子性和按照电磁理论看来的能量传递中的连续性,这二者之间的鲜明对照把我们带到了一个两难问题面前,其问题的品格是在物理学中前所未闻的. 因为,尽管波动图景有其不充分之处,但是却不存在把它换成任何依赖于普通力学概念的其他光传播图景的可能性.

30　　特别说来,应该强调指出,光量子概念的引入绝不意味着回到旧的质点概念;那种质点具有充分确定的路径,并起着光能载体的作用. 事实上,作为一切光现象之特征的就是(在光现象的描述中波动图景起着不可缺少的作用),追索个体光量子之路径的任何尝试都会干扰所研究的现象本身;这正像下述的情况一样;如果我们为了确保光能量只沿着光源和屏之间的两条路径中的一条路径前进而在另一条路径上放一个不透明的物体,则干涉图样将完全被破坏. 因此,一方面是光传播的空间连续性,另一方面是光效应的原子性,二者必须在一种意义上被看成是彼此互补的;其意义就是,每一方都表示着光现象的一种重要特色,它们虽然从一种力学的(机械的)观点看来是不可调和的,但是却绝不会直接冲突起来,因为一种或另一种特色的更仔细的分析将要求互斥的实验装置.

　　与此同时,这一局势本身就迫使我们放弃光现象的一种完备的因果描述,并满足于建筑在一件事实上的几率计算;其事实就是,光的能量传递的电磁描述在一种统计的意义上仍然是对的. 这种计算形成所谓对应论点的一种典型的应用.

对应论点表示的是我们的一种努力,即力图借助于力学概念和电磁学概念的一种有限度的适当应用来得出原子现象的一种统计的描述;这种描述显现为经典物理理论的一种合理的推广,尽管有这样一件事实:从那些理论的观点看来作用量子必须被认为一种不合理性.

初看起来,这种局势可能显得是很令人失望的,但是,正如在科学史上常常出现的那样,当新的发现揭示了某些其普遍适用性从来不曾被争论过的概念的一种本质的局限性时,我们就得到了回报,即得到了一种更广阔的眼界和一种更大的把一些以前可能显得是互相矛盾的现象关联起来的能力.例如,经典力学的那种以作用量子为标志的奇特局限性,曾经给了我们一种理解原子之奇特稳定性的线索;那种稳定性形成了任何自然现象的力学描述中的一条基本假设.原子的个体性不可能用力学观点来理解,这种认识确实是原子理论的特征;而且这一事实并没有在本质上发生变化,尽管物理学的发展已经把个体性的原子换成了基本的带电粒子,即电子和原子核,而各种元素的原子和各种化合物的分子现在就被认为是由电子和原子核组成的.

然而,我在这儿所要涉及的却不是这些基本粒子的内禀稳定性问题,而是它们所组成的那些结构的必要稳定性问题.事实是,能量的连续传递既标志了经典力学又标志了电磁理论,而这种传递的可能性本身却不能和元素及化合物之特征性质的解释调和起来.确实,经典理论甚至不允许我们解释刚体的存在;但为了在空间和时间中排列各现象的顺序而作的一切测量,归根结蒂是建筑在刚体的存在上的.然而,联系到作用量子的发现,我们已经了解到,一个原子或分子的每一能量改变都必须被看成一种个体的过程,而原子在过程中则从一个所谓的定态过渡到另一个定态.再者,既然在光被原子所发射或吸收的一次跃迁过程中只有一个光量子出现或消失,我们就能够借助于光谱学的观察来直接测量每一个这种定态的能量.这样得出的知识也通过发生在原子碰撞和化学反应中的能量交换的研究而最有教益地得到了巩固.

近年以来,原子理论的一种引人注目的发展已经发生了;这种发展已经给了我们一些计算定态的能量值以及跃迁过程的几率值的如此合用的方法,以致我们沿着对应论点的路线得到的对原子的性质的说明,在完备性和自洽性方面几乎并不比牛顿力学对天文观察结果所作出的解释有所逊色.虽然原子力学的问题的合理处理只有到了引入新的符号方法以后才成为可能,但是,光现象的分析带给我们的教益却仍然对我们的估计这一发展来说具有决定的重要性.例如,定态概念的无歧义应用是和原子内部运动的力学分析互补的;按照相似的方式,光量子的概念是和辐射的电磁理论互补的.确实,追索跃迁过程之细节进程的任何尝试都将涉及原子和测量仪器之间的一种不可控制的能量交换,而这种能量交换就会完全扰乱了我们所要研究的能量传递本身.

一种经典意义下的因果描述只有在某些事例中才是可能的;在那些事例中,所涉及的作用量比作用量子大得多,从而现象的细分可以在并不重大地扰乱现象的情况下做到. 如果这个条件得不到满足,我们就不能忽视测量仪器和所研究的客体之间的相互作用,从而我们就必须特别地注意到,一种完备的力学描述所要求的那些不同的测量,只能用互斥的实验装置来做出. 为了充分地理解原子现象之力学分析的这一根本的局限性,人们必须进一步清楚地意识到,在一次物理的测量中,永远不能把客体和测量仪器之间的相互作用直接地考虑在内. 因为仪器不能被包括在它们对之起着观察手段作用的那种研究之内. 正如普遍相对性的概念表现着物理现象对用来在空间和时间中标示它们的那一参照系的依赖性一样,互补性的想法也可以用来表示我们把现象看成独立于观察它们的手段而存在的那种根深蒂固的想法在原子物理学中遇到的根本局限性(待续).

1933 年在哥本哈根玻尔的研究所的露台上,保罗·艾伦菲斯特和马科斯·戴耳布吕克在交谈.

光和生命（续）

力学基础的修订一直扩展到所谓物理现象到底是指什么东西这一问题本身；然而这一修订不但曾经对原子理论中的局势的澄清是必不可少的，而且也已经为物理学对生物学问题的关系的讨论创造了一种新的背景．这肯定不应该被认为是表示，我们在原子现象中遇到一些特色，它们比普通的物理效应中的特色显示出和有生机体的性质更为切近的相似性．初看起来，原子力学的本质上是统计的那种品格，可能显得甚至很难和那些惊人精致的组织的解释相调和；那些组织是每一种生物都具有的，它们使生物可以把它的种属的一切特征纳入到一个很小的胚胎细胞之中．

然而我们一定不要忘记，不属于因果力学而只在互补描述模式中有其地位的原子过程所特有的那些规律性，对有生机体之行为的说明来说至少是和对无生物质之特有性质的解释来说同样重要的．例如，在植物的碳同化中（动物的营养也大大依赖于这种碳同化），我们处理的是一种现象；为了理解这种现象，光化学过程的个体性无疑地必须被考虑在内．同样，原子结构的奇特稳定性，也很清楚地显示在像叶绿素或血红蛋白那样高度复杂的化合物的特征性质中，而叶绿素和血红蛋白是在植物的同化和动物的呼吸中起着根本性的作用的．

然而，来自化学经验的类例当然绝不会比生命和火的古代比喻更能给出有生机体的一种比经常提到的有生机体和时钟装置之类纯机械设备之间的类似性更好的解释．生物之本质特征的理解，无疑地必须到它们的特有组织中去找；在那些组织中，可以用通常的力学来分析的一些特色是以一种在无机物质中没有对应物的方式和典型的原子论特点交织在一起的．

组织的发展所达到的精致化，曾经通过眼的构造和机能的研究而得到了一个很有教育意义的例证；对于这种研究来说，光现象的简单性又曾经是极有帮助的．我在这儿用不着谈论细节，而只准备重新提到眼科学曾经怎样向我们揭示了人眼作为一种光学仪器来看的那些理想的性质．事实上，由于光的波动性而确定了眼中的成像极限的干涉图样，实际上和网膜上具有分别的神经和脑相连的那些区域的大小相重合．而且，既然这样一个区域中的少数几个乃至单独一个光量子的吸收就足以产生一种视觉印象，眼的灵敏度甚至可以说已经达到了光效应

的原子性所确定的极限. 在这两方面,眼的效率都和一个与适当放大器相连而使
个体过程可被观察到的良好的望远镜或显微镜的效率相同. 确实,利用这样的仪
器可以大大地增加我们的观察能力,但是,由于光的性质所确定的极限本身,绝
不能设想有任何仪器比人眼对它的目的来说更为有效了. 眼的这种理想精致
性只是通过物理学的晚近发展才被充分认识了的. 喏,这种精致性就使我们想
到,别的器官,不论其功用是从环境接收信息还是对知觉印象作出反应,也都
将显示同样的对它们的目的而言的适切性,而且在这些事例中,以作用量子为
象征的那种个体性特色以及某种放大机制,也将具有决定的重要性. 现在还没
有能够追索出除眼以外的那些器官的极限,这只是由于光和其他物理现象相
比的简单性.

　　然而,关于基本原子性特色在有生机体的机能中的不可缺少的重要性的认
识,绝不足以得到生物学现象的概括解释. 因此,当前的问题就是,在我们能够在
物理经验的基础上达成对生命的一种理解之前,是不是在自然现象的分析中还
缺少某些基本的特点? 完全抛开生物学现象在实际上不可穷尽的丰富性不谈,
不在比作用量子已经迫使我们的深度更深的程度上分析一下我们怎样理解什么
是物理实验,这个问题的答案就几乎是无从给出的. 一方面,生理学研究中不断
揭示出来的那些和我们所知的所谓无生物质的特色如此不同的奇妙特色,曾经
引导了许多生物学家怀疑在纯物理的基础上理解生命本性的可能性. 另一方面,
这种往往被称为活力论的观点,却几乎不能在一条旧假设中得到它的恰当表示;
那假设就是,一种奇特的、在物理学中完全不知道的生命力,控制着全部的有机
生命. 我想我们都同意牛顿的看法,认为真正科学的基础就是,大自然在相同的
条件下永远显示相同的规律性. 因此,假若我们能够把关于有生机体之机制的分
析推进到像原子现象的分析那么远,我们就几乎不应该预期会发现和无机物质
的性质不相同的任何特色.

　　然而,面对着这个两难问题,我们必须记得,适用于生物学研究和适用于物
理学研究的条件是不能直接比较的,因为保持研究对象活着的必要性给前一种
条件加上了一种限制,这在后一种条件中是没有对应的情况的. 例如,假如我们
企图对一个动物的各器官进行研究,直到能够描述单个原子在有生机体中起什
么作用的地步,我们就毫无疑问地会害死那个动物. 在关于有生机体的每一个实
验中,必然在机体所处的物理条件方面留下一种不确定性,而这就使我们想到,
我们在这方面所不得不留给机体的最小自由,将刚好大到不妨说足以使机体对
我们隐藏其秘密的地步. 按照这种观点,生命的存在恰好就应该看成生物学中的
一个基元事实;它是不能解释的,但是却必须被取作生物学中的出发点;这正像
作用量子的情况一样:从经典的机械物理学的观点看来,作用量子是一个不合

理的要素,但是和基本粒子的存在放在一起,它却形成了原子物理学的基础.
已经肯定了的生命所特有的那些机能的一种物理的或化学的解释的不可能
性,就会在这种意义上类似于为了理解原子的稳定性而进行的力学分析的不
充分性.

然而,在追索这种类似性时我们一定不要忘记,问题在物理学中和生物学中
显示出一些本质上不同的方面. 在原子物理学中,我们主要感兴趣的是物质在最
小的形式下的性质;而在生物学中,我们所关心的那些物质体系的复杂性却是有
着基本重要性的,因为即使是最原始的机体也包含着为数甚大的原子. 确实,经
典力学的广阔应用范围,包括我们对原子物理学使用的那些测量仪器的说明在
内,依赖于在包含许多原子的物体的描述中大致地忽视由作用量子引起的互补
性的那种可能性. 然而,生物学研究的典型特点却是,任何个体原子所处的条件
都永远不能按照原子物理学基本实验中的同样方式来加以控制. 事实上,我们甚
至无法说出哪些原子真正属于有生机体,因为任何生命机能都是由一种物质的
交换来伴随的;通过这种交换,一些原子将不断地被构成生物的那一组织所吸入
和排出.

物理学研究和生物学研究之间的这种根本差别就意味着,关于物理概念对
生命现象的应用,不可能画出任何明确的界限,来和因果力学描述及原子力学中
的正式量子现象之间的界限相对应. 然而,这一事实似乎会加在所考虑的类比上
的限制,却将本质地依赖于我们怎样应用物理学和力学之类的名词. 一方面,物
理学在生物学中的局限性问题当然会失去任何意义,如果我们按照物理学一词
的原始意义而把它理解为自然现象的任何描述的话. 另一方面,像原子力学这样
的名词也会是引人误解的,如果我们像在普通语言中那样只应用力学一词来代
表现象的一种无歧义的因果描述的话.

我在这儿将不再进一步讨论这种纯逻辑的问题,而只将再指出,所考虑的
这一类比的精髓就是存在于一种物理分析所要求的细分和个体的自我保持及
流传之间的一种典型的互补关系. 事实上,正是由于这种局势,不属于力学分
析的目的这一概念才在必须考虑到生命之本性的那些问题中得到了一定的应
用范围. 在这一方面,目的论的论点在生物学中所占的地位,使我们想起在对
应论证中表述了的在原子物理学中用一种合理的方式把作用量子考虑在内的
那种努力.

在我们关于力学概念在描述有生机体方面的适用性的讨论中,我们曾经把
这些机体只看成一些其他的物质客体. 然而我几乎用不着强调,作为生理学研究
之特征的这种态度,绝不包括对生命的生理学方面的任何忽视. 力学概念在原子
物理学中的局限性的认识,将显得很适合用来调和标志着生理学和心理学的那

些表观上相反的观点. 事实上,在原子力学中考虑测量仪器和被研究客体之间的相互作用的必要性,很密切地对应于在心理分析中遇到的那些奇特的困难;它们起源于一件事实:当注意力集中在精神内容的任何单一的特色上时,精神内容就一定会被改变.

扩大这种类比将使我们离题太远;当适当注意到生物学问题的特殊品格时,这一类比就能给所谓精神-肉体平行论的阐明提供一个新的出发点. 然而,联系到这一点,我愿意强调指出,这里所提到的这些想法,是和在原子现象的分析对因果描述模式所加的限制中寻求对物质现象的一种直接精神影响的新可能性的一切尝试都完全不同的. 例如,当有人建议意志可能把机体内部某些原子过程(按照原子理论,对于这些过程只能进行几率计算)的控制作为它的作用领域时,我们处理的就是一种观点,它是和这里所指出的精神-肉体平行论的诠释不能相容的. 事实上,照我们的观点看来,意志自由的感觉必须看成意识生命所特有的一种特色,它的物质平行面必须到一些有机的机能中去寻找,这些机能既不允许一种因果的力学描述,又不允许一种进行得足够彻底以致可以确切地应用原子力学之统计规律的物理考察. 不涉及形而上学的思索,我或许可以再说到,解释这一概念的本身的任何分析,很自然地将和放弃对我们自己意识活动的解释同时开始和同时结束.

最后我愿意强调,我在这些议论中完全没有打算对物理科学和生物科学的未来发展表示任何种类的怀疑. 那样的怀疑在一个时代确实是和一个物理学家的思想相去甚远的;在这个时代,我们的最基本概念之有限性的认识本身已经导致了我们的科学的如此深远的发展. 在生命本身的解释方面的必要让步,也不曾成为一些奇妙进展的障碍;那些进展在近年以来已经在生物学的一切分支中得出,而且特别是已被证实为对医学大有好处. 即使我们不能在物理基础上在健康和疾病之间作出明确的划分,特别说来,只要人们不离开前进的康庄大道,在解决本次会议所讨论的那些重要问题方面就没有怀疑主义的余地,而那条康庄大道自从芬森*的开创性工作以来是曾经以如此伟大的成功而被遵循了的,而且是以光疗的医学效果的研究和它的物理效应的考察之间的最密切的结合为其标志的.

---

　　*[中译者按:尼耳斯·里德伯·芬森(1860—1904)是光疗法的先驱,曾获得 1903 年度的诺贝尔医学奖,是丹麦第一个获得此奖的人. 在玻尔研究所右侧漂布塘路的一端,有芬森的纪念碑,用写实的风格表现了人类和疾病作斗争的情况.]

36

第二届科学统一性国际会议于 1936 年 6 月 21—26 日在哥本哈根召开.照片表示在卡尔斯伯荣誉府的尼耳斯·玻尔家中举行的开幕式.出席开幕式的包括:1. 奥托·封·诺依喇特(社会学家),2. 尼古拉斯·喇歇夫斯基(社会学家),3. 卡尔·汉培耳(哲学家),4. 皮特·海因(作家),5. 弗朗茨·弗若姆(心理学家),6. 帕斯夸耳·约尔丹(物理学家),7. 卡尔·波普尔(哲学家),8. 哈若德·易森斯坦(雕塑家),9. 约尔根·约根森(哲学家),10. 希耳黛郭尔·易森斯坦(哈若德·易森斯坦的夫人),11. 马科斯·戴耳布吕克(物理学家和生物学家),12. 菲利普·弗兰克(物理学家和哲学家),13. 喇格纳·斯派克(动物学家),14. 弗里齐奥夫·布朗特(哲学家),15. 哈若德·玻尔(数学家),16. 乔治·德·赫维斯(化学家和物理学家),17. 汉娜·阿德勒(物理学家和教育家,尼耳斯·玻尔之姨母),18. 爱德伽·鲁宾(心理学家),19. 尼耳斯·玻尔.

Ⅱ. 因果性和互补性

Phil. Sci. **4**（1937）289—298

在 1936 年 6 月 21—26 日在哥本哈根召开的
第二届科学统一性国际会议上的演讲

参阅第一编《引言》，原第 20 页.

《因果性和互补性》(1936)

用英文、德文和丹麦文发表的不同版本

英文本：*Causality and Complementarity*
A　Phil. Sci. **4** (1937) 289—298

德文本：*Kausalität und Komplementarität*
B　Erkenntnis **6** (1937) 293—303

丹麦文本：*Kausalitet og Komplementaritet*
C　Naturens Verden **21** (1937) 113—122

　　三种文本内容一致.

因果性和互补性①

在若干场合下②,我曾经指出,物理学中的晚近发展在不断扩充适用于新经验之分类的概念构架的必要性方面带给我们的教益,把我们引到了一种普遍的认识论态度,这种态度也可以帮助我们避免其他科学领域中那些表观上的概念困难.然而,既然从各方面提出了一种意见,认为这种态度显得是要涉及一种和真正的科学精神不相容的神秘论,我就很高兴能借今天这个在科学家集会上发表讲话的机会来回到这个问题上来,而主要是力图澄清那些已经兴起的误解;今天与会的科学家们是在十分不同的领域中工作的,但在努力寻求我们的知识的共同基础方面却是团结一致的.

在进入所要讨论的各个问题以前,我只需要简单地重提一下,物理学的发展曾经多么经常地教诲我们,即使对于描述我们的日常生活来说是不可缺少的那些最基本概念的应用,也是建筑在一些起初没被注意到的假设上的;然而,这些假设的明白考虑却是不可缺少的,如果我们想要对更加广阔的经验领域得出一种尽可能清楚和尽可能没有随意性的分类的话.我也几乎用不着强调,这一发展对人类知识所依据的那些前提的普遍的哲学阐明曾经作出了多大的贡献.尽管这些收获在许多方面具有永久性的品格,我们却是只有到了最近才接受了一种透彻的告诫,即新经验的分析肯定会一次又一次地揭示出我们一些最简单概念,例如空间-时间描述和因果联系之类的无歧义应用的一些从前没有认识到的前提.

事实上正是和光的有限传播速度以及相对运动着的观察者对事件的判断相联系着的那些佯谬的阐明,才第一次揭露了甚至包括在同时性概念中的那种随意性,并从而创立了一种对待空间-时间标示问题的更自由的态度;这种态度在相对论中得到了表示.如所周知,这就使得出现在不同参照系中的各现象的统一

---

① 1936 年 6 月在哥本哈根的第二届科学统一性国际会议上的演讲.

② "Atomic Theory and Description of Nature", four essays and an introductory survey; Cambridge, 1934; quoted in the text as A_I, A_{II}, A_{III}, A_{IV}, and A_E; further, "Light and Life" Nature **131**, 421; 457, 1933; and "Can Quantum Mechanical Description of Physical Reality be Considered Complete?" Physical Review LXVIII, 696, 1935; quoted as B and C respectively.

表述成为了可能,并通过这种表述,揭示了以前一直是分离的一些物理现象的基本等价性. 关于物理现象对观察者的参照系的基本依赖性的认识,形成了相对论所特有的品格;然而,正如特别是爱因斯坦本人所强调的那样,这种认识绝不意味着对作为因果概念之基础的那一假设的任何放弃;那假设就是,一个物理客体相对于一个给定参照系的运动是唯一确定的,是完全不依赖于它的是否被观察的.

然而,从那以后,观察问题的一次进一步的修订,已经由于普适作用量子的发现而成为必要的了;这种发现告诉我们,包括相对论在内的经典物理学的整个描述模式,只有当出现在描述中的一切作用量都远远大于普朗克量子时才能保持其适用性. 当情况不是这样时,例如在原子物理学的领域中,就会出现一些不能纳入普通的因果描述的构架之内的新均匀性(A_I). 这种初看起来很难理解的情况,在一种认识中得到了它的阐明;那就是,在这种领域中,不再能明确地区分一个物理客体的自身行为和它与作为测量仪器的其他物体之间的不可避免的相互作用,这种相互作用的直接考虑是被观察概念自己的本性所排除了的(A_{II}).

事实上,这种情况给我们带来了一种关于经验之分析与综合的在物理学中是完全新的局势,并且迫使我们把因果性的理想换成了一种更普遍的、通常称为"互补性"的观点. 我们通过不同实验装置得到的关于客体行为的一些表观上不能相容的信息,显然不能用通常的方式来互相联系起来,但是却可以被看成是彼此"互补的",即看成对全部经验的包举无遗的描述来说是同等地不可缺少的. 特别说来,通过单个原子过程之进程的细分来更仔细地分析各过程的"个体性"的每一次尝识,都受到了以作用量子为标志的阻止;这种阻止是用一件事实来解释的,那就是,这一进程的每一个可以用直接观察来定义的段落都将要求一种和所考虑的那些均匀性不能相容的测量装置. 不论有多少不同,相对论的公设和互补性观点之间的某种类似性还是可以从这样一件事实中被看出:按照相对论公设,由于光速有限而以依赖于参照系的选择的不同形式出现的那些规律是彼此等价的;而按照互补性观点,用不同的测量装置得到的由于作用量子的有限大小而在表观上是矛盾的那些规律,在逻辑上是并不矛盾的.

为了对我们在原子物理学中遇到的那种新的认识论局势给出一种尽可能清楚的概念,我们可以简单地考虑考虑为了对某一物理事件的空间-时间进程得出一种说明而设计的那些测量. 这种说明归根结蒂就在于客体的行为和测量尺杆及时钟之间的一系列无歧义重合的确立,那些尺杆及时钟定义了空间-时间描述中所涉及的参照系. 因此,只有当我们在事件之一切重要情况的描述中可以忽视那种不可避免地和任何这种重合相与俱来的客体和测量仪器之间的全部相互作

41

用时,我们才可以谈到所研究客体的独立于观察条件的自动的空间-时间行为.
然而,如果正如在量子现象的领域中那样,这种相互作用在现象本身的面貌方面
占有本质的地位,局势就完全不同了.这时特别说来,我们就不得不放弃事件的
空间-时间标示和动力学的普遍守恒定律的那种经典物理描述所特有的结合了.
因为,用尺杆和时钟来确定参照系,根据定义就使得把在现象的进程中可能传给
它们的能量或动量考虑在内成为不可能的了.反过来看,本质地依据能量概念或
动量概念的应用来表述的那些量子规律,则只有在另外一些研究条件下才能出
现,而在那些条件下,客体的空间-时间行为的详细叙述是被排除了的.

　　如所周知,适用于这种局势的一种描述模式已经在所谓量子力学中被找到;
在这种描述模式中,新规律之自洽标示的充分自由已经通过把通常的运动学量
和动力学量换成一些服从新型计算规律的符号而被达成.从这种观点看来,在量
子力学和相对论之间也存在一种有趣的类比;那就是,分别借助于算术的和几何
学的抽象概念,在这两种事例中都已经能够建立起严格的逻辑表述形式,可以用
来掌握新的经验领域了.联系到经常讨论的问题,即这样的表述形式能否看成我
们的形象思维能力的延伸,那就不应该忘记,相对论中用一个四维流形方式表示
空间和时间的标示,以及在量子力学中用非对易代数学来联系运动学的和动力
学的各个量,都本质地建筑在引入虚数量的旧的数学方法上;事实上,基本常量
即光速和作用量子都是作为 $\sqrt{-1}$ 的因数而被引入到表述形式中来的;其中一
个出现在第四个坐标的定义中,而另一个则出现在正则共轭变量的对易定
律中.

　　我的意图当然不是要在这儿更深入地讨论这些专门的问题;我只想强调,在
这些领域中,逻辑相关性只能通过对通常的形象化要求的影响深远的放弃来赢
得.特别说来,联系到这一点来对一种误解提出警告并不是多余的;当人们用例
如"一个粒子的位置和动量是不能以任意的精确度而被测量的"之类的说法来试
图表达海森伯测不准关系式的内容时,这种误解就很容易出现——而海森伯测
不准关系式在判断量子力学之本质上是统计性的描述模式的自洽性时所起的作
用,是和洛伦兹变换在解决出现在相对论中的那些问题时所起的作用同样重要
的.按照这样一种说法,事情就似乎是我们在和客体的两种众所周知的属性中的
这一种或那一种属性的测量的随意放弃打交道,这就不会预先排除进一步的理
论沿着经典物理学的路线把两种属性都考虑在内的可能性.从上述的考虑看来
将会很清楚的是,原子物理学中的整个局势,剥夺了经典物理学的理想化所将赋
予客体的那种属性的全部意义.相反地,测不准关系式的真正作用则在于定量地
肯定一些表观上矛盾的规律的相容性;当我们应用两种实验装置时,这些规律就
会出现;两种装置中只有一种允许位置概念的无歧义应用,而只有其中的另一种

才允许仅仅按守恒定律来定义的动量概念的无歧义应用.

于是我们就看到,对量子现象进行一种因果表象的不可能性,是和一些假设直接联系着的;那些假设是在经验的描述中所要考虑的一些最基本的概念的依据,在这方面,一种观点曾由不同的人士表示过,那就是认为将来我们的描述模式中某种对适用于日常经验的那些概念的更激烈的背离,也许会使在原子物理学领域中也保留因果性理想成为可能.然而,这样一种意见似乎是由对局势的误解所引起的.因为,情况的和实验结果的可传达性的要求,意味着我们只能在普通概念的构架内谈论明确定义的经验.特别说来不应该忘记,因果性概念是每一种实验结果的诠释本身的基础,而且,按照事物的本性,甚至在经验的标示中人们也无法处理因果链的明确定义的断口.原子物理学中强加给我们的对因果性理想的放弃,在逻辑上只是根据我们不能再谈论物理客体的自在的行为;这是因为客体和测量仪器之间不可避免地会有相互作用,而这种相互作用是在原理上不能被考虑在内的,如果那些测量仪器按照它们的目的而将允许无歧义地应用描述经验所必须的那些概念的话.归根结蒂,像"互补性"这样一个人造的、不属于我们日常概念的名词,只起一种简单地提醒我们想起在这儿遇到的认识论局势的作用,这种局势至少在物理学中是有着完全新的品格的(A$_E$). 44

人们多次表示过,希望通过假设原子现象背后的某种迄今还不能观察的因果机制来避免本质上是统计性的量子力学描述;这种希望确实显得是徒劳的,正如通过普通的绝对空间和绝对时间的观念来对待广义相对论所达成的世界图景的更大深化的任何计划是徒劳的一样.最首要的是,这样的希望似乎是建筑在对一种根本区别的误解上的;那就是我们在原子物理学中所涉及的规律和由经典物理学概念来如此完备地概括了的日常经验之间的根本区别.不仅是光和物质的粒子品格和波动品格之间那种众所周知的两难问题只能利用互补性的观点来避免,而且原子结构的那种和任何机械模型的性质都形成明显的对照而又和作用量子的存在联系得如此紧密的奇特稳定性,也形成了客体和测量仪器的存在本身的条件;关于测量仪器的行为,是由经典物理学来负责的.按照更仔细的考虑,量子力学的现有表述尽管很有成果,但它似乎还只是经典描述模式之必要推广的第一步;它只受到一种可能性的支持;那就是在它的适用范围之内在实验结果的诠释中忽视测量仪器本身的原子结构的可能性.为了把不但涉及所谓物质的基本成分的相互作用而且涉及它们的存在的稳定性的那些更深刻的自然规律联系在一起,后一假设是不能再保留的,因为我们必须准备遇到互补描述模式的一种更加概括性的推广,这就将要求更激烈地放弃对所谓形象化的通常要求.

我希望通过这些言论已经传达了一种印象,那就是,当在原子物理学中舍弃因果描述时,我们涉及的不是对概括丰富的现象的不可能性的一种匆忙的断定,而是按照关于分析和综合之间的平衡的必要性的普遍哲学教益来说明在这儿遇到的新型规律的一种认真的努力. 正是联系到这一点, 我才觉得指出一件事实是有兴趣的, 那就是, 我们在其他的人类知识领域中也遇到一些表观矛盾, 它们似乎只能按照互补性观点来加以避免. 然而我绝不是持有那种广泛流传的见解, 即认为原子物理学领域中的晚近发展可以直接帮助我们用有利于这一方或另一方的方式来解决"机械论还是活力论"或"自由意志还是因果必然性"之类的问题. 原子物理学的佯谬问题可以解决, 不是用针对"决定论还是非决定论"这一老问题的一面倒的态度来解决, 而只是通过分析观察和定义的可能性来解决; 仅仅这一事实, 就应该激励我们去对生物学的和心理学的当前问题中的这方面的情况进行一次重新的检查.

首先, 关于仅仅借助于研究无生自然界所获得的经验来解释有生机体所专有的特色, 可以希望解释到什么程度的问题, 我们最重要的是要记得, 即使是生命本身的定义也包含着一些认识论的问题. 当我们提到一部机器是死的时, 我们几乎不是指别的, 而只是表明我们能够利用经典物理学的观念来描述对它的功能来说是不可缺少的那些情况. 不过, 从经典描述模式在原子物理学中的不充分性的观点来看, 无生物的这样一种定义却很难再被认为是合适的了. 但是, 近来认识到宏观效应可以由个体的原子过程来引发, 那种原子过程在机体的机能中起一种不可缺少的作用(无论如何对感觉认识的灵敏度来说是如此)(A_{IV}); 这种认识已经成了一种导火线, 使人们重新提起了生命的"解释"问题. 但是, 与此同时, 如果我们想要在生物和无生物的鸿沟上架起桥梁, 我们就必须下降到原子现象的领域之中; 对于这件事实的认识, 就应该用一种强烈的方式把和这一问题有联系的实际困难及概念困难摆在我们的眼前.

只要我们还能够在和原子物理学中的基本实验相类似的研究条件下追踪机体中的原子, 当然我们就只能遇到由这些实验所揭示出来的规律; 这些规律尽管有它们的超出经典力学范围的个体性特色, 却显然不能给我们带来关于生命活动的所谓目的论的特征的任何直截了当的理解. 因此, 避免物理学定律的表述和适用于生命现象之描述的概念之间的任何矛盾的唯一逻辑可能, 就应该到所涉及的那些本质上不同的研究条件中去找. 在一个早先的场合下(B), 我曾经试图用一种说法来表示这一局势; 那说法就是, 按照物理学的观察和定义所蕴涵的那样尽可能详尽地来追踪构成机体的各原子的行为的每一种实验装置, 都将是和机体生命的保持不相容的. 这事实上将和一个情况相当类似, 那就是, 由允许对原子和分子的各成分的行为作出一种空间-时间说明的那些实验装置得出的一切观察结果, 都和那些在允许研究原子结构之内禀稳定性的条件下得出的观察结果处于互补的关系中, 而那种稳定性对物质的物理性质和化学性质来说是那样地不可缺少的.

为了把这种观点讲清楚,在上述的文章中曾经指出,和生命如此不可分割地联系着的机体的不断新陈代谢,甚至不允许我们严格地判别哪些原子是属于机体的,而这样一来,我们所遇到的就是一个问题,它的处理是超出于原子力学方法的范围之外的,且不说它是否复杂.正如经典力学的方法那样支配着我们关于物理学和化学的全部知识的这些方法,事实上只关心一些体系,对于那些体系来说,在原理上是可能确定哪些东西应该被看成基本成分的.这种局势就使我们想到,只有在排除各有生机体之原子成分的严格说明的情况下被揭示出来的各有生机体的那些基本特色,是和我们在物理学和化学中所涉及的那些特色处于互补的关系中的.因此,生命本身的存在就应该在生物学中在观察的可能性和定义的可能性方面都被看成并不比原子物理学中作用量子的存在更加可以被分析.

我曾经努力要想讲清楚,在这样一些考虑中,绝不会(像一些哲学家们和生物学家们有时感到的那样)存在什么所谓纯形而上学的玄想或是对通过继续研究来进一步增加我们关于机体机能的知识的可能性的随意放弃.相反地,这些考虑的目的是要通过分析所涉及的概念结构的前提和适用性来避免无谓的争论.虽然互补性观点不同意对任何非理性化的活力论的任何妥协,但是同时它却应该适于用来揭露所谓机械论中的某些成见.一方面,有机生命中对物理学-化学定律的任何违反(例如常常被错误地主张的那种生命活动和热力学基本定理之间的矛盾)将被排除于这一观点之外,另一方面,任何关于生命本身的存在和这些定律之间的类似性的论断也将被看成非理性的而予以否定.正如在前面提到的文章中已经强调过的那样,这一局势因而就绝不蕴涵物理学-化学的描述方法和研究方法对生物学的应用的任何局限性;事实上,这些方法的适当性,仍然是我们关于生物学现象的信息的唯一而不可穷尽的来源——正如即使在原子物理学中我们的所有经验也都必须建筑在被经典地描述了的实验装置上一样.

按照它在适用于描述物质体系的各观念内为生命现象留下余地的那种倾向,上述观点和在一种精神的意义上利用因果描述在原子物理学中的失效的每一种企图都相去甚远.相反地,我们曾经讨论了的这种对待基本生物学问题的观点,却似乎适于用来把精神-肉体平行论的老问题放在一种新的光照之下.我在以前的场合下已经联系到原子物理学的问题而提出的关于心理学问题的那些想法($A_{Ⅲ}$,B),事实上是追随了两个基本的目的.一个目的就是,借助于关于和内省有关的精神现象之分析和综合的困难的众所周知的例子,来提醒我们自己想到,在这一知识领域中,我们已经被迫面对一种局势,它在若干方面和我们在原子物理学中已经遇到的那种(使许多物理学家和哲学家大感不安的)局势表现出一种形式上的相似性.另一个目的是表示一种希望,即希望已经导致了那些简单得多的物理问题的澄清的这种认识论态度,可以证实自己在心理学问题的讨论中也是有帮助的.事实上,我们用"思想"和"感情"或"本能"和"理性"之类的字眼儿来描述不同类型的精神体验的那种用法,显示了由内省限定的一些特有的互补关系的存在.最首要的是,像在因果性理想看来将是不可缺少的那样在内省中截然划分主体和客体是不可能的,而正是这种不可能性,似乎就为自由意志的感觉提供了自然的用武之地.

关于这一点和这篇演讲的其他各点,我不得不只是简单地谈及;这种办法,恐怕只能使诸位回想起一点;归根结蒂,任一单词的直接应用都必然和它的意义的分析处于一种互补的关系中.然而我希望,我在给诸位留下一种印象方面已经在某种程度上成功了;那印象就是,我的态度和我们的共同努力绝不冲突,我们的共同努力就是要通过和每一研究领域中的成见作斗争,在尽可能大的程度上来达成知识的统一性.

Ⅲ. 生物学和原子物理学

"Celebrazione del secondo centenario
della nascita di Luigi Galvani",
Bologna – 18 – 21 ottobre 1937 – ⅩⅤ:
Ⅰ. Rendiconto generale,Tipografia
Luigi Parma 1938,pp. 68—78

1937 年 10 月 19 日,在波洛尼亚纪念路基·
伽伐尼 200 周年诞辰的会议上发表的演讲

见《全卷引言》原第 ⅩⅩⅩⅧ 页和第一编《引言》原第 9 和 14 页.

《生物学和原子物理学》(1937)

用英文、丹麦文和德文发表的不同版本

英文本：*Biology and Atomic Physics*

A "Celebrazione del secondo centenario della nascita di Luigi Galvani", Bologna - 18 - 21 ottobre 1937 - XV：I. Rendiconto generale, Tipografia Luigi Parma 1938, pp. 68—78

B Nuovo Cimento **15** (1938) 429—438

C "Atomic Physics and Human Knowledge", John Wiley & Sons, New York 1958, pp. 13—22 (reprinted in："Essays 1933 - 1957 on Atomic Physics and Human Knowledge, The Philosophical Writings of Niels Bohr, Vol. II", Ox Bow Press, Woodbridge, Connecticut 1987, pp. 13—22)

丹麦文本：*Biologi og Atomfysik*

D Naturens Verden **22** (1938) 433—443

E "Atomfysik og menneskelig erkendelse", J. H. Schultz Forlag, Copenhagen 1957, pp. 23—33

德文本：*Biologie und Atomphysik*

F "Atomphysik und menschliche Erkenntnis", Friedr. Vieweg & Sohn, Braunschweig 1958, pp. 13—22

　　除了 B 中的一些拼音错误(尽管 A 确实是首先发表的)以外，A、B、D、E 和 F 都互相一致.

　　相对于 A 来说，C 包括了一些表述上的改进.

CELEBRAZIONE
DEL SECONDO CENTENARIO
DELLA NASCITA DI
LUIGI GALVANI

BOLOGNA · 18-21 OTTOBRE 1937-XV

I

RENDICONTO GENERALE

REDATTO DAL SEGRETARIO DEL COMITATO

PROF. G. C. DALLA NOCE

BOLOGNA
TIPOGRAFIA LUIGI PARMA   VIA 3 NOVEMBRE 7
1938   XVI

（版本 A 发表时的原书封面）

生物学和原子物理学

伽伐尼的在整个科学领域中开始了一个新时代的不朽工作*，是一个最辉煌的例证，说明把对无生自然界的规律的探索和有生机体的性质的研究最密切地结合起来是极其有成果的. 因此，在这一场合下，回忆一下多少年来科学家们对物理学和生物学之间的关系问题所持的态度，特别是讨论一下近年以来原子理论的非凡发现在这方面所创造的前景，就可能是合适的①.

自从科学刚刚萌芽的时候起，联系到对千变万化的自然现象得出一个概括看法的那种努力，原子理论确实就曾经成为兴趣的焦点. 例如，如所周知，以那样深刻的直觉强调了原子论对物质日常性质之任何理性说明的必要性的德谟克利特，就已经企图也利用原子论的想法来解释有生机体的乃至人类心理学的各种特点了. 注意到这种极端唯物论观念的幻想品格，当一个像亚里士多德一样对他那个时代的物理学以及生物学中的知识具有那么惊人的概括的人宁愿完全摒弃原子学说，并试图提供一个足够宽广的构架来在本质上是目的论的一些概念的基础上说明那些丰富多彩的自然现象时，那就是一种很自然的反应了. 然而，在它那一方面，亚里士多德学说的夸大性，却通过既适用于无生物体也适用于有生机体的一些基本自然规律的认识而被揭示了出来.

在这方面，当想到后来成为物理科学之基础本身的那些力学原理的建立时，意识到一点就是不无兴趣的，那就是，根据人们熟悉的传说，阿基米德是受到他自己的身体在一个浴缸中被浮起的那种感觉的启示而发现了浮体平衡的原理的，但是这种规律也同样可以根据关于石头的重量在水中会减少的普通经验而被发现. 同样，伽利略通过观察美丽的比萨教堂中的一个吊灯的摆动，而不是通过注视一个秋千架上的孩子而被引导着认识了动力学的基本定律，这也应该被认为是相当偶然的. 不过，比起在文艺复兴时期特别是在意大利如此强烈地进行了的解剖学研究和生理学研究所揭示出来的那种有生机体和技术机械之间的

---

* ［中译者按：伽伐尼是一个生物学家，他在解剖工作中发现，当青蛙的神经或肌肉和不同的金属接触时，青蛙的腿就发生痉挛. 这种发现导致了接触电势差的研究和化学电池的制造.］

① 关于以前对此事的讨论，参阅 *Nature*，**131**，421（1933），and *Philosophy of Science*，**4**，289（1937）；or in German *Die Naturwissenschaften*，**13**，245（1933），and *Erkenntnis*，XIV，293（1936）.

深刻类似性来，上述这种纯外在的类似性当在对越来越多地认识到支配着自然 54
现象的那些原理的统一性来说是只有很小的重要性的.

　　对处理自然哲学的新的实验手法所开辟的前景的热诚（以同等的方式受到
了由哥白尼的见解所引起的世界图景的扩大和以哈维的伟大成就为发端的对动
物体内循环机制的阐明的鼓励），在玻勒利的工作中得到了它的也许是最突出的
表示；他能够在那样精致的细节方面阐明了骨骼和肌肉在动物运动中的力学功
能. 这种工作的经典品格，绝没有受到玻勒利本人及其追随者们的另一些尝试的
阻滞；他们也试图用一些原始的力学模型来解释神经活动和腺体分泌，而那些模
型的明显的随意性和粗浅性很快就引起了普遍的批评，这些批评至今还作为加
在玻勒利学派头上的"医疗物理学家"这样一个半讽刺性的名称而留在人们的记
忆中. 同样，受到希耳维亚斯的热烈倡导的把关于物质之典型化学变化的日益增
多的知识应用到生理学过程上去的那种根基牢固的努力，也通过夸大消化及发
酵和最简单的无机反应之间的表面类似性及其对医学目的的贸然应用而招致了
反对，这种反对表现在对这种早熟的努力的称呼即"医疗化学"中.

　　在我们看来，他们把物理学和化学应用到有生机体之性质的概括性解释方
面的那种开创性努力的缺点是很显然的. 人们不但必须等到拉瓦锡的时代才能
对化学的初步原理有所揭示，后来这些原理提供了理解呼吸作用的线索，而再后
来就给所谓有机化学的非凡发展提供了基础，而且，在伽利略的发现之前，物理
学规律的一种完整的根本面貌也还没有被发现. 后来在伏打、奥斯特、法拉第和
麦克斯韦的手中发展成了一种在重要性上可以和牛顿力学相提并论的结构的那
个萌芽，是从一种有着生物学目的的实验中生长出来的；想到这一点是最有启发
性的. 事实上，很难设想从用带电物体做的实验（不论在富兰克林的手中多么有 55
成果）到伽伐尼电流的研究的这一进步能够完成，假如后来很容易造成的探测这
种电流所需要的灵敏仪器不曾由大自然本身在较高等动物的神经纤维中准备好
了的话.

　　在这儿不可能哪怕是简略地概述从伽利略时代以来的物理学和化学的惊人
发展，也不可能列举上世纪中生物学各分支中的那些发现. 我们只需重新提到从
马耳皮基和斯帕兰湛尼在这所可尊敬的大学中所做的开创性工作分别引到现代
的胚胎学和细菌学的那些路线，或是从伽伐尼本人引到近年来关于神经脉冲的
那些引人入胜的研究也就可以了. 关于神经脉冲的问题，我们盼望很快就会从一
个最有资格的方面听到介绍. 尽管这样得到了关于许多典型生物学反应之物理
方面和化学方面的广泛理解，机体的结构及其众多的相互调节机制的奇迹式的
精细性，却远远地还超出于关于无生自然界的任何经验之外，以致我们感到还和
从前那样离沿着这种路线得到的生命本身的解释十分遥远. 确实，当我们亲眼看

到关于所谓病毒的毒害效应和生殖性质的近期发现与这个问题的关系的热烈争论时,我们觉得自己遇到了一个两难问题,和德谟克利特及亚里士多德遇到过的问题同样尖锐.

　　在这种局势下,兴趣又集中到了原子理论上,尽管所在的背景已经很不相同了.不仅仅是自从道耳顿把原子观念如此成功地应用到支配着化学化合物之成分的定量定律的解释上以来,原子理论已经成了化学中的一切推理的不可缺少的和从不失败的指南,而且,物理学中的实验技术的奇妙改进也已经使得研究那些直接依赖于个体原子活动的现象有了意义.这种发展已经消除了一种传统成见的最后痕迹,那种成见认为,由于我们的感觉的粗糙性,原子的存在的任何证明都将永远留在人类经验的范围以外;与此同时,这种发展也已经揭示了自然规律中更深刻的原子性特色,比关于物质之有限可分性的旧学说所表示的那些特色更加深刻.我们确实已经被教导,既适合于对我们日常生活的经验作出说明又适合于表述适用于大块物质的行为并构成所谓经典物理学的这一宏伟巨厦的那个整个规律体系的概念构架本身,必须被扩充,如果它应该概括真正的原子现象的话.然而,为了领会自然哲学中这一新眼界在对待生物学的根本问题的合理态度方面提供的可能性,将有必要简单地回顾一下曾经导致了原子理论中局势的澄清的那些主要的发展路线.

　　如所周知,现代原子物理学的出发点就是对电本身的原子本性的认识,这最初是由法拉第关于电解现象的著名研究指示出来的,并且是由电子在稀薄气体放电的美丽现象中的被分离出来而肯定地确立了的,而那种现象在上世纪的末期吸引了那么多的注意力.尽管 J·J·汤姆孙的高明研究很快就揭示了电子在最多样化的物理现象和化学现象中所起的本质作用,我们关于物质之结构单位的知识却是直到卢瑟福的发现原子核才算完全;那一发现形成了他关于某些重元素之自发放射性嬗变的开创性工作的顶点.确实,这一发现第一次给各元素在普通化学反应中的不变性提供了一种不容置疑的解释;在那些反应中,很小的沉重的核保持不变,而只有它周围的很轻的电子的分布才受到影响.另外,这种发现不但对天然放射性的起源提供了直截了当的理解(我们在天然放射现象中看到的是核本身的破裂),而且也对后来由卢瑟福发现的由高速重粒子的轰击所引起的各元素的感生嬗变提供了直截了当的理解(高速粒子在和核碰撞时可能造成核的分裂).

　　在这儿进一步论述通过研究核嬗变而开辟了的新的神奇研究领域,将会使我们太远地离开这篇演讲的主题;那种研究将在这次集会中成为物理学家们的讨论主题之一.对于我们的论证来说,主要之点确实并不是要到这种新经验中去找,而是要到一种显然的不可能性中去找;就是说,没有对力学和电动力学的经典概念的激烈背离,就不可能根据卢瑟福原子模型之明确建立的主要特色来说明常见的物理资料和化学资料. 事实上,尽管牛顿力学对由开普勒定律来表示的行星运动的和谐性提供了洞察,像太阳系那样当受到扰动时并没有返回原始状态的趋势的那种力学模型的稳定性质,却显然和原子的电子组态的内禀稳定性没有足够的相似性;那种内禀稳定性是各元素的各别性质的起因. 最首要的是,这种稳定性是由光谱分析突出地证实了的,而如所周知,光谱分析显示出来,任何元素都具有自己的特征细线光谱,它对外界条件的独立性达到一种程度,以致提供了一种用光谱观察结果来鉴定甚至最遥远星体的物质成分的手段.

然而,解决这个两难问题的一个线索已经由普朗克的基元作用量子的发现提供了出来;这种发现是一条完全不同的物理研究路线的产物. 如所周知,普朗克是被他对物质和辐射之间的热平衡的这些特色进行的巧妙分析引到了这一基本发现的;按照普遍的热力学原理,这种热平衡应该完全不依赖于物质的特定性质,从而也不依赖于关于原子构造的任何特定概念. 这样一种基元作用量子的存在,事实上表示了物理过程的一种新的个体性特色,这种特色完全超出于力学和电动力学的经典定律之外,并且从本质上把这些定律的适用性限制到了那样一些现象,它们所涉及的作用量远远大于单独一个由普朗克的原子论性的常量所给定的量子. 这个条件在日常物理经验的现象中虽然是大大满足的,但是对原子中电子的行为却是根本不能成立的,而且事实上正是作用量子的存在才阻止了电子和核聚合成一个具有实际上可以看成无限小的体积的重颗粒.

对这种局势的认识,立即使我们想到可以把每一电子在核周围的场中的键合过程描述成一系列个体的过程,通过这些过程,随着释放的能量在单个电磁辐射量子形式下的发射,原子将从一个所谓的定态过渡到另一个定态. 这种观点和爱因斯坦对光电效应的成功诠释有很密切的关系,而且由弗朗克和赫兹关于用电子对原子的撞击来激发光谱线的美好研究给出了令人信服的证明. 这种观点事实上不仅给由巴耳末、黎德伯和里兹分析出来的那些光谱的令人困惑的普遍规律提供了一种直截了当的解释,而且也在光谱学资料的辅助下逐渐引向了任一电子在原子中的定态键合类型的一种系统分类,从而给表示在著名的门捷列夫周期表中的各元素的物理性质及化学性质之间的那种引人注目的关系提供了全面的解释. 尽管物质性质的这样一种诠释显得是一种真实情况,而且甚至超过了毕达哥拉斯的梦想,即把自然规律的表述归结为纯数的考虑的那种古代理想,但是,关于原子过程之个体性的这一基本假设却同时包含了对物理事件之间的细致因果联系的一种本质上的放弃,而这种联系自古以来就一直是自然哲学的不容置疑的基础.

然而,回到和因果原理相一致的描述模式的任何想法,不但已被种类极多的

58

毫不含糊的经验所排除,而且人们很快就证实了,可以把原来那种在原子理论中把作用量子的存在考虑在内的初步尝试发展成一种真正的、本质上是统计性的原子力学,它在自洽性和完备性方面完全可以和经典力学的结构分庭抗礼,而且实际上是经典力学的一种推广. 如所周知,这种新的所谓量子力学的建立,主要是多亏了更年轻的一代物理学家的贡献,它事实上已经本质地阐明了原子现象之分析和综合的认识论基础,且不谈它在原子物理学和原子化学的一切分支中的惊人的有成果性. 由量子力学的主要奠基人之一的海森伯创始的对这一领域中的观察问题本身的修正,事实上已经导致了对甚至最基本概念的一直未经注意的应用前提的揭明,而自然现象的描述就是建筑在那些概念上的. 这里的关键之点就在于认识到,按经典物理学的习见方式来分析原子过程的那种受到作用量子制约的"个体性"的任何尝试,都会被所涉及的原子客体和对此目的为必不可少的测量仪器之间的不可避免的相互作用所阻碍.

这一局势的一个直接后果就是,用不同的实验装置得到的关于原子客体行为的观察结果,一般说来不能按照经典物理学的通常方式而被结合起来. 特别说来,目的在于在空间和时间中标示原子中的电子的任何可以想象的手续,都会不可避免地包括原子和测量仪器之间的一次动量和能量的不可控制的交换,这就会完全消灭了由作用量子所规定的原子稳定性的引人注目的规律性. 相反地,这种规律性(其说明本身就意味着能量和动量的守恒定律)的任何考察,都将在原理上带来对原子中各个电子的空间-时间标示的放弃. 于是,由在这种互斥的条件下得到的经验所揭示出来的量子现象的不同方面绝不是矛盾的,而却必须认为是以一种十分新颖的方式而彼此互补的."互补性"这一观点确实绝不意味着在原子现象的分析方面的随意让步,而却相反地意味着这一领域中的丰富经验的一种合理综合的表示,这种综合超出了因果性概念的应用被自然地限定于其中的那些界限.

这种探索的进行受到了相对论的伟大范例的鼓励;正是通过揭示一切物理概念之无歧义应用的没有预料到的前提,相对论才开辟了概括一些表观上不相容的现象的可能性. 尽管如此,我们还是必须意识到,我们在现代原子理论中遇到的局势,是在物理科学的历史上没有先例的. 确实,由爱因斯坦的工作带到了如此美妙的统一和完整中的经典物理学的整个概念结构,是建筑在一条很适应于我们关于物理现象的日常经验的假设上的;该假设就是,区分物质客体的行为和它们的观察问题是可能的. 要找关于这一习见理想化的有限适用性的原子理论教益的一种平行情况,我们事实上必须转向例如心理学之类的相当不同的科学分支,甚至转向一类认识论问题——当试图把我们在存在的大戏剧中作为观众的地位和作为演员的地位调和起来时,释迦牟尼和老子之类的思想家们就已经遇到过那一类认识论问题了. 不过, 认识到出现在相去如此遥远的人类兴趣领域中的各问题的纯逻辑性质的类似性, 绝不意味着在原子物理学中接受任何和真正的科学精神不相容的神秘论, 而是相反地给了我们一种启发, 使我们检查, 在我们的最简单概念对原子现象的应用中遇到的意外佯谬的直截了当的解, 能否帮助我们澄清其他经验领域中的概念困难.

也有不少人建议寻找生命或自由意志和一些原子现象的特色之间的一种直接关系, 对于那些原子现象的概括来说经典物理学的构架显然是太狭窄的. 事实上, 能够指出有生机体的反应的许多特征性特色, 例如视觉的灵敏性或穿透性辐射对基因变异的感生, 它们无疑涉及了个体原子过程的效应的一种放大, 和原子物理学的实验技术所依据的放大相类似. 不过, 关于生物的组织和控制机制的精致性超过了任何以前的预期的认识, 本身却绝不会使我们能够说明生命的奇特的特征. 确实, 生物学现象的所谓整体论方面或目的论方面, 肯定不能用作用量子的发现所揭示出来的那种原子过程的个体性来直截了当地解释; 相反地, 初看起来, 量子力学的本质上是统计性的品格, 却似乎甚至增大了理解实质性生物学规律的困难. 然而, 正是在这种两难问题中, 原子理论的普遍教益就启示我们, 要想把物理学定律同适用于描述生命现象的概念调和起来, 唯一的途径就是检查观察物理现象和观察生物现象的本质区别.

61

首先我们必须意识到, 如果我们用一种实验装置来研究构成一个有生机体的那些原子的行为, 一直达到原子物理学的基本实验对单个原子所进行的研究的那种程度, 则任何这样的实验装置都会排除使机体继续活着的可能. 和生命不可分割地联系着的物质的不断交换, 甚至意味着把机体看成和在物质的普通的物理性质及化学性质的任何说明中所考虑的那种体系一样的一个明确定义的物质粒子系的不可能性. 事实上, 我们被引导着设想, 正式的生物学规律代表的是和适于用来说明无生物质之性质的那些规律相互补的一些规律, 就仿佛原子本身的稳定性质和它们的成分粒子那些允许用空间-时间标示来描述的行为相互补那样. 在这种意义上, 生命本身的存在就应该既在其定义方面又在其观察方面被看成生物学的一个不能进一步分析的基本公设, 就像作用量子的存在和物质的终极原子性一起形成原子物理学的原始基础一样.

可以看到, 这样一种观念和机械论及活力论的极端学说同样相去甚远. 一方面, 它认为有生机体和机器的任何相比都是不恰当的, 不论那机器是老式医疗物理学家们所设想的比较简单的构造还是最精致的现代放大装置, 对它们的不加批评的强调都将使我们处于不愧"医疗量子学家"称号的地步. 另一方面, 它也把引入某种和明确建立的物理规律及化学规律不相容的特殊生物学规律的任何尝试斥为非理性, 那种尝试在今天已经在细胞生长和细胞分裂方面的奇妙新陈代谢规律的印象下重新抬头了. 联系到这一点, 必须特别记住, 避免任何互补性构架内的这种不自洽性的可能, 是由一件事实本身给出的, 那事实就是, 生物学考察的任何结果都不能不用物理学和化学来无歧义地描述, 正如甚至原子物理学中的经验的任何说明归根结蒂都必须建筑在感觉印象的自洽纪录所必需的那些概念的应用上一样.

62

　　上面这种说法又把我们带到了心理学的领域中; 在这里, 科学考察中的定义和观察的问题所引起的困难在这些问题在自然科学中变得尖锐起来的很久以前就已经被认识到了. 事实上, 精神现象中区分现象本身及其意识觉察的不可能性, 很清楚地要求放弃一种按照经典物理学模式的简单因果描述, 而且例如"思想"和"感情"之类的字眼儿在描述这种经验时的用法也最有启发性地使我们想起在原子物理学中遇到的那种互补性. 我在这儿将不再更多地谈论细节, 而只想强调指出, 正是这种在内省中明确区分主体和客体的不可能性, 就给志愿的表现留下了余地. 然而, 像人们常常建议的那样把自由意志更密切地和原子物理学中的因果性的局限性联系起来, 却完全不属于上述这些关于心理学问题的议论所依据的那种倾向之列.

　　在结束这篇演讲时我愿意指出, 这次集会是要纪念一位伟大的先驱, 他的根本性的发现对于物理学和心理学都是十分重要的; 这次集会给物理学家们和生物学家们都提供了可欢迎的进行有益讨论的机会; 因此, 作为一个物理学家而竟然远远超出了自己的专业科学领域, 我希望大家能够原谅我的冒昧.

Ⅳ. 科学中的分析与综合

International Encyclopedia of
Unified Science **1** (1938) 28

见第一编《引言》原第 12 页.

科学中的分析与综合

尽管人们都承认多数科学家把自己的精力集中到特定研究领域中的实际必要性,但是,根据它扩大人类理解的目的来看,科学却在本质上是一个统一体. 虽然有成果地探察新的经验领域的一些时期常常很自然地被一种对我们的处境的概括的暂时放弃所伴随,但是科学史却一次又一次地教导我们,我们的知识的扩充可以怎样引导我们去认识一些早先并没有联系的现象群之间的关系;这些现象群的和谐的综合要求对我们的甚至最基本概念的无歧义应用的前提进行重新的修正. 这种情况不但使我们回想起以描述外部世界为目的的所有科学的统一性,而且最首要的是使我们回想起认识论的分析和心理学的分析的不可分割性. 正是在对这后一点的强调中,一些最不相同的科学领域中的晚近发展使人们注意到了一种情况:现在这一伟大举动的纲领是和以前的百科全书派的事业不同的;在那种事业中,重点是基本上放在了知识现状的论述的完备性上,而没有放在科学方法论的阐明上. 因此就应该希望,即将问世的这套《百科全书》将对我们这个世代的整个态度发生深刻的影响;这个世代尽管有着科学中和技术中日益增长的专业化,但是却也有着一种正在增长的关于一切人类活动的相互依赖性的感觉. 最主要的是,此书将能帮助我们意识到,即使在科学中,任何随意的限制也蕴涵着发生偏见的危险,而且,我们避免唯物论和神秘论这些极端思想的唯一途径,就是追求分析和综合的平衡的那种永不停止的努力.

Ⅴ. 医学研究和自然哲学

Acta Medica Scandinavica（Suppl.）

142（1952）967—972

1951 年 9 月 3 日在哥本哈根的第二届
小儿麻痹症国际会议上发表的演讲

见第一编《引言》原第 12 页.

REPRINT

ACTA MEDICA SCANDINAVICA

SUPPLEMENTUM CCLXVI (266)

PAPERS ON MEDICINE
AND
THE HISTORY OF MEDICINE

Dedicated to

ERIK WARBURG, M. D.

PROFESSOR OF INTERNAL MEDICINE
IN THE UNIVERSITY OF COPENHAGEN, DENMARK,

ON HIS SIXTIETH ANNIVERSARY
FEBRUARY 3, 1952

ACCOMPANIES VOL CXLII (142)

COPENHAGEN 1952

（演讲词发表时的原刊封面）

医学研究和自然哲学

　　应邀给本刊向医学界一位大师祝寿的一期撰稿,我曾经觉得有些困难,因为,作为一个物理学家,我当然在疾病的起因和治疗方面没什么专门信息可以提供. 因此我必须只谈谈由物理科学的现代发展所提示的医学研究和自然哲学的关系问题①.

　　从很早的时期开始,医学科学就已经和知识及哲学的许多其他方面有着密切的关系,而且人类仍然满怀尊敬地记得伟大的希波克拉特关于医生的责任的教导,就是说,不要仅仅跟得上他们的领域中的发展,而且还要通过研究一般的人类问题来开拓自己的心灵,以便能够适当地完成自己的重要使命.

　　在文艺复兴时期,位于解剖学和生理学的发展的背后的正是这种精神;那时的伟大先驱们,例如外萨留斯和哈维,都是当时受到高度尊重的医生,他们被赋予了当时社会中的责任最重大的任务. 物理学中导致了力学原理的阐明的根本性进步,给医学科学的发展带来了一次巨大的推动力. 玻瑞利在他和伽利略的密切接触的启发下进行的关于骨骼和肌肉的功能的研究,在它们的范围内仍然是经典性的.

　　千百年来,和医学科学的接触也曾经是物理学和化学的发展的决定性的推动力. 电在自然现象中所起的基本作用可能长久地不为人知,假如大自然不曾用如此精密而灵敏的机构在较高等动物的神经系统中向我们表现出来的话. 确实,伽伐尼的发现不仅对于神经生理学来说是根本性的,而且也为电化学和电磁学的发现铺平了道路. 我们也记得罗伯特·迈耶尔是怎样被他在热带气候下施行外科手术时的观察结果引导到了在物理科学中占有如此中心性地位的能量守恒的概念的.

　　作为回报,物理科学和化学科学曾经为机体的结构和机能的探索提供了越来越有效的工具和越来越有成果的观点. 然而,与此同时,这种探索已经揭示了

---

　　①　这些议论形成 1951 年 9 月在哥本哈根的第二届小儿麻痹症国际会议上发表的演讲的主要部分.
[中译者按:此文是为了祝贺哥本哈根大学内科医学教授艾里克·瓦尔堡的 60 寿辰而作.]

越来越多样化的调节和适应的可能性,它们已经一而再、再而三地用一些新奇事物震惊了我们,并且导致了关于对生命的解释所应采取的态度的争论的重新兴起,或者倒不如说是关于有生机体在自然现象中的地位的合理描述的争论的重新兴起.

　　按照在这种讨论中对"原因"和"目的"等词的重视程度,被称为机械论和活力论的两种观点曾经常常是互相尖锐对立的. 机械论的观点曾在物理学和化学的发展已经在有机的机能方面给出新的洞察时特别流行,而活力论的观点则曾在注意力集中在有生机体之惊人资源的新发现上时重新抬头. 找到一种在这种局势下摆正我们自己的合理而自洽的方式的问题,在许多方面使我们想起了我们通过对原子世界的探索而在现代物理学中遇到的那些问题,它们也引发了关于物理现象之描述和领会的原则的重新争论.

　　虽然早在古希腊时期就已经明白,在物质中表现出来的那些规律尽管花样繁多,却使人们想到了物质的一种有限可分性,但是,直到我们这个世纪,人们还相信我们的感觉的粗糙性将永远阻止对个体原子的观察. 不过,实验技巧的特别是放大技术的奇迹式发展,却已经使我们能够观察单个原子所引起的效应,甚至能够研究原子本身的成分了.

　　我们由此而得到的信息,在许多方面具有很简单的品格,而且如所周知,我们的原子图景就是由来自中心带电核的吸引力保持在一起的一团电子. 尽管在许多物理现象和化学现象中这些电子可能在核周围被移动乃至被取走,但是在通常的条件下,包括当存在于有生机体中时,核却保持不变. 另外,原子的性质在很大的程度上只取决于核的电荷(而不取决于它的内部结构),这一事实已经使人们能够通过所谓同位素指示剂[按即所谓"示踪原子"——译注]的使用来标志原子,并从而在比以前所能达到的细致得多的条件下研究代谢过程.

　　我们关于原子构造的想法的这些方面虽然简单,但是同样明显的却是,不能依据在大尺度物理现象的描述和概括中曾被证实为那么富有成果的那些原理来详细说明原子的性质. 特别说来,原子体系的稳定性向我们显示了一种和由普朗克在本世纪的第一年发现的普适作用量子联系在一起的物理规律的全新特色.

　　这一发现在一个方面在自然哲学中开始了一个完整的新时代;它揭示了,力学和电动力学的经典原理是一些理想化,它们只适用于那样一些现象,即我们在那些现象中只遇到一些远大于个体量子的作用量. 在这一条件不再满足的原子现象中,我们就遇到一些完全新型的规律,它们不可能有形象表示法,甚至不可能有细致的因果描述.

　　我们在这儿遇到的这些表观佯谬问题的澄清,曾经要求了用来概括物理经

69

验的那些原理的一次修订. 决定性的一点曾经是这样一种认识: 在原子物理学中, 我们不能保持关于客体的独立于现象被观察时所处条件的行为的概念. 这里不是测量精确度的实际局限性的问题, 而是自然规律的一个和作用量子相联系着的侧面的问题, 这个侧面给客体和测量仪器之间的相互作用确定了一个下限.

这一情况本身给我们带来了一个全新的局势, 因为控制客体和测量仪器之间的相互作用的任何尝试都将意味着一直用来确定实验条件的那些物体现在自己也会变成研究的对象. 因此就会需要更多的一些和各该物体发生着不可控制的相互作用的物体, 从而所能得到的结果就只能是原来的体系被换成一个新的、更复杂的体系, 而对这个新体系的描述来说, 完全相似的条件也会是成立的.

在这种局势下, 不足为奇的就是, 在不同的实验装置中得到的资料不能按照习见的方式而被结合起来. 特别说来, 各个量子过程并不能被表示成一些事件的连续因果链, 因为划分成明确定义的步骤的任何细分都将要求实验装置的一种改变, 而这种改变将是和我们所要研究的现象的出现不相容的. 我们在这儿遇到了原子过程中的一种奇特的整体性特色, 它是完全超出于经典物理学之外的, 而它的显示则是和定义原子客体之行为时的那种活动范围本质地联系在一起的.

在不同的实验条件下出现的表观上互相抵触的现象被称为互补的现象, 为的是强调这样一件事实: 只有放在一起, 它们才能包举无遗地表示所能得到的关于客体的所有知识. 量子力学的表述形式放弃了形象化的表象而直接以量子过程的统计叙述为目的; 通过这种巧妙的表述形式, 已经能够沿着互补描述的路线在关于物质的基本的物理性质和化学性质的一个丰富的经验领域中确立逻辑秩序.

整个的这一发展已经有力地提醒了我们, 甚至经典物理学中的因果描述这样由早先的经验确立得那么好的原理, 也可能无法概括新的实验资料的领域. 互补性概念绝不意味着对细致的科学解释的随意放弃, 它指示的是我们的概念构架的一种扩展; 当处理被研究的客体和观察工具之间的相互作用不能被消去的那种经验时, 这种扩展就是必要的.

———

在这一背景上, 当我们回到基本的生物学问题时, 我们就必须意识到, 构成各组织的那些原子的稳定性, 同样还有和机体遗传性质相联系着的那些细胞中的精致分子结构, 都会直接把我们带到量子物理学领域来. 在这方面, 如所周知, 控制着个体量子过程之发生的统计定律曾经在关于人工变异的实验的诠释中得到有兴趣的和有希望的应用. 视觉之类的感觉的精致性, 也被发现一直达到原子的层次, 从而我们必须假设, 和记录原子现象所用的过程相类似的放大过程在神经信息的机制中起着决定性的作用.

　　然而这些说法绝不是意味着量子理论本身就应该足以解释生命,即使它在处理生物学问题时是不可缺少的.恰恰相反,我所要强调的重点却是原子物理学在关于我们作为自然想象观察者的地位方面,特别是在原因和目的之类的字眼儿的合理应用方面给我们带来的那种教益的更广阔的涵义.

　　虽然科学当然会追求关于作为机体机能之基础的那种物理机制的越来越详细的知识,生命的一种对应于机械论理想的描述却将只是处理方式的一种而已.事实上,我们必须认识到,和这一理想相一致的一种详尽无遗的描述,所要求的实验条件将包含着把机体控制到生命无法显示的地步的情况.在实际的生物学研究中,一种活力论的处理方式也是同样不可缺少的,因为主要的目的往往是要研究作为一个整体的机体为了保持生命而表现的那些反应,这是我们在医学研究中时常要想到的一点.

71　　我们在这儿既不是在谈论处理生命在简单机械中的类例的那种粗浅尝试,也不是在谈论关于一种神秘的生命力的那种旧想法,而是在谈论两种科学处理方式,它们只有在共同考虑时才能详尽无遗地代表增进我们的知识的一切可能性.在这种意义上,机械论观点和活力论观点可以看成互补的,而且在它们之间的和谐而合理的应用中,我们就找到生命一词的基本而合理的用法.这样一种态度既不蕴涵关于机体之细致结构的可以得到的知识的任何限制,也不蕴涵利用我们的潜力和对疾病作斗争的那些希望的任何限制.

　　确实,直到现在,我们在物理科学中总是把自己看成观察者,而且这种态度同样地适用于经典物理学和量子物理学.然而可以强调指出,互补性这一概念也适于用来表征和我们的生命相联系着的意识的各个方面.我想到的不仅是和机体的完整性有一定相似之处的人格的统一,而且也是内省方面的许多失败,这些失败突出地使我们想起概括原子物理学中的经验时的条件.

　　对应于量子现象中的客体和测量仪器之间的关系,我们在各种精神经验中就遇到注意力集中于其上的客体和观察着并判断着的主体之间的分界线的不同画法.通过把主体和客体都包括在意识之内来避开这种划分的任何尝试,都显然蕴涵着引入一个新的主体来论述原来的主体.如果在这种局势下正常的平衡被丧失,就可能出现心理学和精神病学中众所周知的"自我"混乱和人格解体的征兆.

　　我们在自由意志问题中就会遇到一些带有互斥品格的心理局势的明显例子;这个问题自古以来引起过许多热烈的辩论.这里有决定意义的一点是这样一种认识:在它的描述中可以应用"我愿意"之类的说法的一种意识状态,是和我们关心到我们行为动机的分析时的一种意识状态互补的.正是在这种背景上,我们才可以用一种合理的方式在意识的详尽无遗的描述的任何尝试中作为一种不可缺少的要素而谈到意愿.

　　尽管在明确区分有生物和无生物时会遇到很大的困难,但是,正如谁也不会企图避免使用生命一词那样,也几乎不会有人能够否认,当谈到意志的自由时,我们是在像语言交流所允许的那样合适地表达我们自己的思想. 在这方面我们必须认识到,在语言的一切应用中,任何单词的实际应用都和分析其严格定义的企图是互补的.

　　我们在这儿关心的不是高深的论证,而是冷静地分析各单词在描述我们在存在的大剧中既作为演员又作为观众的那种地位时的适当用法. 事实上,我们怎么确定一个人是因为他愿意做某事而能够做那事呢? 还是因为他能够做某事而愿意做那事呢? 特别说来,当想到艾里克·瓦尔堡对医学的精通时,我们怎能把他那建筑在科学识见上的帮助病人保存体力和恢复活力的能力,和他激发病人活下去并在他的帮助下恢复健康的意志的那种多才多艺而又精力充沛的人格的力量分别开来呢?

72

Ⅵ. 在［第七届国际放射学会议］开幕式上的演讲

Acta Radiologica（Suppl.）**116**（1954）15—18

1953 年 7 月 19 日在哥本哈根的第七届
国际放射学会议开幕式上发表的演讲

参阅第一编《引言》原第 12 页.

Seventh International Congress of Radiology

COPENHAGEN, DENMARK

19th — 24th July 1953

Patron:

HIS MAJESTY KING FREDERIK IX

Honorary President:

HIS EXCELLENCY PROFESSOR NIELS BOHR

Danish Executive Committée

PRESIDENT:

Prof. P. FLEMMING MØLLER

VICE-PRESIDENTS:

Dr. SV. A. CHROM (Diagnosis)

Dr. JENS NIELSEN (Therapy)

Prof. CARL KREBS (Biology)

Prof. H. M. HANSEN (Physics)

Dr. E. DE FINE LICHT (Technology)

ADMINISTRATIVE ADVISER:

Mr. POUL HARRIS

LEGAL ADVISER:

Mr. KAI STORM

TREASURER:

Mr. AAGE VON BENZON

SECRETARY-GENERAL:

Prof. FLEMMING NØRGAARD

（这应是会议的通告）

在开幕式上的演讲*

应组织委员会之邀请在第七届放射学国际会议的开幕式上讲几句话,我很感荣幸和高兴.不过,深切地感到自己在辐射诊断和辐射治疗方面缺乏专门的知识和经验,我在到这一杰出放射学者们的集会上来冒昧发言时是不无很大的踌躇的,从而我将只限于发表一些一般的议论,来指出和诸位为人类造福的伟大任务的进步及成功有关的那些多姿多彩的知识领域.

我几乎用不着重述,早在芬森关于日光和电弧光对皮肤病的治疗效果的开创性工作中,精密物理技术就已经怎样被证实为具有决定的重要性了.然而,最首要的是,正是伦琴关于和抽空容器中的放电相伴随的穿透性辐射的发现,才给了我们以一种可以说透视人体并和体内器官的病症作斗争的手段.又一次的伟大进展是天然放射性物质的发现,特别是居里夫人的分离出镭,这就大大改善了恶性肿瘤的放射治疗的手段.

在我们的时代,物理技术已经给放射学家们提供了越来越有效的器械.一方面,高电压发电机和特种放电管的制造使得穿透性很强的辐射的方便而精密控
制的应用成了现实.另一方面,核物理学的进步(这种进步已经创造了大规模释放原子能的可能)也向我们提供了许许多多的适用于各种各样治疗的新的放射性物质.

与此同时,辐射对机体的物理学-化学效应的研究也正在迅速地进行.在这方面,几乎用不着提到利用同位素指示剂来标志原子的巧妙方法;这种方法是由赫维斯首先想到和发展起来的,而且它在关于有机物在最多样化的情况下的新陈代谢的详细考察方面提供了十分广阔的前景.

在此次会议期间,所有这些问题肯定会从专家方面得到许多争论和澄清.因此,在今天这个场合下,我只想重新提到原子物理学的发展已经带给我们的关于我们作为自然现象之观察者的地位的新教益,并且指出这种教益和我们对待生物科学及医学科学中的基本问题的态度的关系.

这一发展起源于普朗克的基元作用量子的划时代发现;这种发现揭露了科

---

* 〔中译者按:玻尔是此次会议的名誉主席.〕

学自从诞生以来就依靠了的那些自然哲学概念的没有料到过的局限性. 事实上我们已经知道,物理事件的那种习见的形象化表象只适用于这样一些现象: 在它们的分析中,所涉及的一切作用量都比个体量子大得多. 然而,在基元原子过程中,我们却遇到一种新颖的整体性特色,这种特色甚至使我们不能无歧义地区分所研究客体的行为和它们与为了固定现象发生时所处的条件而必需的那些测量仪器之间的相互作用.

在这种局势下不足为怪的就是,在不同的实验条件下观察到的原子现象不能结合成为一个单独的图景,而且初看起来它们甚至可能显得是互相对立的. 这种互补性观点绝不意味着对物理现象之细致分析的任何随意放弃,而是代表着更宽广的描述构架,它允许我们概括超出于普通的物理解释范围之外的规律. 77

通过和互补描述模式相适应的一些巧妙方法的发展,已经实际地证实能够得出所谓经典物理理论的一种合理的推广. 这些方法不仅消除了在企图描述辐射过程的进程时所涉及的那些佯谬,而且也使我们能够说明原子结构的惊人稳定性,这种稳定性也在很大程度上由构成机体中各组织的那些复杂的分子表现出来.

说这些话,绝不是想要暗示我们在原子物理学中有一种解释生命的线索,而只是表示,我们已经获得了一种关于有机生命在表现自己时所处的情况的见识. 当然,我们在这里遇到的问题是比初等的原子过程复杂不知多少倍的;在原子过程中,我们处理的是在明确定义的和可以重演的条件下发生的现象. 事实上,在物理现象中,分析越进行,我们就在许多方面遇到越大的简单性,而有生机体的结构和它们的反应则随着生物科学的进展而越来越复杂.

然而,主要之点却在于,原子研究带给我们的教益,很自然地影响了我们对待有生机体所代表的那些整体的研究的态度. 虽然现在还看不到我们所能逐渐达到的关于作为有机机能之依据的物理过程和化学过程的知识限度,但是我们却必须随时想到,得到这种知识时所处的条件可能是和机体生命的保持不相容的. 无论如何,在生物学中,而且尤其是在医学科学中,问题的实际处理必须把机体的整体性考虑在内,而且进步也依赖于所谓机械论的和活力论的论证之间的平衡的保持,而在某种意义上,这两种论证是彼此互补的.

我希望人们理解,这些说法的倾向是离神秘论和诡辩论同样遥远的,而其目的则只在于局势的一种清醒的逻辑的描述而已. 特别是,我想我们大家都同意,在医学工作中,我们的目的不是像机械师掉换一些磨损了的零件那样修复机体,而是要建立适当的条件以使机体能够恢复自己的原状并恢复健康. 78

在结束时,我愿意和主席一起表示我们的希望,希望这次会议将成为放射学进展中的一个里程碑. 我们尤其是可以把希望建筑在这次会议即将给予各与会者的启示上；通过他们从许多研究领域中的个人经验得来的知识和观点的交换，这一机会将给各人以启示，而那些知识和观点，构成了推进放射学之伟大目标的丰富前景．

Ⅶ. 知识的统一性

"The Unity of Knowledge" (ed. L. Leary),
Doubleday & Co., New York,
1955，pp. 47—62

1954 年 10 月 28 日在纽约的哥伦比亚大学
200 周年校庆的庆祝会上发表的演讲

参阅《全卷引言》原第 ⅩⅩⅩⅧ 页及以后.

《知识的统一性》(1954)

用英文、丹麦文和德文发表的不同版本

英文本：*Unity of Knowledge*

A *Science and the Unity of Knowledge*，in "The Unity of Knowledge"（ed. L. Leary），Doubleday & Co.，New York 1955，pp. 47—62

B "Atomic Physics and Human Knowledge"，John Wiley & Sons，New York 1958，pp. 67—82（reprinted in："Essays 1933—1957 on Atomic Physics and Human Knowledge，The Philosophical Writings of Niels Bohr, Vol. II"，Ox Bow Press，Woodbridge，Connecticut 1987，pp. 67—82）

丹麦文本：*Kundskabens Enhed*

C "Atomfysik og menneskelig erkendelse"，J. H. Schultz Forlag，Copenhagen 1957，pp. 83—99

D "Naturbeskrivelse og menneskelig erkendelse"（eds. J. Kalckar and E. Rüdinger），Rhodos，Copenhagen 1985，pp. 19—39

德文本：*Einheit des Wissens*

E "Atomphysik und menschliche Erkenntnis"，Friedr. Vieweg & Sohn，Braunschweig 1958，pp. 68—83

B 是 A 的修订本（见次页）.

B、C、D 和 E 互相一致.

从 *A* 本到 *B* 本的变化

　　A 本原名《科学和知识统一性》,*B* 本改名为《知识的统一性》.*A* 本中四个主要节的编号在 *B* 本中被略去. 此外还作了下列非无所谓的变化[译者注:为便于参考,我们保持了下列各条校勘记的原状]:

页数	行数	变 化 情 况
53	33	The word "logical" is omitted in front of "impossibility".
54	11	The rest of the sentence after "experience" is omitted.
55	33	"reminding us of the recording devices used in experiments of atomic physics" is omitted.
57	31	The rest of the sentence after "formalism" is omitted.
59	2	After "definable" is inserted "separately".
59	28	"the renunciation" is replaced with "the ever more extensive renunciation".
60	37	The rest of the sentence following "epistemological lesson" is omitted.
61	34	The sentence "When we compare ..." is changed to:"In comparing different cultures resting on traditions fostered by historical events, we meet with the difficulty of appreciating the culture of one nation on the background of traditions of another".
62	9	The first sentence in section IV is replaced with the following two sentences:"In concluding this address, I feel that I ought to apologize for speaking on such general topics with so much reference to the special field of knowledge represented by physical science. I have tried, however, to indicate a general attitude suggested by the serious lesson we have in our day received in this field and which to me appears of importance for the problem of unity of knowledge".

该书的主要撰稿人

Felice Battaglia   Sir Richard Livingstone

Niels Bohr   Archibald MacLeish

Detlev W. Bronk   Charles H. Malik

Robert L. Calhoun   Gardner Murphy

Etienne Gilson   Willard Van Orman Quine

Julian Huxley   John Herman Randall, Jr.

Frank H. Knight   John von Neumann

Alfred L. Kroeber   Robert Penn Warren

Harry Levin   Hermann Weyl

科学和知识统一性

在试图回答我们在多大程度上可以谈论知识的统一性这一问题之前,我们必须考虑知识一词本身的意义.我并不打算直接进入专业性的讨论,对于那种讨论我几乎没有那种必要的学识.然而,每一个科学家都不断地遇到客观描述的问题,遇到用无歧义的词句互相沟通的问题.我们的工具是平常的语言,它是为实际生活和社会交往服务的.我们在这儿将不讨论这种语言的起源,而是讨论它在科学交流方面的能力范围,特别是讨论在超出日常事件的经验的增长中描述可以保持多大客观性的问题.

首先重要的是意识到,一切知识起初都是在一个适应着以前经验的论述的概念构架中被表示出来的,从而任何这样的构架都可能被证实为过于狭窄,不足以概括新的经验.许多知识领域中的科学研究确实一次接着一次地证明过放弃或重新塑造一些观点的必要性;那些观点由于它们的有成果性和表观上的不受限制性而在过去被认为是合理解释所不可缺少的.虽然这样的发展是由专门的研究引起的,但是它们却给知识统一性问题带来了重要的教益.事实上,概念构架的扩展不仅在相应的知识分支中恢复了秩序,而且也在我们在表面上互不相干的知识领域中的经验的分析和综合中所处的地位方面揭示了类似性,暗示了一种概括能力越来越大的客观描述的可能性.

当谈论概念构架时,我们指的只是经验之间的关系的一种无歧义的逻辑表示.这种态度在历史发展中也是明显的;在这种发展中,形式逻辑学不再和语义学的乃至逻辑句法学的研究截然分开了.数学起了一种特殊的作用;它对逻辑思维的发展作出了如此决定性的贡献,并用它的明确定义的抽象在表示和谐的关系中提供了无法估价的帮助.不过,在我们的讨论中,我们将不把纯数学看成一个单独的知识分支,而是把它看成普通语言的一种精化;它用表示一些关系的适当工具补充了普通语言,对于那些关系的交流来说,普通的词句表示法不是不够确切就是过于纠缠.在这方面可以强调指出,为了避免提到大大渗透在日常语言中的有意识的主体,数学符号的运用就起了保证客观描述所要求的定义的无歧义性的作用.

在以测量结果之间数字关系的建立为其特征的所谓严密科学的发展中,确实已经发现能够得益于抽象数学的应用是有决定意义的;这种抽象数学往往不是考虑到什么应用而发展起来的,而是起源于推广逻辑构造的独立追求的.这种局势在物理学中得到了特别的例证;物理学起初被理解为关于我们是其一部分的自然界的一切知识,但是后来却变成了是指对控制无生物质之性质的那些规律的研究.即使在这种比较简单的主题中,不断注意客观描述的必要性也曾经深深地影响了世世代代的哲学流派的态度.在我们的时代,新的经验领域的探索曾经揭示了我们某些最基本概念之无歧义应用的一些不曾预料到的前提,并从而在和远远超出物理科学领域的问题的关系方面给我们带来了一种认识论的教益.因此,从这一发展的简单论述开始就可能是合适的.

I

　　详细回顾随着涉及我们自己的活动目的的那些神秘的宇宙学概念和宇宙学论点的消除,一种自洽的力学体系曾经如何在伽利略的开创性工作的基础上建立起来,以及如何在牛顿的开拓中臻于完成,这将会使我们离题太远.最首要的是,牛顿力学的原理,意味了因果问题的一次影响深远的阐明;它允许人们通过观察一个物理体系在一个给定时刻通过可测量的量来定义的状态,来预言它在任何随后时刻的状态.众所周知,这样一种决定论的或因果论的论述,曾经怎样引向了机械论的自然观并终于变成了一切知识领域中的科学解释的一种模范,不论获致经验的途径是什么.因此,重新提到一点就是重要的,那就是,物理经验的更宽领域的研究曾经揭示了更仔细地考虑观察问题的必要性.

　　在它的很大的适用范围之内,经典力学提供了一种客观的描述;其意义就是,它是建筑在涉及日常生活的一些图景和想法的应用上的.不过,不论牛顿力学中所用的那些理想化可以显得多么合理,它们还是远远地超出了我们的基本概念所适应的那种经验范围的.例如,绝对空间和绝对时间这种想法本身,就是在本质上和光的实际上可以看成即时传播这一事实联系着的;这种传播允许我们独立于我们周围各物体的速度来确定它们的位置,并允许我们把各个事件排列在一个唯一的时间顺序中.然而,发展电磁现象和光现象的一种自洽论述的尝试却描示出来,以很大速度而相对运动着的观察者们,将不同地标示各事件.事实上,这样一些观察者不但会对刚体的形状和位置有不同的看法,而且会对不同空间点上的事件也有不同的看法;在一个观察者看来是同时的事件在另一个观察者看来可能是在不同时刻发生的.

　　关于物理现象的论述在多大程度上依赖于观察者的立脚点这一问题的探索,绝不是引起了混乱和复杂性,而是被证实为对追索适用于一切观察者的普遍物理规律大有帮助.保留了决定论的概念,但是只依靠着最终涉及事件的重合的一些无歧义观察结果之间的关系,爱因斯坦做到了重新塑造和推广经典物理学的整个大厦,并且给我们的世界观带来了一种超出以前的一切希望的统一性. 在广义相对论中,描述是建筑在一种弯曲的四维空间-时间度规上的;这种度规自动地说明了万有引力效应和光信号作为速度这一物理概念之任何自洽应用的上限的那种独特地位. 这样的不习见但却明确定义了的数学抽象的引入,绝没有蕴涵任何含糊性. 相反地,它却提供了一个很有教育意义的例证,说明了概念构架的扩展如何提供了消除主观因素和扩大客观描述之范围的适当手段.

86

观察问题的一些新的不曾预料到的侧面注定要由物质之原子构造的探索来提供. 为了解释各种实物在各式各样自然现象中对它们的特征性质的保持而引入的物质有限可分性的概念,可以追溯到古代. 不过,几乎直到我们这个时代,这样的观点还一直被认为在本质上是假说性的,其意义就是,由于本身就是由数不清的原子构成的我们的感官和我们所用的工具的粗糙性,这种观点似乎是不可能得到观察的直接证实的. 尽管如此,随着上世纪中化学和物理学的巨大进步,原子概念越来越被证实为有成果的了,而且人们也发现,能够通过经典力学对无休止运动着的原子和分子的相互作用的直接应用来对热力学的原理得出一种一般的理解了.

在本世纪中,例如天然放射性之类的新发现的物质性质的研究,曾经令人信服地证实了原子理论的基本观点. 特别说来,通过放大装置的发展,已经能够研究本质上依赖于单个原子的一些现象,甚至能够得到关于原子体系的结构的广泛知识了. 第一步就是对作为一切物质之共同成分的电子的认识,而我们的原子结构概念的一次重大的完全化,是通过欧内斯特·卢瑟福的原子核的发现而得到的;这种原子核在其极小的体积中几乎包含了原子的全部质量. 作为这种发现的结果,各元素在普通的物理过程和化学过程中的不变性就被一种情况直接解释了;那情况就是,在这样的过程中,虽然电子键合会受到大大的影响,但是核却保持不变. 通过他的用更强大的手段得出核的嬗变的演证,卢瑟福进而开辟了一个常常被称为现代炼金术的新的研究领域,这一领域后来终于导致了释放储存在原子核中的巨大能量的可能性.

虽然物质的许多基本性质用简单的原子图景而被解释了,但是从一开始就很显然,力学和电动力学的经典概念不足以说明由各元素的各自性质显示出来的那种原子结构的本质稳定性. 然而,阐明这一问题的一个线索却由普适作用量子的发现提供了出来;通过他对热辐射定律的透彻分析,马科斯·普朗克在本世纪的第一年被引到了这一发现. 这一发现揭示了原子过程中的一种完全超出于机械自然观的范围之外的整体性特色,而且显然地表明了经典的物理理论是一些只在某些现象的描述中才能成立的理想化,在那些现象的分析中,所有的作用

87

量都大得足以允许忽略作用量子.尽管这一条件在普通尺度的现象中是大大得到满足的,我们在原子现象中却遇到一些完全新型的规律,它们是不能适用决定论的形象化描述的.

经典物理学的一种合理推广,允许量子的存在却保留定义电子和核的惯性质量和电荷的那些实验数据的无歧义诠释的一种推广,带来了困难的任务.然而,通过整整一代理论物理学家的协作努力,原子现象的一种自洽的、在很大范围内包举无遗的描述被逐渐发展了起来.这种描述利用了一种表述形式;在这种表达形式中,经典物理理论中的变量被换成了一些服从一种包括着普朗克常量的不对易算法的符号.由于这种数学抽象的特性本身,这种表述形式不容许沿着习见路线进行的形象化诠释,而是直接以确立在明确定义的条件下获得的观察结果之间的关系式为目的.不同的个体量子过程可以出现在给定的实验装置中;和这一情况相对应,上述那些关系式具有一种本质上的统计品格.

借助于量子力学的表述形式,已经对大量的关于物质之物理性质和化学性质的实验资料得出了详细的说明.另外,通过使表述形式适应于相对论不变性的要求,已经能够在很大程度上整理迅速增多的关于基本粒子和原子核成分的性质的经验.尽管如此,量子力学的惊人能力,对习见物理解释的激烈背离,特别是对决定论概念本身的放弃,却在许多物理学家和哲学家的心中引起了疑问:我们在这儿遇到的是对待经验的一种权宜之计呢,还是有关客观描述的一个不可逆转的步骤? 这一问题的澄清事实上要求了描述和概括物理经验的基础的一种激烈的修正.

因此,我们首先必须认识到,即使当物理现象超出了经典物理理论的范围时,实验装置和观察记录的说明也必须用经过技术物理术语适当补充的日常语言来给出.这是一种明显的逻辑要求,因为实验一词本身就是指的一种局势,那时我们能够告诉别人我们做了什么和学到了什么.经典物理学中和量子物理学中的现象的分析之间的根本区别就在于,在经典物理学中,客体和测量仪器之间的相互作用可以被忽略或补偿,而在量子物理学中,这种相互作用却形成现象的一个不可分割的部分.一个真正的量子现象的本质整体性,在一种情况中得到了逻辑的表示;其情况就是,任何明确定义的细分现象的尝试都会要求实验装置的一种和现象本身不相容的改变.

单独控制原子客体和确定实验条件所必需的仪器之间的相互作用的不可能性,特别地阻止了空间-时间标示和动力学守恒定律的不受限制的结合,而经典物理学中的决定论的描述就是建筑在这样的结合上的.事实上,空间和时间的概念的任何无歧义的使用都参照一种实验装置,它包含着对定义参照系所必要的仪器(例如固定的标尺和校准的时钟)的一种在原理上不可控制的动量和能量的传递. 相反地,受到动量和能量的守恒定律约束的现象的说明,则在原理上包含着对细致的空间-时间标示的一种放弃. 这些情况在海森伯的测不准关系式中得到了定量的表示;这些关系式指示了运动学变量和动力学变量在物理体系的状态定义中的互成反比的活动范围. 然而,和量子力学表述形式的品格相一致,这样的关系式却不能比照经典的图景来用客体的属性加以诠释. 一方面是空间和时间,另一方面是动力学的守恒定律,我们在这儿遇到的是这些概念本身的无歧义应用的一些互斥性的条件.

联系到这一点,人们有时谈论"观察对现象的干扰"或"测量对客体物理属性的创生". 然而,这样的词句却很容易造成混乱,因为,例如现象和观察或属性和测量之类的名词在这里是在一种和普通语言及实际定义不相容的方式下被应用的. 在客观描述中,确实更合适的是用现象一词只代表在包括整个实验装置的叙述在内的指定实验条件下得到的观察结果. 按照这种术语用法,量子物理学中的观察问题就失去了任何特殊的复杂性,而我们就被直接提醒想到,每一种明确定义的原子现象就其本身而言是完结了的,因为它的观察意味着由一个电子的撞击而在照相底片上留下的一个永久性的记号,或是由起着本质上不可逆的作用的放大装置得出的类似纪录. 另外,意识到一点是很重要的,那就是,量子力学的表述形式只有当涉及的是在这种意义上完结了的现象时才能得到明确定义的应用,而且,在这方面,它代表了经典物理学的一种合理的推广——在经典物理学中,事件的每一个阶段都是用可以测量的量来描述的.

作为经典物理学之前提的进行实验的自由,当然保留了下来并且对应于选择实验装置的自由,而量子力学表述形式的数学结构为这种自由留下了适当的余地. 一般说,同一种实验装置可以给出不同的纪录;这一情况有时被形象地说成这些可能性之间的"大自然的选择". 无庸赘言,这里绝不是暗示一种自然的人性化,而只是在指出按照习见的方式来确定一个完结的个体现象之进程的逻辑不可能性. 关于这种确定,逻辑的处理不能超过各个现象在所给实验条件下出现的相对几率的推导,而在这方面,量子力学满足作为决定论力学描述的自洽推广的一切要求,它在物理现象的尺度大得足以忽视作用量子的事例中作为渐近极限而包括了这种描述.

原子物理学的一个最突出的特征,就是在需要用不同的基本概念来描述的一些实验条件下观察到的那些现象之间的新奇关系. 事实上,当试图按经典路线来描绘原子过程的一种进程时,不论这些现象可能显得是多么对立,它们都必须被看成是互补的;其意义就是,它们表示着关于原子体系的明确定义的知识的一些同等本质的方面,而且它们的总体就包罗罄尽了这种知识. 互补性的观念绝不指示对我们作为超然观察者的那种地位的一种背离,它代表的是我们在这一经验领域中在客观描述方面的处境的逻辑表示,这种处境曾经要求重新修订我们的基本概念之无歧义应用的基础. 关于测量工具和所研究的物理体系之间的相互作用构成量子现象的一个不可分割的部分的这种认识,不仅已经揭示了通过给各个物理体系指定上分别的性质来表征自然的那种力学观念的一种没有预料到的局限性,而且也迫使了我们在整理经验时对观察的条件给予适当的注意.

当回到对物理解释应该要求什么这一争议甚多的问题时,必须记得经典力学已经蕴涵了对匀速运动的原因的放弃,而且尤其应该记得,相对论已经教导我们不变性论点和等价性论点怎样应该算作合理解释的范畴. 同样,在量子物理学的互补描述中,我们遇到的也是一种进一步的自洽推广,它使我们可以把一些规律包括在内,那些规律对说明物质的基本性质是有决定意义的,但是却超出了决定论描述的范围. 物理科学的历史就这样演示了越来越宽广的知识领域的探索怎样在揭示习见概念的不曾预料的局限性中指示出重建逻辑秩序的新途径. 包括在原子物理学的发展中的认识论教益,使我们想起了远远超出物理科学界限的那种经验的描述和概括中的类似局势,并且使我们能够追索促进知识统一性的寻求的一些共同特色.

II

当离开物理学的正式领域时,我们遇到的第一个问题就是有生机体在自然现象的描述中的地位问题. 在最初,并没有截然区分有生物质和无生物质,而众所周知,亚里士多德在强调个体机体的整体性时反对了原子论者的观点,并且甚至在力学基础的讨论中也保留了目的和趋势之类的概念. 然而,随着文艺复兴时期的解剖学和生理学中的那些伟大发现,特别是随着完全消除了目的之类提法的决定论描述中的经典力学的提出,一种完全机械论的自然观开始脱颖而出,而且为数甚多的有机的机能事实上可以用物质的同样那些在简单的原子概念中有其解释的物理性质和化学性质来说明了. 确实,机体的结构和机能涉及了原子过程的一种有序化,这有时显得是很难和热力学的定律相谐调的,因为热力学定律意味着构成一个孤立物理体系的各个原子不断地趋于无序化. 然而,如果足够地注意到维持和发育各有机体系所必需的自由能是不断通过营养和呼吸而从各体系的环境中供应进来的,那就显然可知这里是没有违反普遍物理定律的问题的.

最近几十年来,我们关于机体之结构和机能的知识有了很大的进步,而且已经很显然,量子规律在许多方面起着基本的作用. 不仅仅是这些规律对一些复杂分子结构的惊人稳定性来说具有根本意义,各该分子结构形成对物种的遗传性

91

质负责的那些细胞的基本成分,而且,关于对机体受到穿透性辐射照射时所发生的变异的研究也提供了量子物理学的统计规律的一种突出的应用.另外,对机体的存在如此重要的那些感觉器官的灵敏性,也被发现为接近个体量子过程的层次,而使我们想起原子物理学实验中所用的记录装置的一些放大机制也特别是在神经信息的传输中起着重要的作用.尽管是在一种新颖的方式下,这种发展又把生物学中的机械论处理方式提到了显著的地位,但是与此同时,一个问题也变得尖锐起来,那就是,机体和近代工业构造或电子计算机之类高度复杂的物理体系的对比,能否为有生机体所表现的那种自控体系的客观描述提供一种适当的基础.

　　回到原子物理学已经给了我们的普遍认识论教益,我们首先必须意识到,量子物理学中所研究的闭合过程根本不是生物机能的直接类例;为了维持这种机能,是要求机体和环境之间的持续的物质交换和能量交换的.另外,可以把这种机能控制到它们的按物理学来进行的明确定义的描述的地步的任何实验装置,都将阻断生命的自由表现.这一情况本身就使我们想到一种对待有机生命问题的态度,它提供着机械论处理方式和活力论处理方式之间的适当平衡.事实上,正如作用量子在原子现象的说明中显现为一个既不能解释也不需要解释的要素那样,生命的观念在生物科学中也是基元性的;在这门科学中,在有生机体的生存和进化中,我们关心的是我们所属的自然界的各种可能性的显示,而不是我们自己可以进行的一些实验的结果.实际上,我们必须承认,客观描述的要求至少在趋势上是由特征性的互补方法满足了的;在这种方法中,建筑在物理科学及化学科学的充分资料上的论点和超出于这些科学的范围之外的直接涉及机体的完整性的概念,都是实际地被用到了生物学研究中的.主要之点就在于,只有在对生命的日常意义下的解释的放弃中,我们才获得了把生命的各种特征考虑在内的可能性.

　　当然,在生物学中正如在物理学中一样,我们也保持了作为超然观察者的地位,而问题只是经验的逻辑概括的不同条件而已.这也适用于动物和人的自然的或受到制约的行为的研究;对于这些行为的说明,心理学的概念是最为适用的.即使在自称的行为论处理方式中,也很难避免这些概念,而当我们处理复杂程度高得使它的描述实质地涉及个体机体的内省的那种行为时,意识概念本身就会出现了.我们在这儿遇到的是本能和理性这两个词的互斥的应用,由本能的行为在人类社会中被压制的程度来显示.完全抛开关于在一切人类交往中假设了的他人的意识的学院式的哲学讨论不谈,我们在试图说明我们的精神状态时肯定会在保持观察的超然性方面遇到越来越大的困难*.不过,甚至在人类心理学

---

* ［中译者按:此句原文似有小误(印刷上的错误),现在参照 B 本译成这样.］

中,也还是能够保持客观描述的要求的. 联系到这一点,注意到一个情况是有兴趣的,那就是,尽管在物理科学的早期阶段人们可以直接依靠日常生活的可以允许简单因果说明的那些特色,我们的精神内容的一种本质上是互补的描述却从语言起源时就已经被应用了. 事实上,适应于这种交流的丰富术语并不是指示一种不会中断的事件进程,而是指示了分离的互斥的经验,由注意力集中于其上的内容和用"我们自己"一词来代表的那种背景之间的分界线的不同画法来表征.

一个突出的例子可以由两种处境之间的关系来给出;在一种处境中我们考虑我们的动作的动机,而在另一种处境中我们却体验到自愿的感觉. 在正常生活中,这种分界线的变动是或多或少被直觉地认识到的,但是,可能导致人格解体的所谓"自我混乱"的征兆却在心理学中是众所周知的. 指示着同样重要的人类精神方面的表观上对立的属性的应用,确实提供了原子物理学中的局势的一种引人注目的类例;在那种局势下,互补的现象要求用不同的基本概念来描述它们. 首先,意识经验和物理观察之间的一种对比是由一种情况提示给我们的,那就是,意识一词本身就指的是可以保存在记忆中的经验,正如原子现象的永久性纪录一样. 在这种类比中,下意识这一概念中所固有的模糊性,对应于量子力学表述形式的形象化诠释的不可能性;这种表述形式在原理上只是用来整理明确定义了的观察结果的. 顺便提到,精神分析疗法在治愈神经官能症方面的医学用途,可以说是通过给病人带来新的意识经验而不是通过帮助他探索自己的下意识深渊来在病人的记忆内容中恢复平衡.

从一种生物学的观点来看,我们几乎不能诠释精神现象的特征,只除了得出结论说,每一种意识经验都对应于机体中的一种残余的印象,于是就在神经系统中造成关于一些过程的结果的一种不可逆的记录,那些过程是不可能被内省的,而且几乎是不适用机械论处理方式的包举无遗的定义的. 很肯定,这种涉及许多个脑细胞之相互作用的记录,是在本质上不同于和遗传复制相联系着的那些单细胞中的结构的. 我们不但必须强调残余印象在它们影响我们对后来刺激的反应方面的有用性,而且必须强调一件事实的重要性,那就是,后来的世代并不受个人的实际经验的影响,而是只依赖于机体的一些性质的复制,那些性质被证明为有助于知识的收集和利用. 在进行这种探索的任何尝试中,我们必须准备在每一步中遇到越来越多的困难. 发人深省的是,我们越接近有生机体的和我们的精神特征有关的特色,物理科学的简单概念就在越来越高的程度上失去它们的直接适用性.

为了阐明这样的论点,我们可以简短地谈谈自由意志的老问题. 由以上的论述显然可知,"意愿"一词在精神现象的详尽描述中是不可缺少的,但是问题在于我们可以在多大程度上谈论按照我们的可能性来行动的自由. 只要还保持一种不受限制的决定论观点,这种自由就是被排除了的. 然而,原子物理学的普遍教益,特别是关于生物学现象之力学描述的有限范围的教益,却使我们想到,机体的适应环境的潜力包括选择进行这种调节的最合适方式的能力. 有鉴于在一种纯物理的基础上判断这样的问题的不可能性,最重要的是认识到精神经验可能给出关于这个问题的更有关系的信息. 决定性的一点就是,如果我们试图预言另一个人在给定的局势下将决定怎么做,我们就不但必须努力了解他的全部背景,包括可能影响他的个性形成的一切方面,而且还必须意识到,我们的最终目的就是把自己放在他的位置上. 当然无法说出究竟一个人是因为相信自己能做而去做某件事呢,还是他因为要做才能做那件事,但是几乎没有争议余地的却是,我们有一种在已知情况下能够尽量做好的感觉. 在这种意义上,我们可以既实际又逻辑地以一种方式来谈论意志自由,这种方式给责任和希望之类单词的运用留有适当的余地,而这些单词本身则是像人类交流所不可缺少的其他单词一样地很难定义的.

95

这样一些考虑的主旨就是要指出关于我们的观察地位的教益的认识论涵义,那种教益是物理科学的发展强加给我们的. 作为对放弃解释的习见要求的回报,这种教益提供了概括更广阔经验领域的逻辑手段,要求了对客体—主体分界线的画法的注意. 既然在哲学文献中有时提到客观性的或主观性的乃至实在性的不同层次,那就可以强调指出,关于一个终极主体的想法,也像唯物论和唯心论的观念一样,在我们所定义的客观描述中是没有容身之地的,但是这种情况却绝不意味着我们所关心的这种探索的能力范围的任何局限性.

Ⅲ

既已接触到和科学中的知识的统一性有关的一些问题,我现在将转向下一步的问题,即是否存在不同于科学真理的一种诗的或精神的或文化的真理的问题. 带着一位科学家进入这样一些领域中时的一切勉强性,我将试用一种和我已经提出的态度相似的态度. 当我们考虑我们的表达手段和我们所涉及的经验领域之间的关系时,我们确实就会遇到科学和艺术的关系问题. 艺术所能给予我们的那种充实性,起源于它提醒我们想起一些超出系统分析的把握所及的和谐性的那种能力. 文学的、图画的和音乐的艺术,可以说形成表达模式的一个系列;在那些表达模式中,对科学传达所特有的定义的放弃使我们能够允许幻想自由地驰骋. 在诗中,这一目的是通过一些和观察局势的变动有关的单词的排列来达成的,结果就在情绪上把人类知识的许多方面结合了起来.

尽管一切艺术工作都要求灵感,提醒人们想起一件事却可能是不无好处的;那就是,甚至在他的工作高潮中,艺术家也要依靠我们站在上面的那一共同的人

性基础. 我们必须特别意识到, 当我们谈到艺术成就时常常提到的"即兴"一词,
指的是所有交流中所不可缺少的一种特色. 我们不仅在普通交谈中或多或少地
并不意识到我们所要传达的思想的语言表达, 而且甚至在写文章时也是如此; 那
时我们有机会重新考虑每一个单词, 而我们是让那个单词留下来还是把它换掉
的问题的答案则要求一种本质上等价于即兴的决定. 在作为一切伟大艺术作品
之特征的严肃和幽默之间的平衡中, 我们被提醒想起在儿童游戏中特别明显而
在成人生活中也同样可以觉察到的一些互补的方面. 事实上, 如果我们力求永远
十分严肃地讲话, 我们就冒了很快使听众和我们自己都感到极其厌烦的危险. 但
是如果我们力图永远开玩笑, 我们也会很快把自己和听众带入一种糟糕的情绪
中(如果那些笑话有意思的话), 那种情绪曾由莎士比亚在他的不朽戏剧中用一
些丑角来非常天才地向我们描绘过.

在科学和艺术的一种比较中, 我们务必不要忘记, 在科学中, 我们涉及的是
扩大我们的经验并发展适当的概念来概括它的努力, 这和搬运石头并把它们砌
在建筑物上相类似; 而在艺术中, 我们看到的是动用一些情绪的更直觉的个人努
力, 那些情绪使我们想起自己处境的整体性. 我们在这儿是处于一个点上, 在那
儿, 知识统一性的问题包含着模糊性, 和真理一词本身的模糊性相似——而且这
种说法对精神的和文化的价值也适用. 然而, 在这种价值的传达方面, 我们却回
想起和一种平衡有关的那些认识论问题, 那就是我们对一种看待有着许许多多
方面的生活的包罗万象的方式的要求和我们用一种逻辑自洽的方式来表达我们
的思想的能力之间的平衡.

在这儿, 科学和宗教采取的是本质上不同的出发点; 科学的目的是发展普遍
的方式来整理共同的人类经验, 而宗教则发源于在社团内部促进各种看法和行
为的和谐性的努力. 当然, 在每一种宗教中, 社团内的成员们所共有的一切知识
都是包括在普遍的构架中的; 在那个构架内, 在笃信和虔诚中强调了的那些价值
构成一种主要的内容. 因此, 内容和构架之间的固有关系, 在后来的科学进步带
来一种超越当时关于宗教基础的公共视野的宇宙学教益或认识论教益以前, 是
几乎不会被注意到的. 历史的进程提供了这种情况的许多例证. 其中突出的一例
就是科学和宗教之间的分裂, 这种分裂是和欧洲文艺复兴时期的机械自然观的
发展相与俱来的. 一方面, 以前一直被认为是神圣造物主的显圣的许多现象, 现
在显现为普遍的毫不含糊的自然规律的后果了. 另一方面, 科学的物理方法和物
理观点, 却和宗教所不可缺少的对人类的价值及理想的重视相去甚远. 于是, 作
为所谓经验哲学和批判哲学这两个学派的共同特点, 就出现了或多或少模糊的
区分客观知识和主观信念的态度.

通过强调在无歧义交流时适当注意客体-主体分界线的位置的必要性, 近代

的科学发展已经为知识和信念之类单词的应用创造了新的基础. 首先,因果性观念之固有局限性的认知,已经提供了一个构架;在这个构架中,普遍预定的想法被换成了自然演化的概念. 在人类社会的组织中,关于个人在他所属社团中的地位的描述,显示出一些典型地互补的方面,它们与价值的评估和判断价值所依据的背景之间的变动着的分界线有关. 每一个稳定的人类社会,肯定都需要用法律条文规定下来的公正,但是与此同时,和亲戚朋友分离开来的生活也显然会被剥夺掉它的一些最宝贵的价值. 虽然公正和慈悲的尽可能密切的结合代表着一切文化中的共同目标,但是却可以承认,任何要求严格执行法律的场合都不会留下表现慈悲的余地,而反过来看,行善和怜悯却可能和一切公正的概念相抵触. 在很多宗教中通过把这些理想人格化的神祇之间的斗争而被神话式地表示出来的这一情况,在古代东方的哲学中是用一条训诫来强调的,那就是,当我们追求人生中的和谐时,永远不要忘记我们自己在存在的舞台上既是演员又是观众.

当比较建筑在由历史事件哺育而成的传统上的不同的文化时,我们显然就会和一些互斥的关系打交道;这些关系将妨碍在其他民族的传统的背景上没有成见地评价一个民族的文化传统. 在这方面,各民族文化之间的关系有时被说成互补的,虽然这个词不能按照它在原子物理学或心理分析学中被应用时的那种严格的意义来理解;在那些应用中,我们处理的是我们的处境的不变特征. 事实上,不但民族之间的接触常常造成保持着各民族传统之有价值要素的文化融合,而且人类学的研究也正在不断地变成文化发展之共同特色的最重要的例证源泉. 确实,知识统一性的问题几乎是不能和作为提高人类文化的手段的普遍理解的努力分隔开来的.

Ⅳ

在擅自谈论一些如此普遍的课题,并且如此大量地引用物理科学所代表的特殊知识领域中的情况时,我试图指出了一种普遍的态度;这种态度是由我的领域中的重要晚近发展所提示出来的,而且似乎对考虑知识统一性问题来说也很重要. 这种态度可以总结为和谐地概括我们的局势的越来越多的方面的那种努力,这时我们认识到,没有一个逻辑构架,任何的经验都是不可定义的,而且,任何表观上的不和谐性都只能通过概念构架的适当扩充来加以消除.

Ⅷ. 物理科学和人的地位

Ingeniøren **64**（1955）810—814

1955 年 8 月在日内瓦的联合国和平利用
原子能会议的开幕式上的演讲

参阅第一编《引言》原第 12 页.

《物理科学和人的地位》(1955)

用英文发表的版本

A   Ingeniøren **64** (1955) 810—814

B   Proceedings of the International Conference on the Peaceful Uses of Atomic Energy，Geneva 1955. Vol. 16，"Record of the Conference"，New York 1956，pp. 57—61

C   Phil. Today **1** (1957) 65—69

除次要的表述差异外，B 本和 A 本相同.

在 C 中，节的编号 3—17 和最后的两节已被删去.

玻尔教授在日内瓦的讲台上

物理科学和人的地位

有机会在由联合国组织为了推进把由于对原子世界的探索而成为可能的巨大新能源应用到人类的利益方面的国际合作而召开的这次集会上发言,这是一种荣幸. 我也感谢对我的邀请,让我来谈谈通过对这一新的经验领域的研究而得到的关于我们作为自己也是它的一部分的那一自然界之观察者的地位的普遍教益,来作为今晚这些演讲的一个引言;在今晚的演讲中,将讨论我们伟大课题的一些更广阔的方面.

我的任务将不是过多地论述形成此次会议主题的那一发展的实际后果,但是我们当然全都深知和我们知识的造成对自然力的更大掌握的任何进展相与俱来的责任. 事实上,在当前的局势下,我们的整个文明正在面临着严重的挑战,这就要求各国之间的关系的一种调整,以保证史无前例的灾难可以被消除,而全体人民可以共同努力来实现科学进步所带来的更进一步为全世界人类造福的前景.

为了增进共同利益和推进相互信任的精神,有一个情况可以看成一种佳兆,那就是,我们正在处理一些努力的后果,而这种努力是不分任何国界的. 确实,世世代代以来大大丰富了我们的生活的科学研究成果,是人类的一种共同遗产. 而且,新知识领域的探索,曾经持续不断地照亮了人的地位,而在离日常经验如此遥远的原子科学中,我们已经受到了一种教益,它指向了远远超出物理学领域以外的地方. 通过强调为了和谐地概括一些表观上矛盾的现象而扩展我们的概念构架的必要性,这种教益甚至可能在开扩我们对待有着不同文化传统的各人类社会之间关系的态度方面有所贡献.

如所周知,关于物质由原子构成的最初含糊想法可以追溯到古代,但赋予这些想法以牢固的基础的,却是随文艺复兴而来的物理学和化学的伟大进展. 然而,直到不久以前,原子理论还普遍地被看成一种永远无法予以直接证明的假说. 确实,当时人们相信,本身就是由不计其数的原子构成的我们的感官和是太过粗糙的,是不可能察觉到个体的原子级粒子的. 不过,实验技巧的奇迹的发展,却不但使得观察单个原子的效应成为可能,而且甚至也给了我们一种于原子本身的结构的深远的见识.

现代原子科学的发展是一种最紧密的国际合作的产物；在这种合作中，进步是如此之快，相互关系是如此之密切，以致无法分析出个人对共同事业的贡献来. 在这篇讲话中，我将避免提到在世的科学家们的名字，但是我觉得，我们在怀念欧内斯特·卢瑟福方面是团结一致的；卢瑟福用那样旺盛的精力探索了由伦琴、汤姆孙、贝克勒耳和居里夫妇的伟大发现所打开的那个新的研究领域. 我们不但想到卢瑟福的关于原子核及其可嬗变性的基本发现，而且最主要的是想到他在这么多年内用来指引物理科学的这一新分支的发展的那种全部的鼓舞和启发. 在今天这个场合下我们也深深地想念恩里科·费米，他的名字将永远和"原子时代"的到来联系在一起.

尽管通过习见的物理学方法来促进和利用我们关于原子的知识已经能够达到很大的程度，我们却同时遇到经典物理学的概念的一种没有预料到的局限性，这要求我们重新修订无歧义应用我们某些最基本的概念的基础. 如所周知，沿这一方向迈出的决定性的第一步就是相对论的建立；通过相对论，近来全世界都哀悼了他的逝世的阿耳伯特·爱因斯坦开扩了人类的视野，并给我们的世界图景带来了超过以前的一切期望的统一性. 作为对放弃习见的绝对空间和绝对时间的概念的回报，相对原理提供了独立于观察者立脚点而追索普遍的物理定律的手段，而在这方面，我们特别想起爱因斯坦关于质量和能量的等价性的认识；这种认识被证实为核研究中的万无一失的指南.

不过，为了和关于原子级粒子的经验相适应，进一步背离从牛顿以来就曾经是说明物理现象的基础的那些力学概念却曾经是必要的，而且这种背离甚至已经导致了对于决定论描述之有限适用性的认识. 在这儿我不仅想起了在说明包含为数甚大的原子的物理体系的热力学性质时的统计考虑的运用，而且最首要的是想起了普适作用量子的发现；通过对热辐射定律的透彻分析，马科斯·普朗克在本世纪的第一年被引到了这种发现. 通过揭示基元过程的远远超出物质有限可分性这一古老学说的一种本质的整体性特色，这一划时代的发现表明了，按照它们看来物理现象要被描述成一个连续的事件链的经典物理学理论，是只适用于所涉及的作用量大得足以使人们忽略单个量子的那种现象的一些理想化.

尽管这一条件对通常尺度的现象来说乃至在使我们能够测量原子级粒子之质量及电荷的实验的诠释中都是大大地得到满足的，我们在正式的量子现象中却遇到种类十分新颖的一些规律，它们是物质的一些基本性质的起因. 这些规律超越按经典物理学来分析的可能性的程度，由在按经典路线来看待原子客体行为的不同方面的尝试中应用波动图景和颗粒图景之类的对立图景的必要性显示了出来.

特别是在原子核的发现以后，积累的关于各化学元素之性质的资料在进一步探索原子过程时可以应用了. 从一开始就很显然,作用量子为理解原子中电子键合的奇特稳定性提供了一条线索,那种稳定性是无法在经典力学的构架中得到解释的. 不过,原子现象的自洽诠释的确立还是提出了一种很困难的任务,只有通过整整一代理论物理学家们的同心协力才得以逐渐完成.

在作为一种极限事例而包括了经典力学的量子力学的数学表述形式中,运动学的和动力学的变量被换成了服从包括着普朗克常量的非对易算法的一些算符. 因此表述形式就没有形象化的表象而直接以预言观察结果在明确定义的条件下的出现为目的. 在一种给定的实验装置中,通常会有一些不同的量子过程出现;对应于这种情况,这些预言在本质上就是统计性的. 和统计法在说明具有许多自由度的力学体系的以前应用相反,几率考虑在量子物理学中的应用代表了和基元过程的不可分割性有着本质联系的一种对决定论描述的背离.

如所周知,利用量子力学表述形式,已经能够详细说明大量的和物质依赖于电子在核附近的键合的那些物理性质及化学性质有关的实验资料. 特别说来,由门捷列夫的深透直觉所发现的这些性质的奇特周期变化,已经得到了完备的阐明. 关于核本身的构造和性质,也在诠释迅速增长的实验资料方面得到了很大的进步. 联系到这一点,我们可以特别想起,早期发现的关于自发放射蜕变的引人注目的定律已经怎样极其和谐地被纳入到了统计性的量子力学描述之中.

尽管量子理论方法的本领很大,对关于物理解释的习见要求的放弃却曾经在许多人心中引起了怀疑,不知道我们所处理的是不是原子现象的一种包举无遗的描述了. 例如,人们曾经论证,统计的处理方式应该被看成一种暂时的办法,最后应被一种更细致的决定论式的理论所取代. 这一基本问题的生动讨论曾经大大刺激了关于我们作为自然的观察者的地位的分析,而且特别强调了当把和我们在日常条件下的倾向性相适应的概念应用到一个新的知识领域中时的多加小心的必要性.

当然,即使当现象超越了经典物理理论的范围时,实验装置和观测记录的叙述也必须用经过技术术语的适当补充的普通语言来给出. 这是一种纯逻辑的要求,因为"实验"一词的本身就是指的我们能够告诉别人我们做了什么和学到了什么的一种局势. 然而,在正式的量子现象中,却不能画出作为机械自然观之特征的被研究客体及其与测量仪器的相互作用之间的截然分界线. 不仅仅是原子现象的记录涉及一些有着本质地不可逆的功用的放大装置,例如由一个电子撞击而在照相底片上留下的一个永久性的斑点. 然而,特别重要的是,控制原子客体和起着确定实验装置的作用的仪器之间的相互作用的任何尝试,都意味着观测条件的一种和所考虑的现象本身的出现不相容的改变.

量子现象的本质整体性,使得用一种无歧义的方式来谈论客体的独立于它们被观察时所处条件的属性成为不可能的了. 例如,在不同实验条件下求得的资料,可以显示一种完全超出于经典物理学之外的关系. 不过,不论不同的现象从经典观点看来可以显得多么互相抵触,它们都必须在一种意义下被看成互补的;其意义就是,只有在一起,它们才能把所有可以得到的关于原子客体的知识包举无遗.

在它的范围内,量子力学理论给出了互补性观念的适当数学表述. 例如,代表着经典物理学的各力学量的那些算符的不可对易性(它蕴涵着各共轭变量的不确定范围),就对应于使相应的力学概念的无歧义应用成为可能的那些互斥的实验条件. 特别说来,任何包括着一个原子级粒子在给定时刻的位置时记录的量子现象,都将涉及粒子和诸如固定标尺和核准钟之类起着确定参照系作用的各仪器之间的一种在原理上不可控制的动量和能量的交换. 反之,被动量和能量的守恒所控制着的现象的叙述,必然包含空间-时间描述的一种局限性.

作为经典物理学之前提的进行实验的自由,当然是保留下来的,而且是对应于为量子力学表述形式的数学结构准备的那些实验条件的可变性的. 然而,尽管在经典物理学中,所假设的现象的无限可分性带来了借助于不受限制的测量的适当实验来干预乃至逆转事件进程的可能性,每一个量子现象的整体性却蕴涵了对这种干预的一定限制. 特别说来,可逆的一切特色被减缩成了蕴涵在热力学论证中的统计平衡化.

量子物理学中对关于物理解释的要求的让步,使我们想起相对论中对绝对空间概念和绝对时间概念的放弃;那些概念的应用受到了由光速来代表的一切物理信号的传播速度上限的限制. 同样,作用量这一力学概念的无歧义应用的不曾料到的下限,排除了空间-时间标示和动量-能量平衡的不受限制的结合,而经典物理学的决定论式的描述就是建筑在这种结合上的. 在两种事例中,我们遇到的都是建筑在对我们作为观察者的处境方面的一些本质特色的认识上的关于物理经验之描述的不容争议的步骤,它们要求了自然现象之分析和综合的较宽广的构架.

原子世界的探索所给予我们的认识论教益,必须在机械自然观在若干世纪中对一般思维的影响的背景上来看待. 首先,关于决定论描述的范围在一个关于物质之基本性质的经验领域中有一种局限性的认识,刺激了在其他知识领域中对类似局势的寻索;在那种局势下,各自属于经验的一种充分说明的一些概念的互斥应用要求一种互补的描述模式.

当离开正式的物理学领域时,我们立刻就遇到有生机体在自然现象之描述中的地位这一古老而争议很多的问题. 在起初,在有生物和无生物之间并没有进行任何截然的区分,而如所周知,亚里士多德在强调个体机体的整体性时反对了原子论者们的观点,而且甚至在力学的基础的讨论中也保留了目的和倾向之类的想法. 然而,随着文艺复兴时期的解剖学中和生理学中的伟大发现的到来,特别是随着经典力学的提出(在它的决定论式的描述中关于目的的任何提法都被消除了),一种完全机械论的自然观就应运而生了.

确实,机体的结构和运行涉及了原子过程的一种有序化,而人们有时觉得这种有序化似乎是和热力学定律很难协调的,因为热力学定律蕴涵着构成一个孤立物理体系的那些原子的一种不断地向无规状态的趋近. 然而,如果充分考虑到一种情况,即保持和发展各有机体系所必需的自由能是通过营养和呼吸而不断地从机体的环境中供应进来的,那就很容易明白,在这方面,并不存在任何违反普遍物理定律的问题. 不过,正如玻耳兹曼所曾指出的那样,认识到一点是很重要的,那就是,有机机能的描述中所涉及的本质的不可逆性要素,就是我们的时间方向这一概念的基础本身.

最近几十年来,我们在关于机体的结构和机能的知识方面已经取得了巨大的进展,而且特别说来已经弄清楚,量子规律在这儿的许多方面起着一种基本的作用. 这样的规律确实是对于一些高度复杂分子结构的惊人稳定性具有基本意义的,那些分子结构是对物种的遗传性质负责的那些细胞的主要成分. 此外,由于机体受到穿透性辐射的照射而引起的感生变异,也给量子物理学的统计定律提供了一种突出的应用. 而且,对机体的存在如此重要的一些感官的灵敏度,也已经被发现为接近于量子过程的层次,而且也很显然,使我们想起在原子现象实验中所使用的记录装置的一些放大机制也特别是在神经信息的传送中起着重要的作用.

尽管是以一种新颖的方式,整个的发展又一次把生物学问题中的机械论的处理方式带到了引人注目的地位上. 但是与此同时,一个问题也变得尖锐起来,那就是,机体和现代工业装置或电子计算机之类高度复杂而精密的物理体系的一种对比,能否为像有生机体所代表的那种自我控制体系的适当描述提供一个合适的基础.

回到原子物理学所曾给予我们的认识论教益,我们首先必须意识到,量子物理学中所研究的孤立现象,根本不是机体和环境之间的一种连续的物质及能量的交换中所涉及的那种生物学过程的直接类例. 而且,可以把生物学机能控制到它们的按物理方式的包举无遗的描述所要求的程度的任何实验装置,都将阻止生命的自由显示. 因此,尽管特别是通过利用现在已经品种繁多的放射性同位素的巧妙的示踪原子方法而不断改进了研究新陈代谢过程的技术,我们还是必须意识到,在有机生命方面,干预或逆转事件进程的可能性仍然比在个体原子过程的研究中更受限制. 我们可以顺便提到,医学治疗不论可以被证实为多么有效,其实质目的也还只是支持机体恢复自己的健康或回复其正常机能.

　　对这一点的强调使人们想到一种对待有机生命问题的态度,它给我们提供着机械论处理方式和目的论处理方式之间的一种适当的平衡.事实上,正如作用量子在原子现象的说明中显现为一个不能用经典力学的方式来定义的要素一样,生命的概念在生物科学中也在一种意义上是基本的;其意义就是,它只适用于一些不满足包举无遗的物理分析的条件的局势.事实上,我们必须认识到,生物学研究中的实际处理方法是以一种互补方式为其特征的;在那种方式中,建筑在物理科学及化学科学的充分运用上的一些论点和直接涉及超越这些科学范围的机体完整性的一些概念都会被用到.

　　关于经验之概括的类似局势在动物和人的一些天生的或受到制约的行为的研究中也会遇到,那种研究要求心理学概念的应用.即使在一种公然宣称的行为论的处理方式中,事实上也几乎不可能避免这样的概念,而且当我们处理一种复杂程度很高的行为以致它们的描述实际上要涉及个体机体一面的内省时,意识的概念本身也就会呼之欲出了.在这方面,注意到一点是有兴趣的,那就是,虽然在物理科学的早期阶段人们还可以直接援引日常生活事件的那些适用简单因果描述的特色,但是对我们的精神状态的一种本质上是互补式的描述却自从语言发源以来就已经被使用了.事实上,为此目的而采用的丰富词汇并不指向各事件的一种连绵不断的进程,而是指向一些分离的互斥的经验,它们使人想起原子物理学中那些互补的现象.正如这些现象要用不同的实验装置来定义一样,各式各样的心理经验是通过注意力集中于其上的内容和用"我们自己"一词来指示的那一背景之间的不同分界线的位置来定义的.

　　从一种纯生物学的观点看来,我们很难诠释精神现象的特征,只除了得出结论说,任何能够保存在记忆中的意识经验都对应于机体中的一种残余印象,它形成神经系统中一些过程的结果的一种不可逆的记录.很肯定,包括着许多脑细胞之相互作用的这样一种记录,是在本质上不同于和遗传生殖相联系的单个细胞中的永久性结构的.然而,按照目的论的处理方式,我们却可以不但强调永久性纪录在它们影响我们对后来刺激的反应方面的用处,而且同样强调一件事实的重要性,那就是,以后的世代并不受到个人实际经验的影响,而是只依赖于机体那些已被证实为对知识的收集和利用起作用的性质的复制.在进行这种探索的任何尝试中,我们当然必须准备在每一步中都可能遇到越来越多的困难,而且很容易想到,我们越接近有机生命那些和我们精神的特征有关的方面,物理科学的简单概念就会在越大的程度上失去其直接的适用性.

　　为了举例说明这样的论证,我们可以提到古老的意志自由问题.在一种不受限制的决定论式的处理方式中,这个概念当然是没有任何容身之地的,但是很显然,意愿这个词儿在心理现象的包举无遗的描述中却是不可缺少的. 我们不但有一种可以说能够在现实处境下尽量做好的感觉,而且,如果我们试图预言另一个人在给定的处境下将决定做什么,我们就必须努力理解他的整个背景,以达到我们实际上把自己放在他的地位上的地步. 谈论"我们意志的自由"的一个逻辑上自洽的基础是由一种认识提供的,那就是,我们有一种意愿的感觉时的那种心理境界和我们思索我们行动的动机时的那种心理境界,提供了互补关系的一种典型实例. 于是也就为愿望和责任之类单词的用法留下了适当的余地,而分别看来这些单词是和在论述我们的处境的多样性及可能性时不可缺少的其他单词同样地无法定义的.

当我已经谈到谁都熟悉的这些普遍的生物学问题和心理学问题时,我的目的只是要提醒大家想到科学探索的共同特色,并指出一种态度,它是由一种把表观上相反的经验纳入一个更宽广的概念构架中而谐调它们的努力来表征的. 这样一种处理方式或许也能对增进有着不同文化传统的人类社会之间的相互理解作出贡献,从而在结束这篇演讲之前,我愿意就这一问题讲几句话.

在这方面,提到动物社会和人类社会之间的异同也许是合适的. 在动物生活中,我们能见到和不同物种的需要相对应的种类很不相同的一些团体. 特别是在昆虫中,我们有时遇到个体成员中的一种达于极致的分工,以致整个的社会在许多方面类似于一个单独的机体;而在许多群居的或多或少以家庭为单位的鸟类和哺乳类动物中,我们却遇到一些不自觉的行为,使我们想起人类社团中旨在维持个人而又保护社会的许多习惯.

然而,这种动物社会和人类团体之间的本质区别却在于,在我们的文化传统中,我们遇到的不是生物学上遗传下来的行为而是由成年人通过或多或少有意识的教育而一代一代传下来的一些反应模式. 在这方面,意识到本能性的行为在人类生活中被抑制的程度,是有决定重要性的. 按照现代科学所提示的术语,我们甚至可以说"本能"和"理智"之类的名词有一种互斥的互补用法.

在相互隔离中发展起来的人类文化常常显示一些根深蒂固的区别,这不但表现在对气候或自然资源之类外界条件的适应方面,而且表现在他们培养起来的并且常常阻碍相互理解的那些传统方面. 人们有时把不同的文化和按照观察者的不同立脚点而描述物理现象的不同方式相比拟. 不过,以相对论为标志的伟大科学进展却蕴涵了一种可能性:任何观察者都可以利用日常的概念来预言任何别的观察者将如何论述物理经验. 正是在一个自己的民族传统的基础上来领会其他民族的传统的困难,就使我们想到各文化之间的关系可以看成是互补的. 然而,在任何这样的对比中都没有考虑到每一种文化都是不断发展着的. 特别是,不同文化之间的接触可以影响每一个人的态度,乃至达到可以导致一个眼界更广的共同文化的程度.

作为各人类文化的一个团结要素,科学的发展起了越来越重要的作用. 不止是无论在什么地方得出的知识进展都对全人类有益,而且科学研究中的合作或许比任何别的东西都更能提供增进密切接触和相互理解的机会. 这些机会在当前这个历史关键阶段具有特殊的重要性. 确实,当前如此急需地在一切人的信任中确立合作,在本质上全仗着一切信息的自由获取和一切人类利益问题的畅所欲言的讨论.

我们全都希望,为了知识的交流而集结了这么多国家的代表的这次大会,将成为科学合作和技术合作的一个里程碑. 我们相信,这次会议给我们提供的交谈和结识的机会,将大大地推进在一切方面提高文化的共同努力.

IX. [《原子物理学和人类知识》] 序文和引论

"Atomic Physics and Human Knowledge",

John Wiley & Sons, New York 1958,

pp. V — Vi, 1—2

引　论

　　物理科学对一般哲学思维之发展而言的重要性,不仅在于它对我们关于我们自己就是它的一部分的那一自然界的日益增多的知识所作的贡献,而且也在于它一次又一次地提供出来的检验和精化我们的概念工具的那些机会. 在本世纪中,关于物质的原子构造的研究曾经揭示了经典物理学之范围的一种从未预料到的局限性,并且曾经给包含在传统哲学中的对科学解释的要求带来了新的照明. 对于原子现象的概括来说是必要的我们那些基本概念的无歧义应用基础的修正,因而就和远远超出物理科学这一特殊领域的问题很有关系了.

　　如所周知,原子物理学的发展所给予我们的教益的主要之点,就是关于由作用量子的发现所揭示出来的原子过程的一种整体性特色的认识. 后面的文章将介绍量子物理学中的局势的那些本质方面,并同时强调这种局势所显示的我们

在超出机械自然观的其他知识领域中所处地位的相似之点. 我们在这里所遇到的,不是一些或多或少模糊的类例,而是关于我们的概念性表达手段之适当运用的条件的研究. 这样一些考虑不仅是要使我们熟悉物理科学中的新颖局势,而且也可能由于原子问题的相对简单性而有助于更广阔领域中的客观描述的条件的澄清.

　　虽然收集在这里的七篇文章是因此而密切联系着的,它们却形成三组,分别起源于 1932—1938 年、1949 年和 1954—1957 年. 最初的三篇是和前一文集中的各文直接有关的文章,讨论了生物学问题和人类学问题,涉及了有生机体和人类文化所显示的整体性特色. 当然,各文根本不曾试图给出这些课题的一种包举无遗的处理,而只是指示了这些问题是怎样在原子物理学之一般教益的背景上显现出来的.

　　第四篇文章处理了物理学家中间关于由量子物理学所引起的认识论问题的讨论. 由于课题的品格如此,对数学工具的一些涉及曾经是不可避免的,但是要理解各论点却并不需要专门的知识. 争论导致了对观察问题的一些新侧面的澄清. 这些新侧面是由一个情况蕴涵了的,那就是,原子客体和测量仪器之间的相互作用形成量子现象的一个不可分割的部分. 因此,由不同的实验装置得出的资料并不能按照习见的思路来加以概括,而把获得经验时所处的条件考虑在内的

必要性则直接地要求互补的描述模式.

　　最后一组文章是和第一组文章密切联系的,但是我们希望,用来描述量子物理学中的局势的那种改进了的术语曾使普遍的论证更容易理解.在这种术语对范围更广阔的问题的应用中,曾经特别强调了在论述经验时所用到的那些概念的无歧义应用的先决条件.论证的精义就是,对客观的描述及和谐的概括来说,在几乎每一个知识领域中对获得知识时所处的情况予以注意都是必要的.

X. 物理科学和生命问题

"Atomic Physics and Human Knowledge",
John Wiley & Sons, New York 1958,
pp. 94—101

脱稿于 1957 年,根据 1949 年 2 月在
哥本哈根的丹麦医学会所作的斯提诺
演讲改写而成.

参阅《全卷引言》原第 XXVIII 页和第一编《引言》原第 5 页.

尼耳斯·玻尔、哈若德·玻尔兄弟和他们的父亲克里斯蒂安·玻尔.
照片可能摄于 1906 年前后.

《物理科学和生命问题》(1957)

用丹麦文、英文和德文发表的各种版本

丹麦文本：*Fysikken og Livets Problem*

A "Atomfysik og menneskelig erkendelse", J. H. Schultz Forlag, Copenhagen 1957, pp. 115—124

英文本：*Physical Science and the Problem of Life*

B "Atomic Physics and Human Knowledge" John Wiley & Sons, New York 1958, pp. 94—101 (reprinted in: "Essays 1933—1957 on Atomic Physics and Human Knowledge, The Philosophical Writings of Niels Bohr, Vol. Ⅱ", Ox Bow Press, Woodbridge, Connecticut 1987, pp. 94—101)

德文本：*Die Physik und das Problem des Lebens*

C "Atomphysik und menschliche Erkenntnis" Friedr. Vieweg & Sohn, Braunschweig 1958, pp. 96—104

各版本都互相一致.

物理科学和生命问题

接受哥本哈根医学会的邀请来发表一篇斯提诺演讲,使我深感欣幸;本学会将用这些演讲来纪念一位著名的丹麦科学家,他的成就不但在我国而且在整个的科学界都受到了越来越大的赞佩.作为我的主题,我选了一个自古以来就占据了人们的思维而尼耳斯·斯提森本人也深深关怀过的问题*,那就是物理经验在多大程度上可以帮助我们解释有着形形色色表现的有机生命的问题.我将试着指明,近几十年来物理学的发展,特别是通过对一直不为人知的原子世界的探索而得到的关于我们作为自己也是其一部分的自然界的观察者的那种地位的教益,已经给我们对待这一问题的态度创造了一个新的背景.

即使在古希腊的各哲学流派中,我们也能发现关于适于用来说明有生机体和其他物质体之间的突出差别的概念手段的各种意见.如所周知,原子论者认为物质的一种有限可分性是不但解释简单的物理现象而且解释机体的机能及有关的精神经验所必需的.另一方面,亚里士多德却拒绝承认原子概念,而且鉴于每一个有生机体所显示的整体性,主张了在物质的描述中引入完善性和目的性之类概念的必要性.

在将近 2 000 年的时间内,情况一直基本上是相同的,而直到文艺复兴时期,才在物理学中以及生物学中出现了后来起了新的鼓舞作用的伟大发现.物理学中的进步首先在于从认为推动力是一切运动的原因的亚里士多德观念中获得解放.伽利略关于匀速运动是惯性的表现的认识,以及他对力是运动变化的原因的强调,后来变成了力学发展的基础,而牛顿则在后世的敬佩下赋予了力学以一种坚实而完备的形式.在这种所谓的经典力学中,一切关于目的的说法都被消除了,因为各事件的进程被描述成了所给的初始条件的自然而然的后果.

力学的进步不可能不在全部同时代的科学中留下强烈的印象.特别说来,外萨留斯的解剖学研究和哈维的血液循环的发现使人想到了有生机体和按力学定律工作的机器之间的对比.在哲学方面,特别是笛卡儿强调了动物和自动机之间

---

* [中译者按:尼耳斯·斯提森也就是这篇演讲所要纪念的丹麦科学家尼古拉斯·斯提诺(1638—1686),他以博学著称,对多个学科作出了贡献,在丹麦很有名.]

的相似性,但是却给活人指定了一个灵魂,它在脑子里的一个腺体中和身体发生相互作用.然而,当时关于这种问题的知识的不足,却由斯提诺在他那著名的关于脑解剖学的巴黎演讲中强调提出了;这篇演讲证实了作为斯提诺一切科学著作之特征的那种伟大的观察能力和心胸开阔性.

随后的生物学发展,特别是在发明了显微镜以后,揭示了有机结构和控制过程中的一种从未预料到的精致性.在机械论的想法得到越来越广阔的应用的同时,受到机体中的再生和适应的奇妙能力的启示的所谓活力论或目的论的观点也被多次地表示了出来.这种观点不是回到作用在机体中的那种生命力的原始概念,而是强调了物理方法在说明生命的特征方面的不充分性.作为本世纪初期的局势的一种清醒的论述,我愿意引用我父亲生理学家克里斯蒂安·玻尔在他发表在1910年哥本哈根大学年报上的《论病理学的肺扩张》一文的引言中的论述如下:

118　　　　　只要生理学还可以表征为自然科学的一个特殊的分支,它的特定任务就是考察作为一个给定的客体的机体中所特有的那些现象,以期对自身调节中的不同部分以及它们如何互相平衡并随着外界条件和内部过程的变化而达成和谐得到一种理解.因此,任务的本性就要求用目的一词来表示机体的维持,并且把完成这种维持的调节机制看成是目的性的.正是在这种意义上,我们将在下文中用"目的性"一词来谈论器官机能.然而,为使这一概念的应用在每一单个事例中都不会是空洞的乃至引人误解的,必须要求在这种应用之前对所考虑的有机现象进行一番考察,并做到足够彻底,以便一步一步地阐明它对机体的维持有所贡献的那种方式.这种要求不过是要科学地证明目的性这一概念在所给的事例中是按照它的定义而被应用的.虽然这种要求可能显得是不言而喻的,但是强调这种要求却可能并不是不必要的.事实上,生理学的研究已经揭示了大量的极其精致的调节过程,多得使人倾向于把观察到的每一种生命的表现都说成目的性的,而并不企图对它的细致机能进行实验的考察.通过很容易出现在各式各样有机的机能之间的类例,根据对所给事例中的目的性的特定品格的主观判断来理解这种机能就只是其次的一步了.然而,在我们关于机体的知识如此有限时,这样的个人判断会多么频繁地犯错误,也是很显然的,正如许多例子所证明了的那样.在这样的事例中,手续的错误结果的起因就在于缺乏对过程细节的实验阐明.然而,作为一种试探性的原则,有机过程之目的性的原始假设却是相当自然而然的,而且由于机体中的各条件的极端复杂和难以理解,这种假设可以被证实为对于所考察的特定问题的表述及其解决方法的寻求来说不仅是有帮助的而且是不可缺少的. 但是,一个问题是什么东西可以被预先的考察所适当地运用,另一个问题是什么东西可以有理由地被看成实际上得到的结果. 至于用以保持整个机体的一种给定机能的目的性问题,那就正如以上已经强调了的那样,这样的结果是只能通过达到目的的方式的详细演证来加以保证的.

这些说法表示了我在其中长大并在年轻时听过他们的讨论的那些人的态度;我引用了这些说法,因为它们为考察有生机体在自然的描述中的地位提供了一个适当的出发点. 正如我将试图证明的那样,原子物理学的现代发展,在它奠定了我们关于原子及其更基本的构成部分的知识的同时,也已经揭示了自然的所谓机械描述的原理上的局限性,并从而为一个问题创立了新的背景;那个问题是和我们的主题最有关系的,那就是我们可以怎样理解和如何要求一种科学解释的问题.

119

为了尽可能清楚地表明物理学中的局势,我将从向各位重提一种极端性的态度开始;那种态度,在经典力学之伟大成功的推动下,曾经表示在拉普拉斯的关于世界机器的著名观念中. 这部机器的各组成部分之间的一切相互作用都服从力学的定律,因此,知道这些部件在一个给定时刻的相对位置和速度的一位神灵,就能预言世界上一切后来的事件,包括动物和人的行为在内. 如所周知,这种观念曾经在哲学讨论中起过重要的作用;在整个的这一观念中,并没有对交流经验所不可缺少的那些概念的适用性的前提给以适当的注意.

在这一方面,物理学的晚近发展曾经给了我们一种紧急的教训. 把热现象看成气体、液体和固体中的分子的不断运动的那种影响深远的诠释,就已经要求了对观察条件在经验说明中的重要性的注意. 当然,这里根本谈不到不计其数的粒子在彼此之间的那种运动的精细描述的问题,而只有借助于力学原理来推导热运动的统计规律的问题. 于是简单力学过程的可逆性和许多热力学现象所特有的不可逆性之间的对立,就被一件事实所阐明了;那事实就是,温度和熵之类的概念的应用,涉及的是和单个分子的运动的完全控制不相容的实验条件.

在有生机体的维持和生长中,人们常常看到一种和热力学定律所蕴涵的一个孤立物理体系中的那种趋于温度平衡及能量平衡的趋势的矛盾. 然而我们必须记得,机体是通过营养和呼吸而不断地补充自由能的,而且最彻底的生理学研究并不曾揭示过对热力学原理的任何背离. 不过,有生机体和动力机器之间的这种相似性的认识,当然绝不足以回答关于机体在自然描述中的地位的问题,这是一个显然要求观察问题的更深入分析的问题.

这一问题本身确实已经由作用量子的发现而以一种从未预料的方式带到了引人注目的地位;作用量子表示的是原子过程中的一种整体性特色,它阻止了现象的观察和客体的独立行为之间的区分,而这种区分是经典自然观的特征.在普通尺度的物理体系中,把各个事件表示成用可测量的量来描述的状态链的方法依赖于这样一种情况:所有的作用量都大得足以允许忽略客体和用作测量工具的那些物体之间的相互作用.在作用量子起一种决定作用及上述这种相互作用成为现象的一个不可分割的部分的条件下,就不能在相同的程度上描述一个明确定义的进程了.

我们在这儿遇到的这种普通物理图像的崩溃,突出地表现在谈论原子客体的独立于观察条件的性质的困难中.事实上,一个电子可以被称为一个带电的物质粒子,因为它的惯性质量的测量永远给出相同的结果,而且原子体系的任何电荷传递永远等于这种所谓单位电荷的整数倍.不过,当电子通过晶体时就出现的干涉效应,却是和粒子运动的力学想法不相容的.我们在光的本性的著名两难问题中也遇到类似的特色,因为光学现象需要波动传播的观念,而原子级光电效应中的动量和能量的输送定律则涉及力学的粒子观念.

在物理科学中很新颖的这种局势,曾经要求了用于适应我们的环境的那些概念的应用前提的重新分析.当然,在原子物理学中,我们仍然保留了通过实验来向自然提问题的自由,但是我们必须承认,可以按许多方式来变化的实验条件,却是通过一些沉重物体来定义的;那些物体重得足以使我们在它们的描述中忽视量子.和原子客体有关的信息只包括它们在这些测量仪器上留下的记号,例如由电子的撞击而在放在测量装置中的一张照相底片上造成的斑点.这样的记号起源于不可逆的放大效应;这一情况赋予现象一种结束的品格,它直接指向观察概念本身的原理上的不可逆性.

121　　然而,量子物理学中的特殊局势却首先是,所得到的关于原子客体的信息,不能按照机械自然观所特有的处理路线来加以概括.在同一个实验装置中一般可以出现属于不同的个体量子过程的观察结果;这一事实就已经带来了决定论描述模式的一种原理上的局限性.经典物理描述所依据的无限可分性的要求,显然也和典型量子现象中的整体性特色不相容,这种特色意味着,任何可定义的细分都要求实验装置的一种引起新的个体效应的改变.

为了表征在不同的实验条件下观察到的现象之间的关系,曾经引用了互补性一词来强调表明这些现象的总体就包举无遗地表示了关于原子客体的可定义的信息.这种互补性观念绝没有包含对习见的物理解释的随意放弃,它直接涉及的是我们作为一个经验领域中的观察者的那种地位;在那一领域中,在现象的描述中所用的那些概念的无歧义应用,本质地依赖于观察的条件.通过经典物理学概念构架的一种数学推广,已经能够发展出来一种为作用量子的纳入留有余地的表述形式.这种所谓的量子力学直接以表述有关在明确定义的观察条件下得出的资料的统计规律为目的.这种描述的原理上的完备性是由于把经典力学的概念保留到一种包括了实验条件的一切可定义的变化的程度.

量子力学描述的互补品格很清楚地表示在原子体系的组合和反应的说明中.例如,作为各元素的特征光谱及化学化合价之起因的关于原子和分子之能态的规律,只有在排除了对电子在原子和分子中的位置的控制的情况下才会出现.在这方面,指出一点是有兴趣的,那就是,化学中的结构式的有成果的应用,仅仅依赖于原子核比电子重得多这一事实.然而,对核本身的稳定性和嬗变来说,量子力学特色却又是有决定意义的了.只有在超出机械自然观范围之外的一种互补的描述中,才可能找到足以说明构成我们的工具和我们的身体的那些物质的性质的一些规律的存在余地.

如所周知,原子物理学领域中的进步,在生物科学中得到了广阔的应用.特别说来,我可以提到我们已经得到的关于决定着物种之遗传性质的那些细胞中的化学结构的奇特稳定性的理解,以及对适用于机体在特殊作用物的影响下发生的变异的统计规律的理解.另外,和使个体原子级粒子的观察成为可能的那种放大效应相似的放大效应,在机体的许多机能中也起着决定性的作用.这样就强调了典型生物学现象的不可逆的品格,而机体机能的描述中所固有的时间方向则由它们为对将来的刺激作出反应的对过去经验的利用而突出地标示了出来.

在这种很有前途的发展中,我们遇到纯物理概念和纯化学概念的应用向生物学问题的一种很重要的和就其性质来看是几乎没什么限制的延伸,而且,既然量子力学显现为经典物理学的一种合理的推广,整个的处理方式就可以称为机械论的方式.然而,问题在于,在什么意义上可以认为这种进步消除了所谓目的论的论点在生物学中的应用基础.在这儿,我们必须意识到,完成性的量子现象的描述和概括并不显示任何特色表明着一组原子能够按照我们在有生机体的维持和进化中所看到的方式来使自己适应环境.另外,必须强调指出,关于不断在机体中交换着的一切原子的一种在量子物理学的意义上是包举无遗的说明,不但是无法实现的,而且显然将要求和生命的显示不相容的观察条件.

然而,关于观察工具在定义基本物理概念时所起作用的教益,却给出了像目的性之类的观念的逻辑应用的一个线索;这种概念是超出物理学之外的,但是在有机现象的描述中却是很好用的.事实上,在这种背景上显而易见,被称为机械论和目的论的那些态度并不代表关于生物学问题的矛盾观点,而只是强调了在我们寻求生命的一种越来越丰富的描述时同样不可缺少的一些观察条件的互斥品格.在这儿,我们涉及的当然绝不是和简单机械结构或复杂电子计算机之功能

122

123 的经典物理学说明相类似的一种解释的问题,而是对我们交流经验的概念手段的前提和范围进行更广泛的分析的问题,这种分析曾经变得对物理学的较新发展如此地具有特征性.

抛开观察条件方面的一切差别不谈,生物学经验的交流绝不比物理资料的描述包含对主体观察者的更多涉及.例如,迄今一直不曾有必要更仔细地讨论心理学现象的说明所特有的那些观察条件;为了进行那种说明,我们不能依靠针对我们对无生自然界的适应而发展起来的那一概念构架.然而,意识经验可以被记忆从而必须认为和机体构造中的永久性变化有联系,这一事实就指向了精神经验和肉体观察之间的对比.在意识经验之间的关系方面,我们也遇到一些使人想起概括原子现象的条件的特色.在我们的精神状态的传达中所用的丰富词汇,确实涉及了一种和注意力集中于其上的内容的不断变化相对应的典型的互补描述模式.

比起说明原子现象之个体性时所要求的机械论描述模式的扩展来,机体的完整性和人格的统一性当然使我们面临着适应于我们交流手段之合理应用的那一构架的更进一步的推广.在这方面必须强调,无歧义描述所必需的主体和客体之间的区分,是这样加以保持的:在提到我们自己的每一次交流中,我们可以说都引入一个新的主体,它不是交流内容的一部分.几乎用不着强调,正是这种选择主体-客体分界线的自由,就为意识现象的多姿多彩和生命的丰富性提供了存在的余地.

物理学在本世纪中的发展所曾把我们引向的对待普遍的知识问题的态度,本质地不同于斯提诺时代对待这种问题的方式.然而这并不意味着我们已经离开了他曾以如此伟大的结果来遵循过的丰富知识的道路,而是表明我们已经意识到,标志了斯提诺的工作的为美与和谐而进行的努力,要求不断修正我们的交流手段的前提和范围.

XI. 量子物理学和生物学

Symposia of the Society for Experimental Biology,
Number XIV :"Models and Analogues in
Biology", Cambridge 1960 pp. 1—5

参阅第一编《引言》原第 12 页.

序*

    这种主题的一个座谈会很可以在古希腊召开,但是那时它将需要一位哲学家的协助:这一点由于 K·R·波普尔教授的抱憾而被否定了,他本来希望提供一篇文稿的. 会议也可以在 1900 年召开,但是又是那样,那时可能成为主要议题的解剖学之对等和类例这一特定课题现在也被排除在外了. 撰稿人们肯定代表了比本丛书以前各卷中的撰稿人更广阔得多的每一科学领域的截面;如果从会议日程看来各撰稿人的文章标题互相关系很小,会议本身却肯定会以对这些对科学的一个基本特色所能作出的处理方式的多样化的赞赏而告结束;这对生物学的现状是特别关键的. 因此我们希望,本卷将服务于两个目的:把各门学科的科学家们的注意力吸引到作为生物学考察和生物学交流之中心的那些问题上来并向生物学家们指出对其他科学中的类似问题作出的那些处理的形式;提供各式各样的途径,其中之一可能把学习者引向这些思想、语言和生物学的问题.

    会议于 9 月 6 日至 12 日在布里斯托尔大学的女王楼中召开,并且多亏大学中的许多人员的热情接待;R·B·克拉克博士担任了地区秘书的繁重职务. T·外斯-否格教授在很匆忙的通知下从哥本哈根飞来递交了玻尔教授的论文.

    我非常感谢撰稿人们和同事们在座谈会的准备中提出了建议,而且必须向 C·F·A·潘廷教授和 K·E·马辛博士特别致谢. 最后,能够为了本卷的准备而向剑桥大学出版社致谢乃是一种欣慰.

J·W·L·比亚门特
实验生物学学会的第十四次
座谈会文集的编者

---

* [中译者按:原文集编者序.]

量子物理学和生物学[†]

I

物理科学对哲学来说的重要意义不仅在于我们关于无生物质的经验的持续增加,而主要是在于检验我们某些最基本概念之基础及范围的机会.尽管由于实验资料的积累和理论观念的发展而造成了术语上的精化,物理经验的所有论述当然归根结蒂还是建筑在普通语言上的,这种语言的用途是对我们环境的适应和对原因和效果之间的关系的追索.确实,伽利略的把物理现象的描述建筑在可测量的量上的纲领,提供了整理越来越大的经验领域的基础.

在牛顿力学中,物体的状态是由它们的瞬时位置和瞬时速度来定义的.在这种力学中,通过知道得很清楚的简单原理已经证明,可以根据关于体系在给定时刻的状态和作用在各物体上的力的知识来唯一地推出体系在任何其他时刻的状态.这样的一种描述显然代表因果关系的一种用"决定论"的观念来表示的理想形式;这种描述被发现具有更大的适用范围.例如,在我们必须考虑力的以有限速度传播的电磁现象的论述中,一种决定论的描述可以通过不但把各带电体的位置和速度而且把每一空间点上的电力和磁力在每一给定时刻的方向和强度也包括在状态的定义中而加以保持.

物理科学中的一个新时代是由普朗克的基元量子的发现开始的.这种发现揭示了原子过程中的一种整体性特色,它远远超出了物质有限可分性的古代想法.事实上,当时已很清楚,经典物理理论的形象化描述代表一种理想化,只有当现象的分析中涉及的一切作用量都足够大以致我们可以忽视量子时才是成立的.尽管这一条件在通常尺度的现象中是大大满足的,在关于原子级粒子的实验资料中,我们却遇到一些类型新颖的规律,它们是和决定论的分析不相容的.这些量子规律是决定着原子体系的奇特稳定性和反应的,从而归根结蒂是决定着我们的观察手段所依据的那些物质性质的.

[†] 作者[中译者按:即尼耳斯·玻尔]简化了他在"Survey of Philosophy in Mid-Century", Firenze, 1958 中的新近文章来作为此文的前一部分,而其余的部分则是专为此次会议撰写的.

　　尽管量子力学作为整理有关原子现象的大量资料的一种手段是很有能力的,它对因果解释之习见要求的背离却很自然地引起了我们在这儿涉及的是不是经验的一种包举无遗的描述的问题. 这个问题的答案显然要求更仔细地检查一下经典物理学的概念在原子现象的分析中的无歧义应用的条件. 决定性的一点是要认识到,实验装置的描述和观察结果的记录都必须用经过普通的物理术语适当精化的日常语言来给出. 这是一种简单的逻辑要求,因为我们只能用实验一词来指一些手续,通过这种手续,我们可以告诉别人我们做了什么和学到了什么.

　　在实际的实验装置中,这种要求的满足是通过用一些刚体作为测量仪器来加以保证的;那些刚体足够重,使得我们可以完全经典地来论述它们的相对位置和速度. 在这方面,记住一点也是很重要的,那就是,关于原子客体的一切无歧义的信息都是由留在确定着实验条件的那些物体上的永久性记号(例如由一个电子的撞击而在照相底片上造成的一个斑点)推得的. 记录原子客体的存在要依据一些不可逆的放大效应. 它们绝不会带来任何的特殊复杂性,而只是使我们想起观察概念本身所固有的那种本质上的不可逆性. 原子现象的描述在这些方面具有一种完全客观的品格,其意义就是没有明白地涉及任何个体的观察者,从而在对相对论要求的适当注意下在信息的传达中就不会涉及任何的歧义性.

　　对于所有这些问题来说,量子物理学中的观察问题都和经典物理学的处理方式没有任何分歧. 然而,量子现象的分析中本质上新的特色却是测量仪器和所研究客体之间的一种基本区分的引入. 这是一种必要性的直接后果,那就是,必须用纯经典的方式来说明测量仪器的功能,在原理上完全不必照顾作用量子. 在经典物理学的范围内,客体和仪器之间的相互作用可以忽略,或在必要时可以补偿,但是在量子物理学中,这种相互作用却形成现象的一个不可分割的部分. 因此,正式量子现象的论述就在原理上必须包括实验装置的一切关键特色的描述.

　　按照上面的思路定义的同一实验的重复通常会得出关于客体的不同记录;这一事实本身就直接意味着,在这一领域中,经验的一种概括性的论述必须用统计的规律来表示. 几乎用不着强调,我们在这儿涉及的不是在结构太复杂的物理体系的描述中为了使它们的决定论式的论述所要求的状态的定义成为切实可行而对统计法的习见运用的一种类例. 在量子现象的事例中,蕴涵在决定论的论述中的事件的无限可分性是在原理上被指明实验条件的要求所排除的. 事实上,正式量子现象所特有的整体性特色在一种情况中得到了它的表示,那就是,任何明确定义的细分的尝试,都将要求实验装置的一种和所研究的现象的定义上不相容的改变.

　　在经典物理学的范围之内,一个给定客体的一切特征性质在原理上都可以用单独一个实验装置来确定,尽管在实际中不同的装置往往对研究现象的不同方面是方便的. 事实上,用这种办法得到的数据是简单地互相补足的,并且是可以结合成所研究客体的行为的一种自洽的图景的. 然而,在量子物理学中,用不同的实验装置求得的关于原子客体的资料却显示出一种新颖的互补关系. 确实,必须承认,当试图把它们结合成单一的图景时显得是互相矛盾的这样一些资料,就包举无遗地概括了关于客体的一切可以想象的知识. 互补性这一想法绝不会限制我们用实验的方式来向自然提问题的努力,它只是表征了我们通过这种探问在测量仪器和客体之间的相互作用形成现象的一个不可分割的部分的情况下所能得到的答案.

曾经有人提出过为了更恰当地表示局势是否需要动用多值逻辑的问题. 然而由以上的论证可以看出,对日常语言和普通逻辑的一切背离都可以用一种办法来避免,那就是保留"现象"一词只用来指信息的无歧义交流,在信息的论述中"测量"一词是按照它的简单的标准化比较的意义来使用的. 这种术语选择的慎重性在新的经验领域的探索中是特别重要的;在那种领域中,信息的概括不能在那种在经典物理学中得到了如此不受限制的应用的习见构架中进行.

从普遍的哲学角度看来,重要的是,在其他知识领域中的分析和综合方面,我们也遇到和量子物理学中的局势相类似的局势. 例如,有生机体的完整性以及意识个人和人类文化的特征,都显示出一些整体性的特色,它们的论述蕴涵着一种典型的互补描述模式(玻尔,1958). 由于在那些较广领域中的经验传达中可以使用的丰富语汇的不同用法,而且首先是由于因果性概念在哲学文献中的不同诠释,这种对比的目的有时被误解了. 然而,用于物理科学中较简单局势的描述的适当术语的逐渐发展却表明,我们处理的不是或多或少模糊的类比,而是一些在较广阔的领域中在不同的境界下遇到的逻辑关系的实例.

130

Ⅱ

关于有生机体在物理现象的普遍描述中的地位的讨论,在科学的发展中经历了若干个阶段. 在古代,机体和原始机器之间的比较所固有的明显困难,深深地影响了对待力学问题的态度,甚至导致了赋予一切物质以生命特征的做法. 随着这些观点在文艺复兴时期的被放弃,通过经典力学的原理的被阐明,问题进入了另一个阶段,它受到了那一时期的伟大的解剖学发现和生理学发现的刺激.

近来的技术进步,特别是工厂的自动控制和计算设备的发展,已经引起了一种重新的讨论,其论题是在多大程度上可以制造有着和有生机体的行为相像的性能的机械模型和电模型. 确实,也许能够按照包括它们自身的复制在内的任何预定方式而动作的模型,如果它们能够得到必要的材料供应和能量供应的话. 不过,完全抛开这种对比的启发性价值不谈,我们还是必须意识到,在具有给定的结构和功能的模型的研究中,我们仍然和我们在研究有生机体时的处境相去甚远;在那种处境中,我们的任务是逐渐弄明白那些有生机体的构造和能力.

在普通尺度的任何模型中,我们可以基本上忽视物质的原子组成而只致力于论述制造模型时所用的材料的力学性质和电学性质,并且只考虑控制着模型的各部件之间的相互作用的那些简单定律的应用.然而,根据生物学的研究却显然可知,有生机体的基本特征,特别说来是它们的遗传生殖,是本源地依赖于原子尺度的过程的;在那种过程中,我们会遇到经典物理学概念之适用性的本质局限性.

如所周知,量子物理学提供了足够宽广的构架,可以说明完全超出于经典方法的范围以外的原子性质.这种发展的一个主要结果是对原子结构和分子结构的一种奇特稳定性的认识,这种稳定性蕴涵了一种和力学图景之无限应用不相容的秩序度.经典物理学的决定论论述意味着,由许许多多部分构成的一个体系的任何扰动,永远会导致一种混乱的无序;这种论述在量子物理学中被换成了一种描述;按照这种描述,原子体系之间的任何相互作用的结果,都是各式各样个体过程之间的一种竞争的产物,通过那种过程,新体系的态也像旧体系的态一样由它们所包含的原子级粒子而按一种很简单的方式来定义.在适当的调整下,这种描述直接对应于在分子生物学中得到了广泛应用的化学动力学.

在知道得很清楚的原子物理学原理的基础上逐渐阐明生物学规律的一些十分新颖的前景,在近年来曾经由携带遗传信息的一些惊人稳定的特定结构的发现以及对传递信息的过程的认识所打开.确实,很自然地会想到一种观点;那就是,在新陈代谢中,机体中那些持久成分的形成和再生必须被认为具有不可逆的品格,它们在每一步中都保证了和物质交换及能量交换所处的条件相容的尽可能大的稳定性.

于是,虽然我们没有任何理由预期基本的物理概念和化学概念在分析生物学现象方面的应用会有任何局限性,但是从整个有机体进化史中得来的那些有生机体的奇特性质却揭示了十分复杂的物质体系的一些潜在可能性,它们在我们在物理学和化学中遇到的那些相对简单的问题中是没有类例的.正是在这种背景上,一些观念曾经在生物学中得到了很有成果的应用;这些观念涉及了作为整体的机体的行为,而且在表观上是和无生物质之性质的说明相矛盾的.

尽管我们在这儿涉及的是适当术语的运用方面的一些典型的互补关系,但也还是必须强调,论证是在一些本质的方面不同于有关量子物理学中包举无遗的客观描述的那种论证的.确实,这种描述所要求的测量仪器和被研究客体之间的区分(这种区分蕴涵了空间-时间标示和能量-动量守恒定律在个体原子过程之说明中的严格应用的互斥性），已经像上面指出的那样在化学动力学和热力学的应用中被照顾到了．生物学中的互补处理方式却是有生机体的实际上不可穷尽的潜在可能性所要求的，这些潜在可能性起源于各机体的结构和机能的巨大复杂性．

参 考 文 献

BOHR，N. (1958) *Atomic Physics and Human Knowledge*. John Wiley，N. Y.

本 书 编 者 注

132

　　正如在第 1 页上的注中所指出的，本文的第 I 节是收在本书第七卷原第 388—394 页上的《量子物理学和哲学——因果性和互补性》一文的简缩本．然而第 II 节却是专门为此次座谈会撰写的．随后的一篇文章，《物理模型和有生机体》，是本节的扩充，正如第一条脚注所指出的那样．

XII. 物理模型和有生机体

"Light and Life" (ed. W. D. McElroy and
B. Glass)，The Johns Hopkins Press，
Baltimore 1961，pp. 1—3

参阅第一编《引言》原第 12 页.

序 *

一次关于"光和生命"的座谈会在马考留姆-普喇特学院（McCollum-Pratt Institute)的主办下于 1960 年 3 月 28—31 日在约翰斯·霍普金斯大学召开. 本书包括了在会上提交的论文和非正式的讨论.

在计划这次座谈会时,我们试图也像以前各次座谈会一样从若干不同的学科请来一些科学家. 可惜的是,时间和印刷的限制阻止了一些有兴趣的光生物学问题的考虑.

我愿意感谢马考留姆-普喇特学院的和生物系的成员们在计划座谈会时的积极参与. 日程表上的许多演讲人在建议所应讨论的领域或专题方面是有帮助的. 我们也很高兴地感谢下列领导者们的宝贵贡献：阿耳伯特·岑特·基奥基博士、杰姆斯·弗兰克博士、威廉·阿诺耳德博士、C·B·范·尼耳博士和 H·K·哈特莱博士.

有限几位外国研究者之得以与会,是得到了国家科学基金会的慷慨资助. 可惜的是,由于经费不足,没能邀请许多路途遥远的学者前来开会.

然而我们希望,出版的本书将是对那些对光生物学过程感兴趣的研究者们有价值的.

W·D·马克伊耳若
马考留姆-普喇特学院院长

---

* ［中译者按：原文集编者序.］

物理模型和有生机体[①]

关于有生机体在物理现象的一种普遍描述中的地位的讨论,在科学的发展中经历了若干个阶段.在古代,机体和原始机器之间的对比所固有的困难,深深地影响了对待力学问题的态度,甚至导致了赋予一切物质以生命特征的做法.随着这些观点在文艺复兴时期的被放弃,通过经典力学原理的被阐明,问题进入了另一个阶段,它受到了那一时期伟大的解剖学的和生理学的发现的刺激.

近来的技术进步,特别是工厂的自动控制和计算设备的发展,已经引起了一种重新的讨论,其论题是在多大的程度上可以制造有着和有生机体的行为相像的性能的机械模型和电模型.确实,也许能够按照包括它们自身的复制在内的任何预定方式而动作的模型,如果它们能够得到必要的材料供应和能量供应的话.不过,完全抛开这种对比的启发性价值不谈,我们还是必须意识到,在具有给定的结构和功能的模型的研究中,我们仍然和我们在研究有生机体时的处境相去甚远;在那种处境中,我们的任务是逐渐弄明白那些有生机体的构造和潜在能力.

在这个问题方面,重要的是要从一开始就意识到,在有机生命中,我们遇到了比机器的制造更进一步的自然资源.事实上,为了那种目的,我们基本上可以忽视物质的原子组成而只致力于论述所用材料的力学性质和电学性质,并且只考虑控制着机器各部件之间的相互作用的那些简单定律的应用.然而,根据生物学的研究却显然可知,有生机体的基本特征,特别说来是它们的遗传生殖,是本质地依赖于原子尺度的过程的;在那种过程中我们会遇到新的问题.

在经典物理学的基础上,这种极其复杂的高度秩序的保持本身就带来一些严重的困难.事实上,原子和细胞质之类或多或少的液相之间的不断碰撞将很快地导致无序化.甚至有人对有生机体的存在及稳定和热力学定律之间的相容性也表示了怀疑;但是,对和机体的代谢及运动相伴随的能量交换及熵交换的彻底考察却从来没有揭示对这些定律的任何背离.

[①] 除了少数的微小补充以外,这些议论是在1959年在布里斯托尔的"生物学中的模型"座谈会上发表的一篇论文中提出的.

　　然而,整整一个新的背景却通过量子物理学的发展而创立了下来;在揭示了经典力学的决定论描述的一种本质局限性的同时,量子物理学已经为说明原子结构和分子结构的稳定性提供了一种适当的基础.如所周知,按照经典路线,不可能给出原子的电子构造或足以说明化学结合中原子之间的键合的电子行为的任何图景.然而,由于原子核的质量比电子的质量大得多,却能够有效地保留一种和化学中的结构式相符合的各原子相对位置的形象化表示,而化学结构式甚至对我们在有机代谢中所涉及的那种高度复杂的分子来说也已经被证实为适用的.

　　尽管代谢现象中所涉及的酶过程是多姿多彩的,机体的稳定性问题却表现了一种基本的简单性,因为,在生命能够得到保持的温度范围内,分子的振动态和转动态中的热涨落一般是远远不能打断化学键的.但是这样一些涨落却会影响起作用体系的态的一切次级特征之间的关联的迅速消失,从而使我们可以通过只指明它们所包含的原子和这些原子被键合而成的位形来说明它们的主要特色.

　　近年以来携带遗传信息的特殊分子结构的发现,以及对信息被传递时的那些过程的与日俱增的认识,已经为在很好建立的化学动力学原理的基础上逐步阐明生物学的规律打开了相当新的前景.特别说来,探索我们的代谢变换的几乎无限的可能性支持了一种观点,即机体的结构成分的形成和再生应该被看成一些具有不是直接可逆的品格的过程,这些过程在每一步上都保证着在营养和呼吸所维持的条件下尽可能大的稳定性.

　　因此,看来没有理由预期基本的物理概念和化学概念对生物学现象的分析的应用的任何固有界限.不过,由有机进化的整个历史造成的有生机体的特征性质,却揭示了十分复杂的物质体系的一些潜在能力,它们在人们在可重演的实验条件下研究的比较简单的现象中是没有类例的.正是在这种背景上,一些观念曾经在生物学中得到了很有成果的应用;这些观念涉及了作为整体的机体的行为,而且在表观上是和无生物质的性质的说明相矛盾的.

　　尽管我们在这儿涉及的是适当术语的运用方面的一些典型的互补关系,但也还是必须强调,论证是在一些本质的方面不同于有关量子物理学中包举无遗的客观描述的那种论证的.确实,这种描述所要求的测量仪器和被研究客体之间的区分(这种区分蕴涵了空间-时间标示和能量-动量守恒定律在个体原子过程之说明中的严格应用的互斥性),已经在化学动力学和热力学的应用中被照顾到了.因此,生物学中的双重处理方式,似乎并不是由对固有地包括在特定分子结构中的那些性质的干预所确定的,而是由有生机体的实际上不可穷尽的潜在可能性所要求的,这些潜在可能性起源于各机体的巨大复杂性.

XIII. 在第二届国际日耳曼语言学家会议上的讲话

"Spätzeiten und Spätzeitlichkeit",
Francke Verlag，Bern 1962，pp. 9—11

1960 年 8 月 28 日在哥本哈根第二届
国际日耳曼语言学家会议上的讲话

参阅第一编《引言》原第 12 页.

SPÄTZEITEN
UND SPÄTZEITLICHKEIT

Vorträge, gehalten auf dem II. Internationalen
Germanistenkongreß 1960 in Kopenhagen

Herausgegeben im Auftrage der Internationalen Vereinigung
für Germanische Sprach- und Literaturwissenschaft
von Werner Kohlschmidt

FRANCKE VERLAG BERN
UND MÜNCHEN

（原书扉页）

在第二届国际日耳曼语言学家
会议上的讲话

代表丹麦王国科学-文学院向到哥本哈根来参加国际日耳曼语言学家会议的许多杰出的语言学家表示衷心的欢迎,这是我很大的荣幸.

语言确实是我们表示和交流知识、观点和希望的主要工具,而关于语言的发展及其彼此之间的相互影响的研究,代表了例示人类文化的许多方面的最丰富资源之一. 因此,语言学的研究就是世世代代以来曾经鼓舞了知识和理解的增进的那种国际科学合作的一个重要的主题.

作为一个物理学家,我当然对诸位的学科方面没有什么专门知识,但是,尽管我们的研究方向不同,但是我们却必须不要忘记,这些研究方向都是世世代代以来人们阐明自己在本身就是它的一部分的那一自然界中的地位的努力的一部分. 尽管这些努力起初可以由单独一个人来全面地进行,但是知识的增长和越来越复杂的研究方法却已经要求了研究工作者们的一种分工. 确实,越来越大的专门化带来了使我们放松对知识统一性的注意的危险,但是语言的研究却将显现为最适于使我们回想到我们站在它上面的那一共同的基础.

当然,并不能区分一般的语言和日常交谈及适应环境时所用的语言. 确实,诗和哲学在时间的进程中曾经通过为美学价值及伦理价值的评估和认识论探询的表述创造表达手段而丰富了和精化了语言. 同样,科学的发展也曾经用指向新经验的单词来不断地扩大了我们的语汇,那些新经验通过它们的技术应用而逐渐改变了我们的日常生活结构.

数学起了一种特殊的作用,它曾经对逻辑思维的发展作出了如此决定性的贡献,并且通过它那些著名的抽象为和谐关系的表达提供了无法估价的帮助. 与其把纯数学看成知识的一个分支,倒不如认为它是一般语言的一种精化,给一般语言补充着表示一些关系的手段;对于那些关系来说,一般的语言表示是不确切的或太纠缠的.

从一开始,数学的运用就对物理科学的发展来说是不可缺少的. 虽然欧几里德几何学对阿基米德的阐明许多静力学平衡问题已经够用,普通物体的运动的详细说明却要求了微分学的发展,而牛顿力学的整个大厦就是建筑在这种发展上的. 在我们的时代,更抽象的数学工具被证实为在整理由于实验技巧的发展而成为可认识的新的知识领域方面是不可缺少的,而同时也对人类语言的范围投上了新的光照.

联系到这一点,我首先想到的是广义相对论;通过对绝对空间和绝对时间的习见概念的固有局限性的认识,爱因斯坦用这种理论给我们的世界图景带来了超过以前的梦想的统一与和谐. 正如人们常常强调的那样,甚至对对于物理经验的标示这种比较简单的问题,我们的处理方式的范围都依赖于观察者的立脚点;此事的阐明有力地提醒我们,在处理人类生活的更复杂的方面时,必须注意到看待这些方面时所依据的特定背景.

一个更进一步的发展曾经揭示了原因和结果的概念本身的无歧义应用的从未预料到的局限性,而且在物理学家和哲学家中间引起了关于逻辑学和语言的范围的许多讨论;如所周知,这种发展是在本世纪第一年由普朗克的普适作用量子的发现开始的,这种发现揭示了个体原子过程的一种无法在空间和时间中进行因果描述的整体性特色.

这种发现被证实为关于原子体系的奇特稳定性的一种线索,而物质的一切性质归根结蒂是建筑在这种稳定性上的;它也告诉我们,所谓经典物理学在描述大块物质的性质方面的广阔适用性是完全建筑在一个情况上的,那就是,通常物理现象中所涉及的作用量是很大的,以致量子可以完全被忽略. 然而,实验技术的现代发展却已经给我们带来了关于单个原子和正式量子效应的直接信息.

原子物理学中新的丰富经验的概括曾经带来了巨大的困难,而且被证实为只有利用一种适当的数学表述形式才是可能的. 这种所谓量子力学的本征特色就是在不同实验条件下观察到的现象所显示的由互补性这一观念来表示的那种关系. 确实,不论这些现象初看起来可以显得多么对立,我们都应该意识到,它们在一起就包举无遗地表示了可以无歧义地表示的关于原子客体的所有知识.

物理科学中的这种新颖局势,在一种情况中有其根源,那就是,在普通经验中可以被忽略或被补偿的被研究客体和观察工具之间的相互作用,在量子物理学的领域中代表了现象的一个不可分割的部分. 这种事态的一些类例可以在人类知识的许多别的领域中认识到;在那些领域中,我们遇到经验的分析和综合的一些相似的条件.

特别说来,用于我们的精神状态的描述的语汇是由一些单词组成的,这些单词自从语言刚刚发源时起就是按照一种互补的方式被使用的了. 例如,思想和情感或思索和意愿之类的单词,就指的是一些由于我们注意力的不同指向而互相排斥的精神经验,但是它们的总体却指示了意识生活的丰富性. 在社会交往中,个人和社团之间的关系的许多方面也表现了典型的互补特色. 另外,众所周知的

143

不同民族文化之间的无成见对比的困难,可以追溯到在本社会文化的基础上评价外国传统的不可能性.

在这次集会上,我不再多谈人文研究方面的学者们非常熟悉的这些课题,但是我愿意强调关于我们的语言这种交流手段的研究在一切知识分支中所起的作用,并指出不同研究领域中的教益之间的对比所可能为人类知识统一性的认识提供的帮助.特别是,面对着整个文明由于我们对自然力的日益增长的掌握而遇到的只能用一切人之间的善意和理解来迎接的严重挑战,对我们的共同地位的认识是比以前任何时候都更加必要的.

为了人类知识的增长与和谐而进行的共同努力,为相互信任的增进提供着独一无二的机会.怀着诸位的会议将对这一伟大目标作出贡献的希望,我表示我最热烈的祝愿,愿会议将成为一切与会者的鼓舞人心的经验.

XIV. 各门科学间的联系

Journal Mondial de Pharmacie，No. 3，
Juillet-Decembre 1960，pp. 262—267

1960 年 8 月 29 日在哥本哈根的国际制药学
会议上的演讲

参阅第一编《引言》原第 12 页.

玻尔和国际制药学联合会主席雨果·林斯台德一起研究
制药学会议的日程.

《各门科学间的联系》(1960)

用英文、德文和丹麦文发表的各种版本

英文本: *The Connection Between the Sciences*

A [Untitled,] Address delivered at the International Congress of Pharmaceutical Sciences of the Fédération Internationale Pharmaceutique, Copenhagen, August 29, 1960. Journal Mondial de Pharmacie, No. 3, Juillet-Decembre 1960, pp. 262—267

B "Essays 1958—1962 on Atomic Physics and Human Knowledge", Interscience Publishers, New York 1963, pp. 17—22 (reprinted in: "Essays 1958—1962 on Atomic Physics and Human Knowledge, The Philosophical Writings of Niels Bohr, Vol. Ⅲ", Ox Bow Press, Woodbridge, Connecticut 1987, pp. 17—22)

德文本: *Die Verbindung zwischen den Wissenschaften*

C *Über die Einheit unseres Wissens*, Universitas **16** (1961) 835—840

D "Atomphysik und menschliche Erkenntnis Ⅱ", Friedr. Vieweg & Sohn, Braunschweig 1966, pp. 17—22

丹麦文本: *Forbindelsen mellem videnskaberne*

E "Atomfysik og menneskelig erkendelse Ⅱ", J. H. Schultz Forlag, Copenhagen 1964, pp. 29—35

　　除了一些表述上的改进以外, B 和 A 相同.

　　第一句和以"在这一背景上"开头的一句在 C 中被删掉了. 此外, C 和 D 似乎分别是 A 和 B 的独立译文.

　　E 对应于 B.

各门科学间的联系

我怀着巨大的喜悦,尽管不无踌躇,接受了盛情的邀请来在这次国际制药学会议的开幕式上讲几句话.作为一个物理学家,我当然不像这许多从不同国度前来集会的杰出科学家那样对制药学领域深有造诣.然而,在这一场合下,谈谈我们在一切科学分支中的知识之间的密切联系或许是合适的.这种联系事实上是由汉斯·克里斯蒂安·奥斯特以很大的精力和热情确认了的,他在丹麦建立了最初的受到控制的药物检查,而且这对他来说一直是他那基本科学研究和在丹麦社会中的多方面的和富有成果的活动的灵感源泉.

*　　　*　　　*

出现在自然界中的一些物品可以有助于治愈人类的疾病,这种经验可以追溯到文明的初期,那时理性的科学探索这个观念还是未知的.不过,回想一下在树林中和草原上寻找草药曾经对系统植物学的发展起了多大作用,还是很有兴趣的.而且,药物的配制及其效果的研究后来也被证实为对化学的进步来说是很重要的.

在很长的时间内,物质的性质和转变的研究一直是显著地和作为物理学处理方式之特征的利用空间和时间以及原因和结果的概念来说明我们周围各物体的行为的那些努力没有联系的.事实上,这种处理方式就是牛顿力学的整个巨厦的乃至建筑在奥斯特和法拉第的发现上的电磁理论的基础;这些理论曾经通过它们的技术应用而大大地改变了我们日常生活的构架.

物质由原子构成的这一古代想法在上世纪中的发展,刺激了对化学和物理学之间的一种更密切的联系的寻求.一方面,化学元素概念的阐明导致了关于各元素在化合物中的出现比例的规律的理解.另一方面,气体之惊人简单的性质的研究导致了热的分子运动论的发展,这种发展给特别是在物理化学中得到如此有成果的应用的热力学普遍定律提供了解释.

然而,建筑在电磁理论上的关于热辐射平衡的研究,却注定要揭示出原子过程中的一种和经典物理学的概念不能相容的整体性特色.确实,普朗克的普适作用量子的发现教给了我们,大块物质之行为的习见描述的广阔适用性,完全建筑在一个情况上,那就是,普通尺度的现象所涉及的作用量大得使量子可以被忽视. 然而,在个体的原子过程中,我们却遇到一些种类新颖的规律,它们是物质的一切性质归根结蒂所依赖的原子体系之奇特稳定性的起因.

这种新的丰富的经验领域的整理,曾经要求了我们的最基本物理概念之无歧义应用基础的一种激烈的修正. 为了论述我们在物理实验活动中曾经做了什么和学到了什么,当然就必须用普通的语言来描述实验装置和观察记录. 然而,在原子现象的研究中,我们却遇到一种局势,那时用相同的装置重复进行的一个实验可以导致不同的记录,而用不同的装置进行的实验则可以给出初看起来似乎是互相矛盾的结果.

这些表观佯谬的澄清是由一种认识带来的,那就是,被研究客体和我们的观察工具之间在普通经验中可以忽略或单独加以考虑的相互作用,在量子物理学的领域中形成现象的一个不可分割的部分. 事实上,在这样的条件下,经验不能按照习见的方式来互相结合,而各现象却必须被认为是彼此互补的,其意义就是,它们的总体就包举无遗地表示了可以无歧义表示的关于原子客体的全部信息.

和沿互补性路线进行的概括性描述相适应的适当数学工具已经由所谓的量子力学创立了;通过量子力学,我们已经能够在很大程度上说明物质的物理性质和化学性质. 物理学家和化学家之间关于是化学已经被物理学所吞并还是物理学已经变成了化学的幽默争论,就例示了这种进步的品格和规模.

详细谈论我们时代的原子科学的巨大发展将使我们离题太远,因此我将仅仅简单地提到,在电子在原子核附近的键合中以及在它们在原子加入化合物分子时所起的作用中,我们遇到的就是不适用习见的形象化表示的典型量子效应. 然而,由于核的质量比电子的质量大得多,还是可能在很高的近似程度下说明分子中和知道得很清楚的分子结构式相对应的那种原子位形,而结构式在化学资料的整理中是曾经被证实为如此地不可缺少的.

整个的处理方式不但是和普通的化学动力学完全一致的,而且甚至加强了化学动力学所依据的基础. 例如,在任何导致化合的过程中,新分子的性质并不重大地依赖于互相作用而形成这些新分子的那些分子的成分,而只依赖于它们所由组成的那些原子的排列. 这些分子的态中对应于它们的形成过程所遗留下来的振动的那些次级的特征,确实不会重大地影响它们的化学性质,而且甚至会由于媒质中的一般热骚动而很快地失去和它们的以前历史的一切联系.

作用量子为之提供了线索的对物质的不同性质的普遍理解,已经开始了一个自然科学迅速成长的时期,这在很多方面使人们想起十六世纪和十七世纪中的科学革命. 这些最给人以深刻印象的发展中包括生物化学的现代兴起,它曾经对物理学和制药学是同样有好处的. 特别说来,有机化学和无机化学之间的分界

150

线的广泛淡化,已经重新提出了关于物理科学对生命的显示所能说明的程度的老问题.

通过解剖学和生理学的发展而得到的对有生机体的结构的巨大复杂性以及控制其机能的多姿多彩的精致调节机制的逐渐认识,曾经常常导致关于机体中秩序的保持能否和普遍的热力学定律相容的疑问. 不过,从现代化学动力学的立脚点看来,任何这样的分歧都是不应该被预期的,而对伴随着机体的代谢和活动的那些能量交换和熵交换的彻底研究事实上也从来不曾揭示出对热力学原理的任何限制.

近年以来,在我们关于有生机体的复杂分子结构特别是关于把遗传信息从一代带到另一代的那种特定分子链的知识方面已经取得了巨大的进步. 而且,我们对于一些酶过程的认识也在稳步地增长;通过这些酶过程,遗传信息完成着指导蛋白质之类其他特定分子结构的形成的任务. 事实上,就我们所知的一切来看,我们在这儿遇到的是分子构造的稳定性的持续增大,其代价是消耗和普通不可逆化学过程中熵增量相对应的自由能.

在这种背景上,很自然地会想到一种观点,即认为在机体的整整一生中我们遇到的是一些并无直接可逆性的过程,它们对应于由营养和呼吸保持的既有条件下的不断增长的稳定性. 不论尺度和机能的差别有多大,我们在这儿所面对的都是有生机体和自动机器之间的一种影响深远的相似性. 确实,在近来的技术进步的基础上,已经能够设计按照包括它们自身的修理和复制在内的预定方式来动作的机器,如果它们能够得到必要的材料来源和能量来源的话.

不过,在关于机体和机器之间的对比这一争议甚多的问题上,必须记得有机生命是远远超过制造机器所用的材料的一些自然资源的表现. 事实上,在计算设备和控制设备的功能和设计的说明中,我们基本上可以忽视物质的原子组成而只致力于论述所用材料的力学性质和电学性质以及机器各部分之间的相互作用所服从的简单物理定律的应用. 然而,整部的有机体进化史所提供给我们的却是自然界中原子相互作用的无限可能的反复尝试的结果.

不足为奇的是,由于它们的极多复杂性,各机体显示出一些性质和潜势,与所谓无生物质在简单可重复的实验条件下所显示的性质和潜势形成突出的对照. 正是在这种背景上,涉及作为整体的机体的行为的诸如目的性和自我保存之类的观念就在生物学研究中得到了很有成果的应用.

在关于生物学基础的讨论中,超出物理学语言之外的一些观念所起的作用问题曾经形成了一个主要的论题. 从一方面,曾经表示过一种看法,认为尽管这样的概念很有成果,它们终于还会被证实为多余的. 从另一方面,却有人论证说,我们在这儿遇到的是一些在生命显示的任何说明中都无法简化的要素.

量子物理学已经带给我们的关于我们作为自然观察者的地位的教益,曾经给了这种讨论一个新的背景.确实,这种教益提示我们,生物学现象的客观描述方面的局势,反映了普通生理学中和现代生物化学中的一些不同处理方式.生物学中互补描述模式的基础,不是和已经在化学动力学中照顾到的客体和测量工具之间的相互作用的控制问题联系着,而是和机体的实际上不可穷尽的复杂性联系着的. 152

这种局势几乎不能被看成是具有临时品格的,而却似乎是和我们整个的概念构架的发展所曾经历的方式有着内在的联系;这种构架从适应日常生活的更原始的需要发展到了适应由系统的科学研究得到的知识的增长.因此,只要"生命"一词因为实用的或认识论的原因而得到保留,生物学中的二元处理方式就肯定会继续存在.

在我们的讨论中,我们一直把有生机体看成了所考察的客体,其方式和我们力图概括大自然的任何其他部分中的经验时的方式相似.当我们处理心理学的问题时,我们就进入了一个新的经验领域,那里的分析和综合的问题多少世代以来一直吸引了活跃的兴趣.我们在社会交往中用来传达我们的精神状态的那种语言,确实是和在物理科学中所通常应用的语言很不相同的.例如,像思虑和意愿这样的指示着互斥的而又同等特征性的局势的字眼儿,是从语言刚刚起源时就以一种典型互补的方式被应用的.

精神经验和我们身体中的物理过程及化学过程之间的密切关系,在很大程度上被药物对精神疾病的应用所证实了.所涉及的生理学过程的不可逆的品格,也由所有曾经被意识到的东西所能被记住的程度来清楚地反映了.继续进行这样的考虑当然是很诱人的,但是每前进一步都出现一些和这种追索所能利用的那些概念的范围有着内在联系的新的困难.

*　　　*　　　*

在这篇演讲中我曾经试图指明,进入原子世界的研究曾经怎样提供了追溯自然界中一种和谐性的新机会;那种和谐性是奥斯特所曾谈论过的,但是我们也许宁愿称之为人类知识的统一性.确实只有对这种和谐性或统一性的领会,才能帮助我们对自己的地位保持一种平衡的态度并避免科学和技术在几乎每一个人类兴趣领域中的迅猛进步所那么容易引起的混乱.这次会议的日程就是一件事 153 实的证据,那就是,制药科学和药物科学代表着对自然奥秘的探索的一个不可分割的部分;通过那种探索,我们力图增进人类的理解和福利.带着此次集会将对这一伟大目标有所贡献的希望,我要表示我最热烈的祝愿,愿会议将成为你们所有人的一种益人心智的经验.

XV . 人类知识的统一性

Revue de la Fondation Européenne de la Culture，
July 1961，pp. 63—66

1960 年 10 月 21 日在哥本哈根在
"欧洲文化的品格"国际会议上
发表的演讲

参阅《全卷引言》原第 XLII 和 XLV 页.

《人类知识的统一性》(1960)

用丹麦文、英文和德文发表的各种版本

丹麦文本：*Den menneskelige erkendelses enhed*

A   Berlingske Tidende, 22 October 1960

B   "Atomfysik og menneskelig erkendelse Ⅱ", J. H. Schultz Forlag, Copenhagen 1964, pp. 19—28

英文本：*The Unity of Human Knowledge*

C   Revue de la Fondation Européenne de la Culture, July 1961, pp. 63—66

D   "Essays 1958—1962 on Atomic Physics and Human Knowledge", Interscience Publishers, New York 1963, pp. 8—16 (reprinted in: "Essays 1958—1962 on Atomic Physics and Human Knowledge, The Philosophical Writings of Niels Bohr, Vol. Ⅲ, "Ox Bow Press, Woodbridge, Connecticut 1987, pp. 8—16)

德文本：*Die Einheit menschlicher Erkenntnis*

E   "Europa", Monatsschrift für Politik, Wirtschaft und Kultur, August 1961, pp. 45—48

F   "Atomphysik und menschliche Erkenntnis Ⅱ," Friedr. Vieweg & Sohn, Braunschweig 1966, pp. 8—16

　　所有的版本都互相一致，只除了从 C 到 D 和从 E 到 F 在表述上有些小的改进.

人类知识的统一性

人类知识的统一性是只有高尚的头脑才能觉察的一个问题. 为阐明量子物理学的原理及其认识论涵义而工作的玻尔教授曾经强调并分析了这一领域中的和生物学、心理学及社会科学中的问题之间的逻辑关系. 作为哥本哈根理论物理学研究所的所长, 他由于他的氢原子理论而获得了诺贝尔奖(1922), 并获得了第一届"原子为了和平"奖(1957).

标题中所提到的问题是像文明本身一样的古老的, 但是在我们的时代中却随着研究和社会活动的日益专门化而受到了重新的注意. 人文学者们和科学家们对人类的问题采取的明显不同的处理方式引起了范围甚广的混乱; 随着这种混乱, 从不同的方面表示了关怀, 甚至有人谈到了现代社会中的一种文化分裂. 但是, 我们一定不要忘记, 我们是生活在一个许多知识领域中的迅速发展的时代, 在这方面使我们想起欧洲文艺复兴的年代.

不论在当时人们觉得从中世纪的世界观中解放出来是多么的困难, 所谓科学革命的成果现在却已成了共同文化背景的一部分. 在我们这个世纪中, 各门科学的巨大进步不但已经大大地推进了技术和医学, 而且同时也在有关我们作为自己也是它的一部分的那一自然界的观察者的地位问题上给了我们一种从未料到的教益. 这一发展远远不是意味着人文科学和物理科学之间的一种分裂, 而是为我们对待共同的人类问题的态度带来了重要的信息, 这种信息已经赋予了旧的知识统一性问题以新的视野.

以扩大和整理我们关于周围世界的经验为目的的对科学探索的追求, 曾经在世世代代中被证实为有成果, 特别是对已经改变了我们日常生活之构架的技术的进步来说. 尽管天文学、大地测量学和冶金学在埃及、美索布达米亚、印度和中国的早期发展主要是为满足社会的要求, 而在古希腊我们却第一次遇到了阐明描述和整理知识的基本原理的系统努力.

我们赞佩希腊数学家们, 它们在许多方面奠定了后来各世代所依据的牢固基础. 意识到一点是重要的, 那就是, 数学符号和数学运算的定义是建筑在日常语言的简单逻辑应用上的. 因此就不应该把数学看成一个建筑在经验的积累上的特殊的知识分支,而应该把它看成普通语言的一种精化,它给普通语言补充一些适当的工具,来表示对它们来说普通语言叙述是不准确或太纠缠的那些关系.

有鉴于数学抽象的表观难懂性,可以指出,甚至初等的数学训练就能使学校儿童们看破阿乞利斯和乌龟赛跑的著名佯谬.如果乌龟在阿乞利斯前面一点点,那位行走如飞的英雄怎么可能追上并超过那个缓慢的爬行动物呢?确实,当他到达乌龟的起跑点时,阿乞利斯将发现乌龟已经沿着赛跑路线运动到更远处的一点了,而这种局势将重复出现而形成一个无限的序列.

这种类型的逻辑分析,后来对数学概念和数学方法的发展起了重要的作用.

从一开始,数学的应用就已经对物理科学的进步来说是不可缺少的了.尽管欧几里德几何学对阿基米德阐明静力学平衡的基本问题来说已经够用,物质体的运动的细致描述却要求了微分学的发展,而牛顿力学的辉煌大厦就是建筑在这种发展上的.最首要的是,我们的太阳系中各行星轨道运动的建筑在简单的力学原理和万有引力定律上的解释,深深地影响了以后几世纪的一般哲学态度,并加强了认为空间和时间以及原因和结果应该被看成概括一切知识的先验范畴的观点.

然而,我们这个时代中的物理经验的扩展,却曾经要求了我们的最基本概念之无歧义应用的基础的一种激烈修正,从而改变了我们看待物理科学之目的的态度.从我们现在的立脚点看来,物理学应该不那么多地看成关于某种先验地给定的东西的研究,而是看成整理和考察人类经验的一些方法的发展.在这方面,我们的任务应该是用一种独立于个人主观判断的从而在这种意义上是客观的方式来论述这样的经验,使它可以用普通语言来无歧义地传达.

至于在原始语言中用"这儿"和"那儿"以及"以前"和"以后"来反映的空间和时间的概念本身,那就必须记得,和我们周围各物体的速度相比,光传播的巨大速度对我们的通常取向来说是多么的重要.然而,经验证明甚至在实验室的实验中用最精密的测量都不可能确证地球绕日的轨道运动的任何效应,这种意外的情况揭示出来,刚体的形状和它们相互之间的距离,被相对迅速运动着的观察者们所觉察到的将各不相同,而且甚至被一个观察者判断为同时发生的事件也可能被另一个观察者看成是在不同的时刻发生的.关于物理经验的论述依赖于观察者立脚点的那种程度的认识,被证实为在追索对于一切观察者都成立的基本定律方面是富有成果的.

确实,广义相对论在普通语言的自洽性和范围方面提供了一种很有教育意义的教益;利用这种理论,爱因斯坦通过放弃所有的绝对空间和绝对时间的概念而给了我们的世界观一种超过以前的任何梦想的统一性与和谐性.虽然理论的适当表述涉及了四维非欧几里德几何学之类的数学抽象,但是它的物理诠释却是基本地建筑在每一个观察者保持一种空间和时间的截然划分并保持他考察另一个观察者将在其参照系中如何用普通语言来描述和标示经验的可能性上的.

导致按原因和结果来分析现象的基础本身的一次修正的所谓观察问题的一些新的基本方面,是被从普朗克在本世纪第一年的发现普适作用量子开始的那种发展揭示出来的.这一发现证明了,所谓经典物理学的适用性完全建筑在这样一种情况上:普通尺度的任何现象中所涉及的作用量是很大的,以致量子可以完全被忽略不计.然而,在原子过程中,我们却遇到一些新颖品种的规律性,它们不适合因果的形象化描述,但是却足以说明物质的一切性质归根结蒂都建筑于其上的那种原子体系的奇特稳定性.

在这个新的经验领域中,我们已经遇到了许多巨大的惊人情况,甚至不得不面对一个问题,即通过用实验的形式来向大自然提出问题,我们能够得到什么种类的答案.事实上,在普通经验的论述中,认为理所当然地是被考察的客体不会受到观察的干扰.确实,当我们透过一个望远镜来看月球时,我们就接收到被月球表面所反射的来自太阳的光,但是这种反射所引起的反冲太小太小了,以致它对像月球这样重的物体的位置和速度不会有什么影响*.然而,如果我们遇到的是一些原子体系,它们的构造和对外界影响的反应都是由作用量子来根本地确定的,那么我们就会处于一个十分不同的地位上了.当不得不考虑在这样的情况下我们怎样才能达成一种客观的描述时,具有决定意义的是要意识到,不论现象多么远地超出了普通经验的范围,实验装置和观察记录的描述还是必须以日常语言为基础的.在通常的实验工作中,这种要求是通过用屏板和照相底片之类的沉重物体来确定实验条件而得以满足的;那些沉重物体的运用是按照经典物理学来说明的.然而,正是这种情况,就排除了测量仪器和被研究客体之间的相互作用的任何分别的说明.

特别说来,这种局势阻止了空间-时间标示和动量及能量守恒定律的不受限制的结合,而经典物理学的因果性的形象化描述就是建筑在这种结合上.例如,以确定在一给定时刻的位置已被控制的一个原子级粒子在一个后来的时刻将位于何处为目的的一种实验装置,就蕴涵着对那些需要用于参照系之确定的固定标尺和校准时钟有一种在原理上不可控制的动量和能量的传递.相反地,任何适用于动量及能量的平衡(这对原子体系之根本性质的论述来说是有决定意义的)的装置,都蕴涵着对各体系的成分粒子的空间-时间标示的一种放弃.

在这种情况下,不足为奇的就是,用同一个实验装置,我们可以得到对应于

---

* [中译者按:这就明白地答复了爱因斯坦等人反对量子力学之哥本哈根诠释的俏皮话,即所谓不相信小耗子看一眼月亮就能改变宇宙秩序.]

各式各样的个体量子过程的不同记录,而关于那些量子过程的出现则只能给出统计的论述.同样,我们也必须对一种情况有所准备,那就是,用不同的互相排斥的实验装置得出的资料,可能显示一种未之前闻的对立性,甚至初看起来可能显得是矛盾的.

正是在这一局势下,就用得着互补性这一想法来提供一种足够宽广的构架,以容纳一些不能概括在单独一个图景中的基本的自然规律.确实,在一些明确定义的实验条件下得出的(而且通过基本物理概念的适当应用而表示出来的)资料,就以其全部来包举无遗地表示了关于原子客体的可以用日常语言来传达的一切信息.

荷兰亲王 H. R. H. 在欧洲文化基金的哥本哈根会议上接待尼耳斯·玻尔教授

一个广阔的新的经验领域的一种按照互补路线来进行的详尽论述,已经通过被称为量子力学的一种数学表述形式的逐渐确立而成为可能;在这种表述形式中,各个基本物理量被换成了一些服从特殊算法的算符,那种算法包括了作用量子并反映了相应的测量手续的不可对易性.正是通过把作用量子看成一个没有习见解释的要素(类似于光速在相对论中作为最大的信号速度的那种地位),

159　这种表述形式就能够被看成经典物理学的概念构架的一种合理的推广. 然而, 对于我们的论题来说, 决定性的一点就在于, 量子力学的物理内容, 已经完全包括在它表述那些支配着在用普通语言定义的实验条件下得到的观察结果的统计规律的能力中了.

　　在原子物理学中, 我们涉及的是一些无比准确的规律; 在这里, 只有把关于实验条件的明白指定包括在现象的论述中才能得到客观的描述; 这一事实用一种新颖的方式强调了知识和我们探索知识的可能性之间的不可分性. 我们在这儿遇到的是一种普遍的认识论教益, 它例示着我们在人类兴趣的许多其他领域中的地位.

　　特别说来, 所谓精神经验的分析和综合的条件, 一直是哲学中的一个重要问题. 很明显, 牵涉到一些互斥条件的字眼儿, 例如思想和情感之类, 从刚刚开始有语言时就是以一种典型的互补方式而被应用的了. 然而, 在这方面, 需要特别注意主体-客体分界线. 关于我们的精神状态和精神活动的任何无歧义的传达, 当然就蕴涵着我们的意识内容和粗略地称为"我们自己"的那一背景之间的一种区分, 但是, 包举无遗地描述意识生活之丰富性的任何企图, 都在不同的局势下要求我们不同地划定主体和客体之间的界线.

　　为了举例说明这一重要之点, 我将引用一位丹麦诗人和哲学家保罗·马丁·摩勒的著作; 他生活在大约一百年以前, 并且留下了一部叫做《一个丹麦大学生的奇遇》的未完成的小说. 在这部小说中, 作者对我们地位的不同方面之间的相互影响作出了特别生动和特别有启发性的讲述, 这是在一群性格不同而对待生活的态度也不同的大学生中间的讨论中得到启示的.

　　我将引用两个堂兄弟之间的一次交谈. 两个中的一个对实际事务很精明, 属于在大学生中间被称为实利主义者的那种类型; 而另一个被称为"硕士" (licentiate)的人则醉心于对他的社交活动很不利的不着边际的哲学冥想. 当实利主义者责备硕士在由他的朋友们出于善意提供给他的一份实际工作方面没有下定决心时, 可怜的硕士极其诚恳地表示了歉意, 但是他解释了他的思索把他带入的困难处境.

　　于是他说: "我的无休止探问使我不可能达成任何结论. 而且, 我开始想到我
160　自己关于我发现自己所在的处境的那些思想. 我甚至想我想到它, 并把自己分成相互考虑的后退着的一些'我'的无限序列. 我不知道把哪一个'我'看成实在的而停止在那上面, 而且我一经停在一个'我'上, 那就立刻又会有一个停在上面的'我'. 我搞糊涂了, 而且觉得头昏眼花, 就像我正在注视着一个无底的深渊一样, 而我的思索就造成了可怕的头疼. "

　　他的表兄在回答中说: "我根本不能帮助你清理你那多个'我'. 那完全不在

我的活动范围之内,而且,如果我让自己进入你那些超人的玄想,我就会是或变成和你一样地疯疯癫癫了.我的路线是抓紧那些看得见摸得着的东西,并且沿着常识的康庄大道前进;因此我的那些'我'从来不会纠缠在一起."

完全抛开讲故事时的那种精致的幽默不谈,要对我们所遇到的局势的那些本质方面作出一种更贴切的论述肯定是不容易的.

像思虑和决心这样的字眼儿被使用时的那种互补方式,当转向世世代代被哲学家们讨论过的意志自由问题时就必须特别地被考虑在内了.即使我们不能说出我们是因为猜想自己能做某事才愿意去做那件事,还是我们因为愿意做才能够做那件事,那能够"在环境许可下作出最好的选择"的感觉总是一种普遍的人类经验.事实上,决心的意念在人类的沟通中是起着不可缺少的作用的,对于希望和责任之类的字眼儿来说情况也相同;脱离使用时的上下文,它们本身都是同等地不能定义的.

主体-客体分界线在论述意识生活时的可变动性,对应于经验的一种丰富性;它是那样的多姿多彩,以致涉及了各种的处理方式.至于我们关于他人的知识,我们当然只看到他们的行为;但是我们必须意识到,当这种行为是如此复杂,以致当用普通语言来论述它们时要用到自我知觉时,意识一词就是不可避免的.然而,很显然,对所谓终极主体的一切寻求都是和客观描述的目的背道而驰的,因为客观描述要求主体和客体的配合.

这样的一些考虑包括了对一种灵感的很大赏识,那就是伟大的艺术创作通过指出我们的地位中的和谐整体性的特色而给予我们的灵感.确实,当在越来越大的程度上放弃逻辑分析,而允许依次弹奏一切的感情之弦时,诗、画与乐就包含了沟通被表征为实用论的和神秘论的等等极端模式的可能性.反过来,古印度的思想家们就已经懂得在对这样的整体性进行包举无遗的表示时的逻辑困难了.特别说来,他们通过强调寻求存在的意义的没有结果而设法避免了生活中的明显非和谐性;他们懂得,"意义"一词的任何应用都意味着比较,而我们又能把整个的存在和什么相比较呢?

我们的论证的目的是要强调,不论是在科学中、在哲学中还是在艺术中,一切可以对人类有助益的经验都必须能够用人类的表达手段来传达,而正是在这种基础上,我们将处理知识统一性的问题.面对着文化发展的巨大多样性,我们因而就可以寻求一切文明中那些在共同的人类处境中有其根源的特色.我们特别认识到,个人在社会中的地位本身就显示出一些多姿多彩的、往往是互斥的方面.

当处理年深日久的所谓伦理价值的问题时,我们将首先问起诸如公正和慈悲之类的概念的范围;这些概念的最密切的结合是在一切人类社会中都被企望了的. 不过很明显的是,允许公认的法律条文之无歧义应用的一个局势不会给表现慈悲留下任何余地. 但是,正如著名的希腊悲剧家们所特别强调了的那样,同样清楚的是,恻隐之心可以使每一个人和简明表述的正义概念发生冲突. 我们在这儿遇到的是人类地位所固有的一些互补关系,它们令人难忘地表示在古老的中国哲学中,那种哲学提醒我们,在存在的伟大戏剧中我们自己既是演员又是观众.

当比较一些不同的民族文化时,我们就遇到按照一个民族的传统来评价另一民族的文化的特殊困难. 事实上,每一种文化中所固有的自足性要素,密切地对应于作为有生机体中每一物种之特征的自我保存的本能. 然而,在这些联系中,重要的是要意识到,建筑在由历史事件哺育出来的传统上的一些文化的互斥的特征,不能和在物理学、心理学及伦理学中遇到的那些特征直接对比;在物理学等等中,我们处理的是人类共同处境的内禀特色.

事实上,民族之间的接触常常造成不同文化的熔合,把原来的民族传统中有价值的要素保留下来. 如何弥补现代社会中所谓文化裂痕的问题归根结蒂是一个更狭义的教育问题;对待这个问题的态度似乎不仅要求信息而且要求某种幽默. 然而,一个最严肃的任务却是促进有着很不相同的文化传统的民族之间的相互理解.

我们时代的科学和技术的迅速进步向我们的整个文明提出了一种不容轻视的挑战;它带来了增进人类福利的独一无二的前景,同时也给普遍的安全带来了巨大的威胁. 很肯定,知识和潜力的每一次增加都曾总是意味着一种更大责任,但是在当前的时刻,当全体人民的命运已经不可分割地联系在一起时,建筑在对人类共同潜力之每一个方面的赏识上的一种互相信任的合作,却是比在人类历史中任何以前的时刻都更加必要的.

XVI. 再论光和生命

ICSU Review **5**（1963）194—199

1962 年 6 月 21 日在科隆遗传学研究所
落成典礼上发表的演讲

参阅第一编《引言》原第 12 和 25 页.

马科斯·戴耳布吕克(中)和尼耳斯·玻尔(右侧立者)在
科隆大学遗传学研究所的落成典礼上,1962年6月.

《再论光和生命》(1962)

用英文、德文和丹麦文发表的各种版本

英文本：*Light and Life Revisited*

A ICSU Review **5**(1963) 194—199

B "Essays 1958—1962 on Atomic Physics and Human Knowledge", Interscience Publishers, New York 1963, pp. 23—29(reprinted in："Essays 1958—1962 on Atomic Physics and Human Knowledge, The Philosophical Writings of Niels Bohr, Vol. Ⅲ", Ox Bow Press, Woodbridge, Connecticut 1987, pp. 23—29)

德文本：*Licht und Leben-noch einmal*

C Naturwiss. **50**(1963)725—727

D "Atomphysik und menschliche Erkenntnis Ⅱ", Friedr. Vieweg & Sohn, Braunschweig 1966, pp. 23—29

丹麦文本：*Lys og liv påny*

E "Atomfysik og menneskelig erkendelse Ⅱ", J. H. Schultz Forlag, Copenhagen 1964, pp. 36—42

F "Naturbeskrivelse og menneskelig erkendelse" (eds. J. Kalckar and E. Rüdinger), Rhodos, Copenhagen 1985, pp. 110—118

　　除了从 A 到 B 的表述方面的小的改进以外，一切版本都彼此一致. A 和 C 有由奥格·玻尔写的一篇前言. 由罗纳耳德·弗喇瑟写的一篇后记只出现在 A 中.

再论光和生命[*]

前言

本文是由尼耳斯·玻尔为他在 1962 年 6 月间在科隆发表的一篇演讲准备的一份讲稿.

物理学和生物学之间的关系多年以来曾经深深地引起了我父亲的兴趣,而且他是在他于 1933 年发表的《光和生命》一文中,第一次讨论了他对这一课题的想法的. 他觉得当时他的某些说法并没有永远得到正确的诠释,从而他急于想对他的自从那时以来特别是在分子生物学领域中的伟大新发现的刺激下发展了的各种观点作出一种说明,他曾经用如此的热情追随了那些新发现.

当时我父亲正希望在他在科隆发表的演讲的基础上撰写一篇更详细的文章,但是不久以后他就病了,而且后来他已经恢复得很不错并且已经重新回到了撰写此文的工作上来;但是当他在 1962 年 11 月 18 日突然逝世时,文章并没有完成.

我们是抱着相当的踌躇心情来发表这篇文稿的. 那些熟悉我父亲的工作方式的人们将知道他在准备他的出版物时会付出多大的精力. 文稿将多次地重写,而问题就将逐渐地澄清,一直到问题的各个方面的表述达到了适当的平衡时为止. 虽然在这份稿子上已经做了大量的工作,但它离完成还很远. 在包括关于特殊生物学问题的评论的少数几段方面,作者曾打算进行较大的修改. 因此这几段在正文中被删去了,它们的内容放进了用小号字插印的注释中. 另外,还引入了几点形式性的小的改动.

奥格·玻尔

应我的老朋友马科斯·戴耳布吕克的邀请来在科隆大学这一新的遗传学研究所的落成典礼上讲几句话,这是我的一大幸事. 当然,作为一个物理学家,我对本研究所即将致力的这一研究领域的广泛而迅速的发展是没有第一手的知识的,但是我欢迎戴耳布吕克的建议来对一些关于生物学和原子物理学之间的关系的一般想法进行评论,那些想法是三十年前我在哥本哈根的国际光疗学会议上的一篇题为《光和生命》的演讲中提出的. 当时作为一位物理学家而在哥本哈根和我们一起工作的戴耳布吕克,对这些想法发生了很大的兴趣,而正如他曾经很可感谢地说过的那样,这些想法激起了他对生物学的兴趣,并向他在遗传学中的很成功的研究提出了一次挑战.

---

[*] 未完成稿.

有生机体在一般物理经验中的地位,世世代代以来曾经吸引了科学家们和哲学家们的注意. 例如,机体的完整性曾使亚里士多德觉得是向物质有限可分性的假设提出了一个根本性的困难,而原子论学派的人们正是要在这种假设中寻求理解自然界中的秩序的一种基础,尽管物理现象是千变万化的. 相反地,集原子论的论点之大成的卢克莱修,却把植物从种子的成长诠释成某种基元结构在发育过程中的持久性的证据,这种想法突出地使我们想起现代遗传学中的处理方式.

不过,在经典力学在文艺复兴时期的发展及其随后的对热力学定律之原子论诠释的有成果的应用以后,机体的复杂结构和复杂机能中的秩序的保持却常常被认为是一种不可克服的困难了. 然而,对待这种问题的态度的一种新背景,却在本世纪第一年由作用量子的发现创造了出来,这种发现揭示了原子过程中的一种远远超过物质有限可分性那一古代学说的个体性特色. 事实上,这一发现提供了理解原子体系和分子体系之惊人稳定性的一个线索,而构成我们的工具以及我们的身体的那些物质的性质则归根结蒂是依赖于这种稳定性的.

以前我那篇演讲中的那些想法,受到了当时完成不久的量子力学的自洽表述形式的启示. 这种发展已经在本质上阐明了原子物理学中一种客观描述的条件,包括一切主观判断的消除在内. 决定性的一点就是,即使我们遇到的是超出决定论式的形象化描述之可能的一些现象,我们还是必须应用经过经典物理学术语精化的普通语言来传达我们通过以实验的形式向自然提出问题而做了什么和学到了什么. 在实际的实验工作中,这种要求是通过用一些像屏板、透镜和照相底片之类的刚体作为测量仪器来加以满足的,这些物体足够重和足够大,以致在论述它们的形状和相对位置及相对位移时可以不必考虑它们的原子成分所固有的任何量子特色.

在经典物理学中,我们假设现象可以无限制地细分,而特别是测量仪器和被研究客体之间的相互作用可以被忽略或无论如何可以被补偿. 然而,原子过程中用普适作用量子来代表的个体性特色却意味着,在量子物理学中,这种相互作用形成现象的一个不可分割的部分,对它进行分别的论述是不可能的,如果仪器应该起到定义实验装置和观察记录的作用的话. 这种记录,例如由电子的撞击而在照相底片上造成的一个斑点,在本质上涉及一些不可逆的过程;这一情况并不造成实验诠释的任何特殊困难,而却只是强调了观察这一概念本身在原理上蕴涵着的不可逆性.

于是,我们在同一个明确定义的实验装置中一般会得到不同的个体过程的记录这一事实,就使得动用量子现象的统计论述成为不可缺少的了. 另外,把在不同实验装置下观察到的现象组合成单一经典图景的不可能性就意味着,这样一些表观上矛盾的现象可以看成互补的,其意义就是,把它们放在一起来看,它们就包举无遗地表示了关于原子客体的全部明确定义的知识.事实上,这些方面的任何逻辑矛盾都已被量子力学表述形式的数学自洽性所排除,而量子力学就起了表示适用于在任何一组给定的实验条件下得到的观察结果的那些统计规律的作用.

对于我们的论题有着决定重要性的是,量子物理学中的互补性这一基本特色,固然适于用来阐明关于电磁辐射和物质粒子的二象性的众所周知的佯谬,但是它在原子体系和分子体系的性质的说明中也是同样地明显的.例如,原子和分子中各电子的空间-时间标示的任何尝试,都将要求一种禁止光谱规律和化学键的出现的实验装置.不过,原子核比电子重得多这一事实却使我们可以把分子中各原子的相对位置固定到足以赋予在化学研究中被证实为如此有成果的结构式以具体意义的程度.确实,放弃了原子体系之电子构造的形象化描述而只利用关于分子过程中的阈能和结合能的经验知识,我们就可以在很广阔的范围内利用建筑在建立得很好的热力学定律上的化学动力学来处理这种体系的反应.

这些说法同样也适用于生物物理学和生物化学;在这两门学问中,我们在本世纪内亲眼看到了如此不寻常的进步.当然,机体内的实际上可以看成均匀的温度把热力学的要求简化成了自由能的不变或持续减少.于是很容易就想到一种假设,即一切长久存在或暂时存在的大分子结构的形成代表着一些本质上不可逆的过程,它们将在由营养和呼吸所保持的当时条件下增大机体的稳定性.另外,正如近来由布里腾和伽莫夫所讨论过的那样,植物中的光合作用当然也是由熵的普遍增加所伴随的.

虽然有这些一般的考虑,在一段长时间内人们还是觉得,有生机体中的那些调节机能,特别是由细胞生理学和胚胎学的研究揭示出来的那些调节机能,显示出一种按普通的物理经验和化学经验看来是如此不习见的精致性,以致指示了一些基本的生物学规律的存在,它们在那些在简单的可重演的实验条件下被研究的无生物质的性质中是没有类例的.因此,强调了在以一种充分的原子说明为目的的条件下保持机体的生命的困难,我当时就建议说,生命的存在本身可以看成生物学中的一个基本事实,其意义就和作用量子曾经在原子物理学中被看成一个不能归结为经典概念的基本要素一样.

167

当从我们现在的立脚点来重新考虑这种猜测时,必须记得生物学的任务不可能是说明那些长期地或暂时地包括在一个有生机体中的不计其数的原子中的每一个原子的命运.生物调节机构的研究中的局势却是,在这些机构的详细结构和它们在维持整个机体的生命时所完成的机能之间,不能画出截然的分界线.确实,实际的生理学中所用的许多名词反映一种研究的程序,在这种程序中,从对机体各部分的功能性作用的认识出发,人们追求它们的较细致的结构和它们被涉及的过程的一种物理的和化学的说明. 很肯定,只要人们还在为了实际的或认识论的原因而谈论生命,这样一些目的论的名词就将被使用以补分子生物学名词的不足. 然而这种情况本身却并不意味着很好地确立了原子物理学原理对生物学的应用的任何限制[*].

要处理这一基本问题,重要的就在于区分发生在很小空间范围内并在很短时间内完成的分离的原子过程和由在可以与细胞分裂的周期相比或大于该周期的时间内保持在一起的分子集团形成的更大结构的构造及机能. 甚至机体的这样一些结构要素也常显示一些性质和一种行为,它们意味着一种特殊的组织,比我们所能制造的任何机器的部件所显示的都更加特殊. 确实,现代的机械的和电磁的计算装置的基块的功能只取决于它们的形状和机械刚度、电导率和磁导率之类的普通材料性质. 只要考虑的是机器的制造,这样的材料就是由原子的或多或少规则性的晶态积累所形成的,而在有生机体中我们所遇到的却是另外一种引人注目的韵律,那里的分子聚合过程时常被打断;这种聚合过程如果无限地进行下去,就会使一个机体死得像一块晶体一样.

　　　　此处略去了评论赫维斯所作的同位素示踪原子的考察的一段;那种考察证明,在胎儿阶段引入到老鼠骨骼中的钙原子,在动物的整整一生中都会留在那儿. 作者讨论了机体怎样能够在骨骼的成长过程中节约使用它的钙.

物理方法和物理观点的应用,在生物学的许多其他领域中已经导致了巨大的进步. 给人以深刻印象的例子是肌肉的精细结构的发现和用于神经活动的材料的运送的发现. 这些发现在增加了我们关于机体复杂性的知识的同时,也指示了迄今未经注意到的一些物理机制的可能性. 在遗传学中,季莫菲耶夫-莱索夫斯基、齐默尔和戴耳布吕克关于由穿透性辐射引起的变异的早期研究,使人们能够第一次近似地估计了染色体中对基因稳定性具有临界意义的空间尺度. 然而,整个这一领域中的一个转折点是在大约十年以前随着克里克和沃森关于 DNA 结构的诠释的巧妙建议而到来的. 我生动地记得戴耳布吕克在告诉我这一发现时是怎么说的. 他说这种发现可能导致显微生物学中的一次革命,足以和卢瑟福的有核原子模型在原子物理学中引起的发展相提并论.

[168]

————————————

[*] 在(用德语表达的)科隆演讲中,玻尔插入了下面一段话:归根结蒂,这是人们在生物学中如何往前闯的问题. 我想,物理学家们在三十年前有过的那种惊奇感已经有了新的一轮. 生命将永远是一种惊奇之事,但改变的是惊奇感和理解的勇气之间的平衡.(据录音带英译.)

　　与此有关,我也可以重新提到克里斯蒂安·芬森在几年以前在哥本哈根的一次座谈会上发表的演讲中是怎样说的;他说,他和他的同道们一直认为自己是有学问的遗传学家和生物化学家,但是现在他们自己像一些正在力图在一些或多或少分散的资料中摸索出一点头绪来的业余爱好者一样了.他所描绘的这种局势,确实和原子核的发现所曾摆在物理学家们面前的局势特别相似;那一发现在一种没有预料到的程度上补齐了我们关于原子结构的知识,督促着我们去发现可以怎样利用它来整理积累起来的关于物质的物理性质和化学性质的资料.如所周知,这一目标在不多的几十年内通过整整一代物理学家的合作而大大达成了,而这种合作在强度上和广度上都和现在正出现在遗传学和分子生物学中的情况相仿佛.

　　　　此处略去了评论细胞成长过程中的韵律问题的一段.作者特别讨论了DNA复制的控制问题和染色体的结构在这一过程中以及在遗传物质的稳定性问题中所可能起的作用.他进而讨论了复制过程和来自DNA的信息的传递密切联系的可能性.

　　在结束以前,我愿意简单地提到和生命有关的所谓精神经验可能对生物学知识的源泉作出的贡献.我几乎用不着强调,"意识"一词是自动出现在一种行为的描述中的;那种描述是如此复杂,以致它的传达包括了关于个体机体对自身的认识的论述.然而,像"思想"和"感情"之类的单词却涉及一些互斥的经验,从而从人类语言发源以来就是以一种典型互补的方式而被使用的.当然,在客观的物理描述中,是根本不提观察着的主体的,而当谈到意识经验时我们却说"我想"或"我觉得".然而,和量子物理学把实验装置的论述考虑在内的要求的类似性,却是由我们附加在代名词后面的不同动词来反映的.

　　任何被我们意识到的东西都会被记住.这一事实表明它会在机体中留下永久性的印迹.当然,我们在这儿谈到的只是对行动和思索具有重要性的新颖经验.例如,我们在正常情况下不会意识到我们的呼吸和心跳,而且几乎不注意我们的肢体活动时的肌肉和骨头的作用.然而,通过关于我们当时和以后的行动的感官印象的接受,某种不可逆的改变就会出现在神经系统中,结果就造成新的调节.不必谈到或多或少素朴的关于脑活动之定位及组合的图景,把这种调节和使稳定性在新颖局势下得以恢复的那种不可逆过程相对比也是很有吸引力的.当然,只有这种过程的可能性而并非它们的实际痕迹才是可遗传的,这就使得后来的世代不会受到思维历史的影响,不论这种历史对他们的教育可能多么有价值.

后记

本文是尼耳斯·玻尔的遗著，是他最后的见解中的一部分；当我们说我们因为在它将在今年秋天出现在由 Interscience Publishers Inc. 出版的玻尔晚年文集中以前把它发表在 ICSU Review of World Science 上而感到自豪时，我们是用不着因为论及此文时用了陈词而有什么惭愧的. 玻尔本人从来不回避陈词，如果他觉得它的应用有助于他终生追求的尽可能清楚地表达他自己或别人的发现的话.

尼耳斯·玻尔以其在辩证法方面的无与伦比的天生才智和后天技巧，曾经长久考虑了一种两歧问题的解，那种问题如此明显地显现在分子生物学这门学问中的实验的双重处理手法中：一方面是那些细胞生物学家们，他们坚决主张真正活细胞的自治，而在这样做时太常见地失去对细胞内部的分子过程的观察和接触；另一方面是那些生物化学家们，他们会把生命的多姿多彩的大厦简化成为数不多的化学反应式，而忘记了他们的目标的充分达成包括着一个有生单位的死亡. 而在这儿，我们看到的可以说是玻尔在这个问题方面的最后的遗嘱和证词；因此我们可以"感觉到，谁曾经把我们摸索的双手引向一边，并看到，我们的眼睛不再被遮蔽"[2].

R. F.

参 考 文 献

1. N. BOHR, *Nature* 131(1933) 421.
2. 这句引文见鲁珀特·布鲁克 1913 年的一首十四行诗，引自 *The Poetical Works of Rupert Brooke*, edited by GEOFFREY KEYNES, Faber and Faber, London 1946.

附录　未发表作品选

因果性和互补性——基佛尔演讲总结

为大英广播公司准备的讲稿,1950

未发表稿

卡尔·泰勒·康普顿演讲——原子物理学的哲学教益

1957 年 11 月 5—26 日在马萨诸塞理工学院

发表的六篇演讲中的最后一篇

未发表的记录稿

原子和人类知识

1957 年 12 月 13 日在俄克拉荷马州诺曼市

的霍耳姆伯大厅发表的公开演讲

由俄克拉荷马大学公开演讲委员会和俄克拉荷马

科学基金阵线出版的小册子

在布鲁塞尔大学的演讲

为 1961 年 10 月 11 日在布鲁塞尔大学接受

荣誉博士学位而准备的演讲稿

未发表稿

见《引言》原第 IX 页.

编 者 说 明

　　这一附录包括四份不能看成正式出版物的文件. 但是它们却因为各种原因而被认为值得编入本卷中.

　　第一篇,《基佛尔演讲总结》,是由玻尔完成了的稿子,从而可以看成是一份定稿. 背景如下. 1949 年 10 月 21 日到 11 月 11 日,玻尔在苏格兰的爱丁堡大学发表了一系列十篇演讲——著名的基佛尔演讲①. 下面印出的稿本是在为大英广播公司(BBC)准备的一篇讲话,是这些演讲的总结. 但是讲话从来没有播出. 打字稿中包括一些手写的改笔,凡是可以辨认者我们都已照改. 稿件编有页码,每页都标有日期,本书也已印出. 在转录稿件时,编者们遵循了原稿,包括标点在内,但明显的拼写错误除外.

　　第二份文件是玻尔在 1957 年 11 月间在马萨诸塞理工学院发表的卡尔·泰勒·康普顿演讲中的第六篇(最后一篇). 玻尔的意图是要把这些演讲发展成一本书,而正是为此目的,他的助手奥格·皮特森发表了这些演讲的转录本②. 然而皮特森在他的转录本中略去了一些重要的短语和段落,而下面所印的文本则是专门为本卷准备的一份新的转录本. 然而甚至这份文本中也由于玻尔语言的听不清楚而包含了一些空白段落,用删节号表出. 在某些情况下,编者在方括号中增加了一两个单词来补足文意. 本文之所以被编入是由于它包含了关于本能和常识的哲学考虑;这些考虑虽然不见于他的出版了的著作,但是却多次出现在玻尔和他的朋友们及同事们的交流中. 因此演讲中的考虑就和玻尔在给像奥斯卡·克莱恩及沃尔夫冈·泡利这样的亲密同事们的信中所讨论的想法相似③.

　　1957 年 12 月 13 日在俄克拉何马大学发表的演讲《原子和人类知识》之所

---

　　① 玻尔的这些演讲本身的稿子是 Bohr MSS 的一部分. 此外 NBA 还藏有一份不完全的录音带,是根据原来的钢丝录音复制的;另外还藏有一份演讲的转录本,尚未制成缩微胶片. 演讲时的情况在 S. Rozental 的《NB——关于尼耳斯·玻尔的一些回忆》(江苏教育出版社,1994)中有更详细的描写. 关于该书的更多的信息见第二编《引言》原第 220 页的注 3.

　　② 康普顿演讲的录音带(除已遗失的第五篇演讲以外)现藏 NBA. 演讲的原始转录本是 Bohr MSS 的一部分.

　　③ 特别说来请参阅 1940 年 3 月 6 日玻尔致克莱恩的信(见本卷原第 537 页)和 1953 年 12 月 31 日玻尔致泡利的信(见本卷原第 547 页).

以被编入是由于玻尔本来就同意出版此稿. 不过,虽然刊出的文章(本卷原书据原发表本重印)是根据演讲的录音带转录的,但还是包含了一些错误. 确实,玻尔并没有收到征求他同意的全稿,而且从来没有把这篇东西包括在他准备出版的文章的目录之内④. 因此,这份讲稿被编入了附录中而没有被编入玻尔的正式出版物中.

最后一份文件是一篇来宾演讲的底稿,是玻尔准备在 1961 年 10 月间在布鲁塞尔大学被授予荣誉博士学位时发表的. 然而玻尔由于患病而没能出席仪式. 讲稿是打字本并编有页码,有些页上标有日期. 在下面印出的文本中也附有这些资料. 正像在基佛尔演讲的事例中一样,这篇稿子也由玻尔完成了. 正因如此它才被印在这儿.

---

④　参阅和因斯·汝德·尼耳森的有关通信,NBA.

因果性和互补性

［稿 p. 1, 16/1/50］

去年秋天我有幸在爱丁堡大学发表的基佛尔系列演讲,处理了由原子物理学之晚近进步导出的关于人在存在中的地位问题的教益.

物理科学的发展已经一步一步地扩大了我们关于自己也是其一部分的那一自然界的知识,而且提供了日益增多的应用这种知识来为文明服务的机会.这种发展已经一次又一次地提醒我们,不论一种逻辑构架曾被证明为对概括早先的经验多么有用,我们都必须对在遇到新经验时启用一种更广阔的构架有所准备.

早在古希腊,当把科学建筑在知道得很清楚的逻辑原理上的尝试在数学领域中得到了那么显著的成功时,人们在找出一种合理的基础来概括物理现象方面就已经遇到了巨大的困难.事实上,为了处理日常生活经验而发展起来的许多习见的概念,例如原因和结果的概念,都显然缺乏适用于这种目的的必要准确性.

确实,奠定了原子理论之最初基础的希腊哲学家们,当断定自然界的规律性的一种合理的说明要求物质可分性之最终界限的假设时显示了伟大的直觉.不过,不仅仅实验的技巧当时还远远没有达到这种观点的验证所要求的发展阶段,而且最重要的是那时力学的原理也还没有阐明得足以给进一步的探索提供一种基础.

［稿 p. 2, 16/1/50］

注意到当时那种有限的知识,就完全可以理解为什么亚里士多德并不同意这种观点,而认为必须赋予重物质和轻物质以"自然"位置并赋予地球周围的行星物质以"自然"运动.特别说来,有机生命的现象及其附属的精神经验,使得亚里士多德觉得有必要引入目的和潜势的概念.

一个新的时代是在文艺复兴中开始的,当时由伽利略倡始了对力学基本问题的一种理性的处理方式,他放弃了匀速运动本身的一切解释,而只在对匀速运动的背离中寻找力的作用.牛顿在这种基础上建立了经典力学的大厦;借助于这种力学,当时已知的一切物理资料的一种概括性的说明可以被给出,而再加上他的万有引力的观念,行星运动的开普勒定律就得到了如此优美的解释.

175　　　由于数学的以微分学的发展为代表的同时巨大进展,当时事实上已经能够根据明确定义的原理来描述力学体系从一个时刻到另一个时刻的连续变化,特别说来是根据关于它在一个给定时刻的状态的知识来预言它在任一后继时刻的状态.这样表述的因果性概念在后来的一段长时间内成了物理解释的基础及其概念本身.

[稿 p. 3, 16/1/50]

经典力学的建立,和解剖科学及生理科学的发荣滋长一起,不可避免地给出了一种新的刺激,使人们企图在生物和机器之间进行对比.不过,由笛卡儿特别提倡了的极端机械观点却被他和纯神秘论的观点结合了起来,而且和关于灵魂与肉体之间的相互作用的特殊想法结合了起来.

然而,一种更和谐的态度的基础不久就由斯宾诺莎的精神-肉体平行论的想法提供了出来;按照这种想法,灵魂-肉体相互作用被换成了这样一种观点:在肉体的和精神的经验中,我们遇到的是存在的两个方面,其中每一个方面本身都显示连续性和因果性.这种态度所包含的在考察我们的地位方向的进步种子,正如我们即将看到的那样并没有受到后来发展的阻滞,尽管今天我们已经被引到了对待物理经验以及精神经验的分析与综合的一种不同的处理方式.

与此同时,经典物理学观点的范围和有成果性在随后的几个世纪中得到了扩大和加强,特别是通过电磁现象领域中各种伟大发现的说明而得到了扩大和加强.在这儿,通过把物理体系之状态的指定扩大到不但包括各物质体的位置和速度而且包括每一空间点上的电力和磁力,一种和因果性相一致的描述又是能够达成的.这种发展的一个最重要的后果就是关于电磁波在真空中的传播的预言及其随后的实验实现.特别说来,这种引起了无线电通讯之奇妙发展的惊人进展引向了光学现象的一种范围广阔的解释;按照这种解释,光应该被看成频率很高的电磁波.

[稿 p. 4, 16/1/50]

尽管如此,作为新实验证据的一种推论,我们在本世纪中却被迫对我们最基
176　本的概念即空间-时间标示和因果性的概念的应用基础进行一次激烈的修改.这方面的一条进步路线是从一些精化了的实验开始的,那些实验没有显示所预期的光学现象对地球在空间中的运动的依赖性.这些实验事实上揭示了,彼此相对运动着的一些观察者不仅会不同地判断刚体的尺寸和形状,而且在一个观察者看来是同时发生在两个分开的点上的事件,在另一个观察者看来却会是一前一后发生的.

如所周知,对于物理现象的描述依赖于观察者立脚点的程度的认识,在爱因斯坦的手中已被证实为追索具有最普遍适用性的物理定律的有力指导. 对这种目的来说,四维非欧几里德几何学的抽象数学方法被发现为特别适于用来把甚至包括引力效应在内的最多样化的物理资料纳入一种统一的描述之中. 尽管它在放弃我们在排比日常生活事件时已经习惯了的关于绝对空间和绝对时间的根深蒂固的概念方面有其新颖性,相对论却确实可以被认为提供了["以因果原理的自洽应用为其特征"的字样在此被划去]整个经典物理学体系的一种最和谐的完成.

[稿 p. 5, 16/1/50]

然而,物理科学中后来揭示了因果性观念本身的有限范围的一个新时代,是在本世纪的第一年由普朗克的普适作用量子的发现开始的. 这一发现事实上揭示了原子现象的一种整体性特色;这种特色完全不属于经典物理学的整个构架,而且远远超过了物质有限可分性这一古老学说.

原子理论是在上一世纪的过程中复活了的,而且是由于化合物中各元素的比例所服从的特别简单的定律的道耳顿解释而被提到了显著的地位的. 事实上,从那时起,分子的原子组成的图景已经成了化学研究中不可缺少的和最有帮助的工具. 然而,在开始时,这里并没有一个对经典物理学概念的背离的问题,而处理由不计其数的原子或分子所组成的体系的性质的实际困难也借助于建筑在普通的力学上的统计考虑而被成功地克服了.

这样,首先就发现能够得出热力学定律的一种范围广阔的诠释,而热力学定律和能量守恒定律一起,就规定着一切用来把热转换成功的机器的动作. 不过,正是温度辐射现象的在这种基础上的解释,后来就揭示了经典物理学方法的不充分性并导致了作用量子的发现. 不久以后人们也意识到了,低温下比热的测量结果也显示出对经典力学之统计应用所预见的结果的同样的背离.

177

[稿 p. 6, 16/1/50]

局势被 19 世纪末和 20 世纪初的一些发现推到了特别突出的地步;那些发现第一次使得研究单个原子的性质并得到它们的结构方面的详细知识成了可能. 这种发展中第一个决定性的步骤就是关于电子是一切原子的一种成分的认识,而我们的原子结构概念的一次惊人的完工则是由卢瑟福的原子核的发现达成的,而实际上可以认为原子的全部质量都是集中在核内的很小体积中的. 这些发现确实把我们向目标推进了很大的一步;那种目标是早已由毕达哥拉斯表述了的,那就是通过整数的考虑来说明物理现象. 然而,在有核原子的图景在大量物理资料和化学资料的说明方面意味着一大进步的同时,当试图在经典的力学和电动力学的基础上来说明这些资料所显示的原子的奇特稳定性时,这些发现也向我们提出了不可克服的困难.

　　适应这一局势的线索是由包含在作用量子中的原子过程之个体性特色本身提供的. 事实上,原子的稳定性恰恰要求一个原子体系的态的变化的不可能性,除非是通过从它的一个所谓定态到另一个这种定态的完全跃迁. 然而,既然利用力学概念对一个物理体系的态进行的任何描述都无法确定在不同的到其他各态的各个跃迁过程之间的选择,我们显然就是遇到的一种超出于经典因果性概念的范围以外的局势. 特别说来,必须意识到,在说明原子现象时不可缺少的完全跃迁过程的先验发生几率的想法,是和利用统计方法来在实际上处理被假设为服从经典力学定律的复杂体系时的情况毫无类似之处的.

　　原子物理学中经验的分析和综合方面的局势的澄清,曾经要求了物理现象的描述和解释的基础的一次新的修正. 这里的一个要点就是,不论现象多么远地超越了经典物理解释的范围,实验装置和观察记录的描述都必须永远是利用仅仅用经典物理学的术语补充过的普通语言来表达的. 这种要求是纯逻辑性的,因为"实验"一词只能在一种情况下合理地被使用,在那种情况下我们能够告诉别人我们做了什么和学到了什么.

[稿 p. 7, 18/1/50]

178　　　同样清楚的是,当我们必须处理涉及典型量子效应的现象时,就不可能存在什么在由实验装置确定的初态和断定作为跃迁过程的结果而由体系到达的末态的观察记录之间追索它们的历程的问题. 在这样的现象中,甚至不可能控制被考察的客体和起着确定现象发生时所处条件的作用的测量仪器之间的相互作用. 事实上,任何适用于在空间和时间确定原子客体的实验装置,都将涉及客体和确定着参照系的标尺及时钟之间的一种不可控制的动量及能量的交换. 相反地,任何适于用来控制动量及能量的装置,都不可能允许把现象看成空间和时间中的事件链的精确描述.

　　在这种情况下,给原子客体指定属性的问题就包括着一种本质上的歧异性;这种歧义性已由关于物质粒子以及电磁辐射的颗粒性质和波动性质的众所周知的两难问题例示过了. 我们在这儿遇到的是把利用不同的互斥的实验装置得出的关于原子客体的观察结果包括在单独一个图景中的不可能性. 这样的经验资料显示出一种在经典物理学中没有类例的新型的关系,这可以称为"互补关系",以强调这样一种情况:在这样一些对立的现象中,我们遇到的是关于客体的全部可能知识的一些同样本质的方面.

　　这种知识的范围,确实是由一种情况确定的,那就是,任何细分量子现象的尝试都要求一种实验装置,它将引入客体和测量仪器之间的新的、在原理上不可控制的相互作用来源. 在这种局势下,甚至古老的自然现象之终极决定性的问题都已失去了它的概念基础,而正是在这种背景上互补性观点才显现为因果性概念本身的一种合理的推广.

[稿 p.8,20.1.1950]

这种论点绝不是意味着对物理解释的合理要求的任何随意的放弃,相反地它却强调了寻求一个更宽广的构架来容纳那些不能纳入经典物理学构架之中的实验资料的必要性.通过当代物理学家们之间的无比有成果的合作,通过年轻一代人的最巧妙的贡献,也已经能够发展出适应于这一新颖局势的适当的数学方法.这种被称为量子力学和量子电动力学的方法利用了一种表述形式,它没有按习见的物理图景来得出的任何诠释,而只以推导个体事件出现在明确定义的实验条件下的几率为其目的.

179

这种引人注目的进步的结果,不仅仅是关于原子中各电子在核附近的键合的大量光谱学资料的完全说明,而且甚至包括放射现象所显示的自发原子核蜕变所服从的规律的详细解释.化学资料的诠释也被原子间的电子交换的量子力学处理所最有决定意义地推进了,这种电子交换就是化合物中价键的起因.我们在这儿遇到量子统计法的一种最典型的特色,它和追溯像电子之类的单个实体在若干个等同实体中所起的作用的那种现象诠释的有限可能性有关.

[稿 p.9,21-1-50]

就这样,互补的描述模式填平了多年以来分隔着物理学家的态度和化学家的努力的鸿沟;物理学家们的态度是力图借助于粒子来解释一切的自然现象,而化学家们的努力则是要通过研究那些不能借助于位移来直观想象的物质变化来揭露大自然的奥秘.作为原子物理学的现代发展之特征的那种对经典物理学中的形象化描述的激烈背离,确实不能被看成一个暂时的阶段,而是代表了现实强加给我们的在最基本经验的说明中避免非自洽性的一个不可逆转的步骤.

＊　　　＊　　　＊

基佛尔演讲的第一部分的主题,是从原子世界的考察导出的认识论教益;在那里,尽管有其新颖性,资料的相对简单的品格使人们能够对原理作出清楚的表述.在这种背景上,演讲的第二部分就被用来强调了教益所能提供的指导,来澄清我们对人类知识和兴趣的其他领域中一些不那么容易掌握的问题的态度.

以上已经接触到的问题之一是对有机生命的物理解释这一古老问题所应采取的态度.在这儿,局势当然已经被我们关于原子现象的知识的进步所本质地改变了,这种进步提供了说明机体的结构和机能所涉及的物质的各式各样性质的新基础.确实,机体和机器之间的旧式对比是完全建筑在经典物理学上的;那时人们假设,为了实用的目的而制造的机器的哪怕是最小部分的行为都服从经典物理学.然而,显微解剖学特别是生物化学的发展却告诉了我们,机体所特有的许多机能是建筑在一些很小的复杂结构的行为上的,这些行为,例如对遗传性质负责的基因的定位,一直达到单个分子的范围之内.

[稿 p.10,21-1-50]

在这方面,意识到晶体和有生机体之间的区别是重要的.一方面,晶体的规则形状及生长显示出和机体的类似性;晶体在它们的性质方面最突出地不同于有机生命的典型特色.事实上,有生机体的结构和晶体的结构代表了原子组织的两个极端.在晶体的结构中,我们遇到的是由整个结构中的排列的简单重复来表征的秩序;而有生机体的结构却是由所有各部分的合作来表征的;这种合作的目的在于达成生命的维持和机体对外界条件的适应.生物学经验中的任何东西都不能使我们有理由怀疑机体中的原子是按照简单的物理资料和化学资料所显示的同样规律来相互作用的.相反地,自发变异和人工变异方面的新近进步却似乎令人信服地证明,基因联系于其上的结构具有一种稳定性,其种类和原子构造及分子构造的量子力学处理所表示的稳定性相同.另外,在感觉器官的精致性和许多其他有机机能的机制中,已经能够追索和物理学研究中用来探测个体粒子的那些放大装置的深远相似性.

[稿 p.11,21-1-50]

在我们的时代中,确实已经谈不到在经典物理学的构架之内说明生命的问题了,从而我们现在遇到的是生命的本质能否在原子物理学之发展的基础上来加以说明的问题,那种发展是由作用量子的发现引起的.然而,对于我们看待这一问题的态度来说,有必要最详细地检查物理学领域中和生物学领域中的基本实验条件的异同.尽管认识了因果性观念中所固有的局限性,物理学研究仍然可以用出现在可重复条件下的事件的观察来表征.在生命现象的研究中,我们不但失去了谈论单个客体和我们自己制造的测量仪器的可能性,局势不但在这一方面是本质地不同的,而且它也证实,旨在接近原子物理学中的研究条件的考察的任何尝试,显然都会排除了生命的真正显示.这一局势肯定不会限制生物学中由越来越好的药物治疗的可能性所伴随的进步,甚至包括在越来越大的详细程度上追索有机生命从长期以来就已形成化学研究之对象的那种简单原子过程发展起来时所曾经历的步骤.然而,本质之点却是,生物学研究中的实际程序是由关于机体机能的经验和关于机体结构的经验的一种直觉的结合来表征的,这些经验的任何一种都不是在所谓严密科学的要求所特有的那种程度上可以穷尽的.事实上,我们在这儿遇到的是分别对待分析和综合的处理方式之间的一种平衡,它使我们想起包括在互补性观念中的原子现象的描述和概括之间的关系. 我们不是要求有机生命的一种解释,而事实上是必须满足于一种给生命的存在留有余地的逻辑态度. 这样一句话的倾向,当我们考虑到和有机生命有关的物理经验时或许会更清楚地显现出来.

[稿 p. 12,21 - 1 - 50]

卡尔·泰勒·康普顿系列演讲：
原子物理学的哲学教益

第六讲   1957 年 11 月 26 日

原子物理学和人的地位

这些演讲的总标题是"原子物理学的哲学教益"，而这最后一篇演讲的标题则是"人的地位"．现在人们可能会问，这［是否］显得像是给［具有］很大学问的人文学家们而不是给一位物理学家出的题目，但是当我试图谈论，试图提出关于这个问题的一些说法时，那是因为……即使在物理学——一个很简单的，或许是最简单的知识领域，和人类的灵感及感情的用武之地相去甚远——中……我们也有一个人的问题．物理学发展的教益曾经是，我们不仅仅是在记录安排在一些适用于人类思维的给定的普遍范畴中的经验，就像人们在批判哲学时代所喜欢说的那样，而是我们已经学到，我们的任务，最本质地是发展一些人类的概念，［来］找出一种适于用来在新经验中理出秩序的谈话方式，而且，不妨说，要能够用一种方式来向自然界提出问题，使得我们能够通过实验来在［获取］答案方面得到一些帮助．

现在，正如我在第一篇演讲中试着谈论这种发展时所说的那样，我们在所谓的经典物理学中已经看到，消除关于和这一领域不相干的那些生命的方面的论述，是一大麻烦——许多世代的一大成就……这允许［我们］建立了一座奇妙的自洽的大厦，它直到最近几年一直是全部技术的基础．在经典物理学中，仍然能够——多年以来一直想……以一种比较简单的方式逐渐使用在适应环境中发展起来的那些简单概念，并……利用原因和结果的想法……来连接各个事件．确实，整个的事件链被认为是无限可分的，而一切的事件链是用一些称为动力学守恒定律的物理定律来互相联系的，其中以能量守恒定律最为重要．

直到最近还对我们关闭着的原子世界的探索，已经不但揭示了物质的有限可分性，这当然是一切原子概念的基础；而且它甚至也揭示了物理过程的有限可分性，这是完全超出于机械自然观的整个概念之外的某种东西，甚至"过程"一词

就是一个旧式的名词，它意味着事物在一步一步地发展. 但是我们已经看到，这
就有必要激烈地修正传达经验的一切可能性，而且我们必须以一种完全不习见
的方式……区分测量仪器和被考察的原子客体……我们的传达的整个基础就
是，实验装置必须按经典物理学的普通的、无歧义的方式来描述. 而且诸位记得，
我刚刚曾经力图说明，这是一种简单的逻辑要求，因为我们对所谓的实验不能有
别的理解，只能理解为我们关于它可以告诉别人我们做了什么和学到了什么的
一种事物.

　　但是这就带来了一种后果. 在量子物理学中……测量仪器和客体之间的相
互作用……是现象的一个部分，是不能从现象的描述中分离出来的，而现象本身
就具有一种整体性的特色. 只要也[想想]，这就带来了一种后果：用不同实验装
置获得的经验……必须用不同的物理概念来描述. 我当然不会重述一切东西，而
只是想提醒[诸位]，这样的现象……例如服从能量—动量守恒定律……要求在
它们的描述中放弃一种空间和时间中的细致描述，因为这会涉及一种实验装置，
在那里，测量尺杆[和]时钟的必要应用会在原理上涉及客体和这些物体之间的
不可控制的相互作用，这就会阻止了守恒定律的准确应用. 喏，我们刚才已把这
样一些现象说成彼此互补的，其意义就是，其中每一种现象都包含着关于客体的
确定的信息，而所有这些现象一起，而且也只有它们一起，就包举无遗地表示了
我们所能得到的关于客体的确定信息.

　　在继续讲下去之前，我也可以再简单地提醒[诸位]，今天我们的原子世界的
描述在这种方式的互补……怎样……例如光谱和化学键等等之类原子和分子的
性质（在那里守恒定律是如此重要的）实际上只是在那样的条件下出现的，那时
原子或分子中的电子的定位——[或给出]一种运动学的描述——是不可能的.
而化学结构式的全部实用性就依赖于一件事实：原子中的核比电子重得多，以
致我们在这样的现象中不必把量子力学考虑在内. 但是，当然，当我们考虑在技
术中正在（即将）起着重大作用的嬗变之类的核的性质时，我们只需采用同样的
办法. 这时核的最突出的性质只在那样的条件下才出现，那时我们不必注意核的
成分即所谓核子（质子和中子）的意义.

　　如果我们继续下去，情况也总是相同的. 如果我们接着考虑大块物质的性
质，则物体的刚性的问题是不能用经典力学来说明的，而在我们对构成物体的各
种粒子有一种经典意义的完备描述的条件下，这样的性质就不会出现. 而这当然
是很有趣的，因为……这样基本的物质性质……是我们使用工具乃至使用测量
仪器的基础，[而测量仪器的]存在当然也是经典物理学的基础. 但这恰恰就是我
们被引到、被强加给的那种描述，而且它也使我们能够说明完全超出于经典物理
学范围的许许多多的物质细节和物质性质.

　　喏,上次我对我们从原子物理学得到的[关于]生物学和心理学的问题(它们在什么光照下出现)的教益提出了几点简短的说法.说得很简短……正是通过关于原子体系之平衡的知识,我们有了新的和有力的手段来理解有生机体中的许多过程,在那里,我们很可能有着可以称为机械论想法的那些想法的无限制的应用,但是,[在那里,]与此同时,当想到生物学中的实际研究时,我们要对待"生命"一词,它在物理学中没有对应概念,而我们是通过把机体看成一个整体来表示它的……我当时力图指出的是,这在实际的研究中就需要既应用机械论的处理方式又应用可以称为目的论的处理方式.但是在这些方面我们看不到任何种类的矛盾,而只是涉及了不同的观察条件.喏,正如我上次指出的那样,这一点可能显得很深奥,但是我希望诸位中有些人将在这里看到关于有生机体在物理学物体中的地位的一种和谐的论述.

　　现在,关于心理学,有些相当不同的问题我们曾指出.我们只是指出了[一种情况],那就是,在我们谈论(很宽松地谈论)我们的精神状态的方式下,我们会用到一些单词,它们是世世代代以来曾由伟大诗人们如此有力地使用过的,而且[它们]并不以任何直接的方式涉及物理图景……[或]涉及任何种类的事件链,就像我们在思索经典物理学时那样,但是[却涉及]一些——分离的和互斥的局势,当我们使用"思想"、"感情"、"决心"或"思索"之类的单词时……我们看到,利用这样的单词来进行一种交流(一种有用的和自洽的交流)的可能性,在于[这样一种情况]:它们的互斥性仅仅依赖于[一件事实],即我们在不同的局势下不同地划分了我们所注意的、我们所谈论的、我们可以粗略地称之为我们头脑的意识内容的东西和我们判断完时所凭借的背景,即我们可以粗略地称之为我们自己的那个背景.当然,在这种我们会用到"我们自己"这样的单词的领域中,显然是更难得到一种客观的描述的,但这恰恰就是指出一种情况[的方式],那就是,利用这整整一种的描述,我们仍然有可能和别人进行无歧义的交流……这时术语的丰富性以及意识生活的丰富性恰恰依赖于我们称之为客体和主体的东西之间的分界线的变动.这是[一种指示的方式]……而且这正是关于此事我所要说的话——就是说,我们事实上永远用不着和一个最后的主体打交道.每当我们谈到我们自己时……我们只是取某种东西[作为]客体而我们把一个新的背景放在[它的]后面.当然,整个这种交流……只有按主体和客体之间的某种分界线来看才是[无]歧义的.

　　而且我只要说,归根结蒂,我只是谈到了我们在交流中如何实际地和自洽地谈论"决心"和"自由意志".而且我们这时的做法和我们使用"责任"和"希望"之类的其他单词时的做法也相同;[这些单词也是]在描述我们可以称之为意识经验之丰富性的东西时所不可缺少的.在这儿,我们当然正在趋近于我们所说的社会问题——关于个人和社会的关系的问题.

　　现在,正是为了接近这个问题,我愿意简单谈谈动物[和]人[的]地位,特别是……关于我们在不同的领域中区分"本能"和"理性"之类的单词的方式的问题.我并不打算多么详细地进入动物心理学,而只想提醒[诸位]想到局势……我们特别是有奇妙的昆虫研究,由著名的法布尔用那样的智慧和美写了出来——公之于世了①.举一个例子.他谈到了一种昆虫,我想就是可以称之为蛀虫的那一种.它有一种有趣的生命循环:这循环从它被母亲即雌虫在树皮上产的卵开始.然后就形成小小的幼虫,于是它就钻到木头中去.而且它靠吃浆液长大.这是很好玩的,而且从外表看来是一个很小的东西.它的主要部分是某种强有力的牙床和一个胃.在开始时它几乎只是像一位采矿工程师那样地活动[笑声].而且它生活在黑暗中.像一个采矿工程师那样生活在坑洞里是很安全的.随着虫子的长大,洞也变大.它从来不会变得很大,但开始时是很小的,而且虫子可以在木头里待几年.但问题却是,这小小的机体,虽然它有这些很少的活动——它没有眼睛,没什么东西要看——……但是却可以说,它却有整个物种的记忆.当它到了快要变态的时候,当它到了我想是接近成蛹的阶段,终于将要出现的新虫就[将]有许多的本领,但是它却没有一个工程师的那些本领.它不能自己从树里边钻出来.因此它就一直活动到树的边沿处,并只留下像纸一样薄的一层,那是虫子可以自己弄破的.[没被认出的段落.]……这是准备得很好的,比它过去采矿时所干的要轻松得多.

　　嗐,这真是一件很奇妙的……但当然许多事物之一,一件典型的事……一个例子,说明这样一个机体可以有些什么本能.如果我们想要再说几句,我也愿意……简单地说出提到……我们有时称之为高等动物的那些动物的最奇妙的行为.而且我们用不着看那些很高等的动物.[我们可以谈到]鱼类,特别是鲑鱼;它曾经因为许多原因而被研究过,也包括有趣和运动的原因.嗐,这种鲑鱼生活在美洲西部或挪威的山上的湖泊中.它在一个湖中开始它的一生,有时是一个小湖,有时是一个大湖.当它经过了一定的发育而达到了某种成熟阶段时,它就从湖里出来,通过小溪进入小河,再进入大河,一直到海洋;它在海洋中得到营养,长得又肥又壮,然后就回来,回到上游山上的湖泊去.嗐,我们当然都知道在这种本能背后是什么神奇的力量,一条鲑鱼怎么能够跳上瀑布.但这还不是此事的最神奇的部分.最神奇的部分是,人们通过给鲑鱼做上记号已经发现,它们实际上

186

---

　　① [J. H. Fabre, *Les Merveilles des Instincts chez les Insectes*, Delagrave, Paris 1913. 玻尔读了丹麦文译本, *Instinktets Mysterier hos Insekter og Edderkopper*, Gyldendalske Boghandel/Nordisk Forlag, Copenhagen/Christiania 1915.]

能找到它们开始时所在的那个湖. 而当我们想到挪威那些河流多么复杂交错时,这就显得真是一种很稀有的事情. 而这种事让一个人去做也肯定会是很困难的. 如果他是一个潜水员,或是别的什么在水底下工作的[人],他就会需要某种水下照明,而且无论如何需带上某种地图[听众大笑]. 但是人们对于这样一条鲑鱼会怎么说呢? 人们会说它肯定有第六感官. 但是从五数到六倒挺容易,而说明这种第六感官到底是什么却不那么容易[听众大笑]. 而更合理的(可能显得很奇怪的)解释就是,鲑鱼能够做这件事,因为它自己[并不]知道怎么做[听众大笑].

　　问题就在于,它们和我们所处的地位不同. 我们已经发展了一种语言. 我们可以在剑桥或波士顿告诉一个相当小的孩子出去到某一个店铺里去买件东西.

187 问题当然就是,我们也可能曾经告诉他到另一家店铺中去买另一件东西. 这就是,语言的……大致用法. 但是对这些更加简单得多而缺少变化的任务来说,人们就用不着这些区别,而一切有生机体的记忆本领就能够……作出在我们看来是不可置信的大事业来.

　　但是,喏,如果我们只来谈论人类,我们的地位却是非常不同的. 首先,我们只是在以最简单的外在方式来谈论我们在使用语言方面以及——我们把它叫做什么? ——掌握语言方面的地位. 而当然,[曾经]研究过的[那种]最奇妙的语言[就是]孩子们怎样——通过说"怎样"和"为什么"——学习掌握语言.

　　喏,我们可以按某种方式说,当然,在人类生活中也是有些本能的,但是它们已经大大地受到了抑制,原因就是: 在一个社会中,一个人会发展一些习惯和传统,它们在几乎所有的——事实上我们可以称之为人类的——问题中都取代了本能并把本能排除掉了,因为局势是互相排斥的. 甚至可以说,一个小孩子当然属于人类,属于拉丁文所谓的 homo sapiens[即"人类"],而且……在他身上有一种获得人类文明并成为人类社会的一分子的潜势. 但是,在每一个社会中我们都有一种奇妙的传统和习惯的结构,而且一个人可以在很不相同的习惯和传统下得到一定程度的和谐,正如人种学探索者们知道得很清楚的那样. 但是,现在的问题是怎样谈论这样一些文化之间的关系. 如果愿意,你可以参照物理学中的伟大意外事件认为那些文化之间的差异在许多方面和不同观察者描述物理现象的方式的差异相仿. 正如我们在上面已经说过的那样……相对运动着的观察者们将按照很不相同的方式记录他们的经验. 但是这种相对论描述中的本质的东西却是: 不论这种记录差异多么大,一个观察者还是能够精确地预见另一个观察者将如何记录经验. 这当然恰恰是相对论的用途和力量,这种理论使爱因斯坦能够发现了比以前人们所觉察到的规律更普遍的并适用于一切观察者的规律.

但是在文化方面情况却是不同的,因为任何文化都包含着一个自足的要素.这绝不是意在批评,而是和任何有生机体的自我保存的本能颇为对应的某种东西.而这就使得在别人的成见的基础上——背景上——来领会我们的文化成见成为不那么简单了.而局势实际上就是这样的:如果你研究一种文化——我在这儿讲的不是世界上的当前困难,我讲的是文化探索的工作,例如在很长时间内在相对孤立的条件下生活在南海诸岛上的那些人的文化……一位探索者就会有点儿怀疑他们也是人.[当一个人]看到他们能有一种什么样的和谐时,那个人就已经改变了,不再是一个美国人或丹麦人了,因为我们已经失去了一些成见,它恰恰——不是作为批评……使我们成为那样一个人.

因此,仅仅[考虑]这种困难,我有时就说,这样一些文化可以最适当地被认为是彼此互补的.当然,在某些方面,我想这是我们所能有的和物理学最相近的相似性和类似性.但是也存在一种很大的不同,那就是,在原子物理学问题中或在心理学中,我们遇到的是在原理上彼此互斥的一些局势.至于文化,它们却可以被交往所改变,而我们在历史上知道了那么多有时称为文化合流的例子,在那种合流中各文化的有价值要素得到了保持.

你们看,我已经用了一个很新的单词.直到现在,我还不曾用过"价值"这个词.我们一直只是对不同知识领域中的客观的无歧义的描述感兴趣.但是现在,当我们谈到……价值时,我们当然就想起——即使我们回到哲学中的古老时代——苏格拉底分析"公正"一词的用法的那种美好的方式.但是曾经有过各哲学派别的许多不同的态度.一个派别可以说,我们在这儿遇到的是和人的天性有关的一些基本的美德.另一些学派,不是为了非人性[的理由]而是为了慎重[的理由],可能曾经认为最好在描述中不要涉及任何评价.但这不是那么简单的,排除一切褒与贬不是那么简单的.而如果我们说句笑话,我就要说,如果存在任何力图避免使用"好"与"坏"两个字的哲学流派,它就会很愿意说这样做是一种"好的"哲学[听众大笑].因此,这只是用一种玩笑的方式说明,这是一种很不容易避免的事情.

现在,如果我们再严肃一点地谈谈,我们就可以只是简短地分析一下"公正"和"慈善"之类的词儿是怎样和为了什么目的而被使用的——这种分析不是要引入什么新东西,而[只]是为了提醒我们.现在,十分简单地说来,在任何具有稳定性的社会中,个人都将要求某种公平.而这种公正是在我们所说社会的法律规则中发展起来和结晶下来(包含于其中)的.但是,另一方面,同样清楚的是,如果我们要禁止使用"同情"、"爱"等等的字眼儿,我们就会从自己手中剥夺掉人生丰富性的一个很大的而且是不可缺少的部分.现在问题是,当我仔细看看它时,问题就是,这些字眼儿是在某种旧的方式下被使用的,因为,如果我们有一种可以毫

188

不含糊地使用"公正"(明确规定的法律条文)一词的局势,那么在那样的局势下
就不存在使用"怜悯"一词的余地了.但是,另一方面,生活却告诉我们,[正如]伟
大诗人如此奇妙地描绘了的那样——在古代由索福克利斯和艾斯奇勒斯,在世
界的这一部分和更晚些的年代由莎士比亚描述过,恻隐之心和善念可以使我们
和任何公正概念发生冲突.这恰恰就是一切伟大诗篇所曾提醒我们的.喏,很明
显,在一切社会中,人们都要求在最大的部分上把公正和慈善结合起来.但是这
就有点像⋯⋯空间及时间这样有用的概念和守恒定律在经典物理学中如何被结
合起来那样,但是却不允许结合到那样的程度,如果我们要说明更精细的自然规
律的话;那些规律对物质的性质来说是十分基本的.而且这也和[一种情况]相
似,那就是,我们在一种互补的方式下使用这些单词,在那种方式下,我们实际上
并没有忘记它们代表的是什么,[但]只是要看看我们在人生中可以如何尽可能
好地利用它们.

　　为了不致引起误解,我将只是简单地重提量子物理学中的概况.这恰恰是平
行的,但是在那里,逻辑平行的明确性恰恰是这样:在量子物理学中,问题就是
测量仪器和客体之间的相互作用所造成的局势,这种局势迫使我们使用一种具
有较宽构架的描述.在这儿,当然,成为使用那些单词时的要点的是个人和社会
之间的关系的分析.但是[这种分析]也恰恰证明,为了得到人类可能性的实际丰
富性,这些单词并不是像有时通过粗糙的分析而想到的那样互相取代,而是要在
全面的描述中互相补充.

　　我可以试着简短地总结一下我力图也许是用一种很不清楚的方式带给诸位
的教益.普遍的教益是这样:在任何的经验传达中,我们必须依靠某种概念构
架,这种构架是进行传达的那些人们所共有的,但是我们必须有所准备,正如我
们在科学中以及在一切生活领域中所看到的那样,新的经验可能要求动用一种
更宽广的构架,为了消除非自洽性或不和谐性.这仅仅是一种普遍的数学教益,
但是我希望我已经给诸位留下了一种印象,使诸位看到了一个人如何被我们在
今天从物理学中所得到的有力教益引到了且不说是某种新的东西⋯⋯而是引到
了如何用这样一种方式来表示事物.

　　我只要在结束这几篇演讲时谈到,我能介绍这些卡尔·泰勒·康普顿演讲,
深感荣幸.我希望曾经能够用某种方式使诸位对一种信念得到一定的印象,那就
是关于科学、科学研究作为人类开明和互相理解之手段的重要性的信念.曾经成
为卡尔·康普顿的伟大成就和高尚抱负的基础的正是这种信念.而且我还要说,
在马萨诸塞理工学院的教师和学生中看到同样的态度,这是我的很大的欣幸和
鼓舞,而正是在这时,当科学被召唤去完成这样的任务和开辟这样的前景时,我
要对诸位在为人类服务的努力方面的成功表示我最热烈的祝愿.

Atoms

and

Human

Knowledge

A Public Lecture By

Professor NIELS BOHR

Director, Institute of Theoretical Physics,
University of Copenhagen, Copenhagen, Denmark

Delivered on December 13, 1957,
in Holmberg Hall, Norman, Oklahoma,
under the Auspices of the
University of Oklahoma Public Lectures Committee and the
Frontiers of Science Foundation of Oklahoma, Inc.

（论文印本小册的原封面）

尼耳斯·玻尔

自从 1913 年发表了他的划时代的氢原子理论以来,尼耳斯·玻尔一直是原子物理学中首要的开创者.他在 1956 年从哥本哈根大学教授职位上退休,但继

续担任理论物理学研究所的所长,该研究所是他在哥本哈根创办的,并且被他办成了国际科学合作的最重要中心之一.他是丹麦原子能委员会的主席、丹麦王国科学院院长,等等.

由于他对科学的伟大贡献,玻尔实际上获得了一个科学家所能获得的一切荣誉.他在 1922 年获得了诺贝尔奖,在 1957 年获得了"原子为了和平"奖.他曾被授予了古耳伯、胡、奥斯特、巴纳德、马提契、富兰克林、法拉第、普朗克、考普莱和玻尔奖章.大约 25 所大学授予他荣誉博士学位,而且 60 多个科学学会选举了他为荣誉会员或正式会员.一些国家的政府曾经嘉奖了他,而丹麦国王也把他封为宝象骑士,这种封号通常是只授予王室人员的.

* * * * * *

这篇玻尔教授的小传和他的演讲转录稿是由 J·汝德·尼耳森博士准备的,他当时是俄克拉荷马大学的物理学研究教授.

原子和人类知识

女士们！先生们！我被你们的热烈欢迎和我的老朋友及你们的杰出物理学家因斯·汝德·尼耳森先生的热情讲话所深深感动了．在这所伟大的俄克拉何马大学中对诸位讲话，是我的一大荣幸；在这里，正在进行着教育和科学研究方面的如此精力充沛和热情洋溢的努力．在二十年前的访问以后又回到这里来会见老朋友们并看到大学中的活动正在如何开展，这也是我的妻子和我本人的一大快事．我很高兴地在你们的物理系中看到原子物理学中的多方面的研究工作，它们在技术中起了或将要起很重要的作用．

今晚我不会向大家介绍原子物理学方面的任何新东西，但是在"原子和人类知识"这个标题下＊，我要描述我们在原子世界的探索这一新的经验领域中（在原子世界中，我们可以说是沿着从来没有人走过的路径在未知的土地上游荡），如何得到了有力的提醒，使我们想起了我们作为自己也是其一部分的自然界的观察者的那种地位．

为了使诸位对这种新课题所教给我们的东西有一个印象，我要向大家重新谈谈一个巨厦的发展，那一巨厦直到最近还是一切技术的基础，而且我们通常称之为经典物理学．这一发展本身曾经是一种伟大的和真实的人类努力．在物理学中，我们并不是仅仅记录实验结果并且能够利用在适应日常生活中得到的观念来整理它们或把它们联系起来．相反地，这是一种多年的努力，来发展适于用来整理和概括我们日益增多的经验的那种概念和观点．正如人人都知道的那样，这曾经是一种长期的任务．在古希腊，使后人为之倾倒的是，人们曾经进行了卓绝的努力来把科学建立在很好确立的、清楚表述的逻辑原理上，并且对即将成为后来发展的基础的数学作出了奇妙的贡献．当时发现，把我们自己和例如我们的身体活动时的使劲的经验分别开来，甚至和这些活动的动机分别开来，并不是很简单或很容易的．一直过了两千年，到了文艺复兴时期，伽利略才能够解放了自己，放弃了运动本身的任何解释，而把匀速运动取作了某种基本的东西，只要求把力看成运动改变的原因．诸位知道，由此生出了由牛顿的天才完成了的经典力学这

＊ 演讲词据录音磁带转录，未经玻尔教授改订．

门科学. 由此达成的描述是所谓的决定论的描述. 这就是说, 经证实, 根据关于由一个物理体系的各组成部分的位置和运动来定义的该体系的状态的知识, 以及关于各该部分之间的力的知识, 就能够计算或预见体系在任何后来时刻的状态. 这一伟大成就的著名表现就是牛顿对行星绕日运动和卫星绕行星运动所服从的开普勒定律的解释; 这种成就在当时给人们留下了压倒一切的印象. 因此, 这样一种描述后来就成了科学解释的理想情况.

195   但是, 我们在对原子物理学这一新领域的探索中所学到的却是, 我们在那儿遇到的大多数现象都不能用这种方法来描述: 它们没有任何因果的、决定论的描述. 开始的一点是物理过程中的可以称之为整体性的要素的发现, 这是一种远远超过了物质有限可分性这一古老学说的特色. 这个要素被称为普适作用量子. 它是在本世纪的第一年由马科斯·普朗克发现的, 而且后来开辟了物理学和自然哲学中的整整一个新时代. 结果我们理解到, 普通的物理学即经典力学和经典电动力学的规律, 是只能适用于一些现象的理想化, 在那些现象中, 在每一个阶段中涉及的作用量都比量子大得多, 以致对量子可以完全地不予考虑.

这个条件是被普通尺度的经验所大大满足的, 但是对依赖于个体原子的现象来说, 我们却需要一些完全新的物理定律. 喏, 人们在这样的局势下能够做什么呢? 我立刻就会说, 通过整整一代实验物理学家和理论物理学家的最活跃的合作, 已经证明能够达成经典物理学的一种推广, 称为量子力学或量子物理学, 它能帮助我们表示这些规律. 但是这种新的描述在原理上就是一种统计的描述, 这一事实曾经引起了大量的争论. 问题是, 我们遇到的是某种代表着自然的描述中不可逆转的一步的东西呢, 还是仅仅遇到的是我们在以后可以放弃而得到一种决定论式的描述的暂时的东西, 这个问题已经通过我们最基本物理概念之应用基础的一次激烈修正而在本质上(在我看来是充分地)澄清了.

196   我们必须问自己: "我们到底怎样交流物理经验呢?"很清楚, 即使我们完全超出了经典物理学的范围, 我们也只能谈论在用普通方式描述的实验条件下得到的经验. 说到一个实验, 我们必须理解为一种局势, 在那种局势下我们能够告诉别人我们做了什么和学到了什么. 这实际上就是说, 一个物理学家所做的事(而且他不可能做别的事), 就是找出一种现象发生时所处的条件或实验装置, 然后借助于很重的测量仪器来研究这种现象, 以便他可以完全不考虑作用量子.

我们能够进行什么观察呢? 观察结果只是在测量仪器和原子客体发生了相互作用以后留在测量仪器上的记号, 例如在受到电子撞击以后冲洗出来的照相底片上的斑点. 喏, 到此为止, 我们一直用普通的语言描述了一切东西, 但是我们应该怎样分析现象呢? 我们在这儿发现, 在对现象来说量子具有本质重要性的原子领域中, 测量仪器和客体之间的相互作用是起着本质的作用的. 决定性的一点就是,这种作用不能从现象中分离出来.无论如何也不可能分别地控制它,因为我们在描述和说明测量仪器时必须忽视作用量子.这就意味着我们已经失去了一种决定论描述的基础.牛顿力学中的决定论描述是完全建筑在客体在空间及时间中的标示或定位和能量及动量的守恒之类定律的应用的结合上的;这种结合使我们能够可以说把事件链的各单个环节连接起来.但是,嗬,在量子现象的领域中,当我们有任何一种用空间和时间中的定位来表示的关于原子客体的无歧义信息时,我们就理解一个实验已经被做出,通过这个实验,在固定标尺及校准时钟之类的测量仪器和原子客体之间发生了一次能量及动量的交换,而这种交换在原理上是不可控制的.另一方面,在原子的许多其他性质的描述中,我们广泛地利用能量及动量的守恒.但是对于这种现象来说,我们必须放弃空间及时间中的一种细致的描述.这就是这种教益的精髓;就是说,在现象的描述中同等重要的而经典理论认为可以不受限制地互相结合的两种概念,是不能那样结合的.在原子物理学中,如果一些现象是在不同的实验条件下被观察到的,而且是用不同的物理概念来描述的,它们就不能结合成一个简单的图景.如果试图进行这种结合,我们就会得到表观上的现象,我们把这样一些现象称为彼此互补的现象,其意义就是,其中每一种现象都提供着关于所观察的原子客体的无歧义的信息,而所有这些现象一起就包举无遗地表示了可以用人类的语言或概念来定义的关于客体的全部知识.

更加哲学地叙述起来,教益就是这样:我们已经学到,在原子物理学这一简单领域中,我们必须注意获致经验时所处的条件,并注意我们使用的词句可以有确切意义时所处的条件.

但是,我们在人类兴趣的许多其他领域中也遇到要求同样的慎重或注意的一些局势,这一事实就是由人类经验得来的一种普遍教益了.因此这并不是一件新东西,但是正因为我们是在像原子物理学这样一个简单领域(一直和人类的热望及感情能起作用的那些生活的方面相去甚远的领域)中学到这一教益的,把它用到别的领域中去就可能是有好处的.

我愿意首先谈谈关于有生机体在其他物理物体之间的地位的老问题.在经典力学的伟大胜利时期,机体常常被和机器相比拟,而且是为了某种善意的目的,尽管这不可能是一种完备的描述.今天我们知道,为了说明机体的性质,我们必须本质地依靠我们在原子物理学中学到的东西.十分清楚,稳定性很大的非常复杂的分子结构是对物种的遗传性质负责的.然而,在经典物理学的基础上理解它们的稳定性却是完全不可能的.另一方面,通过量子力学,这却是可能的.其次,为了举一个更简单的例子,适用于变异在穿透性辐射的影响下之发生的那种经验定律,是和描述我们在原子物理学中研究的辐射和原子及分子之间的相互作用的定律完全相同的,但是这些定律的某些方面却和按照经典物理学所预料的方面十分不同.

现在,在生物学的这一领域中,巨大的进步正在作为原子物理学之进展的后果而发生着.我们可以把这种办法称为机械论的处理方式,因为量子力学归根结蒂是经典力学的一种合理推广.这种处理方式有着伟大的前途,而且或许并无止境,但是问题在于:"它和解释生命的老问题到底关系如何呢?"最首要的是,我们在此必须意识到,"生命"一词是在物理学中没有任何应用的一个名词.我们没有任何理由用生命来描述我们在经典物理学中遇到的现象,而且这对原子物理学的情况也完全相同.在某种意义上,生命在生物学中是一个不可简化的要素,正如现在作用量子在物理科学中那样;而且,无论如何对作用量子来说,本质性的事实就是在经典物理学概念的基础上绝不可能对它作出任何解释.

生物学家们用"生命"一词来使我们想起有生机体的一些性质,例如它们的自身调节,它们对环境的适应,等等.现在,我们在原子物理学中学到的教益有力地使我们想到,像机械论处理方式和所谓目的论处理方式这样不同的处理方式,根本不是互相矛盾的.相反地,它们却是一些互补的观察局势的表示,在那些局势下,我们或是力图研究细节,或是把机体看成一个整体.

这些说法不应该被认为是意味着物理学家可以直接有助于发展生物学.然而这些说法却指向一种态度,它或许可以通过敦促生物学家们想到一些名词实际上是如何用法,来对改善不同派别的生物学家们的互相理解有些帮助.

我愿意接着谈一些和物理学很不相同的东西,谈谈我们描述自己的精神状态即所谓精神意识经验的方式.在这儿,我们已经发展了很丰富的词汇;利用这种词汇我们能够互相交流乃至"倾诉"信息.当一个人力图说出他是不满意或满意的时候,这是很重要的.喏,例如思想、感情、决心、良心、希望等等,所有这些单词当然都并不涉及物理的特色.

一对一对的这种单词指示着一些互斥的局势,而一些单词在这一领域中的互补用法自从文明刚刚开始时就已经是常见的了.例如,要求我们的决心的描述的一种局势和要求我们考虑自己的行动的动机的一种局势是有着很不相同的意识内容的.我们在这两种局势下注意的是不同的对象,而且在这些对象和一种背景之间进行不同的划分;可以说我们就是从那种背景来对各对象进行判断的,那种背景我们大致地称之为"我们自己".普遍地说,正如原子物理学中的不同现象要用不同的实验装置来定义和观察它们一样,不同的精神经验也要用注意力集中于其上的对象和用"自己"一词来指示的背景之间的分界线的不同位置来表征.

为了指出我们在物理学中学到的教益如何可能是有帮助的,我愿意再讲一讲丹麦文学中的一个幽默故事,《一个丹麦大学生的奇遇》. 这个大学生有一种很开放的思想,而且他自己对各种的奇遇也很开放. 他有两个表兄弟. 其中一个是很讲实际的,你可以说他很枯燥,而另一个则非常哲学化. 现在,在这个故事中,这位表弟给自己找了各种的麻烦,并且对他所在的困窘处境要求很大的忍耐. 他的讲求实际的表兄来拜访他,并和他谈论他的地位已经如何地恶化了,并且对他解释说,绝对需要做点事了. 他必须,就像在美国这儿说的那样"找个工作". 于是一切都给他安排妥当了. 第二天,他应该到邻近的一座大厦中去并且就任一位儿童教师的职务. 他同意了. 然后,过了几个星期,那位讲求实际的表兄又回来了,他发现情况更糟了,而且谁也无法阻止它. 那位误了事的表弟说道:"我非常遗憾,但我毫无办法,因为我被我的不同的'自己'弄糊涂了. 你能够很容易地谈论我,但是我必须想到那个控制我的'自己',而我一经这么做,我就同样地知道又有另一个'自己'正在控制和想到那个控制你所说的我的那个'自己'了. 于是就从这样一条思路开始,我的麻烦越来越大了. 如果我试图用任何方法解决它,我就得到一种可怕的头疼而不得不放弃一切."

喏,作者所要描述的当然是某种很普遍的东西,是一个凡人的不同方面. 作者曾经十分清楚而又很美地表示了一种我们所有人都可能遇到的处境. 每一个健康儿童都有可能度过正常的一生,但是正如精神病家们所知道的那样,在某种疾病的事例中,他也有人格分裂的危险.

现在我愿意谈谈关于意志自由的旧争论. 这种争论当然是和物理学完全无关的. 另外,虽然世世代代以来曾经做过许多尝试,但是把这个问题和决定论联系起来却是根本不可能的,因为一种严格决定论式的处理方式不会给自由意志的概念留下任何余地. 另一方面,很明显,正像其他普通的单词一样,自由一词也是描述意识生活的丰富性所不可缺少的. 那么,我们是为了什么才使用它呢? 在某些情况下我们愿意说,我们觉得自己能够尽可能从事物中得到最好的. 很粗略地说,这只是一个原因的问题;谁也说不清到底我们是因为能做某件事情而觉得要去做它呢,还是因为我们想做而才能做它.

问题在于,我们应该注意,要以同样清楚的方式用"自由意志"一词来描述局势,正如我们使用"责任"、"希望"等等单词时一样;所有这些单词都是不能无歧义地使用和定义的,除非以它们被使用时的局势为基础.

我可以暂时更远地离开物理学来谈谈我们所说的伦理价值. 这是一些和经典物理学相去甚远而和量子物理学也同样相去甚远的单词. 各种的哲学或哲学流派有时会说,我们必须避免评价或价值判断;这不是出于愤世嫉俗而是为了一些确定的原因,而且完全是诚实的. 但是这说起来简单做起来却不那么简单. 因为,假如真有(我并不认为会有)什么哲学派别认为我们应该避免使用"好"、"坏"

201

202

二字,我想他们也禁不住要说这样做就是"好"哲学.

　　但是现在让我们言归正传,并问问"公正"和"慈善"之类的单词实际上是怎样使用的. 我们首先知道,在任何要求公平原则的稳定社会中,这些单词在谈论人世条件时都是必要的. 它们被纳入了法律条文并变成了国家的法律,正如在美国由奥利沃・温代耳・霍耳姆斯在他关于一般法律的书中如此美妙地解释并阐明的那样. 另一方面,如果我们不能谈论同情、友谊、爱等等,人生也会丧失许多美和丰富.

　　很清楚,在一切文化中,人们都曾经力图把公正和慈善这两个方面在尽可能 203 大的程度上结合起来. 另一方面,也很清楚,在存在按照这些条文来无歧义地应用"公正"一词的基础的那种局势下,"慈善"一词将不会有任何余地. 但是,正如曾由伟大的作家们和哲学家们强调过的那样,同样正确的就是,恻隐之心和善念可以使我们任何人和我们关于公正的理想发生冲突. 现在,我所要强调的一点就是,我们有两个单词,它们可以在很大的程度上被结合起来,正如空间-时间描述和守恒定律可以在经典物理学中被结合起来,而对原子物理学中那些更精细的和非常多样化的规律来说却必须以一种互补的方式而被使用那样. 在我想来,慈善和公正这两个词儿在许多局势下必须按一种互补的方式来使用;在那些局势下,我们要表示人生的丰富性并强调人类的价值.

　　我要强调指出,我们从物理学中学到的东西起源于我们不能忽视测量仪器和客体之间的相互作用时的那种局势. 在心理学中,我们也遇到一种颇为类似的局势,它涉及在什么地方划定主体和客体之间的分界线. 一种相似的事态也内在地包含在社会问题中;在那些问题中我们会遇到个人和我们所属的社团的关系问题;这是一种很丰富的和方面很多的关系,而在这种关系中不同的单词对应于不同的局势.

　　在结束以前我愿意简单谈谈人类文化的比较问题. 我并非直接想到在今天的世界上我们正在遇到的那些肯定必须克服的困难,我想到的是人种学研究者们到一些民族中去探险时所获得的那种经验;那些民族曾经在很长的时间内生 204 活在相对隔离的条件下,例如生活在太平洋中的一些美丽的岛屿上. 如所周知,他们发现的是和我们所熟悉的很不相同的一些传统和习惯,它们是那样地不同,以致使我们感到意外的是在那样的条件下竟然也在人群内部存在某种和谐性,正如探险家们所发现的那样. 喏,当我们比较一些文化时,我们不由地会想到它们之间的差别和一些观察者们标示并描述物理现象时所用的不同方式相类似;那些方式已经在相对论中被弄得非常清楚了. 但是这里却有一种巨大而根本的区别. 事实上,借助于相对论(通过这种理论,阿耳伯特・爱因斯坦已经能够赋予物理学以巨大的统一性并发现一切观察者所共有的新规律),不论观察者们可能如何不同地描述经验,其中任何一个观察者都可以预料其他的观察者们将如何标示经验.另一方面,如果我们比较的是人类文化,情况却是不同的,因为每一种文化都包含着一种自足的要素.这并不是什么值得惋惜或批评的事.因为它是和在任何有生机体中都能看到的自我保持的本能十分类似的.然而,这种自足性却使得在一种文化的传统的基础上理解另一种文化的传统成为困难的,如果不是不可能的话,人们会倾向于认为,不同文化之间有那样一种互斥关系,以致它们是彼此互补的,正如有时被宣称的那样.但是在适用于各概念在原子物理学中的应用的互斥性和心理学中以及各文化的相互关系中的互斥性之间,却有一种很大的差别,因为各文化只有当它们还是被隔离的时候才是互斥的.通过互相交往,文化可以发展和变化;各文化可以汇合在一起并合而为一,正如我们在历史上知道得如此清楚的那样;于是就可以得到进步. 205

　　我愿意谈谈今天在各国之间促进交往是何等重要.我们必须理解,科学的进步带来了增进人类幸福的伟大新前景,同时也带来了由于我们增大了对自然力的掌握而造成的巨大危险,这就把我们带进了一种处境,如以前的知识及能力的增长所带来的处境相似,因为它加给了我们以更大的责任.在目前,我们发现自己正置身于一种对文明构成极强烈的挑战的处境中.尽管如此,这种处境却提出一种在某些方面是独一无二的希望,因为,完全抛开一切当前的困难不谈,我们现在必须清楚地意识到不可能有另一次大战而不会导致人类的自杀.当我们想到在长久的文明史中一切的冲突一直是怎样通过武力来解决时,我们在今天就在某些方面有了关于和平未来的较大希望.问题是怎样去保障和平,而这当然是很难讲的.但是我愿意提到的第一点就是,当前的局势对人类来说是一种根本上新的局势,而且它肯定要求一种新颖的处理方式,正如同在科学中当我们遇到新问题时曾经一次又一次地需要修改我们的观点和处理方式一样.我们谁也不理解这些困难,但是我们必须问自己的问题是我们有些什么本钱.而且我愿意说,本钱,从而还有责任,在像你们国家似的大国中应该是最多的;在这些国家中,通 206 过幸运的历史发展,个人有很大的自由,而且在那里和每个人公开谈论一切可能步骤比在那些很不幸地在暂时的(我希望是暂时的)独裁时期没有这么大的自由的国家中要容易得多.

　　我愿意提出的另一点是,我们正在处理由纯科学的努力所引起的一种发展的结果,这对将来说来应该是一种最好的征兆;这种发展的唯一目的就是增加对我们自己也是它的一部分的那一自然界的认识和理解.这种发展是通过密切的国际合作而达成的;这一事实本身就有力地强调了尽可能密切的国际合作在达成一个和平的世界方面的重要性.无论如何,这样的合作在科学中是不可缺少的,如果和平应该保障的话.

我知道,我在这次演讲中所谈到的大部分内容可能显得很浅薄,但是通过指出对所有的人们来说都是普通的某种东西,我很虚心地希望我的讲话可以导致较好的理解. 我相信,不论问题在当前多么困难,每一个国家都只有通过它能给予别人的帮助和通过它对公共人类文化所能作出的贡献才能在那里达到显赫地位的那一目标,在今天可以比它在人类历史上所曾出现过的情况离开我们更近了.

在俄克拉荷马大学发表演讲曾是我的一大荣幸;在这里,年轻一代的教育问题受到了如此认真的考虑;在这里,教育在今天不仅可以是指一个大国中的公民教育,而且可以是指为全人类的伟大目标而服务的教育.

1961 年 10 月 11 日
在布鲁塞尔大学发表的演讲[①]

〔稿 p. 1〕

以毕业生的身份来在此对布鲁塞尔大学给予我们的荣誉表示感谢，这是我的一大快事. 能以这种方式来和你们这所光辉的大学联系在一起，我们深感荣幸；对这所大学，所有索耳威会议的参加者们多少年来一直是感到很亲近的.

对于物理科学的发展的讨论，各届索耳威会议曾经付出了很大的精力和提供了很宝贵的激励. 现在受到盛情的邀请来就这种发展讲几句话，我想选一个曾经成为这些讨论的中心的课题来谈谈或许是合适的. 因此我将简短地谈谈原子物理学的发展在我们作为自己也是其一部分的那一自然界的观察者的地位方面所给予我们的深刻教益，并指出这种教益在我们在人类知识和人类兴趣的一些更广阔领域中的态度方面所传来的消息.

如所周知，原子概念的起源可以追溯到古希腊的思想家们，他们在多姿多彩、千变万化的自然现象面前，在物质有限可分性的假设中寻求了理解各种物质之各自性质的基础，而我们的工具以及我们的身体就是由那些物质构成的. 确实，像水这样一种物质在冻结或蒸发中的奇迹式的状态变化，以及使水回到原有状态的融解和凝结这些相反的过程，只有当我们假设水分子在这些转变中保持不变而变化的只是它们的运动状态和在空间、时间中的秩序时才是可以理解的. 也很有兴趣的是回想两千年以前卢克莱修在考虑一颗种在土壤里的种子发育成一棵植物时如何强调了原子论的观念；这使我们想起我们现在关于确定着物种特征的那些分子结构在有机的新陈代谢过程中的持久性的描述.

［稿 p. 2, 30. 9. 61］

尽管这种想法很中肯，但是在很长的时间内人们却认为理所当然的是我们的感官的粗糙性会永远阻止单个原子或单个分子的直接观察. 但是，实验技巧的奇妙进步，特别是放大装置方面的奇妙进步，却在我们这个时代中使得研究起源于单个原子级粒子的效应成为可能的了. 然而，在这一局势下，我们却得到了新

---

① 这篇演讲实际上并未发表，见本卷原第 173 页上的《编者说明》.

的理由来承认古代思想家们的慎重表现,就是说,当把在适应较狭窄的人类知识领域时被证实为够用的概念应用到新的经验领域中时必须保持慎重.事实上,原子科学的现代发展已经揭示了以前被看成合理物理解释的基础的一些原理的从未料到的局限性.

这些原理的广泛适用性,事实上曾被物理科学在世世代代中的辉煌进步所最清楚地证实.例如,在古代由阿基米德开始的并在文艺复兴时期由斯蒂芬继续进行了的关于静力学平衡原理的分析,被证实为对于理解多种机器的动作以及对于建造越来越精致的风车、水闸和桥梁都是具有基本意义的.最重要的是,由牛顿如此完善化了的伽利略在动力学方面的开创性工作,使得利用确定着地球上落体运动的同样的简单原理来解释行星绕日运动所显示的规律成为可能的了.

[稿 p. 3]

这一所谓经典力学的整个巨厦是建筑在一条假设上的,那就是,一个物理体系的用它的各个部分的位置和速度来定义的状态,其变化可以表示成一条连续的事件链,各事件是由动量和能量的守恒性来唯一地互相联系的.这种形象化的决定论式的描述与关于原因和结果之间的关系的习惯观念对应得非常密切;这种描述的胜利对后来的各世纪中的一般哲学思维发生了决定性的作用,而且有时甚至被看成了科学分析的唯一合适的基础.

物质的原子构造观念在化学的巨大进展中得到了更坚实的基础;通过拉瓦锡和道耳顿的工作,化学的进展导致了各元素的无歧义的定义和支配着各元素的化学结合的那些定律的阐明.在关于气体之简单物理性质的探索的刺激下,在把经典力学原理应用到原子论观点方面也得到了巨大的进步.特别说来,通过把物体看成由分子构成的力学体系来发展物体内在状态的分子运动论图景,也对热现象和热力学定律作出了诠释.尽管这种体系的巨大复杂性要求了统计方法的应用,而且熵概念和几率概念之间的密切关系也被揭示出来了,但是这种考虑的运用却没有被看成对作为整个处理方式之基础的决定论描述的一种伤害.

[稿 p. 4]

在此期间,决定论描述的范围通过奥斯特和安培的工作而尤其是法拉第的电磁感应现象的发现而被对新的电磁现象的分析所进一步扩大了.法拉第的发现成了麦克斯韦的工作的基础;在那种工作中,电磁理论得到了暂时的完工,在完善性方面可以和牛顿力学相媲美.在这种理论中,一个体系在给定时刻的态的定义,不但包括了各带电物体和磁化物体的位置和速度,而且也包括了关于空间一切点上的电力和磁力的强度和方向的说明.如所周知,麦克斯韦用这种办法就能够预见了自由空间中电磁波传播的可能性；这种电磁波不但沿着惠更斯所引入的而特别是由菲涅耳发展了的路线给光学现象提供了一种解释，而且也形成了现代无线电通讯的基础.

我几乎用不着向诸位重述，地球的绕日运动对光学现象的预期效应的不存在，如何刺激了爱因斯坦来从事修改我们最基本的空间和时间概念的无歧义用法的基础. 这种分析揭示了观察者的立脚点对他标示经验的方式的本质影响，它也开辟了追索适用于一切观察者的基本规律并从而在以前一直没有联系起来的现象之间建立关系的可能性. 尽管为此目的需要用到四维非欧几里德几何学之类的数学抽象，相对论的物理内容却本质地依赖于每一个观察者明确划分空间和时间并按照原因和结果来把经验联系起来的可能性. 在所有这些方面，爱因斯坦的工作都可以看成经典物理学的一种和谐的完备化.

[稿 p. 5, 2. 10. 61]

不过，自然哲学中的一个新时代，已经在本世纪的第一年由普朗克的普适作用量子的发现揭开了帷幕；这种发现揭示了原子过程中远远超越物质有限可分性这一古老学说的一种整体性特色. 于是就很明显，经典物理学的因果决定论的描述代表了一种只在某些现象的分析中才能适用的理想化；对于那些现象来说，所涉及的作用量大得可以允许人们忽略个体的量子. 尽管这一条件在普通尺度的现象中是大大地满足的，我们在原子过程的研究中却遇到一些规律，它们没有决定论式的描述，然而却是原子体系之奇特稳定性的起因，而物质的一切性质归根结蒂就是建筑在这种稳定性上的.

这种问题随着关于原子之成分粒子的知识的增加而越来越走上了显著的地位. 第一步就是电子的发现，它显示了电本身的原子论的品格，但是电子的内禀稳定性却显然是不能根据经典电动力学来解释的. 虽然所谓基本粒子的稳定性几乎还没有得到满意的解释，组合原子体系的成分却提供了更直接的处理机会. 在这儿，具有决定重要性的是卢瑟福的原子核的发现；通过这种发现我们了解到，几乎全部的原子质量是集中在一个比整个原子体积小得多的区域中的，原子的体积用被它们的异号电荷束缚在核周围的电子体系来定义.

210

[稿 p. 6, 2. 10. 61]

原子的这种类似于微型太阳系的简单模型，使我们可以直截了当地解释物质的许多重要性质. 例如，由于原子核的微小性以及它的质量和电子质量相比的巨大性，决定着元素的普通的物理性质和化学性质的核周围各电子的组态，就在初级近似下只依赖于核上电荷的单位数而不依赖于它的质量和内部结构. 这种观点的适用性确实很清楚地被几乎所有各元素的同位素所证明了，每一种元素的同位素只在原子量和放射性方面有所不同. 尽管卢瑟福模型在这些方面是适用的，但是从一开始就很显然,它的稳定性是和经典物理学的原理不可调和的.

　　事实上,按照经典力学,任何点电荷的体系都不可能有一个稳定的平衡状态,而且按照电磁理论,电子在核周围的任何运动都会引起由辐射而造成的伴之以原子的迅速收缩的能量耗散,直到电子和核结合成一个比由物理资料和化学资料推得的原子体积小得多的体系时为止. 总而言之,必须意识到,不管表观上多么相似,一个原子体系的行为是和一个太阳系的行为大大地不同的;一个太阳系只要不受干扰,肯定会显示一些简单的规律,但是它并不具备作为元素的原子或化学分子之特征的那种内禀稳定性.

［稿 p. 7］

　　事实上,如果我们设想有一个质量很大的彗星有一天穿入我们的太阳系中并和我们的地球相撞,我们就必须准备看到(除了可能发生的别的事情以外),地球的轨道,从而还有一年的长短,从那一天起就会永远改变了. 与此相反,一种气体中的原子或分子却在它们的相互碰撞中保持它们的一切特征,而且通过证明了普通化学元素在最遥远星体上的存在的光谱分析,我们得到了很突出的证据,表明即使在很强的影响下电子会暂时离开原子核,各原子仍然保持其各自的特征. 同样的说法对化合物的分子也适用;不论在它们的形成中涉及了什么化学过程,各分子都显示相同的特征性质.

211

　　对于作用量子在所有这些稳定性问题中所起作用的认识,在普朗克的发现的几年以后就由爱因斯坦对于动量及能量通过辐射过程而交换时所涉及的佯谬的巧妙分析而准备好了;通过这种分析,爱因斯坦引入了光量子或称光子的概念. 当然这里根本谈不到回到光传播的旧式颗粒概念的问题,因为光子的动量和能量的定义本身就包含了辐射的波长和频率,它们都直接涉及波动图景的特征.

　　特别是可以强调,像人们有时建议的那样把分析继续下去直到把镜子、棱镜和透镜之类光学仪器的原子组成考虑在内,也根本无法避免这种两难问题. 事实上,和辐射传播的经典表象完全一致,这些仪器的功能主要依赖于原子间距和定义光谱组成所必需的辐射场的空间尺度相比的微小性.

［稿 p. 8］

　　把个体辐射过程的发生机制和确立得同样好的支配着通过这种个体效应的积累而形成视觉形象以及照相记录的过程的那些定律结合成单独一种图景的不可能性,事实上已经剥夺了辐射现象的包举无遗的决定论描述的任何基础. 我们在这儿遇到的是物理科学中由一种必要性来表征的一种新颖的局势,那就是即使在所能想象的最基本的物理过程的说明中也必须用到经验的一种本质上是统计性的描述的那种必要性.

用可以被忽略,或无论如何可以被补偿掉.然而,在量子物理学中,这样的相互作
用却形成现象的一个不能分别论述的部分,如果仪器应该起到确定实验装置的
作用的话.

正是这种情况,才使得观察结果的统计说明的应用在量子现象的客观描述
中成为不可缺少的,因为一般说来不同的个体效应可以出现在同一个实验装置
中.同样,我们必须对一件事实有所准备,那就是,在不同实验条件下得到的观察
结果可以显得是互相矛盾的,如果我们企图把它们结合成一种单一的图景的话.
不过,不论这些现象初看起来显得多么相反,它们还是应该被看成彼此互补的,
其意义就是,总共考虑起来,它们就包举无遗地表示了关于原子客体的可以无歧
义地导出和传达的一切信息.

[稿 p. 11]

量子力学和量子电动力学的物理内容确实已经被支配着在明确定义的实验
条件下得到的观察结果的那些统计定律的建立所包举无遗了,而这种表述形式
的完备性则建筑在表述形式的使它可以应用于以任何可以想象的方式选定的实
验条件上的那种品格和范围上.在这方面,图景的无歧义应用被限制在例如这样
一种明显而平凡的叙述:当一个电子或光子的存在已经在只有一个小洞的不可
穿透的屏板的一侧被确认,然后又在屏板的另一侧被观察到时,我们就可以得出
结论说它通过了那个小洞.如果屏板上装有一个快门,而快门只是在某一段时间
内打开的,我们就同样可以说客体的通过是在这段时间内发生的.

测量仪器的任何这种用法,归根结蒂都和对固定标尺和校准时钟的一种不
可控制的动量及能量的传递有关;那些标尺和时钟是用来确定参照系的.这种情
况蕴涵了对形象表示和动量及能量守恒定律的应用的无限制结合的一些限制,
而经典物理学的决定论描述就是建筑在那种无限制的结合上.事实上,必须意
识到,这些守恒定律在量子物理学中的广阔适用性,完全依赖于可以指定给一些
原子体系的态的那种确定的动量值和能量值,那些原子体系是被置于隔离条件
下,从而和空间—时间坐标系失去了联系的.

[稿 p. 12]

特别说来,原子稳定性的困难在一种沿着互补路线的描述中得到了阐明.例
如,适于用来确定一个原子或分子中的电子的位置和位移的任何实验装置,都是
和允许光谱规律及化学键出现的条件不相容的;那些光谱规律和化学键显示的
是原子体系的不能进行形象化说明的一些性质.对描述化学中的分子结构具有
决定重要性的一个特殊情况就是这样一件事实:原子核的质量和电子质量相比
的巨大性,给在未受扰分子中原子的相对位置的确定留下了余地,这种确定可以
达到一种程度,使得在化学分析和化学综合中提供了如此宝贵的指引的结构式

可以被保留下来.

另外,作为分子稳定性之起因的量子特色的分析,为建立得很好的热力学原理在化学动力学中的应用提供了一种牢固的基础.尽管分子分散于其中的那些液态媒质中的热骚动在常温下很少能够破坏特定的化学键,热运动却会引起分子的转动态和振动态的频繁变动.这种效应不会严重地影响组合分子的特征性质,但是却能起一种抹去体系态中起源于形成方式的任何特点的作用.

化合物的惊人稳定性在生物化学中尤其引人注意;在那里,近几年来在关于细胞的复杂成分,特别是携带遗传信息的所谓 DNA 链的知识方面已经取得了伟大的进步.另外,已经逐渐理解到,和永久性细胞结构有关的那些过程本身,是在自由能的消耗下发生的,那种消耗对应于机体中由营养和呼吸或光合作用所保持的当时条件下的不断增大的稳定性.不仅 DNA 中的原子式样的特殊牢固性和屏蔽作用意味着和细胞分裂的节奏相联系着的链的复制对应于体系各部分的一种更稳定的位形,而且同样的说法也适用于参加这种复制以及后来的通过特定蛋白质的构成而达成的信息传递的一切酶过程.

[稿 p. 13]

生物化学的现代发展也已经发现,许多的酶乃至激素在原子构造方面是比较简单的,而且它们正在以一种迅速增快的程度被用普通的化学方法综合出来.当然,实际上是不可能综合出携带着确定从细菌到脊椎动物的各物种之差异的特定信息的那些结构的.事实上,这样的差异是整个有机进化史的结果;通过这种进化,像有生机体这样的尽管十分复杂而却极其稳定的体系才能一步一步地发育而成.

即使所有现在的证据都表明我们在有机生命的任何方面都不会遇到对原子物理学原理的背离,我们也还不能对一种情况感到惊异,那就是,由于它们的结构和功能都非常复杂,各机体显示出一些性质,和物质在简单的可重复的实验条件下所显示的性质十分不同.事实上,关于作为整体的机体的自我保持和自我调节的观念,已经通过若干世代而自动出现而且一直对生物学经验的适当论述来说是不可缺少的.然而,这些观念和物理概念及化学概念之间的联系,却不能直接与量子理论中关于空间—时间论述和动量及能量守恒定律的应用的有限结合相对比.

215

[稿 p. 14]

事实上,当我们在经验的化学动力学中采取我们的出发点时,我们并不是事先就会在形象化描述的范围方面遇到由适当考虑获得资料时所处条件的必要性引起的局限性.正是在这一点上必须记得,即使在通过受精种子或受精卵的世代嬗替之类的最复杂有机现象的描述中,一切细节也都是用形象来论述的,那些形象的无歧义应用并不包括对这些条件的考虑. 因此,生物学中那些不属于纯物理探索的概念的应用,都直接起源于有生机体的结构和行为的极端复杂性.

当我们考虑和生命联系着的意识经验时,这一局势就是特别明显的. 事实上,当一个机体的行为显示出一种复杂程度,以致在任何包举无遗的描述尝试中都不可避免地要涉及自身知觉时,"意识"一词本身就会自然而然地出现. 在精神经验的论述中,当然谈不到和物理现象的直接比较问题,但是注意到一点却是有兴趣的,那就是,用来传达我们的精神状态的词汇从语言刚刚开始时就是以一种典型互补的方式而被应用的了. 例如思想和感情这样的单词,显然是指的一些互斥的精神经验.

[稿 p. 15]

联系到这种情况必须记得,原子物理学中的描述的客观品格,依赖于获得资料时所处的实验条件的详细说明,从而就不要求对观察主体的任何提及,在精神经验的交流中,我们会谈到"我想"或"我愿意";在这种交流中,所提到的局势的互斥性是通过把不同的动词联系到代名词上来明显地表示的. 我们在这儿遇到的是关于"自我"的老问题;这种问题在正经的或幽默的关于我们的许多自我的讨论中是尽人皆知的,那些"自我"往往显得是互相冲突的.

216　　保持人格的完整性并保留自由意志观念的可能性,事实上是建筑在主体和客体之间的分界线在我们用思索和决心之类的字眼儿来表征的局势下的不同画法上的. 我们在个人在一个社团中的交往中也遇到相似的互补关系;在那个社团中,例如公正和慈善这样一些伦理学理想的有限相容性是很显著的. 当在一个人类社团的生活中寻求和谐时常常用到的那些多姿多彩的方式,可以在很大程度上由不同民族文化的对比来得到证据;那些文化尽管在态度和传统方面有着根深蒂固的差异,但是却显示了人类处境的共同特色.

虽然在某种方式下这些文化可以被看成是彼此互补的,但是我们所遇到的却当然不是像原子物理学和心理学中那样的不可变化的关系. 事实上,历史上有许多例子,说明民族之间的接触曾经怎样导致了把根源不同的有价值要素结合起来的文化发展. 在这儿我们想起了不同的学术流派对科学的增长所作的贡献;对于推动科学的增长来说,由索耳威研究所召集的这些会议在我们的时代中曾经是非常富有成果的.

[稿 p. 16]

第二编 其他领域中的互补性 >>>>

引 言

大卫·否尔霍耳特 撰

尼耳斯·玻尔为许多特定的场合写过文章,而且以科学以外的标题发表过许多演讲.收入第二编中的各文之所以被选用是由于它们表示了玻尔的典型的对日常生活和人类条件的普遍处理方式,而同时也反映了表征着他的纯科学工作的某些想法.

关于第一篇文章①,必须指出,在玻尔的时代,丹麦的教育是这样组织的;为了进入大学,一个人必须在普通学校中读九年,然后上三年高级中学(Gymnasium).高级中学是为到大学或其他高等学校中求学作准备的,而且是以一次所谓大学考试而告结束的.现在仍然有那种传统,通过了大学考试的人们在 25 年以后重新聚会,以庆祝所谓的大学庆典.

在第二篇文章中②,玻尔指出了,人类学科学中的观察局势和量子力学中的观察局势有一些相似性,因为在一种外来文化中的完全同化和本土文化的一种简洁的、分析的描述似乎是会彼此互斥的.玻尔认为,个人在一切重要的方面是由他的文化形成的.他认为一切主张道德品质和智能品质由人种决定的理论都是荒谬的,而且他在演讲中也强调了这一点,显然是因为当时所谓雅利安种族理论正在德国甚嚣尘上,而这也正是《纽约时报》提到了这篇演讲的原因.当演讲在爱耳辛诺的克伦堡故宫中进行时,听众中的纳粹分子离开了会场

---

① N. Bohr, *Tale ved Studenterjubilæet* 1903—1928. 1928 年 9 月 21 日在毕业班 25 周年聚会上的讲话. 1953 年 10 月 15 日在 50 周年聚会时由 C. Johansen's printing press 印行. 见本卷原第 233—236 页.

② N. Bohr, *Natural Philosophy and Human Cultures* in *Congrès international des sciences anthropologiques et ethnologiques*, *compte rendu de la deuxième session*, *Copenhague 1938*, Ejnar Munksgaard, Copenhagen 1939, pp. 86—95. 重印于本卷原第 240—249 页. 又发表在 *Nature* **143** (1939) 268—272,以及 *Atomic Physics and Human Knowledge*, John Wiley & Sons, New York 1958, pp. 23—31. 后一书也影印在 *Essays 1933—1957 on Atomic Physics and Human Knowledge*, *The Philosophical Writings of Niels Bohr*, *Vol. II*. Ox Bow Press, Woodbridge, Connecticut 1987.

以抗议这种说法③.

第三篇文章④应该参照撰文时的政治条件来阅读. 第二次世界大战期间, 德国军队在 1940 年 4 月 9 日占领了丹麦. 丹麦军队没有能够进行值得一提的抵抗, 而德国人则把这次占领描述成一种防止英国占领的对丹麦的友好保护. 丹麦被允许保留自己的王室、议会、武装力量和警察, 而且对犹太人也没有采取什么行动. 在第一年内, 议会力图推行了一种合作的政策, 其目的是要在丹麦维持平静并同时又只向德国提供最小的支持. 在此期间, 随着强烈的爱国主义而兴起了丹麦的抵抗运动, 而在 1943 年 8 月 29 日的公开动乱以后这种政策就被放弃了. 玻尔的文章是为一部描述当时丹麦文化状况的著作写的引言. 这部从 1941 年到 1943 年出版了八卷的著作只是新爱国主义的表现之一.

玻尔是撰写这篇引言的唯一人选⑤. 他不仅是丹麦文化界的伟大人物之一, 而且知识界的人士都很了解他从很早就反对纳粹主义, 并且是丹麦支援流亡知识分子委员会的委员. 该委员会是在 1933 年成立了来援助为了躲避纳粹的迫害而逃离德国的个人的. 该会的理事会主席是奥格·弗里斯, 他是哥本哈根大学专门研究丹麦-德国关系的历史学教授. 另外两位理事是玻尔和陶瓦耳德·马德森, 后者是丹麦政府在 1901 年创建的血清研究所的所长. 玻尔的中学同学高等律师阿耳伯特·V·约根森是委员会的出纳; 委员会成员中还包括玻尔的弟弟哈若德⑥. 可惜的是, 有关委员会活动的大部分文件、通信等等在德国人占领丹麦时马上都被销毁了⑦.

在他的《引言》中, 玻尔很自然地试图掌握丹麦文化的若干方面. 这是一件很困难的任务, 导致了许多次的改写. 斯忒藩·罗森塔耳介绍说, 这篇短文的撰写费了大约两个月的全时工作, 而在玻尔对结果感到满意之前曾七易其稿⑧.

221

---

③ S. Rozental, *NB*, *Erindringer om Niels Bohr*, Gyldendal, Copenhagen 1985, p. 136, republished as *Niels Bohr*, *Erindringer om et samarbejde*, Christian Ejlers Forlag, Copenhagen 1994, p. 165. Translated into German as *Schicksalsjahre mit Niels Bohr*, *Erinnerungen an den Begründer der modernen Atomtheorie*, Deutsche Verlags-Anstalt, Stuttgart 1991, p. 158.《纽约时报》的报道见本卷原第 238 页上的影印件.

④ N. Bohr, *Dansk Kultur. Nogle indledende Betragtninger* (Danish Culture. Some Introductory Reflections) in *Danmarks Kultur ved Aar 1940*, Det Danske Forlag, Copenhagen 1941—1943, Vol. 1, pp. 9—17. 见本卷原第 262—272 页.

⑤ See M. Pihl, *Niels Bohr and the Danish Community* in *Niels Bohr. His life and work as seen by his friends and colleagues* (ed. S. Rozental), North-Holland Publ. Co., Amsterdam 1967 (reprinted 1985), pp. 290—300.

⑥ "Opfordring" (Appeal) dated 31 October 1933, Archive of the Carlsberg Breweries, Copenhagen.

⑦ S. Rozental, *The Forties and the Fifties* in *Niels Bohr* (ed. S. Rozental), ref. 5, pp. 149—190. on p. 155.

⑧ *Ibid.*, pp. 163—164.

　　本编中的第四篇文章⑨《物理科学和宗教研究》是为了替丹麦宗教史学家和东方学家约翰·皮德森(1883—1977)祝寿而撰写的. 早在皮德森在 1922 年被任命为哥本哈根大学的闪族哲学和东方哲学教授之前,他就已经因为他的关于早期基督教、犹太教和伊斯兰教的创造性研究而蜚声国际了. 他在 1924 年成为丹麦王国科学—文学院的院士. 作为该院的院长,玻尔很自然地在 1953 年皮德森 70 岁寿辰时为庆寿文集写了文章.

　　最后一篇文章⑩是玻尔在领取桑宁奖时发表的演讲;桑宁奖是在 1949 年设置的一种丹麦奖金,获奖者为具有国际声誉的知识界领袖人物,其人选由哥本哈根大学评议会选定.

---

　　⑨　*Physical Science and the Study of Religions*，Studia Orientalia Ioanni Pedersen Septuagenario A. D. Ⅶ id. Nov. Anno MCMLIII，Ejnar Munksgaard，Copenhagen 1953，pp. 385—390. 见本卷原第 275—280 页.

　　⑩　N. Bohr，*Atomvidenskaben og menneskehedens krise* (Atomic Science and the Crisis of Humanity)，*Politiken*，20 April 1961. 见本卷原第 289—293 页.

Ⅰ. 在高中毕业班 25 周年聚会上的演讲

TALE VED STUDENTERJUBILÆET

1903—1928

1928 年 9 月 21 日发表的讲话.
1953 年 10 月 15 日在 50 周年聚会时印行.

私人印刷品

原书载丹麦原文和英译本
中译本据英译本

参阅《全卷引言》原第 X 页和第二编《引言》原第 219 页.

玻尔的同班同学合影(1903年级).上图,站立者左起:阿耳伯特·V·约根森,奥格·伯尔勒姆,尼耳斯·玻尔和欧利·契维兹.前排左起:阿克西耳·弗来明,斯文德·赫兹和弗里特约夫·邦格.下图是二十五年后在1928年合拍的照片,位置排列相同.玻尔终生和若干同班同学保持了密切的联系.仅举一例:在1918年,伯尔勒姆发动了私家募捐以支持玻尔筹建他的理论物理学研究所,该所于1921年落成.

《在高中毕业班 25 周年
聚会上的演讲》(1928)

不同的发表版本

Tale ved Studenterjubilæet 1903—1928

A Private print，1953

B "Naturbeskrivelse og menneskelig erkendelse"（eds. J. Kalckar and E. Rüdinger），Rhodos, Copenhagen 1985，pp. 259—263

两种版本互相一致.

TALE VED STUDENTERJUBILÆET

1903—1928

21. SEPTEMBER 1928

（演讲词印行本的封面）

在高中毕业班 25 周年聚会上的演讲

我必须承认今天晚上我是很踌躇地上台来讲话的. 看到这么多老同学聚集一堂来纪念 25 周年,我和你们一样心中大感欣幸,同时我也感到很难表达我的喜悦之情,使得它主要是在这次重新聚会的场合下能够得到理解. 只因相信别的比我在更大的程度上富有才能的人们将在今晚使我们获益匪浅,我才冒昧地试图谈谈近几天来当我想到即将到来的聚会和我们青年时期的旧事重提时一些蜂拥而来的思想和感情.

我们的伴侣之情有很深的根源. 不论命运曾经使我们分离得多远,我们这些一起在学校中度过几年的人们也是绝不会忘记我们曾经共有过多少东西的. 因此,当我们又见了面时,我们就不但会感到我们彼此联系得多紧,而且很愿意向我们的老师们致以感谢之情,尽管当年我们或许曾以反抗他们为己任. 然而,今天晚上,我们首先愿意回忆的是那种似乎被解除了上学约束以及开始一种新的自由自在的而我们又觉得前途无量的生活的共同喜悦. 回想起我们第一天当了大学生并在我们的大学老师指导下置身于一个新世界中时,我们谁能不为之感动呢! 那时我们的勇气是和我们的目标清晰度成反比的. 我们最喜欢的一些回忆将永远是我们同学之间的伴侣关系,我们和他们自由地比赛机智,和他们共有我们的期望和热情.

我实际上打算更多地回忆一些大学时期的旧事,那些年月给了我们所有的人那么多丰富的经历,尽管情况慢慢变得平平无奇而和我们的中学生活的对比不是那么强烈的. 但是,校长的热情的欢迎词和我们的发言人对母校的热情答词,已经如此清晰地把我们带回了当年的岁月,以致我几乎说不出什么新的东西来了. 我也不想多谈我们之间的广阔的联系网络;这种网络即使在我们学校生活已经结束、我们不再天天见面,而我们各自在自己的领域中很好地发挥自己的学习所得时也还是存在的. 我只想向大家重提世界大战通过动摇我们的公众生活

和私人生活的基础而对我们这一代发生的影响;它不但使我们想起我们和人民的过去及现在的命运之间的强烈联系,而且也促使我们想起所有人类的深刻的伴侣关系.

我们这些同学之间的直接的相互了解不仅起源于许多共同的经历. 现在,当

我们走过了不同的历程而又在这里见面时,我们不由得会想起我们对大大小小事物的看法曾经多么强烈地受到一件事实的影响,那事实就是,我们有一种共同的背景,在这个背景上我们接受了许多新事物.确实,一个大学生所必须具备的在大学中传授给我们的知识,适足以使我们熟悉和我们在时间、地点上有所不同的那些人的命运和努力,并把我们变成所谓"知识界的世界公民",但是,一切知识内涵的理解都依赖于当时的先决条件,而且也许什么东西都不像知识的获得那样取决于时间和地点.只有当我们学着了解那些和我们具有相似的兴趣但却在不同的环境下接受了学校教育的人们时,我们才会开始充分地意识到我们的知识生活是多么深刻地受到了我们所特有的看法的影响.

阐明我们的知识伙伴关系绝不是一件很容易的任务,因为在这儿,我们不仅是我们自己,而且是亲身参与者.即使如此,我想我们敢于宣称,关于任何事物都可以从许多不同的角度来看,而且只有适当重视相反的观点才能得到较深刻的认识的这种理解,是丹麦大学生思想的一种基本特色.用这种一般的说法表达出来,这种理解当然就无非是一种普遍的人类经验,这种经验在直接地感受之下就是艺术的源泉,而在意识的润色之下就是科学的标志.因此,在我看来就是,我们丹麦民族的气质和我们的学术传统之间的一种密切的联系已经创造了最适宜培育一种人生哲学的沃土,那种哲学的主要特征就是提防片面性的危险,从而它就会相当自愿地放弃这种片面性所提供的力量.我们所有的人都在我们的想象的和哲学的文献中承认这种态度.这或许在一个人的著作中得到了最纯正和最强烈的表达;那个人就是被称为一切丹麦作家和丹麦哲学家中最丹麦式的保罗·马丁·摩勒,他在他那至今仍像刚刚写出时一样新鲜的作品中,曾经恰恰是通过表达我们心中的相反方面之间的斗争,用那样一种精美而深刻的方式,向我们描述了一幅我们甚至在今天也还能在那里看到我们自己的丹麦大学生的画像.

这幅古老的图画现在对我们有一种双倍强烈的影响,因为我们能在它的基调中认出和目前正在扰动着全世界的人心的那些知识活动的亲缘关系.对于我们的时代,特别是对于它那忙碌而广泛的科学活动来说具有典型性的,就是对一件事实的时刻警惕,那就是,如果我们不对这些活动给以适当的注意并且不断地加深我们的预防,它们就会变成偏见并把更大的整体从我们眼前掩盖起来.这对一切知识活动来说都是对的,从常常被说成一切抽象中之最抽象的(我们关于自己的思维过程的思索)到我们也许会倾向于说是一切具体中之最具体的东西(我们对无生物质的观察).如所周知,从我们高中毕业时起,正是在这后一领域中,对于同样适用的不同出发点的承认曾经揭示了关于自然现象在时间和空间中的习见排列方式的一些从前没注意到的成见,并且与此同时,揭示了一些习见事物之间的不曾料到的关系.这种发展绝没有随着相对论的胜利而告结束;相对论无

235

疑是人类思想史中的伟大里程碑之一,但是全新经验领域对科学的新近充实已
经揭露了我们曾经寄以信任的那一基础的更多缺点. 我们似乎又一次亲眼看到
了,随着对我们知觉形式之先决条件的不断探索,一些表观上无法克服的矛盾怎
样已经消失了.

　　作为我们时代的标志的,不是对我们人类局限性的认识而是考察这种局
限性之本性的努力. 假如我们把自己的局限性比喻为堵住我们沿某些去路的
思想的不可逾越的墙壁,我们就会对我们的可能性得到一种很可怜的概念. 新
的前景正在不断地出现,而新的关系正在被认识,但是所选的每一条路线都一
次又一次地分歧和盘旋,以致我们很快就迷失了方向而早早晚晚会回到我们
的出发点上来. 尽管如此,我们永远是有所收获地回来的. 而且我们看不到可
以收集并分类的那些宝物的止境. 根据对成见的越来越仔细的分析考察,一种
越来越大的相互联系将被觉察到. 于是我们就置身于一种永恒的、无限的和谐
性的越来越大的印象之下;那一和谐性本身当然只能隐隐约约地被觉察到,永
远不可能被掌握;在每一次掌握它的尝试中它都会按照自己的本性而从我们
手指缝中溜走. 任何东西都不是常住的,每一种思想,事实上是每一个被说出
的单词都只能起强调一种相互联系的作用,而那种相互联系本身却是永远不
能被充分地描述的和永远会被深化的. 归根结蒂,人类思维的条件就是这样,
而我们每个人肯定都觉得和卷发的弗里兹在磨坊主客店中所遇到的那位可怜
的硕士有此关系 *. 在这儿,也像在那儿一样,又是只有对一些矛盾的相互作用
的认识才能把我们生活条件的图景弄圆活. 而且恰恰是在我们遇到无限性时的
那种昏昏沉沉中,我们才重新体验到形成青年之自发热情的基础的那种隐隐约
约的憧憬.

　　然而我们不应该跟随那位硕士走得太远,以致连时间带空间都忘记. 正如开
始时一样,我在结束时也将只说说我多么强烈地感到我所曾力图表示的只是当
今晚回忆进行时即将充满我们心中的情绪交响曲中的一个音符的模糊回声,那
是我的日常工作使我很自然地要试图奏响的一个音符. 不过我的希望却是,我们
所有的人都将被从我们的平常途径上拉开,而那些即使在一百年以后也还会从
一个丹麦大学生的故事中向我们致意的愉快音符也能在我们的庆祝会上被听
到,而且我们所有的人都将被 25 年前充满我们心中的那种精神的完满回声所感
动. 在这样的希望中,我愿意建议大家干杯:"1903 年丹麦大学生精神万岁!"

236

----

　　* ［中译者按:这应该仍是谈的 P·A·摩勒的书中的情节.］

II. 自然哲学和人类文化

Congrès international des sciences anthropologiques
et ethnologiques，compte rendu de la deuxième
session，Copenhague 1938，Ejnar Munksgaard，
Copenhagen 1939，pp. 86—95

1938 年 8 月 4 日在爱耳辛诺的克伦堡故宫的
国际人类科学和人种科学会议的
一次会议上发表的演讲

参阅第二编《引言》原第 219 页.

238

PLEADS FOR TOLERANCE

Noted Danish Scientist Warns Against 'Racist' Theories

Special Cable to THE NEW YORK TIMES.

ELSINORE, Denmark, Aug. 4.— Pleading for tolerance as a "basic element in human life," Dr. Niels H. D. Bohr, noted Danish physicist and winner of the Nobel Prize, warned the International Anthropological and Ethnographical Sciences Convention here today against nationalist theories of race culture.

"It is most difficult to draw safe conclusions, even in the physical sciences," said Dr. Bohr, adding that this is all the more reason to beware of prejudiced conclusions regarding matters tinged by "personal bias and inherited points of view."

Dr. Bohr declared that conceptions of morality and culture vary from one country to another and that he could define them only as "the flower of human life."

Today's sessions of the convention were transferred here from Copenhagen so that they could be held in "Hamlet's" castle of Kronborg. This afternoon Eskimos from Greenland demonstrated seal hunting and acrobatics in their tiny kayaks for the benefit of the 500 scientists attending.

尼耳斯·玻尔在国际人类科学和人种科学会议上的论述引起了人们的注意,正如由上面这份 1938 年 8 月 5 日《纽约时报》的剪报可以看到的那样.

《自然哲学和人类文化》

用英文、丹麦文和德文发表的各种版本

英文本：*Natural Philosophy and Human Cultures*

A　"Congrès international des sciences anthropologiques et ethnologiques, compte rendu de la deuxième session", Copenhague 1938, Ejnar Munksgaard, Copenhagen 1939, pp. 86—95

B　Nature **143** (1939) 268—272

C　"Atomic Physics and Human Knowledge", John Wiley & Sons, New York 1958, pp. 23—31 (reprinted in:"Essays 1933—1957 on Atomic Physics and Human Knowledge, The Philosophical Writings of Niels Bohr, Vol. Ⅱ", Ox Bow Press, Woodbridge, Connecticut 1987, pp. 23—31)

丹麦文本：*Fysikkens Erkendelseslære og Menneskekulturerne*

D　Tilskueren **56** (1939) 1—10

E　"Atomfysik og menneskelig erkendelse", J. H. Schultz Forlag, Copenhagen 1957, pp. 35—44

F　"Naturbeskrivelse og menneskelig erkendelse" (eds. J. Kalckar and E. Rüdinger), Rhodos, Copenhagen 1985, pp. 119—130

德文本：*Erkenntnistheoretische Fragen in der Physik und die menschlichen Kulturen*

G　"Atomphysik und menschliche Erkenntnis", Friedr. Vieweg & Sohn, Braunschweig 1958, pp. 23—31

所有版本都互相一致.

自然哲学和人类文化

我只是怀着很大的踌躇心情才接受了盛情的邀请来向人类学科和人种学科的杰出代表们的这次集会发表讲话的;作为一个物理学家,我对人类学科和人种学科当然没有第一手的知识.不过,当甚至历史环境都向我们每一个人倾诉着一些和各次例会所讨论的有所不同的人生方面时*,用一些简短的论述来试图把诸位的注意力引向最近自然哲学发展的认识论方面及其与一般人类问题的关系,也许是不无兴趣的.尽管我们的知识分支相距甚远,但是近来给物理学家们留下了深刻印象的关于我们一旦所考虑的不再是日常生活经验则一切通常观念的应用都必须谨慎从事的那种教益,确实可能适于用一种新颖的方式来提醒我们想起人文科学家们知之甚悉的那种从我们自己的立脚点来判断在别的社会中发展起来的文化的危险.

截然区分自然哲学和人类文化当然是不可能的.物理科学事实上是我们文明的一个不可分割的部分,这不仅是因为我们对自然越来越多的掌握已经如此完全地改变了物质生活条件,而且也因为这些科学的研究对澄清我们自己的生存背景作出了如此大的贡献.在这方面它所曾指示的是,现在我们再也不认为自己是很优越地生活在宇宙的中心上,而周围则是生活在蛮荒边疆的比较不幸的社会了;通过天文学和地理学的发展,我们已经意识到我们全都生活在太阳系中的一个小小的球形行星上,而太阳系则又是更大体系的一个小部分.甚至像我们的空间概念和时间概念这样最基本概念的无歧义应用的先决条件也受到了重新修正,这种修正通过揭示每一物理现象对观察者立脚点的本质依赖性而对整个世界图景的统一与美作出了这么大的贡献;通过这种修正,我们今天也在一切人类判断的相对性方面受到了十分有力的告诫.

尽管这些伟大成就对我们的普遍眼光来说的重要性已经普遍地被意识到了,但是最近几年中物理研究的全新领域的开辟所带给我们的从未料到的认

---

* [中译者按:会议召开的地址在爱耳辛诺的克伦堡故宫,位于哥本哈根以北约40公里处.是隔海和瑞典相望最近的地方.相传莎士比亚名剧《哈姆雷特》的故事就发生在这所宫殿里,所以玻尔提到"历史环境"等等.]

识论教益则几乎还没有被意识到. 我们对迄今一直为人眼所不能见的原子世界的进入,确实是可以和环球航海家们的伟大发现的旅行以及天文学家们对天空深处的大胆探索相媲美的一种探险. 如所周知,物理实验技巧的奇迹式发展已经消除了认为我们的感官的粗糙性将永远阻止我们得到关于个体原子的直接信息的那种古老信念的最后痕迹,而是甚至向我们证实了原子本身也是由更小的颗粒构成的;那些颗粒可以被分离出来,其性质可以分别地加以研究. 然而,与此同时,我们在这一引人入胜的经验领域中也已经被教导,迄今所知的那些构成经典物理学的宏伟大厦的自然定律,只有当处理的是实际上可认为由无数个原子构成的物体时才是适用的. 关于单个原子或原子级粒子的行为的新知识,事实上已经揭示了一切物理作用量的细分性的一种不曾预料到的界限;这种界限远远超过了物质有限可分性的古老学说而给每一个原子过程带来了一种奇特的个体品格. 这一发现,事实上为理解原子结构的内禀稳定性提供了一种全新的基础,而这种稳定性归根结蒂就确定着一切普通经验的规律.

242

原子物理学的发展所带来的是我们对待自然的描述的态度上的一种多么激烈的变化,也许可以用一件事实来作为最好的例证,那就是,甚至迄今一直被看成自然现象之一切诠释的没问题的基础的因果原理,也已经被证实为一种太狭窄的构架,不足以容纳支配着个体原子过程的那些特定的规律了. 每个人肯定都将理解,物理学家们必须有很切实的理由才会放弃因果理想本身;但是我们在原子现象的研究中却曾经反复地被教导说,一些长期以来被相信为已经得到最后答案的问题,还给我们留着一些最想不到的意外情况. 诸位肯定都已听说过关于光和物质的最基本性质之谜,它近年来曾经那么厉害地困惑过物理学家们. 事实上,我们在这方面遇到的那些表观矛盾,是和在本世纪开始时引起了相对论的发展的那些矛盾一样地尖锐的,而且正像在那一情况下一样,它们的解释也是通过对新经验给包括在现象的描述中的那些概念的无歧义应用所加上的限制进行更仔细的分析来找到的. 在相对论中,决定性的一点就是对彼此相对运动着的观察者们描述给定客体之行为的那些本质上不同的方式的认识,而原子物理学中的佯谬的阐明却揭示了这样一件事实:客体和测量仪器之间的不可避免的相互作用,给谈论原子客体的不依赖于观察手段的行为的可能性规定了一个绝对的界限.

243

我们在这儿遇到的是自然哲学中一个全新的认识论问题;在自然哲学中,一切经验的描述一直是建筑在已经内在地包含在普通的语言约定中的一条假设上的,那就是,截然区分客体的行为和观察的手段是可能的. 这条假设不仅是被一切日常经验所充分证实的,而且也形成了经典物理学的整个基础;正是通过相对论,经典物理学才得到了那样奇妙的一种完成.然而,一旦我们要处理像个体的原子过程那样的由于它们的本性而本质上取决于所考虑的客体和定义实验装置所必需的测量仪器之间的相互作用的现象,我们从而就不得不更仔细地检查所能得到的关于客体的是一种什么样的知识的问题了.在这里,我们一方面必须意识到,每一个物理实验的目的(在可重复的和可传述的条件下获取知识),都使人们只能选用实际上是经过经典物理学精化的日常概念来不仅仅作为测量仪器的结构和操作的全部论述,而且也作为实际实验结果的描述.另一方面,理解另一点也是同样重要的,那就是,正是这种情况就意味着,关于在原理上就处于经典物理学范围以外的那种现象的实验结果,不能被诠释为提供的是关于客体之独立性质的知识,而却是和一种确定的局势有着内在的联系的;在那种局势的描述中,和客体发生着相互作用的测量仪器是不可避免地会出现的.上述这一事实给一些表观矛盾提供了直截了当的解释;当试着把用不同实验装置求得的关于原子客体的结果结合成客体的一种自足的图景时,这样的表观矛盾就会出现.

244　　然而,在不同的实验条件下求得的关于原子客体之行为的信息,却可以按照一种在原子物理学中常常用到的术语被适当地表征成和用排除第一种条件之满足的某一其他实验装置得出关于同一客体的信息是互补的.虽然这样两种信息并不能按普通的概念结合成单独一个图景,它们却确实代表了可以在这一领域中得到的关于所考虑的客体的任何知识的一些同等本质的方面.正是对于人们曾试图来形象化表示个体的辐射效应的那些力学类比的这样一种互补品格的认识,事实上已经导致了前面提到的光的性质之谜的一种完全令人满意的解.同样,只有通过把关于原子级粒子行为的不同经验之间的互补关系考虑在内,才曾经能够得到理解普通力学模型的性质和支配着原子结构的奇特稳定性规律之间的突出对立的一种线索,而那种原子结构就形成物质的特定物理性质和化学性质之日益仔细的分析的基础.

我当然并不打算在今天这一场合下更仔细地叙述这些细节,但是我希望我已经能够使诸位对一件事实有一个清楚的印象,那就是,我们在这儿谈到的绝对不是任意放弃详细分析我们的原子领域中迅速增长的经验的那种几乎是使人惊倒的丰富性的问题.恰恰相反,我们处理的是我们分类和概括一些新经验的手段的合理发展;那些新经验由于它们的品格使然是不能被纳入到因果描述的构架之中的——只有当客体的行为不依赖于观察的手段时,因果描述才适于用来说明这种行为."互补性"观点绝没有包含任何和科学精神相反的神秘论,它确实形成因果性概念的一种自洽的推广.

不论这种发展在物理学领域中可能显得多么出人意料,我都确信诸位中的许多人将认出我刚刚描述了的关于原子现象之分析的局势和人类心理学中的观察问题的特征之间的类似性. 确实,我们可以说,现代心理学的趋势可以表征为对一种尝试的反作用,那就是把心理经验分析成一系列可以像经典物理学中的测量结果那样联系起来的要素的那种尝试. 在内省过程中,显然是不可能在现象本身和它们的意识觉察之间画出截然的分界线的,而虽然我们可以常常说到对心理经验的某一特定方面加以注意,但是更仔细地检查一下就会发现,在这样的事例中,我们确实遇到的一些互斥的局势. 我们全都知道那句老话:如果我们试图分析自己的情绪,我们就几乎不再有那种情绪了. 因此,按照同样的方式,我们就可以在那些可以用"思想"和"感情"之类的字眼儿来适当描述的心理经验之间认出一种互补关系,和那些在不同的实验装置中得到的并用从我们的普通观念中取得的类例来描述的关于原子客体行为的经验之间的互补关系相类似. 通过这种对比,我们当然绝不是打算暗示原子物理学和心理学之间的任何较密切的关系,而只不过是要强调指出这两个领域所共有的一种认识论的论点,并从而鼓励我们看到,比较简单的物理问题的解决在多大程度上可以有助于更复杂的心理学问题的澄清,那些心理学问题是人生提供给我们的,而且是人类学家们和人种学家们在他们的考察中时常遇到的.

现在,当更加走近我们的关于这种观点和不同人类文化之比较的关系问题时,我们将首先强调那些用"本能"和"理性"二词来表征的活人行为模式之间的典型的互补关系. 确实,任何这样的一些单词都是在很不相同的意义下被应用的,例如本能可以指动力或继承下来的行为,而理性可以代表较深入的感受或自觉的思辨. 然而,我们所要讨论的却只是这些单词被用来区分动物和人所在的不同处境时的那种实际的用法. 当然,谁也不会否认我们属于动物界,而甚至会很难找到一种包举无遗的定义来在其他动物中表征人. 事实上,任何有生机体的潜在可能性都是不容易估计的,而且我们没人不曾有时对马戏团中的动物所能被训练到的程度有一种深刻的印象. 在信息从这一个体到另一个体的传递方面甚至也不能在动物和人之间画出截然的分界线;但是当然我们的语言能力在这方面把我们放在了一种如此本质地不同的地位上;这不仅在实践经验的交换方面,而且主要在通过教育来向孩子们输送那些形成任何人类文化之基础的关于行为和思维的传统的可能性方面是本质不同的.

至于和本能相比的理性,首先重要的是意识到,没有装配在每一世代都必须从头学起的某种语言中的一些概念,任何人类思维都是不可想象的. 事实上,概念的运用不但正在很大的程度上抑制着本能式的生活,而且大致地和天生本能的表现处于一种互补性的互斥关系中. 较低等动物和人相比的那种在为了生命的保持和传播而利用大自然之可能性方面的惊人优越性,肯定常常在一件事实中有其真实的解释,那就是,对于那些动物,我们无法谈起我们的意义下的任何自觉思维. 同时,所谓未开化的民族有一种在沙漠或森林中为自己谋生的奇异本领;这种本领在更文明的社会中虽然在表观上已经失去,但是偶然还会重现在我们任何一个人的身上;这种本领可以证实一个结论,这种能耐只有当没有求助于概念思维时才是可能的,而另一方面,概念思维是适应着对文明的发展具有头等重要的更加多样化得多的目的的. 正因为还没有觉醒到运用概念的地步,一个初生的婴儿还很难算作一个人;但是既然属于人类,他虽然是一个比多数幼年动物都更无能的一个生物,但是他却当然具有通过教育来接受一种文化而使他能够在某一人类社会中占一席之地的有机可能性.

　　这样一些考虑立即使我们面临着一个问题:那种流传很广的认为每一个儿童都有一种与生俱来的接受某一特定人类文化的天性的信念是否真正很有根据,或者说,人们是否必须假设任何文化都可以在完全不同的体质背景上生根和发荣滋长? 我们在这儿当然是正在触及一个在遗传学家们中间仍然争论不休的课题,那些遗传学家们正在进行关于体质特点的遗传的最有趣的研究. 然而,联系到这样的争论,我们首先必须记得,对植物和动物中遗传性的阐明来说是那么富有成果的遗传型和表现型这两个概念之间的区分,是本质地以生活之外界条件对物种之特征性质的次级影响为其先决条件的. 然而,在人类社会的各自文化品格的事例中,问题在一种意义下却是颠倒过来的;其意义就是,这儿的分类根据是由各社会的历史和它们的自然环境塑造而成的那些传统习惯. 因此,这些习惯,以及它们所固有的先决条件,在先天的生物学差异对所涉及的那些文化的发展及保持的任何可能影响能够被估计以前,就必须受到详细的分析. 确实,在表征不同的民族乃至同一民族中不同的家族时,我们可以在很大程度上认为人类学特色和精神传统是互相无关的,而且我们甚至倾向于用"人类的"这个形容词来只代表那些和体质遗传并无直接关系的特点.

　　初看起来,也许会觉得这样一种态度只是意味着对一些辩证论点的不适当的强调. 然而我们从物理科学的整个成长所得到的教益却是,有成果发展的种子往往正是存在于定义的适当选择之中. 例如当我们想到相对论的论证在各种科学分支中造成的澄清时,我们确实就能看到什么样的进展可能存在于这种形式上的精化之中. 正如我在这篇演讲的前面部分已经提示的那样,相对论观点在推进人类文化之间的关系中的更客观的态度方面也肯定会是有帮助的;那些人类文化的传统差异在许多方面类似于可以用来描述物理经验的那些不同的等价方式. 不过,物理问题和人文问题之间的这种类比是有着有限的范围的,而且它的夸大甚至曾经导致对相对论本身的精义的误解. 事实上,相对论世界图景的统一性恰恰意味着任何一个观察者在他自己的概念构架中预见任何另外的观察者将在对他为自然的构架中如何表示经验的那种可能. 然而, 对待各种人类文化间的关系的不偏不倚态度的主要障碍却在于一些传统背景的根深蒂固的差异; 不同人类社会的文化和谐性就是建筑在这些背景上的, 它们排除了这些文化之间的任何简单的对比.

在这方面最首要的就是, 互补性观点显现为适应这一局势的一种方式. 事实上, 当研究那些不同于我们自己的文化的人类文化时, 我们必须处理一个特殊的观察问题; 在更仔细的检查之下, 这个问题显示出一些和物理学问题或心理学问题相共同的特色; 在后两种问题中, 客体和测量工具之间的相互作用或客观内容和观察主体的不可分割性阻碍了适于用来说明日常生活经验的那些规约的直接应用. 特别是在那些未开化人民的文化的研究中, 人种学家们确实不但知道必要的接触会对这种文化造成破坏的那种危险, 而且甚至会遇到这种研究对他们自己的人类态度的反作用问题. 我在这里指的是探险家们所熟知的通过体验人类生活甚至在和自己的规约及传统最不相同的规约及传统下也能表现出来的出人意料的内在和谐而摆脱了一直没有意识到的成见的那种经验. 作为一个特别激烈的例子, 我在这儿可以向诸位重提一下男人和女人在某些社会中不但在家庭和社会的职责方面而且在行为和思想方面所担当的角色的反转. 在这样一种局势下, 甚至我们中的许多人起初或许也会难以承认一种可能性, 就是说, 所涉及的民族有他们特定的文化而不是有我们的文化, 而我们则不是有他们的文化而却有我们自己的文化, 这完全是命运的随便安排; 很明显这方面的一丝一毫的怀疑, 都意味着对任何独立形成的人类文化所固有的那种民族自得感的一种背叛.

在原子物理学中, 对于用不同实验装置得到的并且只能用互斥的概念来具体表示的那些经验, 我们用互补性来表示它们之间的关系; 按照颇为相似的办法, 我们可以正确地说, 不同的人类文化是彼此互补的. 事实上, 每一种文化都代表一些传统习惯之间的一种和谐的平衡; 利用这种平衡, 人类生活的潜在能力在一种方式下表现出来, 使我们认识到它的无限丰富性和无限多样性的一些新方面*. 当然, 在这一领域中, 这里根本谈不到像关于明确定义的原子客体行为的互补经验之间的互斥性那样绝对的互斥性, 因为几乎不存在可以说是充分自足的任何文化. 与此相反, 我们全都根据许多例子知道, 不同人类社会之间的一种或多或少密切的接触, 可以怎样导致不同传统之间的一种融合, 而诞生一种全新

---

　* [中译者按: 这就等于说, 不同的民族文化各有其特点, 而不是像希特勒纳粹党徒们所胡说的那样有绝对的优劣之分. 玻尔讲到这里, 与会的德国纳粹分子退出了会场. 人们相信, 至少从那时起, 德国纳粹的情报总部就建立了关于玻尔的专门档案.]

249　的文化.通过移民或征服而造成人口的混合,在这方面对人类文明之进步而言的重要性是几乎用不着再说的.事实上,通过增进关于文化发展史的知识来对作为一切科学之目标的逐步消除成见来作出贡献,这或许就是人文科学研究的最伟大的前景.

正如我在演讲开始时所强调的那样,用任何直接的方式来对在这次会议上在专家们中间进行讨论的那些问题的解决作出贡献,那当然是超出我的能力之外的.我的唯一目的就是给出关于一种普遍认识论态度的一个印象,那种态度是我们在像简单物理实验之分析那样一个远离人类情绪的领域中所不得不采取的.然而,我不知道是否找到了恰当的说法来向诸位传达这种印象,从而在结束之前,我或许可以谈到一次经历,它有一次曾经生动地使我想起了我在这方面的能力之差.有一次,为了向听众说明我并不是用成见二字来表示对其他文化的任何指责,而只是用来表征我们的必然有成见的概念构架,我开玩笑地提到了丹麦人对这些窗子外面美丽海峡对面的他们的瑞典兄弟所抱的传统成见,我们和他们甚至在这座宫殿的围墙之内就战斗了几个世纪,而通过和他们的接触,我们世世代代以来也得到了那么多的有成果的启示.喏,现在诸位可以意识到我受到了多大的震惊:当演讲结束时,听众中有一个人走过来说,他不明白我为什么恨瑞典人.很显然,那一次我一定是把我的意思表达得非常混乱,而且我恐怕今天也讲得很不清楚.不过,我还是希望今天没有讲得那么不清楚以致引起对我的论证趋势的那种误解.

1925 年 2 月,玻尔,以及哈若德·赫弗丁、伟大的极地探险家克努德·喇斯姆森、语言学家威廉·汤姆森和东亚公司总裁 H·N·安诺森组成了一个筹备设立国家博物馆基金的委员会,负责为丹麦国家博物馆的新馆建筑寻求支持.这种倡议是成功的,一座比博物馆旧址大得多的新楼在 1938 年落成了.上面的照片于 1928 年 6 月 20 日摄于博物馆的壁毯室中,当时基金会的记录被转交给了丹麦政府.前排坐者,左起:银行经理 C·P·克劳森和哥本哈根装饰艺术博物馆馆长威廉·斯劳曼.立者:哈若德·赫弗丁.后排左起:克努德·喇斯姆森、尼耳斯·玻尔、东方学家阿图尔·克里斯腾森、地理学家古德穆恩德·哈特和首相托马斯·马德森-密格达耳、国家博物馆基金会秘书阿耳弗莱德·卢夫、丹麦教育部常任副秘书腓特烈·格劳、教育部长因斯·比斯考夫、N·N·、丹麦国家博物馆馆长茅里斯·马克普朗、N. N.、博物馆壁毯保存员达格玛尔·奥耳里克.[中译者按: N. N. 当指不知道名字的人.]

Ⅲ. 丹麦文化·一些引言性的反思

DANSK KULTUR. NOGLE INDLEDENDE BETRAGTNINGER

"Danmarks Kultur ved Aar 1940", Det Danske Forlag, Copenhagen 1941—1943, Vol. 1, pp. 9—17

参阅第二编《引言》原第 220 页.

《丹麦文化·一些引言性的反思》(1941)

用丹麦文发表的版本

Dansk Kultur. Nogle indledende Betragtninger

A "Danmarks Kultur ved Aar 1940", Det Danske Forlag, Copenhagen 1941—1943. Vol. I , pp. 9—17

B Tiden: Politik, Ekonomi, Kultur **34** (1942) 415—423

C "Naturbeskrivelse og menneskelig erkendelse" (eds. J. Kalckar and E. Rüdinger), Rhodos, Copenhagen 1985, pp. 247—258

所有这些版本都互相一致.

丹 麦 文 化

一些引言性的反思

如果我们问自己,在什么方面我们可以谈到一种特定的丹麦文化.则答案将完全取决于所采取的观点.一方面,我们越是对自己的本性要求寻根究底,共同的人类特征就越加明显地出现在注意力的焦点上;另一方面,我们越是努力把我们的存在的一切侧面保留在总体性的图景中,和其他社会的差异就越发强烈地被感觉到.既然关于人类生活可以怎样在不同的情况下发荣滋长的知识必须成为任何评价社会所达到的文化阶段的基础,关于我们在其他社会中间的地位的考察就似乎是阐明什么是我们所特有的东西的那种尝试的一个自然的出发点.虽然明知自己的知识有限,我还是接受了编者们的邀请来为这部大著作写几句引言,因为我在国内及国外和一些来自许多不同国家的科学家的合作使我常常有机会关心我们在这一文化范围之内和世界的关系,并且想到给对人生的丹麦看法以其特定的特色的那些传统.

一个民族的文化常常被比喻为一个有生机体,而且特别说来很显然的是,正如一个机体的发育和生活条件对它的生活形式具有决定意义那样,关于一种文化的历史和条件的知识也是充分了解它的品格的先决条件.然而,这样一种对比将会更加贴切,如果个别的文化像机体那样具有同样程度的独立性的话;但是如果任何东西对我们的时代来说具有特征性,它就必然是关于即使在表观上相差甚远的文化之间也存在许许多多相互联系的那种日益增长的理解.上一世代中的考古学和人类学的研究,确实已经在古代和更晚近时代中的一些被遗忘了的和没注意到的联系方面给了我们一种重要的教益,那些联系曾经对初看起来似乎只有很少相互关系的一些文化的发展发生过深刻的影响.因此更加急迫需要的就是,对于像在欧洲这样曾经在许多世纪中保持了最活跃的接触的这些人民之间的关系来说,永远不要忘记相互作用的问题.

现在的场合和我自己的资格都不允许我对我们的文化的历史进行详细的论述,但是我愿意请读者们回想一下丹麦和其他北海地区国家由于它们在世界这一部分的外围性的地理位置而曾经在欧洲文化社会中占据过的地位. 许多文化运动曾经仅仅是缓慢地和困难地到达我们这里的; 但是在另一方面, 我们却常常有较好的机会来把这样的外来影响和我们自己的看法调和起来. 在北海地区各国的内部, 国界和自然条件可能在这一方面按不同的方式起过作用, 但是我们的语言的亲缘关系以及我们的共同血统却创造了一种比人们通常在邻国之间所见到的更亲密得多的兄弟感情. 我们和我们的北海兄弟之间的文化上的相似性毕竟是很大的, 以致一个外国人往往看不出这里有任何差别, 而对我们来说, 对我们的差别的强调则往往正是像在镜子中看到自己转向外部世界的面孔一样的一种方式.

自从基督教在北海各国的引入开辟了和我们周围世界的和平关系的新途径以后的一千年以来, 丹麦和其他欧洲国家之间的文化交往虽然在形式上是变化着的, 但是却一直显示了明显的特色, 因为它是越过一条边界而发生的, 在那条边界后面, 北海各国的语言和独立永远是被保持了的. 启示和新习惯往往被一些外国人带到这里来; 他们来到这里时对我们的状况并没什么确切的了解, 而且他们通常甚至并不掌握我们的语言. 在另一些时候, 在欧洲的一些文化中心或学术中心待了一段时间后回来的丹麦人, 特别是青年丹麦人, 带回了教育和知识. 在这两种情况下, 尽管方式不同, 和外国文化的接触都不但带来了新的灵感, 而且带来了对深深扎根在本国土壤上的那些文化价值的增强了的认识.

早在我们历史的最初几个世纪中, 编年史①和地方法律就已经雄辩地证明了捍卫我们的遗产和捍卫在丹麦这里发展起来的社会形式和对生活的看法的那种要求. 事实上, 甚至在教会为之打开了全新前景的视觉艺术中, 也有一种保存风格和技巧方面的本地传统的倾向, 正如从基督教时代的早期文物中可以看到的那样. 在后来的变乱时代中, 当新的文化运动传到这里时, 我们也能看到类似的特色: 甚至在宗教改革时期, 外国的教义也是由丹麦发言人向普通百姓宣讲的, 而且提供了撰写丹麦文赞美诗的一种动力; 这种写诗工作延续和发展了起源于传统民歌的祖国写作艺术.

拉丁文在学校中的统治地位对于保持欧洲文化所共有的史料遗产的生命力起了很大的作用, 而且在来自较大邻国的过于单方面的文化影响下挽救了那些较小的国家; 当这种统治地位逐渐崩溃时, 丹麦语在教育圈子中被取代的危险也许是最大的. 但是, 对避免这种危险并使我们的语言丰富化贡献最大的, 还是无过于又一次在外国榜样的基础上进行的丹麦文学的多方面的更新. 尽管在时间

264

---

① [这是指的在丹麦撰写历史的早期尝试, 其中最著名的尝试起源于萨克索(约 1150—1220).]

和关切方面有许多不同,霍耳伯②的生活和工作还是显示出一些特色,使人想起阿布萨朗③在为他的祖国服务方面的命运和作为.这两种事例中,从外国旅行中带回国来的经验都被移植到了丹麦土壤中,并且结出了可以认为是我们最宝贵民族遗产之一部分的果实.

　　后来,没受什么重大破坏的持续发展也表征了丹麦的情况.最首要的是,在别的地方引起了暴力社会动乱的日益增长的对人权的认识,在这里导致了农民的解放④,此事是以一种最和平的方式而在一种谅解的精神下进行的,对此,解放纪念碑⑤上的告诫性的动人刻辞直到今天仍是一种明证.事实上,尽管条件很艰苦,我国古代的农民文化还是保持了它的生命力,而且每当时机有利时就会长出新鲜的根来.表现在中世纪议政会上的对国家政府的影响的要求,也留下了传统;这种传统从来没有完全被忘记,而在一百年以前,当我们随着其他欧洲国家的发展而获得了我们的自由宪法⑥时,这些传统又得到了重新确认;自由宪法在新的基础上巩固并发展了我们关于公正的老理想.

　　在上一世纪的开始阶段,对我们的过去的支援和北海各国内部的兄弟感情都得到了加强,特别是通过新近觉醒的对我们在《伊达》⑦诗篇和古老萨伽中所具有的共同宝藏的赏识而加强了.在这方面,外国的影响也被证实为鼓舞人心的,但是,正如文学作品在全欧洲的回响所证明的那样,现在在北海各国和外国之间的文化相互作用中,出现了比以前任何时候都大得多的回报.尽管如此,关于为了按照时代的要求而保持我们自己的东西我们还有多少东西要学习的认识,却绝没有任何减退,而它是那样地有力,以致不会让我们过去的光辉引诱我们忘记了我们在各国中间的中等地位.另一方面,在北海各国中升起了一种世界公民感,它在这里比在较大的国家中得到了更加和谐的表达——在较大的国家

265

----

　　② [路德维希·霍耳伯(1684—1754),丹麦作家,生于挪威的卑尔根.霍耳伯是哥本哈根大学的历史学教授,也教过拉丁文和形而上学.在今天,他主要是以他那许多的喜剧而为人所知;那些喜剧现在仍在许多剧院中上演.]

　　③ [阿布萨朗(1128—1201),丹麦主教和政治家,于 1167 年建造了哥本哈根.][中译者按:现在哥本哈根建有此人的雕像,身跨骏马,手持武器,十足一副战士的形象.]

　　④ [1733 年,制订了一项法律,强迫一切农民终身留在他出生的产业上.这项法律在 1788 年的被废除,标志了农奴制的最后解除.]

　　⑤ [解放纪念碑(丹麦文称 Frihedsstøtten)是在 1797 年在哥本哈根西门地区(在现在的中心火车站附近)建立的一个柱形纪念碑,由丹麦农民建立,以纪念 1788 年的解放.刻辞是:"Kongen bød Stavnsbaandet skal ophøre, Landbolovene gives Orden og Kraft, at den frie Bonde kan vorde kjæk og oplyst, flittig og god, hæderlig Borger, lykkelig"(国王下令废除农奴制,土地法生效,从而农民可以成为英勇而有教养的、努力工作的和好的、诚实的公民,幸甚).]

　　⑥ [丹麦宪法(代表民主制)是在 1849 年制订的.]

　　⑦ [《伊达》是两部冰岛诗作的名称."Elder Edda"起源于 10 世纪,在 13 世纪被写了下来,它是斯堪的纳维亚神话的主要来源;也描述了斯堪的纳维亚神话的"Snorra Edda"是由斯诺瑞·斯图尔孙撰写的.]

中,把自己的文化看成独立有机单位的诱惑力要大得多.

格如恩维希⑧的很能说明问题的话是,"公民权只适用于丹麦人,好客适用于地球上所有的人". 汉斯·克里斯蒂安·安徒生的美丽的词句是,"在丹麦我出生,我属于那里,那里是我的家,我的世界从那里开展". 这些说法都典型地证实了本国和外国之间的关系的概念如何占据了丹麦作家们的心. 在风格和心情上如此不同的这两种说法都表示了一种对待我们和世界的关系问题的态度,这是几乎没有任何类例的. 决定性的一点是,这个问题既没有被抛弃也没有被解决,而是被看成了必须对大大小小的事物不断提出的一个问题. 比任何别的东西都更能表征丹麦文化的,肯定就是一种开放性和一种坚持性的密切结合:对于从外界带给我们的或是我们自己带回家来的教益,我们是开放的;对于由我们的遗产和我们的命运所决定的、把我们和我们无疑属于的大世界如此紧密地团结起来的那种对待生活的看法,我们是坚持的.

索伦·基尔凯郭尔在《人生道路上的驿站》中写下的著名的结束语给这种看法所带来的灵感的源泉提供了证据⑨. 把反对关于流行更广的语言的优点的声称来捍卫丹麦语看作出发点,他如此热情而强烈地表示了自己对祖国语言的丰富与美的看法,并且展示了如此的艺术性和深刻性,以致他的论述事实上不但适用于丹麦语,而且也适用于任何人类语言. 他并且在关于包括在任何语言中的表达和运用的无限微妙的手段方面提供了一种教益. 一种类似的对自己祖国的热爱的背景可以在保罗·马丁·摩勒⑩的著作中找到,他有时被称为一切丹麦作家中最有丹麦气的人. 即使在他并没有和外国条件进行比较的地方,例如在《一个丹麦大学生的奇遇》中,他以如此的机智在一系列人物中表现自己天性之不同方面的那种方式,也都包含着对本国生活方式的适应和对全人类所共有的意念世界的移情之间的平衡的一种有意识的要求.

丹麦传统和外国文化运动的斗争不但可以在我国文学到处都可以追索出来,而且也曾一次又一次地成为公开讨论的主题. 例如,巴格森反对奥什楞施莱格⑪的"论战"很有力地显示了包含在浪漫主义中的危险,而浪漫主义是导致了我国文学的大大繁荣的一种运动. 而由稍后的欧洲思想流派引起的丹麦知识生

266

---

⑧ 〔尼古拉伊·F·S·格如恩维希(1783—1872)是一位丹麦神学家和诗人,他在丹麦国家教会中对解放运动发生过很大的影响,而对民众高校的发展也发生过很大的影响.〕

⑨ 〔S. Kierkegaard, *Stadier paa Livets Vei*, in *Søren Kierkegaard: Samlede Værker*, Vol. 8, Gyldendal, Copenhagen 1963, pp. 277—278. 英译本:*Stages on Life's Way*, Princeton University Press, Princeton 1988〕

⑩ 〔见前面《全卷引言》原第 XXXI 和 XLIV 页.〕

⑪ 〔丹麦诗人因斯·巴格森(1764—1826)批评了伟大丹麦诗人阿达姆·奥什楞施莱格(1779—1850)的浪漫主义. 这引起了一场激烈的"论战"("Pennefejde"),许多知识分子都在 1813 年到 1819 年期间参加了这场论战.〕

活中的扰动也恰恰在世纪交替之前在乔治·布朗德斯和哈若德·赫弗丁的意见交换⑫中得到了很有教育意义的表现. 不管个别的作者表示的重视之点有多么不同,他们的主要目的之一都是在不失去和我们的过去的联系的同时通过和外面世界的接触来提高我们知识生活的水平,而只有我们的过去才能给我们以力量来以一种谦虚的然而却是独立的方式对人类文化的发展作出贡献.

267　　　在一段长时间内,世界公民的感觉曾经标志了学校教育方面的丹麦努力,而且我们在民众高校运动中也遇到这种努力的影响⑬;这种建筑在受到格汝恩维希启发的民众复兴上的运动曾经用一种很幸运的方法帮助了知识运动和精神运动向比任何别的地方所可能做到的更广泛的人口方面的推进. 于是我们在这儿遇到一种评价,认为把普通教育水平提高到基本学校以上的资源,不但应该到我们的民族遗产中去找,而且应该到国际文化合作的知识中去找. 这一点的一种特殊的证据是一些优秀的科学史书籍⑭;这是为了在民众高校中使用而撰写的,由他们自己的人讲授,而且得到了远远超过原来目的的重要性. 和在我国的任何大学学习中都要求的对一般哲学的概论一起⑮,这些史学著作的学习曾经对向下一代丹麦大学生提供甚至在国外一些很大的大学中也常感缺乏的背景作出了贡献.

　　　至于我国参加全人类所共有的科学研究的努力问题,我们当然是在讨论一个从它的本性来看是没有任何国界可言的领域,但是在这里传统却也正像在任何其他人类活动中一样起着决定性的作用. 当科学在文艺复兴时期重新在欧洲兴旺起来时,任何的丹麦参与,不到国外去寻求都不可能开始,因为只有在国外才能受到教育和得到研究设备. 国王向第谷·布喇赫⑯提供了慷慨的支援,以便他能够在本国继续进行他在国外旅行时曾经计划的发展天文学的工作,这或许就是毕竟从一开始就存在的成为初期努力的参与者的那种活跃兴趣的最好证明. 确实,第谷·布喇赫在汶岛上的受到全世界叹服的工作,以及他后来的悲剧式

268　的命运,确实证明了只要对它的价值有所理解,科学研究甚至在处女地上也可以

---

⑫　〔著名文人乔治·布朗德斯(1842—1927)是尼采的关于贵族和大人物道德高尚性的理论的信徒. 赫弗丁在1889—1890年的一场辩论中反对了这些观点.〕

⑬　〔民众高校是一些成人寄宿学院,那些人愿意用一种没有毕业考试的普通教育来补充所曾受过的教育. 这些学校受到政府的支援,遍布于全国各地. 第一所学校建立于1844年.〕

⑭　〔这些书籍是指 P. la Cour, *Historisk Matematik* (Historical Mathematics), manuscript edition, Kolding 1881, and J. Appel & P. la Cour, *Historisk Fysik Ⅰ—Ⅱ* (Historical Physics), Det nordiske Forlag, Copenhagen 1896—1897.〕

⑮　〔见本卷原第 XLⅢ 页.〕

⑯　〔伟大的丹麦天文学家第谷·布喇赫(1546—1601)得到国王腓特烈二世拨给的哥本哈根以北的海峡中的汶岛(Hven, 现名 Ven)并在岛上建了他的天文台"乌兰尼堡". 在和腓特烈二世的继任人国王克里斯蒂安四世发生龃龉之后,第谷·布喇赫被迫于1597年离开了丹麦,并在布拉格的宫廷中度过了他的晚年.〕

发荣滋长,而且也证明了,如果传统还不够根深蒂固,保持这样的赏识就是非常困难的.

在随后的阶段中,有机会受到进一步教育的科学学派在这个国家中建立起来了,尽管为了达到最高的水平,还需要在欧洲各科学中心发展起来的那种对认真竞争的参与.虽然斯提诺那些伟大的发现[17]是在国外作出的,而且只在那儿受到了赏识,但是我们却有理由为他从国内带去的并且立即在国外的一流研究者们中间为他赢得了地位的那种精神而感到自豪.当把斯提诺和欧利·勒麦[18]进行对比时,就能看到在国外得到承认的丹麦科学家们的命运可以多么不同了.斯提诺坚持着在这里被宣布为异端的一种信念而在国外结束了他的一生,而勒麦在回国时却被信任去解决对我们的社会有益的一些范围很广的问题,这些问题占用了他那么多的才能,以致只有到了现在,我们才知道了他在后来才有时间完成的许多重要的科学考察.

逐渐逐渐地,丹麦的形势发展了,从而科学领域中的情况也和国外的情况差不太多了;但是在丹麦这儿,当然正像在今天一样,我们仍然必须比在文明大国中更大的程度上寻求和外国的接触.另一方面,流行甚广的对于在较差的情况下和我们周围各国的发展保持齐头并进的必要性和困难的认识,却在科学或其他知识生活领域中的个人先驱者们增进我们的文化和加强我们的孤立感的机会中表现了出来.杰出的范例当然是 H·C·奥斯特[19];他不但以如此非凡的方式对科学知识的传播及其应用的可能性作出了贡献,而且他对一切文化生活领域的影响也在性质上和程度上都是在较大的国中很难想象的.不论他们的出发点及对工作的处理手法都是多么地不同,奥斯特还是可以和格如恩维希并称为人民的教育者,而他的发现则对科学在这个国家中受到重视起了作用,这使人们想起汉斯·克里斯蒂安·安徒生和陶瓦耳森[20]的受到广泛赞赏的作品使我国各界人民对艺术的重要性有了一定认识的那种方式.

虽然对科学所力求达到的真理的认识作出的任何贡献确实比任何别的东西都更是人类共同遗产的一部分,但是对科学和艺术同样适用的却是,它们在任何

269

---

⑰ [尼古拉斯·斯提诺(1638—1686),丹麦天文学家,地质学、晶相学和古生物学的奠基人.斯提诺在1667年改信了天主教,从而完全失去了在哥本哈根大学获得教授职位的任何可能.1677年,他当了汉诺威的主教,而后当过明斯特、汉堡和什未林的主教.除了其他发现以外,他发现了腮腺管(斯提诺管,有关语言功能的一种主要唾液来源)和晶角恒定性定律.]

⑱ [当1676年在巴黎工作时,欧利·勒麦(1644—1710)发现了光是以一个确定的速度传播的.回到哥本哈根以后,他在大学中当了天文学教授,但同时也是哥本哈根的市长、高等法庭的成员、警察总监、救火队队长、全国测量局的局长、市政规划的首脑、货币、历制和度量衡局的局长.]

⑲ [汉斯·克里斯蒂安·奥斯特(1777—1851),丹麦物理学家,见本卷原第357—369页上的玻尔的文章.]

⑳ [伯尔台耳·陶瓦耳森(1768—1844),丹麦雕塑家.]

地方的繁荣都取决于许多特殊的条件. 例如,对于我国大地中很丰富的史前遗物的探察通过阐明人类文明发展中的一些共同阶段㉑而得到了远远超出我们的国界的重要意义,这是和全体人民对历史的兴趣不无关系的. 同样,恰恰是我们这个面积有限、讲我们的语言的人数不多的小国,自从喇斯姆斯·喇斯克㉒以来就在比较语言学的发展中起了这么重要的作用,这也很难说是巧合. 再者,我们的法律传统确实受到了罗马法的深深影响,但是所受影响并不像在别的地方那样完全而成为罗马法的移植;这一情况也对由安德尔斯·桑德伊·奥斯特㉓所创立的丹麦执法慎重性的基础作出了贡献,而这一事实对所有北海诸国的采用共同的执法基本原理是大有作用的. 除了和芬森的名字㉔联系着的那些发现以外,在我国这里应用医药科学来改善人民健康的成功的努力,都起源于对人类问题和社会问题的强烈兴趣;这种兴趣既表现在政府措施中也表现在民众方面的独立参与中.

270　　　　在我们参与由国外提供的教育及合作的同时,在我们的时代中也在不断增大的程度上创造了一些条件,以便使外国人能够到这个国家中来寻求教益并和我们一起在这里有较好条件的领域中参加研究. 例如,我们的一般看法使我们有这种参加国际合作及文化合作的特殊资格. 这种看法不但使有机会出国的丹麦人比较容易在那里不很生疏,而且也意味着外国人在这儿会比在许多别的地方受到更自然的接待. 曾经在丹麦这里参加过研究活动的来自世界最遥远区域的科学家们,不管在外表上有些什么陌生之处,都曾经反复地因为被所有的人看成同伴而表示过感谢;他们带来了关于文化的新消息,从这种消息可以指望得到关于人类处境的新教益. 事有凑巧,这种看法也正是丹麦人对待格陵兰岛上的本土人口的方式的基础,而且也正是我们和这一些人相接触时的那种丰富了我们的文化并带给了我们像克努德·喇斯姆森㉕这样的人物的那种幸运方式的基础;喇斯姆森的奇妙的探险考察已经使丹麦永远名标于极地研究的历史中了.

　　　　不论人类理解自己和理解世界的努力有多少方面被包括在文艺和科学中,假如没有音乐艺术和视觉艺术,文化即使在它的顶峰上也会贫乏得多. 很自然,一个永远离文化主流很遥远的小国,能够向这些艺术形式曾经带给人类的财富

────────────

㉑　[玻尔在这里指的是把史前时期分成石器时代、铜器时代和铁器时代的分法;这种分法是由丹麦考古学家克里斯蒂安·约根森·汤姆森(1788—1865)引入的.]
㉒　[喇斯姆斯·喇斯克(1787—1832),杰出的丹麦语言学家,北海地区语言学的奠基人.]
㉓　[安德尔斯·桑德伊·奥斯特(1778—1860)是他那时代最伟大的丹麦法学家. 他是 H·C·奥斯特的弟弟,从 1853 年到 1854 年任丹麦首相.]
㉔　[尼耳斯·芬森(1860—1904),丹麦医学家,由于用集中的光线来治病的方法而获得了 1903 年度的诺贝尔生理学和医学奖.]
㉕　[克努德·喇斯姆森(1879—1933),著名的丹麦极地探险家.]

所作的贡献只能是很有限的；这些艺术形式的扶持是需要许多条件的. 即使是这样，对于带给我们的礼物的赏识，以及我们对文化生活曾经更丰富地滋长的那些地方的寻求，引导了我们在这儿也曾经属于最自觉地响应召唤的人们之列. 确实，在一切种类的艺术方面我们都有一些影响广泛的和源远流长的而且给了我们一些我们在内容和观念上都认为是我国自己的作品的传统. 另外，不应该忘记丹麦人在全世界文化生活中的参与曾经在多大程度上不断地使我们理解到那种充满感情和斗争的心情转变，可以说，它使我们感觉到了文化的脉搏.

271

国家博物馆基金会的三位成员和教育部长. 左起：尼耳斯·玻尔、克努德·喇斯姆森、教育部长因斯·比斯考夫、哈若德·赫弗丁. 1928 年摄于哥本哈根.

　　由我们和外部世界的关系决定了的我们的一般看法，不但表征着在这儿提到的这些文化生活的方面，而且也以许多其他方式反映在我们的社会中. 关于我们每个人可以对所有的人都有好处的从在最多样化的活动领域中得到的人类价值中学到些什么的认识，恰恰就形成文明高级阶段的基础；这种高级阶段也许最主要地是由丹麦所达到的文化阶段来表征的，而且，尽管我们的生活条件受到限制，这种高级阶段也已经使人民生活标准的不断改善成为可能. 没有民众高校，合作化运动㉖就几乎是不可想象的；这种运动对使我们的农业发展跟得上时代并从而帮助我们克服由国外生产条件引起的巨大困难方面意义甚大. 再者，当我

　　㉖　[丹麦的合作化运动在 1866 年开始有合作商店，在 1882 年开始有牛奶场，它在使丹麦的农业和畜牧业保持发展方面起了很大的作用.]

们的原料缺乏并不曾阻止我们跟得上工业进步,甚至在某些领域中处于先进地位时,这或许最主要地是由于我们努力保持了科学和技术之间的尽可能密切的合作并给了每一个就业者以尽可能好的教育,这是自从奥斯特时代以来就在这儿十分兴盛的一种传统.结果,丹麦在这方面的成就就通过我们在涉及全世界的农业企业和农业工程中的参与中得到了承认,这种参与,也像我们在商业和海运方面的古老的和不断更新的传统一样帮助我们扩大了眼界.

272

我国在国际合作领域中的任务和责任,是在全体人民的理解下完成的.这一点的一种特殊表现就是在上一次世界大战刚刚结束时由政府和国会设立的一个推进丹麦和其他国家之间的合作的基金会.喇斯克-奥斯特基金会恰恰在国际关系的一个关键时刻开始了它的有成果的活动,而且成了在较大的国家中建立的规模相应较大的类似机构的典范.即使这样,也并不仅仅是国家才提供了相对说来很大的对文化活动的支持.在国内资料上早已有之的对提高文化的慷慨兴趣也得到了各式各样的表现,并且已经导致了对艺术活动和科学活动以及对许多不同领域中的职业教育来说比按照国家的大小和有限资源所能指望的更加有利得多的条件.

即使像在刚刚开始时所提到的那样,当我们谈到丹麦文化时到底指的是什么的问题包括着许多错综复杂的交织在一起的方面,我们的历史所孕育出来的人民中间对待伴侣关系的态度,很可能就是我们的文化的最为特征性的特色.正是我们对我们所理解的世界公民身份的坚持和负责,决定了我们在国内和国外的任务,而且,不进行任何不属于我们的观点的比较,我们可以为一种方式而感到自豪;在那种方式下,我们曾经利用了我们的处境来推进了我们自己的发展并参与了推动人类文化进步的共同努力.命运为我们和别人准备的是什么前途,是我们看不见的,但是,今天的世界所遇到的危机不论在人类生活的一切领域中将有多么影响广阔的后果,我们都有资格希望,只要我们还能保持发展在我们中间是那样根深蒂固的那种态度的自由,我们的人民就在将来也将能够光荣地为全人类服务.

Ⅳ. 物理科学和宗教研究

Studia Orientalia Ioanni Pedersen
Septuagenario A. D. Ⅶ id. Nov.
Anno MCMLIII，Ejnar Munksgaard，
Copenhagen 1953，pp. 385—390

参阅第二编《引言》原第 221 页.（汉译者补注）

尼耳斯·玻尔、化学家尼耳斯·杰尔汝姆和东方学家约翰·皮德森.
1958 年摄于卡尔斯伯博物馆.

物理科学和宗教研究

虽然我并不是一个研究宗教史和宗教哲学的学者,而只是因为从约翰·皮德森的已出版的著作以及关于占据着他那开放而活跃的思想的许多问题的个人讨论中获得启示而受惠甚深的一个人,我却很感谢人们给我这个机会来为他的70岁祝寿文集写几句关于物理学之现代发展对普遍认识论问题方面的涵义的话[①].

在澄清人在存在中的地位的任何尝试中,都是一个我们对看待生活之多种多样方面的一种包罗万象的方式的需求和我们以一种逻辑自洽的方式来表达自己的思想的能力之间的适当平衡的问题. 在这里,物理科学和宗教所采取的是本质上不同的出发点;物理科学的目的是要发展普遍的方法来概括共同的人类经验,而宗教的起源则是在各个社团内部推进见解和行为之间的和谐性的那些努力. 当然,在任何宗教中,社团成员所公认的知识都是包括在那些在构成原始内容的礼仪及信仰中所强调的价值和理想的构架中的. 因此,在后来的科学进步导致了一种指向宗教建立时期的公众见解之外的宇宙学教益或认识论教益之前,内容和构架之间的先天关系几乎不会引起人们的注意.

历史的进程在这样一些方面提供了许多有兴趣的例证,但是,作为关于当前局势的评述的一种背景,我们只将简短地谈谈随着欧洲文艺复兴而来的导致了 机械自然观的那些物理科学的伟大进步给一般的哲学思想家们造成的印象. 力学原理的阐明确实不仅仅给关于我们周围各物体的行为的许多现象的一种简单的自洽的描述提供了一个基础,而且甚至那些在无数世代中被人们带着惊奇和敬畏观察过的天空中的宏伟景象也根据这些原理而得到了范围广阔的解释.

在它那表面看来没有限制的范围内,机械自然观蕴涵了原因和结果之间的

---

① 现代物理学特别是现代原子理论之发展的详细论述在许多教科书上都已给出,读者可以参阅. 此文所主要涉及的问题,在作者的不同文章中都已处理过,例如《自然哲学和人类文化》,Nature **143**,268,1939;《论因果性和互补性的观念》,Dialectica,**2**,312,1948. 关于心理学问题和宗教问题的一些启发性的想法,见 O. Klein, "Bibeln och våra dagars naturforskning", Ord och Bild 1941, p. 471; W. Pauli, "Die philosophishe Bedeutung der Idee der Komplementarität", Experentia Ⅵ, 72, 1950.

关系的一种澄清,由根据一个物理体系在一个给定时刻由可测量的量定义了的状态而预言它在随后任何时刻的状态的可能性来表示. 这样一种因果描述或决定论描述,排除了任何目的论的论证,变成了常常称为经典物理学的那一辉煌巨厦的基础,而经典物理学的迅速的技术探索曾经那么激烈地改变了实际生活的条件.

从一开始,这种发展就对欧洲哲学发生了深刻的影响,而因果观念的被采纳为整个知识领域中的一种理想的和理性的解释,在科学和宗教之间引起了明显的裂痕. 一方面,一度被看成上帝旨意之表现的许多现象,变成了一些普遍的不可改易的自然定律的推论. 另一方面,物理方法和物理观点是和作为宗教之要义的人类的价值和理想相去甚远的. 因此,所谓经验哲学和批判哲学,就共同采取了一种或多或少含糊地区分客观知识和主观信念的态度.

然而,通过物理学在本世纪中的发展给我们带来的关于我们作为自然观察者的地位的教益,却已经正好是为客观性和主观性之类词句的应用创造了一种新的背景. 从一种逻辑观点看来,对所谓客观描述我们只能理解为借助于一种语言来向别人进行的经验传达,那种语言不允许这种传达的知觉方面的含糊性. 在经典物理学中,这一目的是由这样一种情况来达成的:除了术语的基本约定以外,图景和概念都是包括在为了适应日常事件而采用的语言之中的. 然而,新的物理经验领域的探索却已经揭示了这种处理方式的一些不曾意料到的局限性,而且已经要求了空间和时间以及原因和结果这样一些最基本概念的无歧义应用的基础的一种激烈的修正.

277

这方面的第一个决定性的步骤,是关于任何物理信号之有限传播速率对事件之空间-时间标定的影响程度的认识. 事实上,以和光速相比不可忽略的速度而彼此相对运动着的一些观察者,不但会对刚体的形状和钟表的快慢作出不同的描述,而且,被一个观察者判断为同时发生的一些事件也甚至会被另一些观察者看到是有前有后地发生的. 对于描述中的这一主观性要素的认识,使人们能够把表观上互相抵触的实验资料结合在一起,而且已被证明为追索和表述对一切观察者都适用的普遍物理规律的一种最有力的指南. 除了给我们的世界图景带来一种超过以前的一切预料的统一性以外,相对性原理还大大地扩大了物理现象之客观描述的构架和范围.

自然哲学中的其次一个时代是由普适作用量子的发现开始的,这种发现揭示了物理现象中的一种完全超出于机械自然观之外的整体性特色. 确实,事情变得很明显,整个经典物理学大厦代表一种只适用于某些现象的理想化,在那些现象的分析中,所有的作用量都很大,足以允许忽视个体的量子. 尽管这个条件在日常事件中是大大地得到满足的,在实验技术之近代发展使之成为可能的对原子世界的探索中,我们却遇到一些不适合因果分析的乃至没有形象化表象的基本规律.在量子物理学中,我们事实上不再能保持认为被考察客体的性质和行为是独立于客体和一些测量仪器之间的相互作用的那种习见的想法了;那些测量仪器是现象发生时所处条件的定义所不可缺少的.

　　传达的客观性当然要求,实验装置的论述和观察结果的记录都要用经过经典物理学术语的适当补充的平常语言来给出.然而,正是这个条件就不但意味着在量子现象中控制原子客体和测量仪器之间的相互作用的不可能性,而且甚至也阻止了空间-时间标示和动量及能量守恒定律的不受限制的结合,而那种结合就是经典物理学的因果描述的基础.这些概念虽然在量子规律的论述中也同样是重要的,然而它们的严格应用却因为一种情况而是互相排斥的;那情况就是,空间概念和时间概念的任何无歧义的应用都涉及的是一种实验装置,它包括着和空间-时间构架的确定所要求的例如标尺和时钟之类机件的一种在原理上不可控制的动量交换和能量交换.

278

　　我们在试图描绘量子现象的一种进程时所遇到的那些佯谬,特别是用不同实验装置观察到的那些原子现象所显示的那种表观对立性,确实通过对适用于这一经验领域中的客观描述的条件的这种分析而得到了充分的解释.特别说来,量子现象的本质整体性,在一种情况中得到了它的逻辑表示,那就是,现象的任何细分的尝试将要求实验装置的一种和现象的出现不相容的改变.在这些情况下,用涉及互斥的实验装置的概念来描述的那些现象,被很合适地被称为互补的现象,为的是强调:它们代表物理经验之间的一种新型的关系,并且构成关于原子客观的全部明确定义的知识的一些同等重要的方面.

　　在直接指向我们在经验的客观描述中所处的地位方面,互补性这一想法显示出和相对性原理的某种类似性.然而,在相对性原理中,我们涉及的是由运动状态不同的观察者们得出的物理资料的描述中的主观性要素的补偿;而在互补性想法中,我们关心的是用任一观察者都可以从中自由选择的一些不同的实验装置得出的那些资料之间的关系.正是在这样的一些方面,物理科学的教益使我们想到我们在许多其他知识领域中的客观描述方面所处的地位;在那些领域中,相对论关系和互补性关系在经验的分析和综合中是很明显的.

　　回到宗教史和宗教哲学的研究所主要关心的那些问题,我们首先遇到的是或多或少孤立的社会中的文化发展的那些一般的或特殊的方面.这样一些文化的一个共同特色就是争取个人在人类生活中的一些同等重要的社会关系的和谐表现的那种努力.尽管有这种相同的孤立背景,各文化所显示的巨大差异曾经很有启发性地被比喻为彼此相对运动着的观察者们用来判断物理现象的那些大不相同的方式. 不过,相对论描述的客观性和统一性本身,依赖于每一个观察者根据普遍的物理定律来预言任一其他观察者将如何描述经验的那种可能性. 然而,由历史孕育而成的一切文化所固有的传统之间的差别,却阻滞了这样的简单比较,从而各文化可以更适当地被看成一些互补的现象,各自在它们的界限内表现着人类生活之丰富性和多样性的不同面貌.

279　　　　尽管在这些方面有各种的差异,客观描述的普遍认识论特色还是可以在不同文化中对待伦理问题的态度中被觉察到,这种态度特别表示在宗教中. 毫无疑问,一切稳定的人类关系都要求规定在法律条文中的公平,而这些法律条文则在承认个人的平等权利方面使人想起相对性原理. 然而,与此同时,没有对亲朋好友的依恋的生活还是会缺少一些最宝贵的价值的. 不过,虽然正义和爱心的最紧密结合代表着一切文化的共同目标,但是却必须承认,在任何要求正义的严格运用的局势下,是没有显示爱心的任何余地的,反之,爱心感情的最迫切情况也可以和一切正义的概念发生抵触. 在许多宗教中用这些概念的人格化神灵之间的交战来演示的这种情况,确实是用不同基本概念来描述的一些物理现象之间的互补关系的最突出类例之一;那些基本概念在机械自然观中是互相结合在一起的,但是它们在更广阔的物理经验领域中的严格应用却是互相排斥的.

　　　　因果性概念的有限范围的认识,也直接指向了和宗教的教条有关的问题. 不仅仅一度被看成命定性概念之有启示性的支持的物理事件的决定论描述通过原子现象之合理说明的条件的阐明而失去了它的不受限制的适用性,而且甚至也必须意识到,各自在适当限度内的机械论的论证和目的论的论证在本质上代表了有机生命的现象的客观描述的一些互补的处理方式. 再者,在宗教哲学中如此重要的自由意志问题,也通过心理学中的一种认识而获得了一种新的背景;在心理学中,人们认识到,当试图把关于我们自己的意识的经验整理成最初由机械自然观提示的那种因果性的事件序列时,我们就会感到困惑.

　　　　实际上,通过思想和情感之类单词的应用,普通的语言就承认了一些意识经验之间的典型的互补关系;那些意识经验蕴涵着观察主体和注意力集中于其上的对象之间的分界线的不同位置. 在这里,我们遇到一些原子现象之间的关系的一种密切的类例;那些原子现象是在不同的实验条件下出现的,而且是按照实验280　仪器所起的不同作用而用不同的物理概念来描述的. 事实上,作为不同意识经验之特征的变动着的主体和客体之间的分界线,就是意志、良心和愿望之类的对立念头的自洽逻辑应用的一种线索;这些念头各自涉及的是人类性格的同等重要的侧面.

这些简短评述的目的,当然不是要详细讨论需要深入研究宗教史和宗教哲学的一些课题,而只是想指出一种由物理科学的新颖发展所唤起的普遍态度. 这种态度可以表征为在我们永不休止的为内容和构架之间的适当关系而进行的斗争中力图对我们的处境的越来越多的侧面作出和谐的概括,这时我们承认,没有一个逻辑构架,任何经验都是不可定义的,而这种关系中的任何表观不和谐性,都只能通过概念构架的适当扩充来加以消除.

V. 原子科学和人类危机

ATOMVIDENSKABEN OG
MENNESKEHEDENS KRISE

Politiken，20 April 1961

参阅第二编《引言》原第 221 页.

Atomvidenskaben og menneskehedens krise

SÆRTRYK AF POLITIKENS KRONIK

20. 4. 1961

（原文封面）

尼耳斯·玻尔从哥本哈根大学副校长卡尔·易沃森手中领取桑宁奖,中间者
为丽欧尼·桑宁,右侧立者为马格丽特·玻尔.1961年摄于哥本哈根.

原子科学和人类危机

　　我愿意为了赐予我的荣誉而向哥本哈根大学表示感谢;正好是在五十年前,我在这所大学中完成了哲学博士所要求的学业,而且从那以后一直是依属于这所大学的. 当我想到以前获得了桑宁奖的那些人,想到他们各自以自己的方式在行动世界中和思想世界中作出了如此重大的贡献,想到他们在我们的心中代表着我们大家所怀抱的理想时,我就觉得这种荣誉越发伟大了. 我也为我们校长的亲切讲话所深深感动,为我的同事克里斯蒂安·摩勒和摩根斯·皮耳谈论我的努力的美好方式所深深感动.

*　　　*　　　*

　　我们这个时代中的科学发展,当然是建筑在独一无二的范围和有成果性的涉及全世界的合作上的. 正如在我们的领域中那样,原子物理学中的合作不但以科学家集体内的在倡议实验和构思理论观点方面的合作为其特征,而且也以全世界的同道们之间通过讨论和出版的互相接触为其特征;这种接触曾经是如此地强烈,以至年复一年的进步是通过许多贡献而发展的,而那些贡献在起源和结果方面都不能互相区分了. 在这样的情况下,个体科学家的工作可以最贴切地比喻为向一个建筑物运送砖瓦,在那儿,每个人都因看到整个巨厦作为大家共同努力的结果一天天增长而欢欣鼓舞. 对我们比较年长的人来说,曾经最令人振奋的就是看到年轻的一代曾经怎样设法加强这个扩大着的建筑物的基础,并且添加一些塔楼和旋梯,它们的美丽和大胆都超过了一切预料.

　　原子世界的探索后来造成了一种如此出人意料的技术发展并从而给人类制造了一些大问题. 这种探索曾经像是在未知的境界中沿着没人走过的小路在旅行,我们在那里遇到了许多惊奇和障碍. 我们一次又一次地遇到了表观上的矛盾;后来发现,只有通过对我们作为自然观察者的处境以及我们对我们的经验进行一种客观的、不依赖于任何主观判断的整理的可能性作出一种新的和彻底的考察,这些表观矛盾才能被克服.

　　这样一些问题当然已经通过相对论的发展而被提到了引人注意的地位;正是通过意识到彼此以高速相对运动的观察者将多么不同地在空间和时间中排列事件,相对论就提供了追索对一切观察者都适用的规律的可能性,并从而给了我们的世界图景以一种人们从前几乎想象不到的统一性. 正如我们常常强调的那样,甚至我们对像物理经验的整理这样比较简单的问题的理解程度也依赖于观察者的观点,此事的阐明包含着对一种需要的重提,就是说,当我们处理人生的更普通的方面时,必须注意到观察它们时所根据的特定背景.

尽管对空间和时间这样基本的概念的无歧义应用的基础进行了彻底的修正,相对论还是可以被看成对所谓经典物理学的一次和谐的完工. 另一方面,普适作用量子的发现却注定要揭示原子过程方面的一种完全超出于机械自然观之外的整体性特色;那种机械自然观预先假设了现象的无限可分性以及把各现象描述成一个链的可能性;那个现象链上的各个环节可以通过原因和结果的概念的无歧义应用来连接起来,不论细分进行到什么程度.

一方面,作用量子提供了理解原子体系之特征稳定性的线索,而构成我们的工具以及我们的身体的那些实物的性质归根结蒂是依赖于这种稳定性的. 另一方面,新的整体性特色却意味着,被考察的客体和与任一观察相联系的测量仪器之间的相互作用不能像在经典物理学中所假设的那样永远被忽略,而是相反地在实际量子过程的研究中构成所观察的现象本身的一个不可分割的部分. 在这样的情况下,不足为奇的就是,在不同的实验条件下得到的经验不能总结在任何一个图景中,而是在一种客观描述中必须被看成是互补的,其意义就是,它们的总体在我们用实验的形式向自然提出问题而得到的答案中提供着关于原子体系的全部知识.

所谓互补性观点不但可以解释一切的表观佯谬,而且也给出了一种宽广得足以容纳大量物理经验的构架,那些物理经验在习见的表象性因果描述中是没有容身之地的. 面对着在严密科学中显得那么新的这种局势,一种决定性的启示就是,在另一些知识领域中的经验描述中重新发现一些相似之点;在那些领域中,整体性特点曾经一直是很突出的. 这种对比的价值起源于这样一件事实:在这些领域中,我们遇到一种经验的丰富性和它们的描述中的一种多面性;和这些相比,物理学中的局势显得是极其简单的,从而是包含着一种更容易掌握得多的教益的.

当转向有生机体时,我们于是就面对着和我们哪怕在最复杂的力学体系中所遇到的一种数量级完全不同的结构上的和功能上的复杂性. 虽然我们没有任何理由怀疑机体中的原子过程在每一个细节上都服从相同的一些在很大的程度上可以解释物质的物理性质和化学性质的定律,然而不足为奇的却是,在机体的行为中,我们遇到一些特点,它们在人们在简单的、可重复的实验条件下通过物理实验和化学实验所得到的经验中是没有对应物的. 在有生机体中,我们当然可以说遇到的是大自然本身在很长的有机发育史的过程中所做的实验的结果.

291

为了描述生物学的观察结果,当人们发现宜于使用例如自我保存的本能这样完全超出于物理科学之外的词句时,这并不是指出物理概念的范围的界限的问题,而却是这样一件事实的认识问题:机体的复杂性阻挡了这些概念在解释整个机体的保存中的实际适用性. 当我们谈到生活中的精神经验时,在这方面就必须强调,我们一旦涉及了很复杂的行为,以致在实际上只能用涉及特定机体对整个处境的反应的词句来传达它时,意识一词就会自动出现了.

描述和整理精神经验的条件,一直是哲学中的一个重要问题. 在我们在量子物理学中获得的一般认识论教益的启示之下,显然可以看出,涉及互斥的精神经验的例如思想和感情这样的字眼儿,自从语言起源时起就是以一种互补的方式被应用的. 不过,在这方面不应该忘记,原子现象的客观描述恰恰是建筑在获得一些互补的经验时所处的互斥实验条件的细致说明上的,从而是根本不涉及个体的观察者的. 在我们用到"我想"或"我愿意"之类的说法的个人精神经验的传达中,类似性的出现只是因为我们用相同的代词而用了不同的动词.

292

我们在这儿遇到了"自我"的本性这个老问题;这个问题在关于任何人的互相观察和互相打架的许多"自我"的认真的或玩笑的讨论中是如此有名的. 对于一个最后主体的寻求当然是和客观描述的本质相反的,因为客观描述归根结蒂要求主体和客体的并列,但是人类生活中保持人格的统一和保留意志自由的观念的可能性,却恰恰依赖于主体和客体之间的分界线在一些局势下的不同画法,那些局势是我们用"故意"或"本能使然"之类的字眼儿来描述的.

我们在个人在社会中的关系的描述中也遇到一些典型的互补特色. 在这儿,像正义和仁爱之类的所谓伦理理想的有限相容性当然是特别突出的. 在很大程度上,通过对比不同的民族文化,它们尽管在传统和态度方面有着十分深刻的不同,但是仔细分析下来却显示人类生存的一些共同的特色,我们就能得到关于在人类社会中追求平衡时将会出现的许许多多可能方式的一种教益. 和不熟悉的社会条件的每一次接触,都会迫使我们对自己的习惯和观点的根源进行反思,并使我们认识到一些自己几乎不曾觉察到的成见.

也许会有人觉得,通过这些一般的论述,我们已经相当远地离开了我们在物理科学中所面对的直接任务. 然而我的意向却是要强调,完全抛开它的技术应用不谈,原子物理学的发展怎样在我们对一般人生问题的更深入洞察的不断追求中提供了帮助,正如自然科学中的以前进展也提供了帮助一样.

原子物理学已经给了我们的对自然力的更大掌握,和生物学研究的发荣滋长以及医学方面的奇妙进步一起,展示了增进全世界人类福利的美好前景. 与此同时,通过人类现在已经掌握的可怕的力量工具,世界上全体人类的命运已经不可分割地联系在一起了;那种力量工具的使用可以威胁整个地球上的生命的存在.

　　在这种同时是如此有希望而又如此危险的局势下,我们必须记得知识和能力的任何增加都永远意味着个人方面的更大责任.然而,最近的发展却使整个的人类文明面临了最严重的挑战;这种挑战只能通过一切国家在实现共同责任中的合作来对付.很显然,将来各国之间的不和只能通过和平磋商来解决,而且,在目前的条件下,从长远角度看来各国也只有通过他们所能给予别国的支持以及他们所能对共同人类文明作出的贡献才能保持自己的存在.

　　今天人类所面临的危机是在文明史中没有先例的;这种危机,只有通过对各种传统观点之有限范围的不偏不倚的考察才能得到解决.一个不可缺少的要求想必就是关于每一个国家中的社会条件的充分情报的共同掌握,以及关于各国共存的任何重要问题的超越一切国界的自由讨论.只有这样一个开放的世界,才能给世界人民之间的互相信任提供有益的土壤,而为了废弃至今被认为是保卫国家利益所必须的力量工具的保有,就要有这种互相信任.

　　虽然在这种现有秩序之迅急变化的道路上还有许多困难,但是也还可以找到一种鼓励,特别是在人类面前的共同任务的日益增多中;要解决这些任务,所有的人必须团结起来.在这方面,科学中的国际合作占有一种独一无二的地位,因为在这种合作中,努力是仅仅指向知识和见解的增长的.越过国家来源的和政治倾向的任何差异,指向这一共同目标的合作曾经创造了热情的友谊;这种友谊不但保持了个体科学家的巨大欣慰,而且也保持了全人类更光明的前途的希望.

*　　　　　*　　　　　*

　　置身于我们这样的一所大学中是一种特殊的荣幸和特殊的任务;按照它的目的和传统,我校是我们知识的统一性和我们努力的共同性的一种表现.在个人方面,我曾经感到巨大的快慰,不仅仅因为永远能够和领域很不相同的同事们进行有收获的接触,而且也因为和正在升起的一代保持联系;我们必须把我们的诚恳希望寄托在这一代人的新生力量和开放思想上;从而我愿意用对哥本哈根大学的热烈祝愿来结束我的简短论述.

第三编
关于哈若德·赫弗丁的论文

296

哈若德·赫弗丁,1883—1915年任哥本哈根大学哲学教授.
约摄于1910年.

引　言

大卫·否尔霍耳特　撰

　　在本卷的头两编中，我们看到玻尔在他一生中都很关心哲学问题，从而很自然地就会探问这种兴趣是从哪里来的．在关于玻尔的哲学背景的文献中，人们常常主张他受到了丹麦哲学家哈若德·赫弗丁的影响，而且通过赫弗丁也可能受到了另外一些哲学家例如索伦·基尔凯郭尔和威廉·詹姆斯的影响[1]．因此人们或许会预期，玻尔关于赫弗丁的出版物（在赫弗丁85岁寿辰时发表的一篇报刊文章和在丹麦王国科学院发表的两篇演讲[2]）将会对这个问题有所显示．这篇引言力图把这些出版物带到适当的视角之下．

　　哈若德·赫弗丁生于1843年3月11日而殁于1931年7月3日．他在1865年成为神学硕士（cand. theol.）而于1870年成为哲学博士．他的博士论文是《人类意志的古代认识》[3]．1883年，他成为哥本哈根大学的哲学教授，并任此职位直到1915年退休时为止．他得到了国际声誉，特别是因为写了两本在当时看来是很优秀的书——《心理学概论》和《现代哲学史》[4]．另外他还写了一些书，例如关于斯宾诺莎、卢梭、康德、基尔凯郭尔、伦理学、宗教哲学和认识论的书[5]．

---

① 例如参阅，M. Jammer, *The Conceptual Development of Quantum Mechanics*, McGraw - Hill Book Company, New York 1966, pp. 173—179.

② N. Bohr, *Ved Harald Høffdings 85 Aars - Dag* (At Harald Høffding's 85th Birthday), Berlingske Tidende, 10 March 1928; *Mindeord over Harald Høffding* (Tribute to the Memory of Harald Høffding), Overs. Dan. Vidensk. Selsk. Virks. Juni 1931—Maj 1932, pp. 131—136; *Harald Høffdings 100 - Aars Fødselsdag* (Harald Høffding's 100th Birthday), Overs. Dan. Vidensk. Selsk. Virks. Juni 1942—Maj 1943, pp. 57—58. 分见本卷原第308—309, 319—322和325页.

③ *Den antike Opfattelse af Menneskets Villie*, Copenhagen University Press, Copenhagen 1870.

④ *Psykologi i Omrids paa Grundlag af Erfaring*, Gyldendal, Copenhagen 1882 (first English edition: *Outlines of Psychology*, Macmillan, London 1891) and *Den nyere Filosofis Historie. En Fremstilling af Filosofiens Historie fra Renaissancens Slutning til vore Dage*, 2 volumes, P. G. Philipsens Forlag, Copenhagen 1894—1895 (Eng. ed.: *A History of Modern Philosophy* I—II, Macmillan, London 1900).

⑤ 一份完备的赫弗丁著作目录可以在 Frithiof Brandt et al., *Harald Høffding in Memoriam*, Gyldendal, Copenhagen 1932 中找到.

　　1884 年,赫弗丁被任命为丹麦王国科学-文学院的院士. 他在那时认识了尼耳斯·玻尔的父亲,在撰写他的《心理学》时向他请教过生理学方面的问题⑥. 克里斯蒂安·玻尔在 1888 年当选为科学院的院士. 1893 年,他们两人开始在科学院例会之后在一起用餐⑦. 几年以后,物理学家克里斯蒂安·克里斯蒂安森(后来尼耳斯·玻尔在大学中的导师)和语言学家威廉·汤姆森也加入了进来. 于是这四个人就形成了一个讨论小组,按期轮流在各人家中聚会,直到克里斯蒂安·玻尔在 1911 年逝世时为止⑧. 在下面收录的他在赫弗丁逝世时写的短文中⑨(该文补充了由宗教史教授威廉·格伦贝赫写的纪念赫弗丁的正式文章),玻尔描写了这些聚会,回忆了(赫弗丁所不曾回忆的)讨论常常涉及心理学和生物学的问题.

　　正如在"全卷引言"中指出的那样,当玻尔在 1903 年开始在哥本哈根大学求学时,他必须而且通过了"哲学概论"(Filosofikum)的课程,这是一门初等的、必修的课程;他选了听赫弗丁的课. 这门课包括两学期每周四小时的讲课,然后是一次口试. 赫弗丁的课程包括他自己的三本书:上面提到的《心理学》(426 页)、赫弗丁《近代哲学史》的简编本(95 页)和一种关于经典逻辑学的小教本(32 页)⑩.

　　正如在赫弗丁的纪念文章中提到的那样⑪,当听这门课时,玻尔在赫弗丁关于逻辑学的书中发现了某种初等的错误,而当赫弗丁在几年以后准备该书的一种新版时,他写信给玻尔征求了意见. 可惜我们现在只有赫弗丁给玻尔的信了⑫. 通过比较赫弗丁的书的两种版本(即 1903 年的第四版和 1907 年的第五版),我们可以看到有关的改动. 在 1903 年的版本中,赫弗丁举例说明了二元原理(即排中原理),并且叙述说,"一个概念(B)必然或是包括另一概念(A)或是包括它的反概念(a)"⑬. 此处用了排斥意义下的"或是……或是". 在 1907 年的版本中,原理的叙述如下:概念 A 或是和 B 有关或是和 B 无关."所举的例子是,"一个脊椎动物或是哺乳动物或不是哺乳动物". 但是,赫弗丁接着说,"在 B 不

299

　　⑥　Harald Høffding, *Erindringer* (Recollections), Gyldendalske Boghandel-Nordisk Forlag, Copenhagen 1928, pp. 171—172.
　　⑦　见前面《全卷引言》原第 XXVIII 页.
　　⑧　赫弗丁在回忆录即注 6 所引的书的第 171 页上谈到了此事,参阅第六卷原第 XXI 上的引文.
　　⑨　Bohr, *Mindeord*, ref. 2.
　　⑩　玻尔听课的那一年所用的丹麦文版本是,*Psykologi i Omrids*, ref. 4, 4th edition, Gyldendalske Boghandel-Nordisk Forlag, Copenhagen 1898;*Kort Oversigt over den nyere Filosofis Historie*, P. G. Philipsens Forlag, Copenhagen 1898;*Formel Logik til Brug ved Forelæsninger*, 4th edition, Det Nordiske Forlag Ernst Bojesen, Copenhagen 1903.
　　⑪　Bohr, *Mindeord*, ref. 2, this volume on pp. 316—317.
　　⑫　存在尼耳斯·玻尔文献馆中的有关此事的通信见本卷原第 505 页及以后.
　　⑬　H. Høffding, *Formel logik*, ref. 10, pp. 26—27.

是 A 的必然特色的事例中，AB 和 Ab 都可以出现——在不同的情况和不同的时间出现[b 是 B 的反面]. 例如，脊椎型可以既出现在哺乳类中又可以出现在非哺乳类中，例如既出现在马中又出现在鹰中"[14]. 显然，玻尔曾经向赫弗丁指出，一个概念可以既包括另一个概念也包括该概念的反概念.

1905 年，哥本哈根大学的学生讨论小组"黄道社"成立了，所有的社员后来在丹麦社会上都达到了显赫的地位[15]. 一位社员皮特•斯考夫在他的回忆录中描述这个社团如下[16]：

300

> 中学毕业以后，我开始学习法律，这一方面是为了使我父亲高兴，一方面是因为我受到一些别的学科例如文学、艺术和哲学的强烈吸引，以致我不知道选什么好了. 我的学习给我留下了大量的空闲时间. 有几年我参加了赫弗丁的讨论班. 在这里，我找到了一些好朋友，他们发起了一个小俱乐部，共十二人，因此名为"黄道社". 社员包括玻尔兄弟、诺伦德兄弟、爱德伽•鲁宾、布朗达耳等人，他们后来都成了教授. Quorum minimum pars fui* 我曾经总是置身于我可以从他们那里学到一些东西的人们中间.

许多科学史方面的学者曾经根据这段话得出结论说，通过"Filosofikum"以后，玻尔和"黄道社"的许多其他成员都参加了赫弗丁的讨论班，也就是他向主修哲学的学生们开的课[17]. 然而，皮特•斯考夫显然没有说过这种不太可能的事情.

---

[14]　H. Høffding, *Formel logik*, 5th ed. , Gyldendal, Copenhagen 1907, p. 27.

[15]　这一俱乐部的成员是：爱德伽•鲁宾(1886—1951)，后来成为心理学教授；尼耳斯•玻尔；哈若德•玻尔；历史学家保罗•诺伦德(1888—1951)，后成丹麦国家博物馆的馆长；他的哥哥数学家尼耳斯•艾里克•诺伦德(1885—1981)，后来成为数学教授. 尼耳斯•玻尔在 1912 年和诺伦德兄弟的妹妹马格丽特•诺伦德结了婚. 其余的会员是：皮特•斯考夫(1883—1967)，后来成为丹麦驻莫斯科、安卡拉、布拉格和华沙的大使；威廉•斯劳曼(1885—1962)，一位美术史学家，后来成为哥本哈根装饰美术博物馆(Kunstindustrimuseet)的馆长；凯•亨利克森(1888—1940)，一位昆虫学家，后成哥本哈根的动物学博物馆的馆长；艾纳•科恩(1885—1969)，鲁宾的表兄，一位政治经济学家，后来成为政府统计部中的秘书；里斯•雅科布森(1882—1961)，鲁宾的表兄，北海地区语言学家；维高•布朗达耳(1887—1942)，后成传奇语言学教授；最后还有阿斯特里•隆德(1881—1933)，后来嫁给伊利亚•隆定. 隆定(1878—1969)是一位农业经济学家，后来成为丹麦农业界的重要人物. 他后来也成了"黄道社"的社员，但时间不详. 古德芒•哈特(1884—1960)，一位地理学家，后成为地理学教授，他也一度入社. 这一团体的章程和纪录现未发现，这表明它的组织是很不形式化的. 斯劳曼在 1955 年 10 月 7 日《政治报》上发表的《回忆和尼耳斯•玻尔的相遇》(*Minder om samvœr med Niels Bohr*, Politiken, 7 October 1955)中写道，当大学生毕业以后，"黄道社"的聚会就停止了. 尼耳斯•玻尔文献馆中藏有一幅玫瑰线状的小画，上面写有"黄道社"七位社员的姓名和住址；其时间可能是 1916 年. 当然这并不能证明聚会直到那时还按期举行.

[16]　P. Skov, *Årenes Høst. Erindringer fra mange Lande i urolige Tider* [Harvest of the Years. Recollections from many countries in times of unrest], Munksgaard, Copenhagen 1961, p. 10.

*　[中译者按：意谓"我也得附骥尾"，承编者函告此义.]

[17]　See, for instance, Jammer, *Conceptual Development*, ref. 1. p. 173 and J. Faye, *Niels Bohr: His Heritage and Legacy*, Kluwer Academic Publishers, Dordrecht 1991, pp. 25 ff.

玻尔的表弟和密友鲁宾确实参加了讨论班,因为他是哲学系的专修心理学的学生(当时哥本哈根大学还没有独立的心理学系). 我们也知道斯考夫和布朗达耳参加了某些讨论班.

但是"黄道社"是独立于赫弗丁的讨论班而存在的. 这一点可以根据另一位社员威廉·斯劳曼的回忆看出[18]:

> 从 1905 年开始,后来成为心理学教授的爱德伽·鲁宾在几个冬季中发起组织了十二名他那种年岁的大学生来举行当时大学生们通常举行的那种类型的聚会——会上有一次演讲,一杯茶,在一个饭馆中或一个寄宿舍中,然后就进行讨论,并消费大量的烟草. 自然科学和社会科学、地理学和传统的人文科学(哲学、文学、语言学、考古学和史学)全都有代表,而十二个大学生的不同志趣则稍微自负地反映在俱乐部的名称中:黄道社. 鲁宾一直是这个圈子中的积极的和中心的人物,多数社员都在适当的时间内当了教授或是以其他方式深深参与了学术界.

因此,"黄道社"的存在并不能证明玻尔受到了赫弗丁的影响,甚至不能证明他参加过赫弗丁的讨论班.

在 1911 年克里斯蒂安·玻尔(尼耳斯·玻尔的父亲)逝世时,赫弗丁在某一刊物上发表了纪念文章[19]. 玻尔家感谢了他并和他保持了接触,但是我们没有任何证据表明赫弗丁和玻尔之间在直到 1922 年的那几年中有过科学上的接触. 在 1922 年那一年,赫弗丁给玻尔写了一封信[20],问了他"类比"这一概念在原子物理学中的用法问题[21]. 那时赫弗丁正在准备一本关于类比概念的书,而且他显然觉得在玻尔对这一概念的应用中有一些他没有了解清楚的地方. 玻尔的很有礼貌的复信[22]是很有历史意义的,因为信中包括了他的关于量子物理学之非直观性的最初论述之一. 但是他却没有讨论赫弗丁所提问题的任何细节.

在他从 1918 年开始的和波兰-法国哲学家艾密耳·梅耶尔孙(1859—1933)的大量通信中,赫弗丁在 1924 年 2 月 12 日写道他认识玻尔[23]. 然而,除了 1922

301

---

[18] Slomann, *Minder*, ref. 15, p. 12.

[19] H. Høffding, *Mindetale over Christian Bohr* (Tribute to the Memory of Christian Bohr), Tilskueren 1911, 209—212.

[20] 1922 年 9 月 20 日赫弗丁致玻尔的信,见本卷原第 511 页.

[21] H. Høffding, *Begrebet Analogi*, Kgl. Dan. Vid. Selsk. Filos. Medd. I, 4, 1923.

[22] 1922 年 9 月 22 日玻尔致赫弗丁的信,见本卷原第 513 页.

[23] 1924 年 2 月 12 日赫弗丁致梅耶尔孙的信. 见 *Correspondence entre Harald Høffding et Emile Meyerson* (eds. F. Brandt, H. Høffding and J. Adigard des Gautries), Ejnar Munksgaard, Copenhagen 1939, p. 70.

年的两封信以外,在1918年到1928年之间(那是玻尔的主要哲学贡献的萌芽时期),赫弗丁的和玻尔的通信中都没有他们之间的科学接触的任何迹象.例如,赫弗丁的通信中包括在1888年到1931年之间写给德国哲学家菲丁南·汤尼斯(1855—1936)的41封信,其中根本没有出现玻尔的名字[24].

只有从1928年开始,尼耳斯·玻尔和马格丽特·玻尔才曾经数次访问赫弗丁.为了理解这些访问可能对玻尔-赫弗丁关系有些什么显示,必须追溯一下他们的背景.我们必须从1922年开始,那时赫弗丁在一次大学生集会上发表了一篇演讲.他在那里遇到了一位年轻的瑞典女子,她正在致力于宗教哲学的学习.不久以后,她就搬进了赫弗丁的住处,即卡尔斯伯啤酒厂中的光荣府[25].青年女学生和自从1877年以来就已丧妻的赫弗丁同居这件事本身,引起了很大的轰动.当他们在1924年结婚时,绯闻就达到了高潮[26].当时赫弗丁是81岁,而他的妻子只有24岁.另外,他妻子精神有些不正常而且很快就成了一个酗酒者.她在1930年8月间自杀了.在此两年以前,赫弗丁在写给梅耶尔孙的信中谈到了这种情况[27]:

302

> 几个月以前我得了病,并且卧床数日,而且我相信我妻子曾经说我病得很重.因此玻尔先生就来过几个晚上,并坐在我的床边.他告诉了我他的工作情况以及其他有兴趣的问题,并向我诵读了他所喜欢的诗人们的作品,而玻尔夫人和我妻子聊天.这在我们的平淡而孤独的生活中是一种很大的慰藉.

在这段时间内,赫弗丁已经变得越来越孤立,而玻尔及其夫人的对卡尔斯伯府的访问必须被看成一种个人的支持而不是被看成玻尔对这位丹麦哲学家的知识依赖.

玻尔关于自己工作的说明鼓励了赫弗丁,使他准备了他的最后一种出版物,

---

[24]　信件现存哥本哈根的王国图书馆.

[25]　卡尔斯伯大厦在1914年成为荣誉府.卡尔斯伯啤酒厂的创办人J·C·雅科布森和后来他的儿子卡尔·雅科布森曾住在这里.按照后者的遗嘱,大厦由丹麦王国科学-文学院接管,作为该院杰出成员的荣誉住所.第一位居住者是赫弗丁,他从1914年5月11日住到他于1931年7月3日逝世时.在1931年12月11日科学院的一次会议上,决定由玻尔接替赫弗丁入住荣誉府.[中译者按:卡尔斯伯荣誉府存在了50年.在最后一位居住者、东方语文学家易家乐(Sører Egerod)教授于1995年逝世以后,大厦已由卡尔斯伯基金会收回,改作别用.]

[26]　Høffding, *Erindringer*, ref. 6, p. 321.

[27]　1928年8月13日赫弗丁致梅耶尔孙的信,见注23所引书,p. 156.

这是一本小册子《关于知识理论之现状的札记》㉘，从此书可以看出，他试图把握玻尔的想法——然而不怎么成功㉙. 不过这种努力却似乎给玻尔留下了一定的印象，而正如从本卷所收的文章中可以看出的那样，后来他一直满怀尊敬地谈到赫弗丁，而且永远提到一件事，那就是，在他的晚年，赫弗丁曾经试图理解量子力学是干什么的.

玻尔在 1917 年当选为丹麦王国科学院的院士，而记录表明玻尔和赫弗丁曾出席过若干次相同的会议. 他们也一起参加了 1925 年成立的为将在哥本哈根建造的一个新的国家博物馆筹款的委员会. 不过，并不存在进一步的文献证明玻尔和赫弗丁在 1928 年以前讨论过物理学和哲学. 在他于 1928 年出版的很详尽的《回忆录》中，赫弗丁生动地描绘了他所认识的人们——不仅包括像乔治·布朗德斯、亨利·易卜生、布约恩耶恩·布约恩孙、基尔凯郭尔之类的名人，而且包括同学、同事、学生等等. 他详细地描述了他的环境和哲学发展. 假如他曾经和玻尔进行过相当的科学讨论，他肯定会在《回忆录》中提到那些讨论. 然而，玻尔只是联系到赫弗丁关于类比概念的书㉚（1923 年出版）而被提到的. 赫弗丁写道："但是现在玻尔的电子物理学和赫耶耳姆斯列夫的几何学研究对我来说变得特别重要了."㉛

总之，正如在玻尔关于赫弗丁的出版物中所表示的那样，这位丹麦哲学家对玻尔的一般的哲学学习和态度来说无疑是重要的. 不过，看来赫弗丁在玻尔对哲学的具体贡献的表述方面似乎只起了很小的作用乃至根本没起作用.

㉘　H. Høffding, *Bemærkninger om Erkendelsesteoriens nuværende Stilling*, Det Kongelige Danske Videnskabernes Selskab, Copenhagen 1930, 28 pages.

㉙　See D. Favrholdt, *Niels Bohr's Philosophical Background*, Munksgaard, Copenhagen 1992, pp. 101 ff.

㉚　见注㉑.

㉛　Høffding, *Erindringer*, ref. 6, pp. 311—312.

I. 在哈若德·赫弗丁 **85** 岁寿辰时的讲话

VED HARALD HØFFDINGS 85 AARS – DAG

Berlingske Tidende，10 March 1928

参阅第三编《引言》原第 297 页.

在哈若德·赫弗丁85岁
寿辰时的讲话

在赫弗丁85岁寿辰之际,整个的年轻一代都将为了他,通过自己亲身教学和已问世的著作而对我们所做的一切,来向他表示我们热烈的感激之情.置身于专业哲学家圈子之外,我没有资格讨论他那巨大的和概括性的学术工作.但是,当我愿意参加我们的感激表示时,我心中首先想到的是赫弗丁本人曾经那么多次大力强调过的哲学和自然科学之间的密切联系.我们不但在科学的早期发端时遇到这种联系,而且一种不断的互相培育也曾经出现在直到最近时期的整个发展中;尽管在近代,一切领域中的观察资料的巨大积累,以及获得和分析这种资料的方法的迅速发展,已经要求了科学内部的广泛分工.

在自然现象的研究中,我们一次又一次地遇到了一些问题,要求我们修正我们对观察结果的诠释所依据的那些概念.在每一个事例中,都曾经有一个由外界情况决定的危机,就是说,出现了新旧经验之间的不一致性,它威胁着人们,似乎要挡住人类思想向自然奥秘中的进一步前进.于是,曾经具有不可估量的重要性的就是,科学家们能够在哲学家们阐明人类思想之基础和界限的尝试中找到对新的进展的支持和出发点.并没受到外界情况的强迫而只是出于对精神上和思想上的和谐性的渴望,哲学家们曾经深化了我们的理解并创造了一种对即将出现的困难的一般处理方式,也创造了对一切人类概念中的相对性和互补性的一种所及甚广的理解.由于他那不可避免地是片面的教育,一位自然科学家在这一特定的事例中最容易看不出我们所依据的基础在多大程度上是通过他的前辈们(他们的名字是和更狭窄的科学界线内的一些发明联系着的)的工作而被创造出来,但也是通过伟大思想家们对更普遍问题的不断专心思索而被创造出来的;这是我们已经通过一些单词的形成而享受了它的成果的专心思索,那种单词的形成已经通过反映他们的思想而进入了我们的语言并成了公共的财富.我们全都必须衷心地感谢赫弗丁教授,因为在他那关于阐明我们的理性生活和感情生活的条件的斗争而对哲学的征服的很有特征的(既是客观的又是带有个人风格的)论述中,他曾对增进我们的关于我们工作基础的理解并从而积极地支持这种努力作出了贡献.

　　在我个人方面，我很幸运地从我的少年时期就和赫弗丁教授有了密切的接触，从而我对他给予我的指引和鼓励深感谢意. 不过，假若我不是同时知道我表达的这些思想会激励范围广阔的年轻一代丹麦科学家，我也许不会借此机会来公开表达这种感情. 赫弗丁不但把我带到了同时如此遥远而又如此切近的哲学之美，而且他那种对一切新进展的永不休止的精力和开阔的心胸也增强了我们的信心并使所有的人向他打开了心扉；他正是用这样的精力和心胸追随了每一个领域中直到最近阶段的发展，如果可能的话. 当在国内这里几乎没有任何人认为哲学是关于不适于帮助人类的发展社会和掌握自然的一些问题的无益思索，而我们全都欢呼它是科学的科学时，那首先而又首先地是起因于赫弗丁的工作和他所创立的传统. 当我在国外旅行时，我也有过大量的机会了解到赫弗丁教授由于他那独一无二的基础广阔的科学眼界而受到了多么高的尊敬. 他在任何地方的同行们都承认他是一位大师；在眼界的广阔和不偏不倚方面，任何当代哲学家都几乎无法和他相比. 愿他在很长的时间内仍然以不衰退的精力在我们中间工作！

Ⅱ. 纪念哈若德·赫弗丁的献辞

MINDEORD OVER HARALD HØFFDING

Overs. Dan. Vidensk. Selsk. Virks.
Juni 1931—Maj 1932，pp. 131—136

1931 年 12 月 11 日在丹麦
王国科学院的发言

参阅第三编《引言》原第 297 页及以后.

玻尔在他的哈若德·赫弗丁纪念献词中描述的科学家小组. 左起：威廉·汤姆森、哈若德·赫弗丁、克里斯蒂安·玻尔、克里斯蒂安·克里斯蒂安森,1955 年克里斯蒂安森的女儿约翰尼订购了这幅画来作为庆贺玻尔 70 寿辰的礼物.

艺术家，Des Asmussen, 1955.

纪念哈若德·赫弗丁的献辞

我很感谢被邀请在今晚到这里来,在科学-文学院纪念哈若德·赫弗丁的会议上讲几句话;对赫弗丁来说,本院是非常亲切的.谁也不会预期我将对赫弗丁的个人发展及学术努力作出一次详细的论述,就像我们刚刚满怀赞叹地听过了的那一篇那样.然而,根据由我自己和赫弗丁的关系所得来的宝贵回忆,我愿意简单地谈谈他的人格和终生工作对广大范围内的科学家们曾经起了什么作用;那些科学家的研究工作和现在这种哲学只有间接的联系.

我对赫弗丁的最初记忆起源于他在《回忆录》①中描述了的一些晚间聚会.大约在一个世代以前,一个科学家小组按期在他们的家中进行了聚会并讨论了引起他们兴趣的各种问题.小组的其他成员从上大学时就是赫弗丁的亲密朋友:克里斯蒂安·克里斯蒂安森和威廉·汤姆森以及我父亲;我父亲年轻得多,但是他在那些年月中和赫弗丁的友谊日益密切了.自从我们长到能够从议论中得到好处时起,直到聚会在我们这方面由于我父亲的过早逝世而中断时为止,我们小兄弟就被允许当聚会在我们家中举行时出席聚会,我们从那些聚会得到了一些最早的和最深刻的印象.在那些常常是很生动的讨论中,克里斯蒂安森特别喜欢用他那种幽默的方式来取笑赫弗丁,他谈到了一般哲学的高踞于实在世界之上.然而,和别人一样,他很好地领略到了赫弗丁的概括能力和对综合的需求,达到可以说是一种肥沃土壤的那种程度;在那种土壤中,别人的想法带着他们不同的学科和见识的烙印而发荣滋长起来②.

对赫弗丁来说,以我们科学院为标志的对科学统一性的重视,不仅是一种抽象的当然之理,而且是一种实际的需要.虽然他或许会喜欢把哲学说成科学的科学,但是他绝不会主张比较狭义的哲学应该能够给出一切科学工作都必须服从的金科玉律.赫弗丁永远是对一种可能性有所准备的;就是说,正是通过较窄的科学领域内的研究,普遍的人类知识的问题的本质特色可能在一种新的和有成果的方式下得到阐明;在那些较窄的科学领域中,人们可以更容易地找到关于经

---

① [H. Høffding, Copenhagen 1928, pp. 171—174.
② [这段译文取自本书第六卷原第 XX — XXII 页,但小有改动.]

验之间的相互关系的概括性的观点. 在这种处理方式的基础上,他的主要努力就是利用在各种科学分支中形成的观点来照亮普遍的问题. 如此得到的关于科学思维形式的特别广阔的视野,又反过来使他能够向在特殊领域中工作着的科学家们提供一种指教;这种指教是特别可贵的,因为科学中越来越多的分支使那些探索不同分支的人们越来越难以理解其他的分支并直接从那些分支学到东西了.

　　虽然上述意义下的普遍认识论问题在赫弗丁看来是中心问题,而且多年以来变得更是这样了,但是,最首先而又最主要的却是,在他的心理学研究中,他发展了自己所特有的工作方法并得出了处理抽象问题的工具. 这些研究形成了他在其他哲学领域中的工作的背景,正如赫弗丁在他的最后一篇论文中所特别强调了的那样;那是一篇短文,标题为"心理学和自传",是在一年以前才写成的,最近即将在一本美国文集中发表③. 在这篇文章中,赫弗丁用一种最有教育意义的和最有兴趣的方式,对他作为一位作家的工作以及他所依据的基本态度作了一次考察. 在写作这篇文章的过程中,他谈论他的长期工作生活,并感受到他怎样回忆这种生活给他带来的满足,感觉到他怎样汲取了力量来忍受生活带给他的痛苦,特别是在他晚年带给他的痛苦,这真是一种难忘的经验.

　　赫弗丁很恰当地把他的概论性教程称为《关于经验之基础的心理学概论》④;这种由赫弗丁发展成他的概论性讲课的基础的心理学的论述,就是使赫弗丁第一次和更大范围的有着科学兴趣的读者们发生了接触的著作. 首先而最主要的是由于作者对课题之伟大性的尊重,使这一著作得到了自己的吸引力和说服力;正是这种吸引力和说服力,使它得到了广泛的流传和保持了长久的生命力,这是赫弗丁本人在将近 50 年以前撰写这本书时很难想到的. 在这本书中,你不应该寻求关于意识流的文学论述,也不应该寻求关于正常的和病理的精神状态的深入分析,但是你却将发现关于意识现象之科学(在科学二字的最好意义上)处理方式的一种清醒的而同时又是热情的说明. 一个突出的特色就是努力保持了分析和综合之间的平衡,而且永远没有忘记,虽然整体是由部分构成的,然而部分却是在整体的照耀下出现的. 赫弗丁的心理学论述所特有的这种客观性,对许多听他讲课的人们以及更多的读他的书的人们来说,肯定曾经是比我们任何人都很容易解释的问题更加重要的. 这一点,在我和较晚成立的一些大学中的

321

---

　　③ 〔H. Høffding, *Psychology and Autobiography* in *A History of Psychology in Autobiography* (ed. C. Murcheson), Vol. 2, Clark University, Worcester, Massachusetts 1932 (republished by Russell & Russell, New York 1961), pp. 197—205. The article was published posthumously in Danish (see p. 325, ref. 1).〕

　　④ 〔H. Høffding, *Psykologi i Omrids på Grundlag af Erfaring*, Gyldendal, Copenhagen 1882. Translated into English as *Outlines of Psychology*, Macmillan, London 1891.〕

学生的接触中使我感触尤深;在那些大学中,并没有我们这种老大学中的传统.
我们在那里可以遇到一种有局限的科学观点,因为那里缺乏像赫弗丁的学生所
直接接受到的这种对心理学基本问题的洞察.

　　事出偶然,我个人是通过涉及某一哲学领域的某些讨论而第一次和赫弗丁
发生了直接的学术接触的;考虑到赫弗丁的整个治学方法和天性,那个哲学领域
想必是位于他的兴趣的边沿地带,那就是形式逻辑学.虽然赫弗丁本人几乎并不
认为他在讲课中采用的简短的逻辑学简介是他的著作的一个重要部分,但它还
是一本很有启发性的书;在那里,作为他那个处理方式的特征,生动的背景仍然
是一般的心理学经验,即使在关于逻辑命题的分类的讨论中也是如此.然而,对
于主要兴趣在于科学问题之数学处理的一个青年人来说,分类的严密性问题却
是更加重要的.我永远忘不了二十五年多以前的一些夜晚,那时我获准到滨河路
上他的旧住所中去拜访赫弗丁并讨论这些问题,而赫弗丁则在他对人类思想史
的一切细枝末节都很精通的情况下,带着一种无法形容的亲切和耐心倾听着,他
要听听这位青年大学生的热情多于理解的想法中有没有一点点在科学上或学习
上对他来说是新的东西.赫弗丁那种独一无二的在这种场合下忘掉他自己的方
式,在很大程度上可以解释他对别人的影响以及他在别人不知不觉中对别人的
独立思索给予的指导.

　　最首要的是,正是赫弗丁的关于哲学史的论述曾经证明了他的关于人类思
想构造及其先决条件的广阔眼界.在全世界,这一著作受到了很高的尊重,因为
他不偏不倚地而又耐心地寻求了伟大思想家们创作他们的著作时所处条件的底
蕴,并且寻求了对他们的最深意向的理解.特别是从赫弗丁对自然科学之发展的
深刻兴趣以及他对各门科学对一般哲学的影响的理解,这种论述得到了它的明
确的标志.在他最后的几年中,这种处理方式在赫弗丁关于由新经验领域的开辟
所造成的概念构架修正的同情看法中得到了一种很自然的表达.这种修正和认
识论学说的关系,就是他在科学院这儿发表的最后一篇演讲的主题.用一种在他
那个年岁弥足惊人的敏感和清新,赫弗丁对物理学家们为了概括新经验而扩充
概念构架的努力是充分同情的,而且他在新的形式中很高兴地认出了他自己在
多年以前曾经见到的而且在心理学的研究中特别是联系到伦理学问题曾经描述
过的一些特色.事实上,也许只有在原子理论的发展所带给因果问题的新光照
中,许多人才会欣赏赫弗丁当讨论自由意志概念所提给我们的旧谜语时在伦理
学中表现出来的那种遣词造句的清晰性和巧妙性.

　　直到结束了他长长的一生为止,赫弗丁基本哲学观点的不断发展和不断澄
清都是和他的特征工作方法以及他的整个思维方式密切地联系着的.每当赫弗
丁在我们科学院对他的研究作出论述并且按照课题本性所蕴涵的方面而常常对

他从前讨论了的问题作出评论时，留心的听讲者就能感觉到新的特色永远会被加进来，而他的观点的和谐性永远会得到改善和加深．在他一生的最后几年去拜访他，每一次都是一种伟大而丰富的经验．虽然赫弗丁有时因为关心他那最密切和最亲近的人的健康状况以及由于失去他的青年伴侣而造成的日益孤单而深感悲哀，但是你在离开他时却总会感到已经从日常的磨难中解脱出来，并且已经在人生和谐性的深度和美好方面得到了教益．他对他已学会珍视的事物的爱永不衰退．直到最后的日子，他仍然满怀着青年人的热情来谈到在柏拉图和斯宾诺莎以及莎士比亚和歌德那里看到的人生诗意．归根结蒂，可能正是这种爱与诚，使得赫弗丁成了一位真正的哲学家，并使他的去世在广大的人群中留下了这么大的空虚之感．

Ⅲ. 哈若德·赫弗丁 100 周年诞辰

HARALD HØFFDINGS 100 – AARS FØDSELSDAG

Overs. Dan. Vidensk. Selsk. Virks.

Juni 1942—Maj 1943，pp. 57—58

1943 年 3 月 19 日丹麦王国科学院的报道

参阅第三编《引言》原第 297 页.

哈若德·赫弗丁 100 周年诞辰

院长[按即玻尔]提出了哈若德·赫弗丁在一生最后的一年中写的一篇迄今未以丹麦文发表的论文,《心理学和自传》,收入 Filos. Medd. Vol. 2, No. 3 中①.

在此场合下,院长除了其他问题外,讲了下面的话:

"3 月 11 日,是哈若德·赫弗丁的 100 周年诞辰,而在此日期,他的对丹麦的科学和知识生活如此重要的伟大功业被用各种方式纪念了. 特别说来,在近来在赫弗丁家的故居的旧址上建起的房屋的墙壁上,一块纪念铭板揭幕了;赫弗丁就是在那里出生的,并且在那里度过了他的童年时期和少年时期,在此期间,对他的一生工作有决定意义的发展已经发生了. 在同天的早晨,科学院献的一个花圈被放在了 Vestre Kirkegaard② 中由卡尔斯伯基金会建造的他的美丽的墓石上. 在他的 100 周年诞辰以后的我们的第一次会议上,我们很自然地会纪念哈若德·赫弗丁的终生工作以及他在我们这些人中的意义. 然而,在他逝世以后在科学院这里以及在别的地方发表的那些纪念演讲中,已经讲了许多阐述他的工作的话,从而很难再说出什么新东西了.

然而,我们发现赫弗丁曾经留下了一份丹麦文的文稿,这是为一本美国文集准备的,该书包含一些杰出心理学家的短篇自传,从而此文的英文译本就编入了该书中③. 这篇由赫弗丁亲自撰写的最后文章包括了许多有兴趣的信息和反思,而且证实了他的直到最后时刻的力量和清晰. 由于它的出版时的特殊情况,这篇文章一直是鲜为人知的,因此,丹麦文稿在我们的刊物上的发表将在很大范围内受到欢迎,并同时使科学院有机会用一种合适的方式来表示对哈若德·赫弗丁的怀念和感谢. 通过朗诵这篇文章,我们也将再一次有机会听到赫弗丁的言论,这种言论多少年来是常常在科学院这儿回响的."

---

① [H. Høffding, *Psykologi og Autobiografi* (with a foreword by Frithiof Brandt), Kgl. Dan. Vid. Selsk. Filos. Medd. Ⅱ. 3(1943) 22 pp.]

② [直译为"西公墓".]

③ [见本卷原第 320 页注 3.]

第四编 历 史 论 文 >>>> 327

引　言

大卫·否尔霍耳特　撰

　　第四编所收的所有文章都是在特定的场合下撰写的，而且具有历史的内容
的. 玻尔根据自己的志愿或别人的请求写了许多悼词和纪念演讲词. 此处印出的
这些纪念演讲词是根据它们的细节丰富和范围广阔而选定的. 除了关于 H·
C·奥斯特的文章以外，这些文章都有助于阐明玻尔自己的科学努力以及他如
何看待他自己工作的发展所处的那种历史环境. 在这方面，主要的文章就是
《1958 年卢瑟福纪念演讲》[1]，它除了描绘了作为一位科学家和活人的卢瑟福以
外，还在描述玻尔自己的原子理论的发展方面包括了一些自传性的要素. 关于荷
兰物理学家皮特·塞曼(1865—1943)的发现[2]和瑞典物理学家约翰·罗伯特·黎
德伯(1854—1919)的发现[3]的文章包括了补充的资料.《量子力学的创立》一文[4]
和关于索耳威会议的文章[5]也是这样；这两篇文章表现了关于量子力学的地位
的讨论的某些侧面，这种讨论从 1927 年以来是玻尔终生一直非常关心的.
　　玻尔对一般的历史是很感兴趣的，特别说来对科学史也很感兴趣. 他在撰写

---

　　① N. Bohr, *The Rutherford Memorial Lecture 1958: Reminiscences of the Founder of Nuclear Science and of Some Developments Based on his Work*, Proc. Phys. Soc. **78**(1961)1083—1115. 见本卷原第 383—415 页.

　　② N. Bohr, *Zeeman Effect and Theory of Atomic Constitution*, "Zeeman, Verhandelingen", Martinus Nijhoff, The Hague 1935, pp. 131—134. 见本卷原第 337—340 页.

　　③ N. Bohr, *Rydberg's Discovery of the Spectral Laws*, Lunds Universitets Årsskrift N. F., Avd. 2, Vol. 50, no. 21 (1955) 15—21 (Proceedings of the Rydberg Centennial Conference on Atomic Spectroscopy). 见本卷原第 373—379 页.

　　④ N. Bohr, *The Genesis of Quantum Mechanics* in *Essays 1958—1962 on Atomic Physics and Human Knowledge*, Interscience Publishers, New York 1963, pp. 74—78. This volume is photographically reproduced as *Essays 1958—1962 on Atomic Physics and Human Knowledge*, *The Philosophical Writings of Niels Bohr*, *Vol.Ⅲ*, Ox Bow Press, Woodbridge, Connecticut 1987. 玻尔的文章见本卷原第 424—428 页.

　　⑤ N. Bohr, *The Solvay Meetings and the Development of Quantum Physics* in *La théorie quantique des champs*, *Douzième Conseil de physique tenu à l'Université Libre de Bruxelles du 9 au 14 octobre 1961*, Interscience Publishers, New York/London and R. Stoops, Bruxelles 1962, pp. 13—36. 见本卷原第 431—454 页. Also published in *Essays 1958—1962*, ref. 4, pp. 79—100.

此处所收的这些文章时是非常仔细的. H·C·奥斯特在科学方面和社会方面的成就⑥可以说是玻尔所继承的文化遗产的一部分,但是除此以外,玻尔对奥斯特的科学工作还有第一手的知识,因为他在 1914 年到 1920 年间曾经协助基尔斯廷·梅耶尔(1861—1941)出版了三巨册的奥斯特的科学著作;梅耶尔是在物理学方面获得博士学位的第一位丹麦女子,是一流的教育学家和科学史家,也是玻尔父母的亲密朋友⑦.

　　在准备《卢瑟福纪念演讲》时,特别说来玻尔得到了雷昂·罗森菲耳德和约尔根·卡耳卡尔的协助,但是也给了和卢瑟福一起工作过多年的科学家们以在第一份文稿付印以前提出改动和补充的建议的机会. 当第一份文本在 1961 年 3 月间完成时,玻尔把副本寄给了威廉·劳伦斯·布喇格、杰姆斯·查德威克、约翰·D·考克劳夫特、查尔斯·G·达尔文、吉斯·W·M·杜芒、乔治·伽莫夫、欧内斯特·马斯登和乔治·赫维斯. 他们全都回了信,而玻尔和其中某些人进行了很长的通信⑧. 这就导致了文章中许多小的变动,特别是日期和人名方面的改正.

　　具有特殊兴趣的是达尔文建议增加新的一节,而玻尔却不同意. 在 1961 年 9 月的一封信中,达尔文写道:

331

　　　　　　　　　[达尔文致玻尔,61 年 9 月 11 日,全信见原第 463 页.]
　　现在我转向上次我对你提出的问题,即关于更强调你的理论的开始特别是强调氢光谱的问题. 我关于你的处理方式的印象……是那种处理太分散,可以说没有一直把所有困难集中起来.

　　我完全相信,谁也不能替别人写他的文章,从而如果你完全不接受我的建议,我也不会感到意外或伤心,但是我认为你可以考虑加入大致如下的一段……

　　"当一种新理论被提出时,很自然地是它的发现者应该心中有整个的知识领域,包括他所应解释的所有困难在内,而在现在的事例中,许多的困难将在下面重述. 但是通常会有一个点燃了发现的火花——例如在核本身的发现中,火花就是卢瑟福的关于单次散射的想法. 在现在的事例中,火花就是氢光谱,而发现就是,通过量子原理的两次分别的应用,这种光谱就可以得到解释.

　　首先,如电子绕氢核的圆形轨道运动具有为量子之整数倍的角动量,它

---

⑥　N. Bohr, *Hans Christian Ørsted*, Fys. Tidsskr. **49**(1951)6—20. 见本卷原第 357—369 页.
⑦　*H. C. Ørsted Naturvidenskabelige Skrifter*, Vols. Ⅰ—Ⅲ (ed. K. Meyer), Andr. Fred. Høst & Søn, Copenhagen 1920. 在前言中感谢了玻尔的校对该书的介绍文章的英文本及改订校样.
⑧　存于 NBA 中的信件尚未制成缩微胶片.

就会确定出大致正确的原子大小．其次就是这样一种想法：不应该考虑所发射的光的频率，而应该考虑里兹的光谱项，而如果把这些光谱项看成量子化氢原子的能量，结果就会得出黎德伯常量．当得到的结果表明这个常量可以根据已知的原子常量正确地算出而不需要任何新的常量时，那就几乎不能怀疑这想必是一条基本的自然原理了，但仍然有待弄明白它能够引申到多远．"

正如我说过的那样，谁也不能替别人写文章，因此如果你不同意这一点我也不会感到意外．但这确实和我关于当我听你告诉我时你的理论最初引起我的注意的方式的那种记忆相一致，因此我希望你能够考虑是否某种强调会有益于论文的表述．

玻尔在该月的晚些时候复了信：

[玻尔致达尔文，61 年 9 月 20 日，英文，全信见本卷原第 464 页．]
不必说，我曾经很仔细地考虑了这个问题，但是我发现，不改变文章的风格就很难进行这种改动．

事实上，在整篇演讲中，我曾经努力借此机会用一种实事求是的和置身事外的方式来复原发展情况，而不讨论可以在教科书上找到的细节．这曾经是一种很困难的任务，而且我曾经常常对稿子的长度感到吃惊，这种长度是为了使整个故事有一种合理的平衡而必须谈到的许多情况所造成的．

玻尔的不愿采纳达尔文的建议，是和他的由后来的历史著作⑨所证实了的记忆相一致的，那记忆就是，巴耳末公式、里兹公式和黎德伯常量之类的光谱学数据，是在较晚的阶段才进入他的考虑的，那时他已经或多或少地赋予了他自己那些原子结构想法以充分发展了的形式．罗森菲耳德把这一情况确定为玻尔致卢瑟福的两封信之间的什么时候；这两封信写于 1913 年的 1 月 31 日和 3 月 6 日⑩；在第一封信中，玻尔写道：

[玻尔致卢瑟福，1913 年 1 月 31 日，英文，全信见第二卷原第 579 页．]

---

⑨　See Ulrich Hoyer, *Introduction* to "Part Ⅱ. Constitution of Atoms and Molecules" in Vol. 2, pp. 103—143, quotation on p. 110. Hoyer refers to L. Rosenfeld, *Introduction* in N. Bohr, *On the Constitution of Atoms and Molecules. Papers of 1913 reprinted from the Philosophical Magazine with an Introduction by L. Rosenfeld*, Munksgaard Ltd., Copenhagen and W. A. Benjamin Inc., New York 1963, pp. Ⅸ—ⅬⅣ.

⑩　1913 年 3 月 6 日玻尔致卢瑟福的信，全信见本书第二卷原第 581 页．

我完全没有处理和可见光谱各谱线频率相对应的频率的计算问题.

玻尔的同事汉斯·马瑞亚斯·汉森曾经问玻尔[11]:

　　……他怎样按照他的理论来说明光谱规律性.玻尔直到那时还不曾对问题的这一方面感兴趣;因为他觉得那些光谱太复杂,不能在原子体系的结构方面提供什么线索.在这个阶段上,汉森能够请他注意到光谱系已经被黎德伯表示出来的那种简单性来反驳他.

当玻尔和汉森查阅了黎德伯的著作时,按照罗森菲耳德的说法[12],玻尔的反应就是:"他不止一次地告诉我说,'我一看到巴耳末公式,整个问题对我来说就立刻清楚了'."罗森菲耳德在一条小注中又说[13]:"我是在 1954 年 6 月 23 日和玻尔的一次交谈中得到这种消息的.我对此做了一点笔记."

在《卢瑟福纪念演讲》[14]中,玻尔说:"……我在 1913 年初春才认识到,直接适用于卢瑟福原子的稳定性问题的一个线索,是由支配着元素光谱的惊人简单的定律提供出来的."这成了支持理论的一个很有力的论点,但并不是点燃发现的火花.玻尔对达尔文的答复证实了他撰写这篇历史论文时的慎重性.

最后必须指出,文章的定稿包括了一些脚注,但是玻尔后来把它们删去了,因为他觉得他不具备从历史的观点来满意地处理这一课题的那种专长[15],而那些小注的相当随意的品格也证实了这一事实.但是,既然这些小注是充分写出来的,本卷编者觉得把它们包括进来是合适的[16].

---

⑪　Rosenfeld, *Introduction*, ref. 9. Quotation on p. XL.

⑫　同上注,p. XXXIX.

⑬　同上注,p. XL.

⑭　玻尔,《卢瑟福纪念演讲》,见注①.引文见本卷原第 388 页.

⑮　约尔根·卡耳卡尔是尼耳斯·玻尔研究所的教授,玻尔多年的亲密合作者,他回忆了玻尔对这一结果的解释.

⑯　见本卷原第 416—420 页.

Ⅰ. 塞曼效应和原子构造理论

"Zeeman, Verhandelingen",

Martinus Nijhoff, The Hague 1935, pp. 131—134

参阅第四编《引言》原第 329 页.

皮特·塞曼和尼耳斯·玻尔,1925 年在阿姆斯特丹.

塞曼效应和原子构造理论

塞曼在1897年发现,发射光谱和吸收光谱的谱线结构当发光物质和吸光物质被放在一个磁场中时就会有所改变;这一发现确实可以说曾经开始了原子理论之发展中的一个新时代.它不仅给一种理论观点提供了最有决定意义的证实;那种观点是在法拉第和麦克斯韦的工作的基础上由洛伦兹特别发展了的,那就是实物的光学性质起源于原子中带电粒子的运动的观点.这一发现也第一次提供了关于这些粒子的本性的直接信息的来源.确实,塞曼效应的一般特色和洛伦兹计算的预言之间的惊人一致性,几乎并不比另一种重合性更能给人以深刻的印象,那就是理论根据塞曼的测量结果导出的原子内粒子的电荷-质量比和当时刚刚在阴极射线实验中发现的现在被称为电子的那种带电粒子的对应比值相重合.这种重合性在认识电子作为原子的一种基本成分方面所起的作用,是一直受到了J·J·汤姆孙的强调的;在随后的年月中,汤姆孙比任何别人都对物质的一种普遍电子理论的发展贡献更大.

其重要性并不次于塞曼效应在奠定原子构造之电子理论方面所起的作用的,就是这一效应在这一理论的跨步式进展方面所不断提供的指引.磁-光效应的进一步考察导致了比洛伦兹理论所能解释的更加复杂的塞曼式样,这样就揭示了电子理论的经典基础在说明光谱现象的细节方面的本质不足性.特别是普里斯顿所指出的光谱线系的规律和该线系的塞曼式样的类型之间的关系,清楚地表明了这些式样的起源和当时完全不清楚的光谱发射机制的密切联系.同时,隆格注意到的所有复杂塞曼式样和洛伦兹理论所预言的所谓正常三重线的某些特色的奇特相似性,以及帕邢和巴克发现的当磁场强度增大时一切"反常"塞曼式样向这种三重线的过渡,显示了在电子理论的基础上解决这些难题的未来前景.

然而,在1911年卢瑟福发现了原子核而以那样一种不曾想到的方式补足了我们的原子图景以后,借助关于原子内力的适当假设来达到这一目的的任何尝试都不得不放弃了.尽管有核原子从一开始就提供了解释各元素的放射性和嬗变之类的奇妙现象的准确无误的指导,但是当在经典电子理论的基础上进行处理时,这种原子在光谱现象方面的欠缺却是如此地明显,以致它立即暗示了对普通的电动力学概念的一种激烈背离的必要性,而导致了把光谱发射问题建筑在普朗克的作用量子的发射所揭示的物理学中的非经典要素上的尝试;而普朗克的发现在爱因斯坦手中已经被证实为在光电效应的解释方面很有成果了.尽管这种观点给支配着线系光谱而没有任何经典解释的黎德伯-里兹组合原理提供了一种直截了当的诠释,但是在一段长时间内却还仍然不清楚应该怎样理解反常的塞曼式样.就这样,不论是依靠经典图景的有限应用来建立起一种原子结构的量子理论的初步努力,还是逐渐建立起来的在其他方面那么有力量的正式量子力学方法,在起初都似乎没有给除了正常的洛伦兹三重线以外的任何类型的塞曼式样留下什么余地.事实上,这些方法在塞曼效应方面的结果和包含在著名的拉摩尔定理中的推论之间的一致性,提供了所谓对应原理的一个表观上无歧义的例子;而对应原理就表征了经典概念尽管有其局限性但还能在量子理论中得到保持的那种方式.

339

正是这种局势,刺激了对塞曼式样的一种建筑在普遍的谱线组合原理上的和原子构造之量子理论的基本公设相容的更加寻根究底的研究.这种特别是由索末菲和朗德得出的分析,也突出地得到了斯特恩和盖拉赫关于分子射线在磁场中的偏转的美好实验以及由瑞查孙、爱因斯坦和德·哈斯并由巴尔耐特预言了的其他惊人的磁-力效应的证实.确实,通过所有的这种工作,逐渐为以电子自旋概念为标志的对经典电子理论的又一次根本背离准备了场地.这一新的发展是由普遍不相容原理的建立开始的;泡利正是通过帕邢-巴克效应的分析而被引到了这条原理,它又通过乌冷贝克和高德斯密在原子构造理论中引用具有内禀磁矩的自旋电子这一形象化概念而得到了暂时的完善;这种自旋电子在对应论点的意义上不但给反常塞曼式样而且给在渐增磁场中向正常三重线的过渡提供了那么惊人地简单的一种诠释.电子自旋问题的一种完全合理的解最后由狄喇克的巧妙理论给出了,这种理论同时也通过关于在适当条件下会出现带异号电荷的电子偶的预言而带来了电子理论的一种最惊人的完成,那种预言是被实验发现很高明地证实了的.

狄喇克的电子理论并不曾建筑在关于本征电子磁矩的任何明白的假设上,但是正如所有大量的光谱学现象一样,塞曼式样的一切细节也都作为作用量子的存在加在电子理论上的那种无法用力学模式来形象地表示的修正的直接推论而出现了.在这方面,塞曼效应的那些旧的难题给空间-时间图景在量子力学中的应用的本质局限性提供了一种特别有教育意义的例证,那种局限性是海森伯

340

的测不准原理的表述已经清楚地证明了的.正如给经典物理学带来了如此深刻的和谐性的爱因斯坦广义相对论那样,最近的发展也是建筑在可以从直接观察得出的结论的分析上的.相对论涉及的是测量结果的诠释对空间-时间参照系之

选择的依赖性,而我们在量子理论中遇到的却是由客体和测量仪器之间的不可避免的相互作用带来的一种全新的局势. 既然按照观察的本性来看这种相互作用是在本质上不可控制的,那么它就蕴涵了空间-时间概念的无歧义应用和动力学守恒定律的无歧义应用之间的一种新颖的互斥特色,这种特色把因果性这一经典理想换成了互补性这一更宽广的观点.

就这样,塞曼的发现曾经在现代原子理论的一切发展阶段都是一种不可估量的指导,从物质的电子结构的最初认识时期到经典物理学方法在处理被束缚在原子中的电子的行为方面的应用的固有界限的近期阐明. 然而,它的重要性绝不是只限制在这一领域中,而是关于对光谱线最精细结构的以及对磁-力效应最精细特色的磁影响的研究中甚至已经使人们能够得出一些关于原子核的性质的重要结论. 这种信息来源确实有希望成为我们理解支配着原子核结构的那些规律的最大帮助;通过日益增多的奇迹式实验发现的收获来对这种结构进行的探索,近年来已经给物理科学打开了完全新的眼界.

Ⅱ. 汉斯·克里斯蒂安·奥斯特

Fys. Tidsskr. **49**(1951)6—20

1951 年 3 月 9 日在哥本哈根大学发表的
纪念汉斯·克里斯蒂安·奥斯特的逝世
[100 周年]的演讲

参阅第四编《引言》原第 330 页.

汉斯·克里斯蒂安·奥斯特(1777—1851).
I·V·哥提诺作画(石版画).

汉斯·克里斯蒂安·奥斯特

今天我们是在纪念科学史中和我们的社会史中的伟大人物之一. 奥斯特关于电和磁之间的联系的演示是物理学领域中的一个里程碑,而且引起了一种发展,而这种发展曾经在不寻常的程度上推进了我们对于自然规律之间的联系的理解,而且使得人类在一种完全改变了我们的日常生活的程度上控制自然力成了可能. 在汉斯·克里斯蒂安·奥斯特在那里生活和工作的丹麦社会中,他执行了一种在他那一代和以后的世代中几乎没有类例的任务——不仅我们在国内看来是如此,而且从世界上任何地方看来也是如此. 由于内容过于丰富,对奥斯特为科学和社会服务的活动进行完备的论述是不可能的,我只准备试图介绍介绍作为他的终生工作之基础的一些主要特征以及这种工作所依据的那种人生态度.

电磁作用的发现有一段长达一千年的预备历史. 按照它的性质本身,科学研究可以比喻为在未知的地域中在云雾中摸索前进的道路. 只有通过经验本身,我们才能建立发展新观念的基础,这种新观念可以把我们引向更宽的视角和更广的视野. 早在古代,就已经知道了可以吸铁的磁石,磁石之名和它的产地小亚细亚地区的城镇 Magnesia 有关. 在早先,人们也已经注意到在希腊文中称为 electron 的琥珀当被摩擦以后就获得吸引各种物质碎屑的能力. 由于这些现象和无生命物质的通常行为的惊人差异,这些现象当时就被看成磁石或琥珀的一种在它们中起作用的或是可以在它们中被唤醒的生机,这种观点甚至在今天还反映在一些普通的表达方式中,例如说人与人之间有"磁吸引力"或"过电作用"*.

只有到了文艺复兴时期,当在力学现象的整理和理解方面作出了后来将首先在人类工具的发展中起一定作用的决定性的进步时,才在更仔细地检查电现象和磁现象方面也迈出了第一步. 指南针肯定在一段很长的时间内曾经是人类的最有用的工具之一,但是吉耳伯特却是理解了指南针的行为是由于地球像一个大磁石那样起作用的第一个人. 从这位科学家用磁铁做的实验,以及从盖瑞克用最初的大静电起电机做的著名实验,得出了许多宝贵的资料. 在那些惊人的、有时是意外地强烈的,特别是在所谓莱顿瓶的放电中得出的强烈效应的研究中,

---

* 〔中译者按:这是外国人常用的说法.〕

当时甚至在科学家中间也是一种有趣的玩具的问题,就如同直到今天还是孩子 358
们的玩具一样.

作为一个研究者和公民都使我们想到奥斯特的富兰克林,是利用经验的详
细分析和通过自己的巧妙实验带来了指向前进道路的澄清的一个人. 富兰克林
的著名成就,即避雷针的发现,是建筑在他关于支配电荷分布的那些规律的解释
上的. 他观察到在莱顿瓶的强烈放电或在更大规模的雷电现象中磁针就会活动;
在这种印象下,他也想到过电和磁之间的可能联系. 但这些放电的短促时间以及
对它们进行控制的困难性,却意味着他的观察很难重复;这种情况在科学界引起
了对这些观察结果的可靠性的怀疑.

在由奥斯特的发现得到的那种对电和磁之间的联系的清楚认识的时机成熟
之前,一种全新的发展是必要的;通过那种发展,恒定的、可控制的电流将可供利
用. 在周围的环境中,我们有大量的机会研究许多力学现象,而现在知道在一切
自然现象中都起着决定作用的那些电学现象,却是我们视而不见的. 然而,在有
生机体中,却存在一些在许多方面和我们今天在工业中使用的电器相仿的器官,
而作为展示生命工具的神经和肌肉则事实上给我们提供了追索微弱电效应的特
别灵敏的仪器. 事实上正是伽伐尼著名的蛙腿实验把伏打带上了接触电现象的
道路,并把他引到了最初的化学电流源的制造;他把此电流源称为伽伐尼元件.
利用这种伽伐尼元件,在不多的几年内得到大量的电化学效应的观察结果;特别
在戴维手中,这些结果在化学领域中导致了许多新发现.

这时电和整个范围内的自然现象之间的深刻联系变得明显起来了,而许多
思想家则被引到了反对强调力学原理作为全部自然描述的基础;这种强调曾经
在由康德的主要著作而得名的所谓批判哲学中得到了表现. 在这些年中,有着浪
漫主义倾向的自然哲学问世了;在那里,在寻求自然界的统一性的奋斗中人们像
谢灵一样走得很远;谢灵把全部的人类历史连同它的伦理的和美学的知识运动
都包括了进来. 奥斯特在他的早期求学年代是受到了康德哲学的很深影响的,其 359
后果就是他在自己的学位论文中企图推进一步,但是他很快地变成了自然哲学
的热心追随者.

那些最深入地熟悉奥斯特的著作及其背景的人们中的一人是克里斯蒂安·
克里斯蒂安森;多亏他给我们写了一篇关于奥斯特的自然哲学的很有教育意义
的论文①. 以他那日德兰人的幽默,克里斯蒂安森在他那论文的引言中对奥斯特
对不同哲学思想的研究进行了如下的解释:"从某种方面来说,当他不愿意在一

---

① 〔C. Christiansen, *H. C. Ørsted som Naturfilosof*, Overs. Dan. Vidensk. Selsk. Forh. 1903,
473—493.〕

家药房中找一个位置时就没有任何别的事情可做."这当然是指的这样一件事实:当时在丹麦除了药房以外就没有任何化学实验室,而当时一些富人们收集到的那些物理仪器都是一些珍玩,而不是可以普遍地供实验研究之用的工具.

事实上,当他暂时当了狮子药房②的老板而有机会进行电流实验时,奥斯特对这种研究的深切爱好就找到了它的出路.于是,在最早的一些电化学发现以后,奥斯特很快就能够通过证明由电解造成的酸反应和碱反应在随后的混合中完全互相抵消而在这一领域中作出了一次重大的贡献.同样,在奥斯特的第一次出国期间建立起来的他和里特尔③之间的密切关系,不仅是建筑在共同的哲学观点上,而且同样也是建筑在奥斯特对里特尔的实验工作的赞赏上的.当和里特尔在一起时,他热心地参加了这些实验,而且在他其余的旅行时间之内,他也进行了精力充沛的和无私的努力来为里特尔争取了他在许多团体中所不曾得到的承认.

在随后的年月中,当奥斯特逐渐获得了日益改善的进行物理实验和化学实验的条件时,他就显示了不知疲倦的和很有成果的创造性.也许最有名的是他关于契拉德尼音型的考察④.在这里,他证明了自己是一个坚决的和系统的实验家,但是在他对听到乐音时的快感和物理现象的几何美之间的内在关系的强调中,他仍然有时很远地进入自然哲学的晦涩之内.然而,奥斯特在发现电磁作用的不久以前开始了而且延续了许多年的关于液体和气体的压缩性的考察,却是完全摆脱了这种哲学化的.在这里,他利用一种巧妙地想出的实验技巧得到了新的重要结果.我们也必须记得他的纯化学的考察,这导致了胡椒中的新的生物碱的发现,也导致了铝的发现.然而,由于当时的条件,也由于我们在其他方面即将看到例证的他的工作方法,他却把后一成就的继续进行留给了别人.

如所周知,使奥斯特永远名标科学史的伟大发现是1820年得出的.在此,我们很幸运地有机会让奥斯特来为他自己说话,因在一篇发表于1827年的按照当时的风尚用第三人称谈论他自己的自传性文章中,他曾经对那些重要的日子作了如下的描述⑤:

　　　　1820年是奥氏科学生活中最幸运的一年.正是在这一年他发现了电的磁效应.适应着一切事物的伟大统一性,他在最早的作品中已经假设了电和磁是由相同的力引起的.而且这种见解并不是新的,相反地,它曾经在两个

---

　　② [一些药房常常以动物命名.这和炼金术士们关于他们的属性的看法有关.例如狮子就是生命力或力量的标志.]
　　③ [约翰·威廉·里特尔(1776—1810),德国化学家.]
　　④ [1807年,奥斯特对德国物理学家契拉德尼(1756—1827)所发现的一些响亮音型进行了一丝不苟的考察.]
　　⑤ [丹麦文原文见 Hans A. Kofoed, *Conversations-Lexicon*, XXVIII, Copenhagen 1828, pp. 536—538.]

360

多世纪中反复地被假设和被否认;但是直到那时主张这样一种统一性的人
们谁也没能成功地提出一种不容置疑的证据.在所有的实验中,人们曾经指
望沿着电流的方向发现磁性,以便北极和南极应该对应于正电和负电,或是
相反.沿着这种方向做的所有实验都没有得出任何结果.因此奥氏就得出结
论说,正如通有强电流的物体会向各方面发射光和热那样,他所假设应该存
在的磁效应也应该如此.已经知道了一个世纪的观察结果是,雷电即使没有
击中一个磁针也会改变它的两极,这种结果证实了他的信念.他在 1820 年
的年初首先想到了这种概念,当时他正准备在一系列讲课中谈到电、电流和
磁.他在讲课之前已经安装了实验仪器,但是还没来得及进行实验.在讲课
期间,他的信念觉醒到了一种程度,使他答应了听众将立即完成实验.实验　　361
结果符合了他的预期,但是只得到了一种微弱的效应,从而还不能从中立即
得出特定的规律来;人们只看到,电流[的磁效应]正如任何别的磁效应一样
透过了玻璃.只要实验不能得出更多的结果,关于富兰克林、维耳基、里特尔
等人所遇到的情况的回忆就使他担心自己也会偶然被骗.然而,在几个月内
由于许多其他工作的负担,他没有进一步做实验,是不是一种把事情放下而
把空闲时间用在思索上的倾向对这种事态起了作用,他自己也很难判断.在
七月中,他采用了由铜盒子、锌板和稀酸构成的大的电路.作为证人和参加
者,他找来了海军中校和航海指挥勿廖盖耳以及名誉参议员艾斯马赫.现
在,立即得到了一种很大的效应,并且在各种的条件下检验了这种效应.即
使如此,他也还是用了许多天的时间才能找出了支配着这种效应的规律.一
旦找到了,他就赶快发表了他的工作.这是一篇用拉丁文写的简短说明,共
两页;他把他的实验的描述压缩到了这篇短文中,以致在这两页中,几乎每
一行就描述了一个实验.

这种发现的宣布,在每个地方都造成了深刻的印象,从而奥斯特的实验就在许多
地方被重做了,而且人们在这些实验所开辟了的新领域中开始热心地工作起来.
然而,由于论文的浓缩形式,像奥斯特所描述的那样在每一行都可以读到的结果
中的许多结果都没有被读者们注意到.事实上,直到一个世代以前,我们才能够
充分地意识到奥斯特展示在那些实验中的意念的丰富性和深透性;通过这些实
验,他不但解释了关于效应的一切要点,而且追索了许多推论,而这些推论在他
的同时代人看来想必显得是他后来的工作成果.我们必须感谢基尔斯廷·梅耶
尔⑥的深刻史识和追索一切资料的史才,她在奥斯特的现存文件中查找了关于　　362

---

　⑥　[关于娘家姓杰尔汝姆的基尔斯廷·梅耶尔(1861—1941),见第四编《引言》原第 330 页.]

一系列实验的当时没被注意到的笔记;那些笔记就形成了宣布实验的基础.在这些笔记中,奥斯特表现得像一位只有科学史中最受尊崇的偶像才能与之相比的实验家.奥斯特在笔记中讨论了他所要检验的概念和实验,也讨论了大量的观察结果,而没有进一步的指导这些结果是谁也没法从那种浓缩形式中读出的.

在他的自传性文章中,奥斯特接着写道[⑦]:

> 实验很快就在那些有着科学朋友的许多国家中被重做了,而一个发明家所能享有的最大回报在他那里也是最充分的;那回报就是看到他的发明变成了一些最勤奋的考察的对象,看到那种发明的成长和开花结果.在电磁方面写了文章的人大大超过了一百人.因此,在这么多人的联合努力下,这种知识也已经扩大了并在内容上被充实了,其程度远远超过了在短短的七年时间内所能指望的.

在描述了在他的发现以后各学术团体立即授予他的那些荣誉以后,奥斯特以他所特有的方式接着写道:

> 在所有这些赞许的表示中间,发明者不免深深地感到,就连我们如此勤勉地寻找了的那些发现,也不仅仅是我们的努力的结果,而是也依赖于一系列事件和科学界中的一种状态,它们是受到比他所寻求的规律更高的规律的约束的.

由奥斯特的发现所引起的发展确实是相当独特的,而且在一年结束以前就出现了许多实验报告,以各种方式证实并发展了这种发现.在那些由于进行时的巧妙和精致而理所当然地吸引了最大的注意和赞赏的研究中,可以提到安培关于导电体之间的互相吸引和互相推斥的演证,以及毕奥和沙伐尔的关于电流在周围空间中引起的力的确切论述.即使如此,从奥斯特在第一次宣布的几个月以后发表的但其充分的内容只有当他的笔记在今天被发现以后才能得到正确评价的那篇论文还是可以看出,奥斯特是认识到了闭合电路和磁铁之间的等价性的;这种等价性在实验上和理论上的明确表示,属于安培的伟大成就之列.

然而,十年以后,发展中的一个新阶段就由法拉第的电磁感应的发现所引起了;通过这种发现,电力和磁力之间的一种更密切的联系被揭示出来了.密切地

---

⑦ [本段的英译本见 Bern Dibner, *Oersted and the Discovery of Electromagnetism*, Burndy Library, Norwalk, Connecticut 1961, p. 18.]

联系到法拉第的创新的想法,麦克斯韦发展了一种关于电磁波在空间中的传播的理论,它的推论被赫兹的著名实验所充分证实了. 这样一来,就不仅奠定了一切现代无线电技术的基础,而且也得到了关于和光的传播有关的一些现象的理解,于是从欧利·勒麦的光速的发现开始的物理学史中新的一章就得到了如此和谐的一个结尾. 在这方面也必须记得,丹麦物理学家洛伦兹⑧和麦克斯韦同时但独立于麦克斯韦而发展了一种光的电磁理论,这种理论在很大范围内和麦克斯韦的理论相一致. 在宣布他的伟大发现的短文的末尾,奥斯特本人也作出了很有远见的论述,认为正是所发现的这种电流方向和所引起的磁力的方向之间的关系,应该为解释直到那时还是一个不解之谜的光的特征偏振性质打开一条道路.

　　物理学近期发展的最有特征性的一点,也许就是对自然现象中的内在联系的越来越清楚的认识;这从古代以来就是一种梦想,如果奥斯特的整个态度有什么典型之处,那就是实现这一梦想的那种希望的曙光. 在我们自己的时代中,这方面一次巨大的进展已通过相对论而被达成了;该理论采取一种惊人的经验当了它的出发点,那经验就是,彼此相对运动着的一些观察者将完全不同地描述物理现象. 这种差异是那样地大,以致一个观察者感到是同时发生在不同地点的事件,将被另一个观察者描述成一前一后发生的,这就进一步意味着,被一个观察者感受为纯电性的某些效应,在另一个观察者看来将是电力和磁力的同时存在. 这种认识给爱因斯坦开辟了自然规律的一种普遍的对任何观察者都适用的表述的道路. 由于这样得到的把以前一直看不到有任何关系的一些特色结合起来的可能性,我们的世界图景得到了一种未之前闻的统一性.

　　按照它的本性来看,这种发展超出了奥斯特时代的物理学家们和哲学家们在里边活动的那种概念范围的界限. 然而,把一切物质的如此丰富多样的性质追溯为电力和磁力的一种交相为用过程的希望,却通过我们这个世纪中在对原子世界的探索中得到的那种洞察而以一种最奇迹式的方式得以实现了;在奥斯特的时代,人们却还普遍地认为原子世界是永远超出于人类经验之外的. 电子已经被承认为一切实物原子的共同构成单位,而电流则是由于电子通过物质的一种运动而形成的,电子被束缚在个体的原子和分子中的方式则反映在实物的化学性质和磁性质中. 在这一基础上,我们做到了把物理学家和化学家们在几个世纪的时间内积累起来的大量的经验结合起来,但是这个问题的解决直到发现了所谓的作用量子才成为可能;通过这种发现,普朗克在世纪交替时期开始了科学史

364

_____

　　⑧ [路德维希·瓦楞廷·洛伦兹(1829—1891)的最大成就是他的光的电磁理论. 洛伦兹也在光学中作了一些其他的重要研究,并且对热理论和在对金属的导电性的理解方面作出了创造性的贡献.]

中的一个新时代.

　　作用量子的存在是原子过程中一种不可分性的特色的表示,这种特色在以前的自然描述的概念构架中是完全没有容身之地的. 于是,这一构架的扩充所要求的重新调整,也导致了对待许多以前的哲学观点的新态度. 今天我们是在一种新背景上来认识各种哲学流派之间的关系的;我们不再强调从前往往引起强烈敌意的那些分歧,而是能够赏识一些观点的有成果性的;那些观点强调的是我们作为自然观察者的处境(我们自己也属于被观察的自然)的一些表观上不相容而又同等不可缺少的侧面. 即使我们今天或许会用一种和奥斯特的方式⑨有所不同的方式来谈论自然界中的原因,我们也还是能够恰恰在新背景上深刻理解他那把他所称之为美与真的东西统一起来的努力.

　　不可分割地属于作为科学家和思想家的奥斯特形象的,是他对人类的态度;这种态度表征了他在为之服务得如此之好的社会中的活动. 这种态度的基础早在他的童年时期就已经奠定了;当时他是在鲁德科宾的一个制药师家庭中和比他小一岁的唯一的弟弟一起长大的;他弟弟后来也在丹麦社会中完成了伟大的工作⑩. 在他们的故乡,当时并没有什么学校可以使这两个很有天赋的男孩受到适当的教育. 于是汉斯·克里斯蒂安和安德斯·桑地伊就不得不利用每一种可能的适当知识的来源,而且任何一个人学到了什么东西都一定告诉另一个人. 这样就造成了一种同伴关系,一直延续到他们在哥本哈根求学时而且终生不渝,不论他们的工作领域和活动范围变得多么地不同.

　　在 19 世纪初,就科学而言,哥本哈根大学的条件是极差的,在奥斯特主要感兴趣的物理学和化学方面,大学中既没有专门的教师也无实验室. 只因他在越来越大的程度上获得的并通过他那不知疲倦的和忘我的努力而证实他自己是值得的那种信任,奥斯特才在当时的贫困中逐渐做到了建立起物理学的科学教学并为他自己及其合作者创造一些研究机会. 那些合作者中,首先应提到蔡司⑪;他也是一位药剂师的儿子,且后来在奥斯特改善丹麦的制药学教育的努力中起了很积极的作用. 如所周知,起初奥斯特只能把蔡司安排在"北门大街"公家宿舍的厨房中作为他的化学实验助手,但他逐渐做到了建立一个独立的实验室,而已经成为丹麦的第一位化学教授的蔡司就可以在那里进行他那些著名的研究了.

　　这当然只是 H·C·奥斯特在这个国家中为研究和学习创造条件的事例之

365

　　　⑨　[奥斯特相信大自然是一种神圣理性的表现,并且认为特别说来物理学是关于大自然中的神圣统一性的知识.]
　　　⑩　[关于 A·S·奥斯特(1778—1860),见本卷原第 269 页注 23.]
　　　⑪　[威廉·蔡司(1789—1847),丹麦化学家.]

一,如果是特别幸运的事例之一的话. 这些努力的整个故事告诉我们,一位热心努力的人为了创造一个新环境必须对他自己提出的要求,也告诉我们为了完成这种任务必须有多大才能. 奥斯特能够抓住听他讲课的听众,不但是通过他的知识和想象力,而且也通过他讲课的技巧;正如他自己所解释的那样,这种技巧的发展主要依赖于他在国外旅行时的学习和经验. 奥斯特在世界各地获得的尊敬和友谊帮助了在我国创造一种眼界的扩大. 特别是,北海地区各姊妹国家之间的

366

注⑭中提到的 1847 年的斯堪的纳维亚自然科学家会议. 原画在哥本哈根大学礼堂中,玻尔就是在那里发表他的纪念奥斯特的演讲的. 画中H·C·奥斯特正在讲台上. 桌旁左侧最远处坐者是瑞典化学家云斯·雅考布·伯齐利亚斯. 格汝恩维希(玻尔在"丹麦文化"一文中提到了他——见原第 265 页的注⑧)是在桌旁中部的两个坐着的人之间. 图中前排右侧立着的是挪威物理学家和天文学家克里斯托佛·汉斯廷.
　　作画:艾里克·亨宁森,1896 年(凯·里尔郭尔摄影).

367　文化联系是奥斯特很关心的,而他的出席在他那个时代组织起来的斯堪的纳维
亚自然科学家会议⑫,正如本校的副校长所指出的那样⑬,已经描绘在这座礼堂
中的一幅画上了⑭.

　　奥斯特在大学任职期间不断地和很差的经济条件进行斗争——我们已被提
醒想到他一生的关键年代和国家破产的时期相重合.他在这方面投入的精力使
我们深感赞叹.他的主动性从来没有动摇过;相反地,他承担了越来越多的责任,
从而他能够适应这些责任简直是难以置信的.技术大学的副校长将告诉我们,奥
斯特花在技术学院的建立和领导方面的那种非凡的和忘我的工作;那个学院现
在在丹麦技术大学的名义下在社会上占据了越来越重要的地位.但是我愿意简
单地向诸位谈谈奥斯特在丹麦王国科学-文学院中的活动,他在本院当了 36 年
的秘书长.在这一职位上,他在科学院事务及其和外国科学院的关系方面花费的
精力使人觉得这会耗尽一个人的全部工作能力,而读读那一阶段的科学院会议
记录,我们却一次又一次地看到奥斯特的名字和科学院活动的各个侧面有关的
新建议联系着,以及和频繁的宣布联系着,那不仅是他自己的研究结果的宣布,
而且也包括关于最不相同的研究领域中的进步的宣布;关于这些进步,他觉得有
责任向院士们通报.

　　由奥斯特在 1824 年建立的"自然科学促进学会"也有一部鲜明地证明了他
的热心和责任感可以把他带得多远的历史.在人们会认为他已经被他的研究和
科学教学完全占住的一些时候,他却亲自指导了学会派往各地方城镇去向技工
们传授他们所需要的知识并同时提高一般民众之教育水平的讲师们.虽然学会
在奥斯特的领导下承担的许多任务曾经逐渐地被另外一些机关接手(其中一些
机关是在奥斯特的倡议下成立的),但是他那时的传统却一直在学会中保持着.

368　例如,自从 H・C・奥斯特逝世以来,自然科学促进学会就曾经认为纪念它的创
办人是它的一项特殊的任务,而且早在一个世代以前,在学会主席马丁・克努
森⑮的领导下,就采取了建立 H・C・奥斯特博物馆的最初步骤,馆中收藏了保
存下来的他的仪器,包括在发现电磁现象时他曾经用过的那个磁针.感谢奥斯特
家的孝思和慷慨,博物馆也收集了奥斯特的一些遗物并接受了另外一些纪念他
的生活的东西,包括奥斯特撰写他的许多论文和讲稿时所用的书桌在内.政府当
局的同情合作曾经使恰恰在准备这一纪念会议时在丹麦技术大学中布置一个美

---

　　⑫　[大约从 1830 年以来,一种艺术方面和科学方面的密切合作在挪威、瑞典和丹麦之间发展了起
来.第一届斯堪的纳维亚自然科学家会议于 1839 年在哥德堡召开.]
　　⑬　[玻尔指的是 H・M・汉森(1886—1956)在他以前发表的演讲.]
　　⑭　[这幅画表示了奥斯特在 1847 年的斯堪的纳维亚自然科学家会议上发表演讲.玻尔把此画的一
幅印刷本挂在了他在理论物理学研究所的办公室中.]
　　⑮　[见本书第一卷原第 109 页.]

丽的房间成为可能;该房间今后将为无法复制的 H·C·奥斯特藏品提供适当的地位⑯.

如果把 H·C·奥斯特和丹麦科学史上其他伟人例如第谷·布喇赫、尼耳斯·斯廷森及欧利·勒麦进行对比,则相似性和差异性都是很明显的.每个人都在自己的领域中开始了一种发展,后来在科学上留下了流传甚久的印迹,而且作为他们所有人的特征的是和当时国外科学界的密切联系,通过这种联系,他们在国内创造了一种更宽广的视野.虽然性格生活中的因素继续塑造了第谷·布喇赫和尼耳斯·斯廷森的引人注目而同时又是辉煌的和悲剧式的命运,勒麦和奥斯特却在比较起来更加动乱的时代被吸引进了为社会服务的综合活动之中.然而这样一来,就对他们的多才多艺提出了很大的要求,以致他们自己在比其他科学开创者更大的程度上没能继续在他们所开辟的道路上进行研究.

然而,有鉴于勒麦在他的时代中能够完成的社会在实践方面的发展的那种巨大而急迫的任务,有鉴于奥斯特为了在国内扩大科学教学和科学研究的基础、为了推广关于这种研究结果的知识及其对丹麦社会各阶层的重要性而作出的那些努力是多么的急需和富有成果,停止在对上述事态的惋惜上就会是一种太片面的观点.如果我们环视全世界,也很难找到和奥斯特在正式学术范围内的功绩相类似的情况.但是更多地会想到像富兰克林那样的一位人物,他对科学的伟大服务以一种那么幸运的方式帮助了他从很年轻时起就对在一个新社会中促进一般的教育作出的努力,而他在那个社会的组织和受到全世界尊敬方面是起了很大作用的.

当我们试图形成关于 H·C·奥斯特的生活和工作的一个形象时,他那深切的人类同情心或许就是最突出的特征.他很容易接受关于社会需要和人类幸福的问题的巨大担子,而这种任务的完成使他能够以一种和他的观点符合得如此之好的和谐方式运用他的才能.在他和他的同伴们共享可以强化和丰富他们的精神的任何东西的努力中,奥斯特也找到了远远超出了他的科学启蒙工作范围的一些领域.他对越来越大的范围内和他有亲友关系的文人才子们所发生的影响,形成了丹麦知识生活史中很丰富的一章.然而我不准备更详细地讨论这些情况,因为我们等一下就有机会从最有资格和最密切的来源听到这些情况⑰.

关于他的同时代人和后世人们对 H·C·奥斯特感到的敬佩和谢意,是有大量的证据的.人们很难引用比 J·C·雅科布森在七十五年前成立卡尔斯伯基金会时讲的话更加有效的对这种感情的表达;这个基金会是要在国内创造比奥

369

---

⑯ [藏品于 1984 年搬到了爱耳辛诺的丹麦技术博物馆中.]
⑰ [玻尔指的是在他的演讲以后由挪威文学史家弗朗西斯·布耳(1887—1974)发表的演讲.]

斯特工作时所处的条件更有利的科学研究的条件. 雅科布森说[18]：

> 怀着深切感谢 H·C·奥斯特对我的教诲及启发性影响的心情, 作为很感谢地赞赏他在向更广大的范围推广知识方面的工作的一种证据, 我把上述基金会的成立和一个日子联系了起来; 而通过奥斯特纪念碑的揭幕, 这一天是奉献给他的.

愿今天和明天的丹麦社会不辜负汉斯·克里斯蒂安·奥斯特的性格和工作, 以及使我们能够如此清楚地看出的那种遗产!

---

[18]　［引文采自啤酒制造家 J·C·雅科布森在 1876 年向丹麦王国科学-文学院提交卡尔斯伯基金会的章程时发表的讲话. 见 *Det Kongelige Danske Videnskabernes Selskab 1742—1942*, *Samlinger til Selskabets Historie*, Ⅰ, Munksgaard, Copenhagen 1942, pp. 632—633. ］

Ⅲ. 黎德伯的光谱定律的发现

Proceedings of the Rydberg Centennial
Conference on Atomic Spectroscopy,
Lunds Universitets Årsskrift. N. F.
Avd. 2. Bd. 50. Nr 21 (1955) 15—21

参阅第四编《引言》原第 329 页.

瑞典物理学家约翰·罗伯特·黎德伯(1854—1919).

黎德伯的光谱定律的发现

我应邀在这次纪念黎德伯的会议上来重提黎德伯在光谱学领域中的开创性工作,感到十分欣幸;在这次会议上,我们关于光谱学的知识的现状将由来自世界各地的许多专家来加以评论.特别说来,我将强调他的伟大发现对我们关于原子构造的概念的直接后果,而联系到这一点,我将重提一些个人的回忆.

如所周知,黎德伯关于光谱规律的发现,是他对各化学元素之间的关系的强烈兴趣的产物,这种关系在上世纪的后期通过门捷列夫的工作而被提到了显著的地位.当按照原子量渐增的顺序排列起来时各元素的物理性质和化学性质方面的显著周期性,引起了黎德伯的寻根究底的精神的兴趣;通过他的数字计算方面的天性,他对光谱发生了特别的兴趣;在光谱中测量方面的巨大精化使得很精确的算术关系的确立有了可能.

对于黎德伯在这方面的伟大成就来说,从一开始就不是在直接测得的谱线波长之间而是在表示着单位长度上的波长倒数(现称波数)之间寻求关系,这真是一种幸运的直觉.他是通过出现在双重谱线和三重谱线中的波数之间的常量差值而被引到这种选择法的.从黎德伯这方面来说,这些常量差距的追溯是一种独创性的发现,但是当他的工作已经进展了许多时,正如他很谦虚地和很诚实地承认的那样,他了解到了这种关系在多重线中的出现,已经在不多几年以前由哈特利指出了.然而,黎德伯自己却更加深入得多地进入了这个问题,并且广泛地利用波数之差来当作了他梳理光谱规律的一种主要的工具.

对于这种目的,进一步的指引是由所谓谱线系提供的;这种谱线系是在以前的十年中由李伍应和杜瓦在许多光谱中发现的,而且是由外观上的相似性(锐的、漫的,等等)以及在强度和间距上的逐渐和谐减小为其特征的.黎德伯现在发现,他分析过的光谱中的所有线系,当用波数来描述并通过波数尺度的变动来适当安排时,都显示出非常密切的关系,从而他就被引导着把每一线系中各谱线的波数表示成了一个常数项和一个变动项的差,那个变动项当在线系中前进时用一种共同的方式递减.他把这种关系表示成了一个公式

$$\sigma = a - \varphi(n + \alpha),\qquad (1)$$

式中 n 是起着线系中谱线编号作用的整数,φ 是一个普适函数,而 a 和 α 是各谱线所特有的常量.

函数 φ 显然应该随着 n 的增加而收敛于零. 作为确定这一函数的最初尝试,黎德伯试用了表示式

$$\varphi(n+\alpha) = \frac{C}{n+\alpha}, \tag{2}$$

但是既没有对任何的长线系得到满意的符合也没有得到所要求的 C 对所有线系的常值. 黎德伯然后就试用了

$$\varphi(n+\alpha) = \frac{R}{(n+\alpha)^2}, \tag{3}$$

而且他在 1889 年在瑞典科学院宣读的论文中告诉人们说,正当他忙着试验这个公式时,他听说巴耳末发现了简单的公式

$$\lambda = B \cdot \frac{n^2}{n^2-4}, \tag{4}$$

这一公式以如此非凡的精确度表示了知道得很清楚的氢线系的波长. 把波长换算成波数,黎德伯就把巴耳末公式改写成了

$$\sigma = \frac{R}{2^2} - \frac{R}{n^2}, \tag{5}$$

此式代表他的公式的一个特例. 这样被引导到了他所预料的现称为黎德伯常量的 R 的确定,他就很快地发现不仅能够证明公式(1)和(3)的范围很广的适用性,而且可以借助于这种适用性来相当精确地针对任何线系来确定常量 a 和 α 了.

这一重大进展使得黎德伯甚至能够追寻构成一种元素的光谱的不同线系之间的更加密切的关系. 事实上,他不但发现了某些具有不同 α 的线系显示相同的 a,而且也相当普遍地发现了,任一线系中的常量项 a 和该元素的某一其他线系的变化项序列中的某一项相重合. 特别说来,黎德伯发现了,主线系的极限和漫线系及锐线系的公共极限之差,恰好等于主线系第一项的波数,而如所周知,这一结果后来曾由舒斯特独立地得出. 在他的原始论文中,黎德伯于是就提出了适用于一种元素的每一条谱线的概括性公式

$$\sigma = \frac{R}{(n_1+\alpha_1)^2} - \frac{R}{(n_2+\alpha_2)^2}, \tag{6}$$

按照这一公式,每一个线系对应于一个常数 n_1 和一系列 n_2 值. 在这种方案中,许多线系的特征多重性是用 α 值的多重性来直接说明的.

375

在论证他的最后公式的适用范围时，黎德伯特别慎重而灵活地表示了自己的看法．一方面，他很清楚地知道公式(6)中二项组合的特殊形式并不能严格地和观察结果相符合．另一方面，他强调了他的公式在本质上满足基本自然规律所应普遍满足的那些条件．这种态度在黎德伯论文的最后部分的讨论中得到了表达，那里讨论了当时刚刚由卡塞尔和隆格用来表示了他们极其精密的谱线测量结果的线系公式的类型．在充分赞赏了这种公式的巨大精确性的同时，他也指出了他的主要意图不是要发展适用于每一个别线系的正式的内插公式，而是通过在他的计算中使用最少的几个特殊常量来追索普遍的关系．

然而，关于可能解释光谱规律的一种机制的寻求，当时却遇到了一种表观上不可克服的困难．特别是，我们可以重提一下瑞利的有关说法，即一个稳定力学体系的简正振模的任何分析，都导致频率平方之间的而不是频率本身之间的关系．确实，里兹在洛伦兹关于塞曼效应的解释的启示下尝试了通过引用原子磁场的概念来说明光谱规律，那种磁场对原子之电成分的影响本质地依赖于速度——和普通的力学力相反．不管这种努力有多么巧妙，然而却发现沿着这样的路线并不能达成光谱规律的和其他原子性质的诠释并无矛盾的解释．

不过，特别是在他和帕邢的密切合作的推动下，里兹的对光谱问题的深入探索却把他引导到了谱线系的数字公式的各种改进以及新线系的预见，这就在本质上完成了各种线光谱的分析．在这种工作中，黎德伯的发现和创造性的观点被证实为具有决定的重要性；联系到这一工作，里兹就在 1908 年提出了一条普遍的规律，现在称为黎德伯-里兹组合原理．按照这一原理，一种光谱中的任何谱线的波数都可以严格地表示为

$$\sigma = T_1 - T_2, \tag{7}$$

式中 T_1 和 T_2 是作为元素之特征的一系列谱项中的两项．

我们关于原子结构的概念的发展中的一个新时代，不久以后就由卢瑟福 1911 年的原子核的发现开始了．这一发现导致了一种惊人简单的原子图景，即把原子看成了一组电子在中心核周围运动着，核的体积非常小，但却集中包含了实际上可以说是原子的全部质量．事实上，立刻就很清楚了，一种元素的所有的物理性质和化学性质，依赖于原子中电子的键合情况，是在很大程度上取决于确定着中性原子中的电子数的核上的总电荷的．这个所谓的原子序数，显然应该和元素在周期表中的编号等同起来，那个编号曾被黎德伯清楚地承认为确定着各元素的性质之间的关系的主要因素．如所周知，这种看法在不多几年以后就在摩斯莱关于各元素之特征 X 射线谱的基础性研究中得到了决定性的证实，而且可以很有兴趣地提到，他的在整个化学元素序列中的对原子序数的确定，在许多方

376

面证实了黎德伯关于门捷列夫周期表中各个周期的长度的预见.

然而,卢瑟福的发现的一个直接推论,就是对在经典物理学的基础上说明光谱规律的那些困难的强调. 事实上,按照普通的力学和电动力学的概念,一个点电荷系并不具有可以说明由线光谱如此清楚地揭示出来的各元素个体特性之不变性的任何内在稳定性. 特别说来,由电子的运动引起的辐射将导致能量的不断耗散,相与俱来的就是运动频率的逐渐变化和轨道尺寸的逐渐收缩,直到所有的电子都和核结合成一个很小的中性体系时为止.

然而,关于原子稳定性问题和光谱起源问题的一个线索,却由普适作用量子的发现而提供了出来;通过他对热辐射现象的巧妙分析,普朗克在 20 世纪的第一年被引到了这种发现. 如所周知,爱因斯坦在几年以后指出了,普朗克的关于固有频率为 ω 的谐振子的能量可能值的公式 $E = nh\omega$ 不但可以解释观察到的各种实物在低温下的比热的反常性,而且原子的光效应的本征特色也要求通过频率为 $\nu = c\sigma$ 的辐射的能量交换应该按能量为 $h\nu$ 的所谓光量子或称光子来进行. 尽管有着在光子概念所蕴涵了的辐射结构方面的两难问题中表现得特别明显的在习见路线上更仔细区分这些现象的不可能性,情况却很清楚,我们在这儿遇到的是原子过程的一种完全超出于经典物理学概念之外的整体性特色.

在这种基础上,很自然地就出现一种想法,认为在一个原子的任何能量改变中,我们遇到的都是由两个量子定态之间的完全跃迁构成的一种过程,而且在这种跃迁中被涉及的任何辐射,都是以一个光子的形式而被交换的. 事实上,这种所谓的量子公设,通过把乘以 hc 的每一个谱项的数值和原子的一个可能定态的能量等同起来,就提供了组合原理的一种直截了当的诠释. 另外,也指示了原子对辐射的选择吸收的表观上无规律可循的问题的一种解答. 在通常的条件下,原子将处于它的能量最低的正常态,这对应于由主线系的极限给出的那个最大的谱项. 因此我们就理解,只有这个线系才会在选择吸收中出现,而且,特别说来,连续吸收在它的极限处开始,这显然对应于一个电子被从原子中取走. 不久以后,这些结论也被弗朗克和赫兹的关于用电子的撞击来激发光谱线的著名实验所直接证实了. 实验表明,电子和原子之间的任何可能的能量交换都对应于原子的正常态到一个较高定态的跃迁,而引起原子的电离的最小能量正好等于 hc 乘以主线系的极限的波数.

回想到那几年的活跃讨论,重新提到爱因斯坦和赫维斯之间的一次交谈也许是有兴趣的. 我和赫维斯都是卢瑟福的弟子,因此早先曾经把新的观点和前景通知了他. 当被问到他对这样一些想法的态度时,爱因斯坦回答说,这些想法在他的思想中并不是完全陌生的,但是他很幽默地接着说,他觉得,假如这些想法应该被认真看待,那就会意味着物理学的末日了. 回顾起来,我愿意承认这种说

377

法的中肯性;确确实实,我们必须修正我们关于如何理解物理解释的想法了. 在此期间,已经一步一步地证明了,日益广泛地应用光谱资料来推进我们关于原子构造的知识是可能的. 我们知道,这一目标的达成要求发展一种和经典物理学的表述形式大不相同的适当的数学表述形式. 然而,刚开始时,人们必须利用更原始的方法来以一种试探的方式处理问题. 指导主要是由所谓的对应关系的考虑提供了的,其特征就是在一切并不和量子公设直接反对的考虑中应用普通的物理概念的那种努力.

　　第一步就是关系式

$$R = \frac{2\pi^2 e^4 m}{c h^3} \tag{8}$$

的建立,它用电子的质量 m 和电荷 e 以及基本常量 c 和 h 把黎德伯常量 R 表示了出来. 事实上,可以证明,这个关系式是氢光谱的频率和一个电子绕一个单位电荷的重核沿开普勒轨道运动的频率的渐近处理的必要条件. 通过假设所考虑线系起源于原子电子中的一个比其他电子更松地受到核的键合的电子在定态之间的跃迁,从而剩余离子对此电子作用的力起码在大距离处类似于氢原子中电子所受的力,上述考虑也为黎德伯常量在其他元素的光谱中的出现提供了一种简单的解释.

　　然而,一个特殊的问题出现了;它涉及了由匹克灵在 1899 年首先在星体光 378
谱中观察到并且以很大的精确度用公式

$$\sigma = R\left(\frac{1}{2^2} - \frac{1}{(n+1/2)^2}\right) \tag{9}$$

表示了的线系. 由于它和巴耳末线系密切相似,匹克灵线系被归给了氢,而且这种指认在表面上受到了黎德伯的想法的强力支持;黎德伯把巴耳末线系和匹克灵线系之间的关系与其他光谱中漫线系和锐线系之间的关系进行了比较,并且预言了对应于普通的主线系的另一个氢线系

$$\sigma = R\left(\frac{1}{(3/2)^2} - \frac{1}{n^2}\right) \tag{10}$$

的存在.

　　恰好在 1912 年,不仅是匹克灵线系和由(10)式表示的线系,而且还有由公式

$$\sigma = R\left(\frac{1}{(3/2)^2} - \frac{1}{(n+1/2)^2}\right) \tag{11}$$

给出的一个线系,都由否勒在通过氢、氦混合气体的强烈放电中观察到了. 然而,

把所有这些线系指定给氢原子,却是和对应性考虑不能相容的;恰恰相反,对应性考虑认为匹克灵线系以及线系(10)和(11)都应该指定给氦离子,该离子包括一个电子,键合在具有两个单位电荷的核上.事实上,这样一个体系将恰恰被预期给出和氢原子光谱类型相同的光谱,只是 R 将被换成 $4R$.

这样一些想法在一开始时受到了否勒和隆格这样的一流光谱学家的反对.我仍然记得隆格在哥廷根的一次座谈会上提出的警告,他反对了理论家们对光谱资料的这种表现上很随意的使用,认为那些理论家们似乎没有正确地理解首先是由黎德伯的巧妙想法揭示出来的线系光谱之普遍样式的美与和谐.然而这种争议很快就使一切人都满意地解决了.不仅是匹克灵谱线和否勒谱线不久以后就由伊万斯在高度提纯的不显示任何氢谱线痕迹的氦中观察到了,而且甚至也能够证明了否勒测到的谱线对黎德伯所给公式的微小偏差正好对应于当把原子核的实际质量考虑在内时由理论推得的对黎德伯常量的微小改正量.

整个讨论的一种重要结果就是认识到了,由否勒在镁的强火花放电中观察到的镁光谱中的某些线系恰好可以通过把黎德伯常量换成 $4R$ 来结合成一种更简单的线系方案.对于这样一些线系组的发现,否勒和帕邢在随后的几年中都作出了很大的贡献;这样的线系组现在称为火花光谱.和普通的起源于中性原子的电弧光谱相反,这些光谱被指定给了具有单位电荷的离子;在这种离子中,一个键合得较松的电子正处在氢离子中的电子所处的条件相似的条件下.当时预期,电荷更高(即为 Ne)的离子将给出属于推广的黎德伯方案的光谱,那时的常量应由 N^2R 给出;这种预期也广泛地被证实了.在这座由艾德伦领导的美丽研究所中,我几乎用不着多谈这个问题;多年以来,艾德伦曾经以那样的技巧和韧性成功地得出并分析了和原子的高度电子剥离相对应的许许多多的光谱.

在这篇短短的演讲的范围之内,我不得不把自己限制在黎德伯的开创性工作和他的发现的少数方面的介绍上;那些发现后来在一种发展的开始阶段起了如此决定性的作用;通过那种发展,光谱资料给了我们一种更深入的对原子构造问题的洞察,特别是导致了原子壳层结构中的电子键合态的一种分类,而这种分类在每一细节上说明了各元素性质的周期关系.这一早期试探阶段所特有的半经验处理方式的一个真正的高峰,就是泡利的提出不相容原理;这一原理后来被如此适当地纳入了量子理论的合理方法之中.这些方法虽然摒弃了习见的形象化表示,但是在自洽性和完备性上却可以和经典的力学及电动力学相媲美,而且为取之不尽的丰富的光谱学资料的利用提供了一种牢固的基础.

对于我们这一代人来说,亲眼看到这种有时几乎是以狂热的速度进行的整个发展,这确实是一次伟大的奇遇.例如,我特别想起了1919年在隆德这里召开的那次成功的会议,那时一个新的阶段刚刚被索末菲及其学派的工作所掀起,而且当时的前景受到了十分热情的和互助互利的讨论. 我们聚集在旧的物理学系中,那里的宝贵传统由黎德伯的青年后继者们保持了下来,其中包括用那样的实验技能光辉地继续了摩斯莱的工作的席格班,以及对带光谱的理论诠释作出了如此重要的贡献的霍耳林格. 虽然黎德伯本人因病未能与会,但是我们全都生动地感受到了他在我们中间的指导精神,正如我们在今天这次纪念会上所感受到的一样.

Ⅳ. 1958年度卢瑟福纪念演讲：关于原子核科学的奠基人和以他的工作为基础的若干发展的一些回忆

Proc. Phys. Soc. **78**(1961)1083—1115

Elaborated version, completed in 1961, of a lecture
given at a meeting of the Physical Society
of London, 28 November 1958

References (unpublished)

参阅第四编《引言》原第 329 页及以后.

《1958 年度卢瑟福纪念演讲：
关于原子核科学的奠基人和
以他的工作为基础的
若干发展的一些回忆》

用英文、丹麦文和德文发表的各种版本

英文本：*The Rutherford Memorial Lecture 1958*：*Reminiscences of the Founder of Nuclear Science and of Some Developments Based on his Work*

A　Proc. Phys. Soc. **78**(1961)1083—1115

B　"Rutherford at Manchester" (ed. J. B. Birks)，London 1962，pp. 114—167

C　"Essays 1958—1962 on Atomic Physics and Human Knowledge", Interscience Publishers, New York 1963, pp. 30—73 (reprinted in："Essays 1958—1962 on Atomic Physics and Human Knowledge, The Philosophical Writings of Niels Bohr, Vol. Ⅲ". Ox Bow Press, Woodbridge, Connecticut 1987，pp. 30—73)

丹麦文本：*Rutherford mindeforelæsning 1958. Erindringer om grundlæggeren af kernefysikken og om den udvikling，der bygger på hans værk*

D　"Atomfysik og menneskelig erkendelse Ⅱ"，J. H. Schultz Forlag, Copenhagen 1964，pp. 43—94

E　"Naturbeskrivelse og menneskelig erkendelse" (eds. J. Kalckar and E. Rüdinger)，Rhodos，Copenhagen 1985，pp. 167—228

德文本：*Rutherford - Gedenkvorlesung 1958*：*Erinnerungen an den Begründer der Kernphysik und an die von seinem Werk ausgehende Entwicklung*

F　"Atomphysik und menschliche Erkenntnis Ⅱ"，Friedr. Vieweg & Sohn, Braunschweig 1966，pp. 30—74

所有版本皆互相一致，只是 *B* 本中删去了倒数第二段.

1958 年度卢瑟福纪念演讲[†]

关于原子核科学的奠基人和以他的工作
为基础的若干发展的一些回忆

接受物理学会的邀请在卢瑟福纪念演讲系列中发表一篇演讲,这是我的一大幸事;多年以来,卢瑟福的一些最亲密的合作者们曾经通过这些演讲评述了他的基本科学成就,并介绍了关于他的伟大人格的回忆.作为在青年时期有幸参加了在卢瑟福鼓励之下工作的物理学家集体并在随后的许多年中受惠于他的热情友谊的一个人,我欢迎了重述我的一些最珍视的回忆的任务.既然企图在单独一篇演讲中概述欧内斯特·卢瑟福的大量的和多方面的终生工作及其深远的后果当然是不可能的,我将把自己只限制在叙述我有亲身经验的一个时期和我曾经密切追随了的那些发展.

I

我第一次得到瞻仰及倾听卢瑟福的伟大经验是在 1911 年秋季,当时我在哥本哈根上了大学以后正在剑桥随 J·J·汤姆孙一起工作,而卢瑟福则从曼彻斯特来到剑桥在卡文迪许年度聚餐会上发表演讲.虽然我在这一场合没有和卢瑟福发生个人接触,但是我却对他的性格的动人之处和有力之处留下了深刻的印象,他正是凭借这种动人之处和有力之处才曾经在他到过的任何地方都完成了几乎是不能置信的功业.聚餐是在一种最幽默的气氛中进行的,而且使卢瑟福的一些同事有机会重述了一些当时已经和他的姓名联系在一起的逸事.在关于他可以多么强烈地被吸引在他的工作中的各种例证中,据说卡文迪许的一位实验室助手曾经指出,在多年以来在这一著名实验室中工作过的所有热切的青年物理学家中,卢瑟福是能够对着他的仪器最有力地破口大骂的一个.

---

† 本文是一篇演讲词的补写本,完成于 1961 年.演讲于 1958 年 11 月 28 日在伦敦物理学会在帝国科学技术学院召开的一次会议上发表,当时没准备讲稿.

在卢瑟福自己的演讲中,我特别记得他向他的老朋友 C·T·R·威耳孙的最新成功致贺时的那种热乎劲儿;当时威耳孙刚刚利用巧妙的云室方法得到了 α 射线径迹的一些最初的照片,显示了在它们的通常是明显直线的径迹中的突然转折的事例. 当然,卢瑟福对这种现象是完全熟悉的;仅仅在几个月以前,这种现象就曾经把他引到了原子核的划时代发现,但是对于一个 α 射线的生活史的这种细节可以用我们的眼睛直接看到这件事,他却称赞为一种使他极感欣慰的意外之喜. 联系到这一点,卢瑟福十分赞赏地谈到了威耳孙的坚韧性,正是凭借着这种坚韧性,早在他们在卡文迪许同事期间他就已经利用不断改进的仪器进行了关于云雾的形成的研究. 威耳孙后来告诉我说,他对这些美好现象的兴趣,是早在青年时期就被唤醒了的;那时他曾注意过,当气流升上苏格兰的山岭而后再下降到山谷中时,云雾就会出现而后又消失.

卡文迪许聚餐会的几个星期以后,我到曼彻斯特去拜访我刚刚去世的父亲的一位同道,他也是卢瑟福的一位亲密的友人. 在那里,我又有机会见到了卢瑟福;在此期间,他曾经在布鲁塞尔出席了索耳威会议的成立大会,在那里第一次见到了普朗克和爱因斯坦. 卢瑟福在谈话中用他特有的热情谈到了物理科学中许多新的前景,他也很可感谢地同意了我的愿望,就是说,当我在 1912 年的早春时节完成了我在剑桥的学习时,我将参加在他的实验室中工作的那个集体;在剑桥,我曾经对 J·J·汤姆孙关于原子之电子构造的创造性想法感到了很深的兴趣.

在那些日子里,从各国来的许多青年物理学家曾经聚集在卢瑟福身边,受到了他作为一位物理学家的天才和作为一位科学合作领导人的独特才能的吸引. 虽然卢瑟福永远是被他自己的工作的进展强烈地占住的,但是当他觉得任何一个年轻人头脑里有点哪怕是很不重要的概念时,他却是有倾听的耐心的. 与此同时,以他那整个的独立态度,他对权威却不怎么尊敬而且不能忍受他所说的"夸夸其谈". 在这种场合下,他有时甚至可以像一个男孩子似地谈论那些可尊敬的同事,但他从来不允许自己卷入个人的争论,而且他常说:"只有一个人可以搞掉一个人的好名声,那就是他自己."

当然,沿着每一个方向追索原子核发现的推论,就是整个曼彻斯特集体的兴趣中心. 在我待在实验室里的最初几个星期中,我按照卢瑟福的指教听了一门关于放射性研究的实验方法的初等课程;这是在盖革、马考沃和马斯登的有经验的指导下为大学生和新的来访者安排的一门课. 然而我很快就被新原子模型的一般理论涵义吸引住了,特别是它所提供的那种在物质的物理性质和化学性质方面作出明确划分的可能性,即把它们划分成直接起源于原子核本身的性质和主要依赖于在远远大于核线度的距离处受到核的键合的那些电子的分布的性质的可能性.

尽管放射性蜕变的解释必须到核的内禀构造中去找,但是很显然,各元素的物理特征和化学特征却显示的是核周围的电子体系的性质.甚至那时也已经清楚,由于核的质量很大而它的体积和整个原子相比则很小,电子体系的构造是几乎只依赖于核的总电荷的.这样一些考虑立即指示了把每一种元素的物理性质和化学性质的说明建筑在单独一个整数上的前景;那个整数现在称为原子序数,表示的是作为基元电荷单位之倍数的核电荷.

385

在这些想法的发展中,我在很大程度上受到了和乔治·赫维斯进行讨论的鼓舞;赫维斯以他那非常广阔的化学知识而在曼彻斯特集体中出类拔萃.特别说来,早在 1911 年,他就设想了一种巧妙的示踪剂方法,后来这种方法成了化学研究和生物学研究中的一种非常有力的工具.正如赫维斯本人很幽默地描述过的那样,他是被一项辛苦工作的负结果引导到了这种方法的;那项工作是为了响应卢瑟福的挑战.卢瑟福有一次对他说,如果他果然"名不虚传",他就应该再从大量的氯化铅中分离出宝贵的镭 D 方面有所作为,那些氯化铅是从沥青矿中提取出来并由奥地利政府送给卢瑟福的.

我的观点在和赫维斯谈论那些蒙特利耳时期和曼彻斯特时期的神妙的奇遇时变得更加确切了;在那些年月中,在贝克勒耳的和居里夫人的发现以后,卢瑟福和他的合作者们通过逐步弄清楚各种放射性蜕变的次序和相互关系而建立了放射科学.于是,当我听说了已经鉴定了的稳定的和衰变的元素的数目超过了著名的门捷列夫周期表上可用位置的数目时,我就突然想到,那些在化学上不可分离的物质具有相同的核电荷而不同的只是它们的核的质量和内禀结构而已;关于这些物质的存在早先是由索迪指出的,后来他把它们称为"同位素".随后的结论就是,通过放射性衰变,元素将完全独立于它的原子量的任何变化而改变其在周期表中的位置,按照随 α 射线或 β 射线的发射而造成的核电荷的减少或增多而分别在周期表中向前移两位或向后移一位.

当我去找卢瑟福听取他对这种想法的反应时,他像任何时候一样对任何有希望的简单性表示了敏锐的兴趣,但是却以特有的慎重性对过于强调原子模型的意义和从较少的实验资料进行外推提出了警告.不过,或许起源于许多方面的这样一些观点还是在曼彻斯特集体中受到了活跃的讨论,而支持这些观点的证据也正在迅速地出现,这本质上是由赫维斯以及罗素的化学研究提供的.

特别说来,对于认为原子序数决定元素的一般物理性质的这种想法,一种有力的支持是由罗素和罗斯关于镤和钍的混合物的光谱学研究得出的;这种研究指示了这两种实物的光谱的等同性,尽管它们的放射性和原子量都不相同.在当时已有的全部资料的分析的基础上,各种放射过程和它们所引起的元素原子序数之改变之间的普遍关系由罗素在 1912 年 8 月间对化学学会发表的一篇演讲中指示了出来.

在这方面，很有趣的是，特别是经过弗莱克的进一步研究以后，当放射性位移定律在其完成的形式下在几个月以后由在格拉斯哥工作的索迪提出，并由在卡尔斯鲁厄工作的法扬斯提出时，这些作者并没有认识到它和卢瑟福原子模型之基本特色的密切关系，而且法扬斯甚至认为显然和原子的电子构造相联系着的化学性质的改变就是反对一种模型的有力证据，按照那种模型，α 射线以及 β 射线都在核中有其根源. 大约与此同时，原子序数的概念也由范登布洛克在阿姆斯特丹独立地引用了，但是在他的元素分类中，仍然给每一种稳定的或放射性的实物指定了不同的核电荷.

直到这时，曼彻斯特集体中的主要讨论对象还是原子核发现的直接推论. 然而，在卢瑟福原子模型的基础上诠释积累起来的关于物质之物理性质和化学性质的资料的一般纲领，却提出了要在随后的年月中才能逐渐澄清的一些更难解决的问题. 因此，在 1912 年，只谈得到对局势的一般特色的初步适应问题.

从一开始就很显然，在卢瑟福模型的基础上，原子体系的典型稳定性是无论如何不能和力学及电动力学的经典原理相调和的. 事实上，按照牛顿力学，任何点电荷体系都不会有稳定的静力学平衡，而按照麦克斯韦电动力学，电子绕核的任何运动都会通过辐射而引起和体系的收缩相伴随的能量耗散，最后就造成核和电子在一个远小于原子大小的区域中的紧密结合.

不过，这种局势并不是十分意外的，因为经典物理理论的一种本质的局限性已经在 1900 年由普朗克的普适作用量子的发现揭示了出来. 这种发现特别是在爱因斯坦手中在比热和电化学反应的说明中得到了很有希望的应用. 因此，完全独立于原子结构方面的新的实验证据，当时已有一种广泛流传的期望，认为量子概念或许会对物质之原子构造的整个问题有一种决定性的影响.

例如，我后来了解到，A·哈斯曾经在 1910 年企图在汤姆孙原子模型的基础上利用谐振子的能量和频率之间的普朗克关系式来确定电子运动的线度和周期. 而且，J·尼科耳孙也曾经在 1912 年试图把量子化的角动量用到他的关于星云光谱和日冕光谱中某些谱线的起源的研究中. 然而，最值得提到的是，追随着能斯特关于分子的量子化转动的早期概念，N·杰尔汝姆早在 1912 年就预言了双原子气体中红外吸收谱线的带状结构，并从而向分子光谱的详细分析迈出了第一步；这种分析是在利用量子理论对普遍光谱组合定律作出的随后诠释的基础上最后达成了的.

在 1912 年春季我在曼彻斯特停留的初期，我确信了卢瑟福原子的电子构造是彻头彻尾地由作用量子支配着的. 对于这种观点的支持，不但可以在普朗克关系式显得是近似地适用于在元素的物理性质和化学性质中被涉及的结合得较松的电子这一事实中找到,而且特别是可以在有关原子中结合得最紧的那些电子的相似关系的追索中找到,这种相似关系是由巴克拉发现的特征穿透性辐射揭示出来的. 例如,当我停留在剑桥时由惠丁顿得出的关于用电子撞击各种元素来产生巴克拉辐射时所必需的能量的测量结果,显示了简单的规律,其种类正是根据对一个电子的最紧密结合能的估计所应预期的;该电子是在一个普朗克轨道上绕着电荷由原子序数给出的一个核而转动的. 从劳伦斯·布喇格最近发表的卢瑟福纪念演讲中,我曾经很感兴趣地得知,当时正在利兹的威廉·布喇格在他的建筑在劳厄的 1912 年的发现上的对 X 射线谱的最初考察中就已经充分知道了惠丁顿的结果对巴克拉辐射和元素按门捷列夫周期表的排列之间的联系来说的意义,这个问题不久就通过摩斯莱在曼彻斯特的工作而得到了如此完备的阐明.

387

　　在我停留在曼彻斯特的最后一个月中,我主要是忙于物质对 α 射线和 β 射线的阻滞本领的理论研究. 这个起初是由 J·J·汤姆孙从他自己的原子模型观点来讨论了的问题,当时刚刚由达尔文在卢瑟福模型的基础上进行了再检查. 联系到上述那些关于原子中的电子键合所涉及的频率的考虑,我想到了从粒子到电子的能量传递可以按照辐射的色散和吸收的类例来简单地加以处理. 用这种办法,就证明了可以把阻滞本领的测量结果诠释为对一种做法的又一种支持,那种做法就是,符合着普遍的化学证据,特别是符合着卢瑟福和罗伊兹关于通过从薄壁镭射气管中逸出的 α 粒子来形成氦气的证明,来给氢和氦指定原子序数 1 和 2. 对于较重实物的更复杂情况,也证实了和所预期的原子序数及所估计的电子键合能量值的近似符合,但是方法还太原始,不能得出更精确的结果. 如所周知,用现代的量子力学方式对这种问题作出的适当处理,是在 1930 年由 H·贝特给出的.

　　虽然那时卢瑟福正在忙着写他的大著《放射性物质和辐射》,他还是用不变的兴趣关心了我的工作;这使我有机会得知他对自己学生的出版物总是多么地慎重从事. 回到丹麦以后,我在 1912 年的仲夏结了婚,而且我妻子和我在 8 月间到英格兰和苏格兰的婚后旅行中途经曼彻斯特去拜访了卢瑟福,并送交了我的关于阻滞问题的论文的完成稿. 卢瑟福和他的夫人很亲切地接待了我们,这就奠定了多少年来联接了我们两家的那种亲密友谊的基础.

Ⅱ

　　在哥本哈根安定下来以后,我和卢瑟福保持了密切的联系,向他按期报告了我在曼彻斯特已经开始了的关于一般原子问题的工作的进展情况. 卢瑟福的回信永远是鼓舞人心的, 信中永远充满了论述他的实验室中的工作时的主动和喜悦. 这确实是一种长期通信的开始; 这种通信持续了 25 年之久, 而且每当我重读这些信件时, 它们都会使我记起卢瑟福对他所开辟的那一领域中的进步所表示的热情, 以及他对每一个试图在这一领域中作出贡献的人的努力所表示的热烈兴趣.

我在 1912 年秋天写给卢瑟福的那些信, 涉及了追索作用量子对包括分子键合问题和辐射效应及磁效应在内的卢瑟福原子的电子构造所起作用的继续努力. 但是, 稳定性问题在所有的考虑中都引起了复杂的困难, 刺激人们去寻求一种更牢靠的立脚点. 然而, 作了用一种更自洽的方式应用量子概念的各种尝试以后, 我在 1913 年春季却意识到, 原子稳定性的一个直接适用于卢瑟福原子的线索, 却由支配着各元素光谱的那些惊人简单的定律提供了出来.

在罗兰等人极其精确的谱线波长测量结果的基础上, 在巴耳末和舒斯特(卢瑟福在曼彻斯特的教授职位的前任)的贡献之后, 普遍的光谱规律被黎德伯极其巧妙地阐明了. 线光谱中那些明显的线系及其相互关系的彻底分析的主要结果, 就是这样一种认识: 一种给定元素的光谱中的每一条谱线的频率 ν, 都可以无比精确地表示成 $\nu = T' - T''$, 式中 T' 和 T'' 是作为元素之特征的一组谱项 T 中的两项.

基本的组合定律显然没有普通的力学诠释, 而且联系到这一点, 回想起瑞利勋爵的意见是很有兴趣的; 他在此以前曾经强调指出, 一个力学模型的简正振模之间的任何普遍关系, 将是这些频率的二次式而不是它们的线性式. 对于卢瑟福原子来说, 我们甚至不应该指望一种线光谱, 因为, 按照普通的电动力学, 和电子运动相伴随的辐射的频率将是随着能量的发射而连续地变化的. 因此, 试图把光谱的解释直接建筑在组合定律上就是很自然的了.

事实上, 接受了爱因斯坦的能量为 $h\nu$(此处 h 是普朗克常量)的光量子或称光子的概念, 人们就会被引导着假设, 辐射被原子的任何发射或吸收都是一次由一个能量传递 $h(T' - T'')$ 所伴随的个体过程, 并且被引导着把 hT 诠释为电子在原子的某一稳定状态或所谓定态中的结合能. 特别说来, 这一假设给线系光谱中那些发射谱线和吸收谱线的表观上变幻莫测的出现提供了一种直截了当的解释. 例如, 在发射过程中, 我们看到的是原子从一个较高的能级到一个较低的能级的跃迁, 而在吸收过程中, 我们一般遇到的就是原子从能量最低的基态到它的一个受激态的过渡.

在最简单的氢光谱事例中, 各谱项在很大精确度下由 $T_n = R/n^2$ 给出, 式中 n 是一个整数而 R 是黎德伯常量. 于是, 上述诠释就导致了氢原子中电子结合能的一系列渐减的值, 指示着一种跨步式的过程, 通过这种过程, 起初位于离核很大的距离处的电子通过辐射跃迁而过渡到键合得越来越紧的用越来越低的 n 值表征着的定态中,直到达到了用 $n=1$ 来指示的基态时为止. 另外,这个态的结合能和一个沿开普勒轨道绕核运动的电子的结合能的比较,给出了轨道线度,和由气体的性质导出的原子线度具有相同的数量级.

在卢瑟福原子模型的基础上,这种观点也立即指示了关于黎德伯常量在其他元素的最复杂光谱中的出现的一种解释. 这样得出的结论就是,我们在这儿遇到的是一些涉及原子的受激态的跃迁过程,在这些受激态中,有一个电子被带到了其他受到核的键合的电子所占据的区域以外,从而所在的力场和单位电荷周围的力场相近似.

卢瑟福原子模型和光谱资料之间的更密切关系的追索,显然带来了一些繁难的问题. 一方面,电子和核的电荷和质量的定义本身,是完全建筑在利用经典力学和经典电动力学的原理来对物理现象作出的分析上的. 另一方面,认为原子的内能的任何改变都是两个定态之间的一次完成的跃迁的所谓量子公设,却排除了根据经典原理来说明辐射过程或任何涉及原子之稳定性的其他过程的可能性.

正如我们今天已经知道的那样,这样一些问题的解决,要求了一种数学表述形式的发展;这种表述形式的适当诠释,蕴涵了基本物理概念之无歧义应用的基础的一种激烈的修正,以及对在不同的实验条件下观察到的现象之间的互补关系的承认. 不过,在当时,某些进展还是可以通过利用经典物理图景来对建筑在普朗克关于谐振子能态的原始假设上的那些定态进行分类而得出的. 特别说来,一个出发点是由一种对比提供的,那就是具有给定频率的振子和转动频率依赖于结合能的电子绕核的开普勒运动之间的更仔细的对比.

事实上,正如在谐振子事例中那样,简单的计算证明了,对于氢原子的每一个定态,在电子的一个轨道周期中积分出来的作用量可以和 nh 等同起来,这一条件在圆形轨道的事例中和角动量按 $h/2\pi$ 而量子化相等价. 这样的等同性涉及了黎德伯常量的确定,即按照公式

$$R = \frac{2\pi^2 m e^4}{h^3}$$

而根据电子的电荷 e 和质量 m 以及普朗克常量 h 来确定 R;这一公式被发现为在 e, m 和 h 的当时既有的测量精确度范围内和经验值相一致.

虽然这种符合给力学模型在代表定态方面的应用范围提供了一种指示,但是量子概念和普通力学原理的任何合并所涉及的困难当然还是存在的. 因此,最令人放心的就是发现这样一件事实:光谱问题的整个处理方式满足一个明显的要求,即它在所涉及的作用量大得足以允许忽略个体量子的极限下可以把经典

的物理描述包括在内. 这样一些考虑确实提供了关于所谓对应原理的最初指示, 该原理表达了把量子物理学的本质上是统计性的说明表示成经典物理描述之合理推广的那一目的.

例如, 在通常的电动力学中, 从一个电子体系发出的辐射的成分应该取决于体系的运动可以被分解成的那些谐振动的频率和振幅. 当然, 在一个电子绕一个重核的开普勒运动和通过体系定态间的跃迁而发射的辐射之间, 是不存在这样的简单关系的. 然而, 在量子数 n 比它们的差数大得多的那种态间的跃迁的极限事例中却可以证明, 作为各次跃迁的结果而出现的各个辐射分量的频率, 渐近地和电子运动的谐和分量的频率相重合. 另外, 和简谐振动相反, 在开普勒轨道中不但有转动频率而且也出现高级谐频的这一事实, 提供了在氢光谱中各谱项的无限制组合方面追索一种经典类例的可能性.

不过, 卢瑟福原子模型和光谱资料之间的关系的无歧义演证, 在一段时间内却受到了一种奇特情况的阻碍. 早在 20 年以前, 匹克灵曾经在遥远星体的光谱中观察到一个线系, 其波长显示了和普通氢光谱的密切数字关系. 因此这些谱线就被普遍地认为是属于氢的, 而且甚至被黎德伯看成将能消除氢光谱的简单性和包括最接近氢光谱的碱金属光谱在内的其他元素光谱的多重性之间的表观对立. 杰出的光谱学家 A·否勒也持有这种观点, 当时他刚刚在实验室中的实验中通过氢气和氦气的混合物中的放电而观察到了匹克灵谱线和新的有关线系.

然而, 匹克灵谱线和否勒谱线并不能包括在黎德伯的关于氢光谱的公式中, 除非谱项表示式中的 n 这个数既可以取整数值又可以取半整数值. 但是这个假设将显然破坏向能量和光谱频率之间的经典关系的渐近趋近. 另一方面, 这样的对应性将对由一个电子键合在一个电荷为 Ze 的核上而形成的体系也成立, 这种体系的定态是由相同的作用量积分值 nh 来确定的. 确实, 这样一个体系的谱项将由 Z^2R/n^2 给出; 当 $Z=2$ 时, 此式就给出和在黎德伯公式中引入半整数 n 值时得到的结果相同的结果. 于是, 很自然地就可以把匹克灵谱线和否勒谱线指定给由星体中的高度热骚动和否勒所用的强放电所电离了的氦. 确实, 假如这种结论被证实了, 那就是在卢瑟福模型的基础上向建立不同元素的性质之间的定量关系迈出的第一步.

Ⅲ

当我在 1913 年 3 月间给卢瑟福写了信, 附寄了我关于原子构造之量子理论的第一篇论文的底稿时, 我强调了解决匹克灵谱线起源问题的重要性, 并且借此机会请示了在他的实验室中能否完成这种目的的实验, 因为在那个实验室中从舒斯特时代起就有了适当的光谱学仪器. 我收到了卢瑟福的即时复信. 这封信如此典型地显示了卢瑟福的敏锐的科学判断和助人为乐的态度,因此我愿意把它的全文引用在下面:

391

1913 年 3 月 20 日

亲爱的玻尔博士:

我已经安全地收到你的论文并抱着很大的兴趣读过了,但是当有更多的闲暇时我将再仔细读一遍. 你的关于氢光谱的起源方式的想法是很巧妙的,而且看来也是非常好用的;但是,普朗克概念和旧力学的混合却使人很难对什么是它的基础形成一个物理概念. 在我看来,你的假说中有一个严重的困难,这个困难我毫不怀疑地认为你也充分意识到了,那就是,当电子从一个定态过渡到另一个定态时,它怎么决定将以什么频率来振动呢? 在我看来,你似乎必须假设电子事先就知道它将在什么地方停下来.

对于论文的布局,我也想提个较小的意见. 我想,你在力求清晰的同时,有一种把论文写得太长的倾向,以及一种在论文的不同部分重复你的叙述的倾向. 我认为你的论文实在需要精简,而且我认为这是可以在不牺牲任何清晰性的条件下做到的. 我不知道你是否意识到,太长的论文会把读者们吓住,他们觉得没那么多时间去泡在里边.

我愿意很仔细地重读你的论文并把我对细节的想法告诉你. 我将很高兴把它寄给 Phil. Mag.,但是如果它的篇幅能够削减到适当的分量,我就将是更满意的.

我将很高兴看到你今后的论文,但是请你记住我的劝告,并且在不违背清晰性的条件下把它们写得尽可能简单一些. 我很高兴地得知你以后将到英国来,而且当你来到曼彻斯特时我们将很高兴见到你.

附带提到,我对你的有关否勒光谱的推测很感兴趣. 我把此事告诉了这里的伊万斯,他告诉我说他也很感兴趣,而且我想很有可能他在下学期回到这里时或许会做一些有关这一问题的实验. 一般的工作进行得很好,但是我因为发现 α 粒子的质量颇大于它应有的值而暂时被卡住了. 如果它是对的,这就是一个非常重要的结论,从而我非到在每一点上都肯定了我的精确性时不能发表它. 实验要费大量的时间,而且必须做得很精确.

你的忠诚的
E·卢瑟福

再启者:我想你不反对我按照自己的判断从你的论文中删去我可能认为不必要的东西吧? 盼复.

卢瑟福的第一点提法当然是很中肯的,它触及了在后来的长久讨论中成为中心议题的一个问题. 当时我自己的观点,正如在 1913 年 10 月间我在丹麦物理学会发表的一篇演讲中表达的那样,认为正是包括在量子公设中的那种对关于物理解释的习见要求的激烈背离,应该本身就给在适当时期内把新的假设纳入到一种逻辑自洽的方案中的那种可能性留下足够的余地. 联系到卢瑟福的说法,回想到一件事是特别有兴趣的,那就是,爱因斯坦在他的 1917 年关于普朗克热辐射公式的推导的著名论文中,也在光谱的起源方面采用了相同的出发点,并且指出了支配着自发辐射之发生的统计定律和卢瑟福及索迪在 1903 年就已经表述了的放射性衰变的基本定律之间的类似性. 确实,这条使他们能够一举而解释了当时已知的各式各样天然放射性现象的定律,也被证实为理解后来观察到的自发衰变过程之分支现象的线索.

卢瑟福的信中那样强调地提出的第二个问题使我陷入了非常为难的处境. 事实上,在收到此信的几天以前,我已经给卢瑟福寄去了早先那份稿子的相当扩充了的文本,增加的部分特别涉及了发射光谱和吸收光谱之间的关系以及和经典物理理论的渐近对应性. 因此我觉得,解决问题的唯一办法就是立即到曼彻斯特去和卢瑟福本人谈清楚. 虽然卢瑟福还是像从前那样忙,但他却对我表现得几乎像天使一样地耐心,而且在讨论了几个长长的夜晚以后(他在讨论中宣称从来没有想到我会这样地顽固),他同意把所有的新论点和老论点都保留在论文中. 毫无疑问,在卢瑟福的帮助和建议下,文章的风格和语言都得到了重大的改进,而且我常常有机会想到,他的反对相当繁复的表现方式,特别是反对由征引以前的文献而造成的许多重复是多么正确的. 因此,这篇卢瑟福纪念演讲给我提供了一个很可欢迎的机会,来对当年那些论点的实际发展给出一种更加简练的说明.

在随后的几个月中,关于指定给氦离子的那些谱线的起源问题的讨论发生了一次戏剧性的转折. 首先是,伊万斯能够通过极纯的不显示普通氢线的任何痕迹的氦中的放电而得出了否勒谱线. 不过,否勒还是没有被说服,并且强调了光谱在气体混合物中出现时的那种虚假的方式. 最重要的是,他指出了他的匹克灵谱线的波长的精确测量结果和根据我的 $Z=2$ 的公式算出的结果并不完全重合. 然而这后一问题的答案很容易地被找到了,因为很显然,黎德伯常量的表示式中的质量 m,不应该被看成一个自由电子的质量而应该被取作所谓的约化质量 $mM/(m+M)$,式中 M 是核的质量. 事实上,把这种改正量考虑在内,所预言的氢光谱和电离氦光谱之间的关系就和所有的测量结果完全符合了. 这种结果立即受到了否勒的欢迎,他借此机会指出了,在其他元素的光谱中也观察到了一些线系,那里的黎德伯常量必须乘以一个和 4 很相近的数. 这种一般称为火花光

392

谱的线系光谱,现在可以被承认为起源于受激的离子,而和起源于受激的中性原子的所谓电弧光谱形成对照了.

继续进行了的光谱学研究在随后的年月中揭示了原子的许多光谱,这时从原子中被取走了的不是一个而是好几个电子.特别说来,玻温的著名考察导致了一种认识:尼科耳孙所讨论了的那种星云光谱的起源,不是应该到假说性的元素中去找而是必须到处于高度电离状态的氧原子和氮原子中去找.最后,一种前景出现了,有希望通过分析各电子一个接一个地被核所键合的过程来达到关于每一个电子在卢瑟福原子的基态中被键合情况的一种概观了.在 1913 年,实验资料当然还差得多,而定态分类方面的理论方法也还没有得到充分的发展,从而它们还不能适应这样一种雄心勃勃的任务.

393

IV

在此期间,关于原子之电子构造的工作逐渐前进了,从而我不久就又去请求卢瑟福的帮助和指导了.于是,我在 1913 年 6 月间带着第二篇论文去了曼彻斯特,这篇论文除了关于放射性位移定律和巴克拉辐射的起源的继续讨论以外,还处理了包含若干个电子的那些原子的基态.关于这个问题,我力图试验性地把电子安排成一些闭合的环,这类似于 J·J·汤姆孙在用他自己的原子模型来说明各元素在门捷列夫表中的周期性特色的早期尝试中所原始引用的那种壳层结构.

在卢瑟福的实验室中,我在那一场合下见到了赫维斯和潘耐特,他们告诉我,利用示踪剂方法来对硫化铅和铬酸铅的溶度进行的初步系统考察已经成功,这种工作是他们在那一年的年初在维也纳共同完成的.在每一方面,这些对曼彻斯特的重复访问都是一种巨大的激励,并且给了我很可欢迎的机会来和实验室中的工作密切联系.那时,卢瑟福在罗宾孙的协助下正忙于 β 射线发射的分析,并且正和安德雷一起研究 γ 射线谱.另外,当时达尔文和摩斯莱正强烈地忙于 X 射线晶体衍射的改进了的理论考察和实验考察.

再次见到卢瑟福的一个特殊机会很快就联系到 1913 年 9 月份在伯明翰召开的大英科学促进协会的会议而出现了.在有居里夫人参加的这次会议上,特别说来曾经有过关于辐射问题的全体讨论,参加者包括瑞利、拉摩尔和洛伦兹这样的权威人士,特别是金斯,他作了一次关于量子理论对原子构造问题之应用的介绍性概述.他那流畅的叙述事实上是对一些想法的认真兴趣的第一次当众表示,那些想法在曼彻斯特集体以外通常是被人们带着很大的怀疑来看待的.

逗乐了卢瑟福和我们的一次偶然事件是瑞利勋爵的一种说法.当约塞夫·拉摩尔爵士很郑重地请他对近来的发展发表自己的意见时,那位在早年曾对辐射问题的阐明作出过决定性贡献的伟大前辈的即时回答是: "我在年轻的时候很强烈地持有过许多看法, 其中一种看法就是, 一个过了六十岁的人不应该对摩登的看法表示自己的意见. 虽然我必须承认今天我的看法不再那么强烈了, 但是我仍然足够强烈地保持着它, 因而我不能参加这种讨论. "

在我 6 月份对曼彻斯特的访问中, 我曾经和达尔文及摩斯莱讨论过按照各元素的原子序数来排列它们的适当顺序问题, 而且当时第一次听到了摩斯莱的计划, 他打算通过用劳厄-布喇格方法系统地测量各元素的高频辐射谱来解决这个问题. 以摩斯莱那种非凡的有目的地进行实验的精力和才能, 他的工作进展得惊人地迅速, 从而早在 1913 年的 11 月间我就接到了他的一封最有兴趣的信, 信中说明了他的重要结果, 并且在沿着已经证实为对光谱可以适用的路线来诠释这些结果的方面提出了一些问题.

在物理学和化学的现代史中, 很少有什么事件像摩斯莱的发现使人能够根据各元素的高频辐射谱来无歧义地指定其原子序数的简单定律那样从一开始就引起了如此普遍的兴趣. 不但对卢瑟福原子模型的决定性支持被立即认识到了, 而且引导门捷列夫在他的周期表的某些地方违背了原子量渐增的顺序的那种直觉也被突出地显示了出来. 特别说来, 很显然的是, 摩斯莱的定律在寻求一种适合原子序数系列中的一个空位的尚未发现的元素方面提供了一种明确无误的指南.

在原子中各电子的组态问题方面, 摩斯莱的工作也引发了重要的进步. 很肯定, 在原子的最内部分, 核作用在各个电子上的吸引力远远超过电子之间的相互推斥力, 这种情况就提供了一个基础, 可以据以理解摩斯莱谱和应该预期由一个电子键合在一个裸核上而形成的体系所给出的谱之间的突出相似性. 然而, 更进一步的对比却带来了关于原子之电子构造的壳层结构的新信息.

对这一问题的一种重要贡献很快就由考塞耳给出了; 他指出了一个电子从围绕核的一系列环或壳层中的一个环或壳层上的被取走, 作为 K、L 和 M 型的巴克拉辐射的起源. 特别说来, 他把摩斯莱谱的 $K\alpha$ 和 $K\beta$ 成分线指定给了一些个别的跃迁过程, 通过这些过程, K 壳层上的电子空位分别被 L 壳层或 M 壳层上的电子所填满. 按照这种方式进行下去, 考塞耳也在摩斯莱的谱线频率测量结果之间追索了进一步的关系; 这就使他能够把一种元素的整个高频辐射谱表示成一个组合方案, 其中每一谱项和普朗克常量的乘积, 可以和把一个电子从原子中的一个壳层上拿到核周围的一切壳层以外的距离上所需要的能量等同起来.

另外, 考塞耳的观点也给另一件事实提供了解释, 那就是, 波长渐增的穿透性辐射的吸收, 实际上是从代表着一举而把一个电子从相应的壳层中取走的一个吸收界限开始的. 中间受激态的不出现,被假设为是由于在原子的基态中所有的壳层都已被占满. 如所周知,这种观点终于在泡利于 1924 年的关于电子键合态的普遍不相容原理的表述中得到了最后的表示,该原理的表述受到了斯通诺根据对光谱规律的分析作出的卢瑟福原子之壳层结构细节的推导的启示.

V

在 1913 年秋天,斯塔克关于电场对氢光谱中谱线结构的意外地大的效应的发现在物理学家中间引起了另一次轰动. 以他那种对物理科学中的一切进步的密切注意,卢瑟福当从普鲁士科学院收到了斯塔克的论文时立即给我写信说:"我想,现在是你针对塞曼效应和电效应写些东西的时候了,如果能够把这些效应和你的理论调和起来的话."响应着卢瑟福的挑战,我试着考察了问题,而且很快我就清楚了,在电场和磁场的效应中,我们遇到的是两种很不相同的问题.

塞曼的 1896 年的著名发现的洛伦兹诠释和拉摩尔诠释的精髓就是,它直接指出了电子运动作为线光谱的起源,其方式大致地不依赖于有关电子在原子中的键合机制. 于是,即使光谱的起源被归因于定态之间的单次跃迁,对应原理也会引导人们按照拉摩尔的普遍定理来针对像在卢瑟福原子中那样键合在一个中心对称场中的电子所发射的一切谱线预期一种正常的塞曼效应. 但是所谓反常塞曼效应的出现却带来了新的难题,这些难题只有到了十多年以后才得到克服,那时线系光谱中各谱线的多重结构被追溯到了一种内禀的电子自旋. 许多方面都对发展作出了重要的贡献. 关于这一发展的一种最有兴趣的历史叙述,可以在最近出版的众所周知的泡利纪念文集中找到.

然而,在电场的事例中,对于由一个谐振子发射的辐射来说,却不能预期一种正比于电场强度的效应,从而斯塔克的发现就确定地排除了把电子的弹性振动看成光谱的起源的那种常规性的概念. 不过,对于电子绕核的开普勒运动来说,即使是较弱的外电场也会通过久期微扰而引起轨道的形状和取向方面的颇大改变. 通过研究轨道在外电场中保持为纯周期性的那种特例,就可以通过和适用于未受扰氢原子之定态的论点同一种类型的论点来推出斯塔克效应的数量级,并特别地解释这种效应在氢的谱线系中从一条谱线到另一条谱线的迅速增大. 不过,这些考虑很清楚地表明,为了解释现象的更精致的细节,原子体系的定态分类方法还发展得不够充分.

正是在这一方面,在随后的年月中,通过引入确定角动量分量和其他作用量积分的一些量子数而取得了很大的进展. 这种方法是由 W·威耳孙在 1915 年最初提出的,他把它用到了氢原子中的电子轨道上. 然而,因为根据牛顿力学每一条轨道在这一事例中都是单周期性的,其频率只依赖于体系的总能量,所以没有得出任何的物理效应. 不过, 爱因斯坦的新力学所预言的电子质量对速度的依赖性, 却消除了运动的简并性并通过开普勒轨道的近核点的一种不断的缓慢旋进而在各谐和分量中引入了一个第二周期. 事实上, 正如在索末菲的 1916 年的著名论文中证明了的那样, 角动量和径向运动作用量的分别量子化给出了观察到的氢原子和氦离子的光谱中的谱线精细结构的一种详细的诠释.

另外, 磁场和电场对氢光谱的效应也由索末菲和艾普斯坦进行了处理; 通过多周期体系之量子化方法的熟练应用, 他们能够导出了和观察结果完全符合的一些谱项, 通过这些谱项的组合, 就得到了氢谱线的分裂. 这种方法和艾伦菲斯特在 1914 年为了适应热力学要求而引入的定态浸渐不变性原理是相容的; 这种相容性得到了一种情况的保证, 那就是, 各个量子数所指示的作用量积分, 按照经典力学不会受到外场和体系的本征周期相比为慢得多的变化的影响.

处理方法的有成果性的进一步证据, 是从对应原理对多周期体系所发射的辐射的应用中得出的, 这种应用可以给出有关不同跃迁过程的相对几率的定性结论. 这种想法在很大程度上得到了克喇摩斯的关于氢谱线斯塔克效应成分线的强度的表面上难以捉摸的变化的解释的证实. 当时甚至发现能够利用对应论点来说明某些类型的跃迁在其他原子中的不出现; 这些跃迁不属于汝宾诺维兹通过能量和角动量守恒定律对原子和辐射之间的反应的应用就能排除的那些跃迁.

借助于复杂光谱结构方面迅速增多的实验资料, 以及席格班及其合作者们的关于高频辐射谱中的精细规律的方法上的寻求, 多电子原子中的键合态的分类继续前进了. 特别说来, 关于原子的基态可以通过核对电子的逐个键合而组建起来的那种方式的研究, 导致了原子中电子组态的壳层结构的逐步阐明. 于是, 虽然像电子自旋那样的本质要素当时还是未知的, 但是事实上却已经能够在卢瑟福发现原子核以后的大约十年之内得出了门捷列夫周期表上最突出的那些周期中的许多周期的大致诠释.

然而, 整个的处理方法还是大大地半经验性的, 而且很快就弄明白的是, 为了对各元素的物理性质和化学性质作出包举无遗的解释, 对经典力学的一种根本上新的背离是必要的, 为的是把量子公设纳入到一个逻辑自洽的体系之内. 我们将有机会回到这种众所周知的发展中来, 但是我首先还是要继续论述我关于卢瑟福的回忆.

Ⅵ

第一次世界大战的爆发几乎造成了曼彻斯特集体的完全解体, 但是我却幸运地和卢瑟福保持了密切的接触, 他在 1914 年春天曾经邀请我接替达尔文的数学物理学舒斯特讲师职位. 当我的妻子和我经过一次绕道苏格兰的风暴航行而在那年初秋来到曼彻斯特时,我们受到了还留在实验室中的少数几位老朋友的最亲切的接待,那时从外国来的同事们已经离开而许多英国人都已应征入伍. 当时卢瑟福和他夫人还在美洲,在他们回新西兰探亲的归途中,而且用不着说,当在几星期后安全地回到曼彻斯特时,他们受到了我们所有人的欢迎,我们大大地放心和欣慰了.

　　卢瑟福本人很快就被吸收到军事计划中去了,特别是关于发展潜水艇的声学追踪方法的计划;于是给大学生上课的工作就几乎完全落到了伊万斯、马考沃和我的头上. 不过,卢瑟福还是能抽出时间来继续进行他的开创性工作,那种工作在战争结束以前就已经能够给出了如此伟大的结果;而且他对同事们的努力也一如既往地表示了热烈的兴趣. 至于原子构造问题,弗朗克和赫兹关于用电子撞击来激发原子的著名实验在 1914 年的发表带来了一种新的动力.

　　一方面,用汞蒸气做的这种实验给出了原子过程中跨步式能量传递的最明显的证据;另一方面,实验在表观上指示出来的汞原子的电离能的值却比根据汞光谱的诠释来预期的值的一半还要小. 因此人们就被引导着猜想,观察到的电离并不是直接和电子的碰撞相联系;而是由电极上的一种伴随现象所引起的,这种现象起源于汞原子在从第一激发态回到基态时所发射的辐射. 在卢瑟福的鼓励下,马考沃和我计划了一些考察这一观点的实验,而且在实验室中很有本领的吹玻璃的德国人的协助下制造了一种有着各式各样电极和栅网的很复杂的水晶玻璃仪器,那个德国人在早先曾经给卢瑟福制造了研究氦的形成的很好的 α 射线管.

　　以他那种开明的人性态度,卢瑟福曾经力图给那位玻璃工取得在战时继续在英国工作的批准,但是那个人在他那个行业中并非少见的脾气,以及他的放肆发表猛烈的超级爱国主义言论,终于使他受到了英国当局的拘留. 于是当我们的精美仪器在一次意外中因它的支架起火而被弄坏了时,就没人能帮助修好它,而当马考沃不久以后也自愿参军以后,实验就被放弃. 我几乎用不着再说,通过戴维斯和高提尔在 1918 年在纽约做的高明实验,问题完全独立地得到了解决,结果和所预料的相同. 我提到我们的无结果的努力,只是作为一种指示,表明当时我们在曼彻斯特的工作所遇到的是一些什么种类的困难,那种困难就如同主妇们在贫困家境中所必须对付的困难一样.

　　不过,卢瑟福的永不衰退的乐观主义还是对周围的人们起了一种最鼓舞人心的影响,而且我记得在一次战争的严重失利中卢瑟福是怎样引述了据说是拿破仑的言论的,那就是说,你不能和英国人打仗,因为他们太愚蠢,以致当他们已经失败时他们还不能理解. 对我来说,能够参加卢瑟福的一群私人朋友的每月讨论也是一种最愉快和最有启迪的经验; 那些人中包括哲学家亚历山大、历史学家陶特、人类学家艾略特·斯密茨和化学家开姆·外斯曼; 外斯曼在 30 年后当了以色列的第一任总统, 卢瑟福对他的非凡性格是很赏识的.

我们所有人的一次可怕的震惊就是 1915 年摩斯莱在加利波里战役中不幸阵亡的消息; 这一事件引起了全世界物理学家们的哀悼, 尤其是卢瑟福更加伤心, 他曾经努力争取使摩斯莱被从前线调到危险性较小的任务中来.

1916 年夏, 我妻子和我离开曼彻斯特回到了丹麦, 那时我已经在丹麦被任命为哥本哈根大学新设立的理论物理学教授. 尽管邮政通信的困难不断增大, 我和卢瑟福还是保持了经常的通信. 在我这方面, 我报告了原子构造的量子理论的更普遍表示方面的工作进展, 当时这种工作受到了前已提到的定态分类方面的发展的进一步刺激. 在这方面, 卢瑟福对我所能提供的来自大陆的消息, 特别是我和索末菲及艾伦菲斯特的第一次亲自接触的情况感到了兴趣. 在他自己的信中, 卢瑟福也生动地描述了他怎样在不断增加的困难和其他任务的压力下努力继续了他在各种方向上的研究. 例如, 在 1916 年秋季, 卢瑟福在信中写到, 他对硬 γ 射线的吸收方面的一些出人意料的结果感到了强烈的兴趣; 那种硬 γ 射线是由刚刚可以弄到手的高电压管产生的.

在其次的几年中, 卢瑟福越来越致力于用高速 α 射线来产生核蜕变的可能性, 而且早在 1917 年 12 月 9 日的一封信中, 他就已经写道: "我偶然也抽出半天的时间来搞几个我自己的实验, 而且已经得出了我想最后将被证实为具有很大重要性的结果. 我但愿你能在这里以便把事情讨论清楚. 我正在探测和计数被 α 粒子碰得运动起来的较轻的原子, 而且我想结果在很大程度上把核附近的力的品格和分布曝了光. 我也正在力图用这种方法打碎原子. 在一个事例中, 结果似乎是有希望的, 但还需要作大量的工作来把事情弄确实. 凯意帮助了我, 他现在已经是一个熟练的计数员了." 一年以后, 在 1918 年 11 月 17 日, 卢瑟福用他所特有的方式宣布了又一次的进展: "我但愿你在这儿以便讨论我的核碰撞方面的某些结果的意义. 我曾经得到了一些我想是相当惊人的结果, 但是得到我的推论的确定证明却是一种沉重而漫长的工作. 计数弱闪烁对老眼来说是困难的, 但是仍然在凯意的协助下, 我在过去的四年中已经利用偶然闲空来干完了大量的工作."

在 1919 年发表在《哲学杂志》上的卢瑟福的著名论文中, 包含了他的受控核蜕变的基本发现的论述; 他提到了他的老同事马斯登在 1918 年 11 月间对曼彻斯特的访问, 当时马斯登在停战日已经从法国军队中退役. 马斯登当年在曼彻斯特时曾和盖革一起做了把卢瑟福引到他的原子核发现的实验, 现在他以自己在闪烁实验方面的丰富经验协助卢瑟福清除了用 α 射线轰击氮时所放出的高速质

398

子的统计分布中的一些表观反常性.马斯登从曼彻斯特回了新西兰,去担任他自己的大学职务了,但是他多年以来一直和卢瑟福保持了密切的联系.

1919 年 7 月,当在停战日以后又有可能旅行时,我到曼彻斯特去看了卢瑟福,并且更详细地了解了他的受控的或所谓人工的核嬗变的伟大新发现;通过这一发现,他创立了他所喜欢说的"现代炼金术",而且这种发现在时间过程中将在人对自然力的掌握方面引起如此可惊异的后果.当时卢瑟福在实验室中几乎是独自一人,而正如他在信中所说的那样,除了马斯登的一次短期访问以外,他的基础研究中的唯一助手就是他忠诚的助手威廉·凯意;多年以来,凯意以其和善与乐于助人而博得了实验室中所有人员的好感.在我的访问期间,卢瑟福也谈到了他曾经必须作出的巨大决定,以答复邀请他在 J·J·汤姆孙离职以后到剑桥大学去担任卡文迪许教授的倡议.在曼彻斯特度过了那么多生活丰富的年月以后,对卢瑟福来说下定离开的决心肯定是不容易的,但是他又当然应该响应召唤去继续卡文迪许教授的这一独一无二的序列.

399

VII

从一开始,卢瑟福就在卡文迪许实验室中在他周围聚集了很大的和很有才能的一个研究工作者的集体.一个最引人注目的人物就是阿斯顿;他和 J·J·汤姆孙在一起工作了许多年,而且在战争期间就开始发展了质谱仪方法;这种方法后来导致了几乎每一种元素的同位素的存在的证实.给卢瑟福原子模型提供了如此有说服力的证明的这一发现并不是完全出人意料的.早在曼彻斯特时期的早期,人们就已经理解,当把各元素按它们的化学性质排列时,它们的原子量顺序上的表观不规则性就意味着,甚至对稳定的元素来说,也不能指望核电荷和核质量有一种唯一的关系.在他于 1920 年的 1 月份和 2 月份写给我的信中,卢瑟福表示了对阿斯顿的工作的喜悦,特别是在氯的同位素方面;这种工作如此明显地阐明了化学原子量对整数值的偏差的统计品格.他也很幽默地评论了阿斯顿的发现在卡文迪许实验室中引起的关于不同原子模型的相对优缺点的讨论.

对于继续进行卢瑟福自己的关于原子核的构造和蜕变的开创性工作以及对于管理这个伟大的实验室来说,一种很大的帮助就是来自老曼彻斯特集体的杰姆斯·查德威克从一开始就参加了进来.查德威克是在德国的长期拘留后返回的,当大战爆发时他正在柏林和盖革一起工作.在卡文迪许早期的卢瑟福同事中,还有布拉开特和艾利斯,他们都来自国防方面.艾利斯是在和查德威克一起在德国被拘留时由查德威克接引到物理学中来的.卡文迪许集体的又一次得益是几年以后卡匹察的到来,特别说来,他带来了一种产生强度未之前闻的磁场的巧妙计划.在这一工作中,他从一开始就得到了考克劳夫特的协助;以他那种兼具科学见识和技术见识的独特才能, 考克劳夫特后来成了卢瑟福的非常杰出的合作者.

在开始时, 数学见识在曼彻斯特时期曾经很有帮助的查尔斯·达尔文和喇耳夫·否勒一起分担了卡文迪许的理论活动部分. 在合作中, 他们在当时对统计热力学及其对天体物理学问题的应用作出了重要贡献. 在达尔文去了爱丁堡以后, 直到第二次世界大战时, 剑桥的主要的理论顾问和理论教师都是否勒, 他成了卢瑟福的女婿. 否勒不仅以一种满怀热情的精力参加了卡文迪许的工作, 而且他很快就得到了许多学生, 他们从他的鼓励中得到了好处. 在这些弟子中名列前茅的就是勒纳德-琼斯和哈特瑞, 他们各自按照自己的路线而对原子物理学和分子物理学作出了贡献; 而且特别是还有狄喇克, 他从很年轻时就以他的逻辑能力而显得出类拔萃了.

自从我在 1916 年离开曼彻斯特以后, 我当然曾经力图利用我在卢瑟福的实验室中得到的经验, 而且我是抱着感激之情来回忆卢瑟福如何从一开始就最亲切和最有效地支持了我在哥本哈根创立一个研究所来促进理论物理学家和实验物理学家之间的密切合作的那种努力的. 一种特殊的鼓励就是, 早在 1920 年的秋天, 当研究所的楼房将近完工时, 卢瑟福就抽出时间来访问了哥本哈根. 作为一种重视的象征, 大学授予了他一个荣誉学位, 而且他在授奖仪式上发表了一篇最激动人心的和最幽默的演讲, 使所有出席仪式的人久久不能忘怀.

对于新研究所中的工作大有裨益的是, 战后不久, 我们就请来了我在曼彻斯特时的老朋友乔治·赫维斯, 他在哥本哈根工作了 20 多年; 在此期间, 他完成了许多建筑在他那很有名的同位素示踪剂方法上的物理-化学研究和生物学研究. 卢瑟福对之大感兴趣的一个特殊事件就是考斯特尔和赫维斯在 1922 年的利用摩斯莱方法来寻求现在被称为铪的那种当时还缺失着的元素; 它的性质给元素周期表的诠释提供了进一步的有力支持. 一般实验工作的一个幸运的起动是由杰姆斯·弗朗克在实验室开放时的一次访问给出的; 在随后的几个月中, 他最可感谢地向丹麦同道们传授了用电子轰击来激发原子光谱的精密技术, 那是他和古斯塔夫·赫兹一起那么巧妙地发展起来的. 许多和我们在一起待了一段较长时间的杰出理论物理学家中的第一个人是汉斯·克喇摩斯[*], 他在战争期间作为一个相当年轻的人来到了哥本哈根, 并且在和我们一起工作的十年之中被证实为我们集体的一位无法估价的优秀人物, 直到他在 1926 年离开研究所中的讲师职位而到乌得勒支去当了教授时为止. 在克喇摩斯来到哥本哈根的不久以后, 就来了两位很有前途的年轻人, 那就是来自瑞典的奥斯卡·克莱恩和来自挪威

400

---

[*] ［中译者按: 克喇摩斯的名字是亨德里克·安东尼, 此处说他叫"汉斯", 一定有什么原故.］

的斯万·罗西兰,他们在 1920 年就已经通过指出所谓的第二类碰撞而出了名;在那种碰撞中,原子被电子的轰击从一个较高的定态送到一个较低的定态,而电子的速度则因之而增大. 确实,这样一种过程的出现,对于按照和感生辐射跃迁相类似的方式来保证热平衡来说是有决定意义的,那种辐射跃迁在普朗克温度辐射定律的爱因斯坦推导中起了不可缺少的作用. 关于第二类碰撞的考虑,被证实为对于阐明星体大气的辐射性质来说是特别重要的;对于这种阐明,当时在剑桥和否勒一起工作的萨哈作出了非常根本的贡献.

泡利在 1922 年参加了哥本哈根研究所的集体,而两年以后,海森伯也来了;他们都是索末菲的学生,而且虽然年轻却已完成了最杰出的工作. 我在 1922 年到哥廷根访问并发表演讲时认识了他们,他们的非凡才能给我留下了深刻的印象;那次访问开始了哥本哈根集体和在玻恩及弗朗克的领导下在哥廷根工作着的集体之间的很有成果的合作. 从很早的时候,我们和剑桥的伟大集体的密切联系就得到了保持,特别是通过达尔文、狄喇克、否勒、哈特瑞、莫特等人对哥本哈根的较长期的来访.

401

VIII

许多国家的整整一代理论物理学家的独一无二的合作,一步一步地创立了经典力学和经典电动力学的一种逻辑自洽的推广;那几年,曾经有时被描述成量子物理学中的"英雄"时代. 对追随了这一发展的每一个人来说,看到如何通过不同处理路线的组合和适当数学方法的引入而在物理经验的概括方面逐渐出现了一个新的视野,这确实是一种不能忘记的经验. 在达到这一目标之前,许多障碍必须被克服,而且一次又一次地,决定性的进步是由我们中间某一位最年轻的人完成的.

共同的出发点是这样一种认识:尽管力学图景的应用对暂时孤立的或处于恒定外力下的原子的定态分类有所帮助,但是如上所述,很显然需要一种基本上新的出发点. 不仅仅在卢瑟福原子模型的基础上来形象地表示化合物的电子组态的困难越来越明显,而且在详细说明原子光谱的多重性的任何尝试中都出现了不可克服的困难,在氦的电弧光谱中的奇特的双重性方面尤其突出.

走向对应原理之更普遍表述的第一步,是由光学色散的问题提供的. 确实,由 R·W·伍德和 P·V·比万关于碱金属蒸气中的吸收和色散的巧妙实验所如此美好地显示了的原子性色散和谱线的选择吸收之间的密切关系,从一开始就指示了一种对应处理方式. 在关于一个原子体系的定态之间的辐射感生跃迁之发生的统计规律的爱因斯坦表述的基础上,克喇摩斯在 1924 年成功地建立了一个普遍的色散公式,式中只包括这些态的能量和这些态之间的跃迁几率. 由克喇摩斯和海森伯进一步发展了的这种理论,甚至包括了一些新的色散效应,它们和在未受扰原子中并不出现的跃迁在辐射的影响下出现的可能性有关,而分子光谱中的喇曼效应就是它们的类例.

不久以后,具有根本意义的一次进展就由海森伯得出了;他在 1925 年引用了一种最巧妙的表述形式,避免了轨道图景的一切超出渐近对应性的应用. 在这种大胆的观念中,力学的正则方程在它们的汉密耳顿形式下被保留了下来,但是那些共轭变量却被换成了一些服从一种非对易算法的算符,那种算法中包含着普朗克常量和符号 $\sqrt{-1}$. 事实上,通过用一些厄密矩阵来表示力学量,矩阵的元涉及定态之间一切可能的跃迁过程,就发现能够毫无随意性地推出这些态的能量以及有关的跃迁过程的几率. 这种玻恩和约尔丹以及狄喇克从一开始就对它的详细表述作出了重要贡献的所谓的量子力学,开辟了一直只能进行半经验的处理的许多原子问题的一种自洽的统计处理的道路.

对于这一伟大任务的完成来说,对最初由汉密耳顿着重指出的力学和光学之间的类似性的强调,被证实为是最有帮助和最有启发性的. 例如,指出了量子数在借助于力学图景来分类定态时所起的作用和波节数在表征弹性媒质中驻波的可能性时所起的作用之间的相似性,L·德布罗意在 1924 年就已经被引导到了自由物质粒子的行为和光子的性质之间的对比. 特别说明问题的是他关于粒子速度和一个波包的群速度的等同性的证明,该波包是由波长介于一个小区间中的一些成分波构成的,而且每一个成分波都通过一个光子的动量和对应的辐射波长之间的爱因斯坦关系式而和一个动量值联系了起来. 如所周知,这种对比的中肯性很快就通过戴维孙和革末以及乔治·汤姆孙关于电子在晶体中的选择散射的发现而得到了确切的证实.

这一时期的顶峰事件就是薛定谔在 1926 年的创立更容易把握的波动力学;在这种力学中,定态被设想成了一个基本波动方程的本征解,那个波动方程是通过把一个带电粒子体系的汉密耳顿量看成一个微分算符而得出的,该算符作用在确定体系位形的那些坐标的一个函数上. 在氢原子的事例中,不仅这种方法导致了定态能量的一种惊人简单的确定,而且薛定谔也证明了,任何两个本征解的叠加,都对应于原子中的一种电荷的和电流的分布,而按照经典电动力学,这样的分布就会引起一种单频辐射的发射和共振吸收,辐射的频率则和氢光谱中的某一谱线的频率相重合.

同样,通过把受到入射辐射的扰动的原子中的电荷和电流的分布表示成确定着未受扰原子的可能定态集合的那些本征函数的一种叠加的效应,薛定谔也能解释原子对辐射的散射的基本特色. 特别有启发性的是按照这种路线导出了康普顿效应的规律;这种效应虽然给爱因斯坦的原始光子概念提供了突出的支

402

持,但是在起初却给一种对应处理提出了显然的困难,这种处理试图把能量及动量的守恒和把过程看成分离的两步的区分法结合起来,那两步就是和原子体系的定态间的辐射跃迁相仿佛的一次辐射的吸收和一次辐射的发射.

这种论点蕴涵了一种和经典电磁场理论的叠加原理相类似的叠加原理,它只是隐含地包括在量子力学的矩阵表述式中的;对于这种论点的广阔适用范围的认识,意味着原子问题的处理中的一大进步. 不过,从一开始就很显然,波动力学并不指向比对应原理所看到的统计描述更不激烈的对经典物理处理方式的修改. 例如,薛定谔在1926年的一次对哥本哈根的访问中,对他的神妙工作向我们作了一次使人印象深刻的说明,但是我记得我们怎样和他辩论说,任何忽视量子过程基元个体性的程序都将绝不能说明普朗克的热辐射基本公式.

403   尽管原子过程之基本特色和经典共振问题之间有一种突出的类似性,但是确实必须考虑到,在波动力学中,我们处理的是一些函数,它们一般地并不是取实变数,而是恰恰和量子力学的矩阵一样地要求符号$\sqrt{-1}$的必不可少的应用. 此外,当处理多电子原子的构造或处理原子和带电粒子的碰撞时,态函数不是在普通的空间中而是在一个维数和整个体系的自由度数相同的位形空间中被表示出来的. 从波动力学得出的物理结论的本质上是统计的品格,最后被玻恩对于普遍碰撞问题的高明处理所阐明了.

两种数学表述形式的物理内容的等价性,被狄喇克在哥本哈根和约尔丹在哥廷根所独立表述出来的变换理论所完全阐明了;这种理论在量子物理学中引用了换变数的可能性,和经典力学中由汉密耳顿给出的正则形式下的运动方程的对称品格所提供的那种可能性相似. 在把光子概念包含在内的量子电动力学的表述中,也遇到类似的局势. 这种目的是在把场的谐和分量的周期和振幅看成非对易变量的狄喇克的辐射量子理论中首先达到的. 在约尔丹、克莱恩和维格纳的更多的巧妙贡献以后,如所周知,这种表述形式在海森伯和泡利的工作中得到了本质的完成.

量子物理学之数学方法的能力和范围的一个特殊的例证,是由关于由等同粒子构成的体系的那种奇特的量子统计法提供出来的;在那种体系中,我们遇到一种特色,像作用量子本身一样地超出于经典物理学之外. 事实上,任何要求玻色-爱因斯坦统计法或费米-狄喇克统计法的适当应用的问题,都在原理上排除了形象化的说明. 特别说来,这一局势给泡利不相容原理的表述留下了余地;该原理不但给了门捷列夫表中的周期关系以最后的阐明,而且在后来的年月中被证实为对于理解物质原子构造的各式各样方面中的大多数方面也是富有成果的.

在阐明量子统计法原理方面的一种基本贡献,是由海森伯在1926年对氦光谱之二重性的巧妙解释给出的. 事实上, 正如他证明了的那样, 具有两个电子的原子的定态集合, 包含两个互不组合的子集合, 分别对应于和电子自旋的相反取向及平行取向相联系的对称的和反对称的空间波函数. 不久以后, 海特勒和伦敦就沿着相同的思路成功地解释了氢分子中的键合机制, 并从而开辟了理解同极化学键的道路. 正如莫特所证明的那样, 甚至卢瑟福的关于带电粒子被原子核散射的著名公式, 当应用于像质子和氢核或 α 射线和氦核那样的等同粒子之间的碰撞时, 也必须进行重大的修改. 然而, 在卢瑟福据以得出他的基本结论的那种快速 α 射线在重核上的大角散射的实际实验中, 我们却是很好地位于经典力学的适用范围之内的.

越来越精化的数学抽象为了保证原子现象的说明中的自洽性而得到的越来越多的应用, 在 1928 年在电子的狄喇克相对论量子理论中达到了一个暂时的高潮. 于是, 达尔文和泡利在它的处理方面作出了重要贡献的电子自旋概念, 就被很和谐地纳入到了狄喇克的旋量分析之中. 然而, 最重要的是, 联系到正子的被安德孙和布拉开特所发现, 狄喇克理论为认识反粒子的存在作了准备; 反粒子和粒子具有相等的质量, 但是却具有异号的电荷和相对于自旋轴而相反取向的磁矩. 如所周知, 我们在这里遇到的是一种发展, 它以一种新颖的方式恢复了并扩大了曾经是经典物理处理方式的基本概念之一的空间的各向同性和时间的可逆性.

我们关于物质之原子构造的知识的奇妙进步, 以及可以借以获得这种知识并把它们关联起来的那种方法的奇妙进步, 确实已经把我们带得远远地超越了被牛顿和麦克斯韦弄得如此完善的那种决定论式的形象描述的范围. 紧紧地追随着这种发展, 我曾经常常有机会想到卢瑟福的原子核的独创性发现的主导影响, 它在每一个阶段中都向我们提出了有力的挑战.

IX

在卢瑟福以其不知疲倦的精力在卡文迪许工作的那些长久而丰富的岁月中, 我常常到剑桥来, 在这里, 按照卢瑟福的邀请, 我作过若干篇关于理论问题的演讲, 其中包括量子理论之发展的认识论涵义. 在那些场合下, 感受到卢瑟福用来追踪一个研究领域中的进展的那种开阔的胸怀和强烈的兴趣, 永远是一种巨大的鼓舞; 那个领域是他自己大大开创了的, 而它的成长竟然把我们引导得大大超越了以前各阶段的视野限度.

确实, 抽象数学方法在适应迅速增多的关于原子现象的资料方面的广泛应用, 把整个观察问题带到了越来越显著的地位. 在它的根源方面, 这个问题是像物理科学本身一样地古老的. 例如, 那些把实物之不同性质的解释建筑在一切物质之有限可分性上的古希腊哲学家们,认为理所当然的是我们的感官的粗糙性将永远阻止个体原子的直接观察. 在这方面,局势已经在我们的时代被一些放大装置的制造所根本改变了,例如云室和最初由卢瑟福和盖革联系到他们对 α 粒子的数目和电荷的测量而发展出来的那些计数机构. 不过,正如我们已经看到的那样,原子世界的探索却揭示了包括在为了适应我们的环境和说明日常生活中的事件而发展起来的普通语言中的那种描述模式的固有局限性.

按照和卢瑟福的整个态度相符合的语气,我们可以说,实验工作的目的就是向自然界提问题,而卢瑟福在这种任务中的成功当然就是因为他擅于塑造这样的问题以得到最有用的答案. 为了使探询可以扩大共同的知识,一个显然的要求就是,观测的读数以及确定实验条件所必需的仪器的结构和操作,都必须用普通语言来描述. 在实际的实验研究中,这一要求是通过用屏板和照相底片之类的物体来确定实验装置而大大地满足了的;那些物体都很大和很重,从而它们的运用可以用经典力学来说明,尽管用以制造这些仪器以及形成我们的身体的各种物质的性质当然都是本质地依赖于不能被这样说明的那些成分原子体系的构造和稳定性而被建造起来的.

普通经验的描述,预先假设了现象在空间和时间中的无限可分性以及一切步骤按照原因和结果而被联接成一种连绵不断的链的可能性. 归根结蒂,这种观察依赖于我们的感官的精细性,而为了有所知觉,这种感官就要求和被考察的目的物之间有一种很小的相互作用,以便在日常情况下这种相互作用对事件的进程并无可觉察的影响. 在经典物理学的大厦中,这种局势在一条假设中得到了理想的表达,那假设就是,客体和观察工具之间的相互作用可以被忽略,或至少可以被补偿.

然而由作用量子来代表的而且是完全超出于经典物理原理之外的那种整体性,却有这样一种后果: 在量子过程的研究中,任何的实验探索都蕴涵着原子客体和观察工具之间的一种相互作用,而这种相互作用虽然对现象的表征来说是不可缺少的,但是却不能进行分别的说明,如果实验应该达成给出我们的问题的无歧义答案的目的的话. 正是对这一局势的认识,就使得关于各个量子效应出现在同一实验装置中的预期的统计描述模式成为必需的,并且也消除了在互斥的实验条件下观察到的那些现象之间的任何表观矛盾. 不论这些现象初看起来显得多么对立,我们都必须意识到它们是互补的,其意义就是,把它们放在一起,就包举无遗地表示了可以用日常语言来无歧义地表达的关于原子客体的一切信息.

互补性这一想法绝不意味着限制我们的探索范围的对详细分析的任何放弃,而只是强调了任一经验领域中的不依赖于主观判断的客观描述的品格;在该领域中, 无歧义的交流本质地涉及了对获得资料时所处条件的重视. 在逻辑方面, 这样的局势是通过关于心理学问题和社会问题的讨论而众所周知的; 在那种讨论中, 许多词句从语言刚刚发源时就是以一种互补的方式被应用的了. 当然, 在这里我们常常处理的是不适于作为所谓严密科学之特征的定量分析的一些性质; 严密科学的任务, 按照伽利略的纲领就是把一切描述建筑在明确定义的测量结果上.

尽管数学曾经永远是为这种任务提供帮助的, 但是必须意识到, 数学符号和数学运算的定义本身, 是建筑在普通语言的简单的逻辑应用上的. 确实, 数学不应该被看成建筑在经验的积累上的知识的一个特殊分支, 而应该看成普通语言的一种精化, 它用一些表示关系的工具来补充普通语言, 那些关系用普通的言语传达表示起来是不确切的或太纠缠的. 严格说来, 量子力学和量子电动力学的数学表述形式只是提供了推导的法则, 来推出关于在用经典物理概念指定了的明确已知的实验条件下得出的观察结果的预期. 这种描述的包举无遗的品格, 不但依赖于表述形式所允许的用任意可设想的方式来选择这种条件的自由, 而且同样地依赖于这样一件事实: 所考虑的现象的定义本身, 为了现象的完成性, 蕴涵了观察过程中的一种不可逆性的要素, 它强调着观察内容本身的基本的不可逆品格.

当然, 量子物理学中的互补论述的一切矛盾, 是事先就被保持着对应性之每一种要求的数学方案的逻辑自洽性所排除了的. 不过, 表示在海森伯在 1927 年表述出来的测不准原理中的对确定两个正则共轭变量的反比活动范围的认识, 却是走向量子力学中测量问题的阐明的一个决定性的步骤. 事实上当时已经很清楚, 物理量用非对易算符的形式化表示, 直接反映了用来定义和测量相应物理量的那些手续之间的互斥关系.

为了熟悉这一局势, 这种论点的各式各样例子的详细处理是必要的. 尽管量子物理学中的叠加原理有其推广了的意义, 关于测量问题之更仔细研究的一个重要线索却曾经反复地在瑞利关于显微镜成像的精确度和光谱学仪器的分辨率之间的反比关系的经典分析中被找到. 在这方面, 达尔文对数学物理学方法的精通往往被证实为很有帮助.

不论我们多么赞赏普朗克在引入一个普适的"作用量子"时在名词方面的幸运选择, 或是多么赞赏"内禀自旋"概念的启发性价值, 我们还是必须意识到, 这样的一些想法只是涉及的不能用经典的描述模式来概括的一些明确已知的实验资料之间的关系. 事实上, 用通常的物理单位来表示量子或自旋的值的那些数字, 并不是指的经典地定义了的作用量或角动量的测量结果, 而却是只有通过量子理论的数学表述形式的自洽应用才可以诠释的. 特别说来, 讨论得很多的用普通的磁强计来测量一个自由电子的磁矩的不可能性,从一件事实就可以直接看清楚;那事实就是,在狄喇克理论中,自旋和磁矩并不是起源于基本的汉密耳顿运动方程的任何变动,而却是作为算符算法的奇特的非对易品格的推论而出现的.

互补性概念和测不准性概念的正确诠释问题,并不是没有经过活跃的争论就解决了的,特别是 1927 年和 1930 年的索耳威会议上的争论. 在这些场合下,爱因斯坦用他那微妙的批评向我们进行了挑战,这种批评特别启示了关于仪器在测量过程中所起的作用的进一步分析. 不可逆转地排除了回到因果性的形象化描述的可能性的一个决定性的情况就是这样的一种认识:动量和能量的普遍守恒定律的无歧义应用的范围,先天地受到一种情况的限制,那就是,任何允许原子客体在空间和时间中的定位的实验装置,都蕴涵着一种在原理上不可控制的对由参照系的定义所必需的固定标尺和校准时钟的动量和能量的传递. 量子理论之相对论式的表述的物理诠释,归根结蒂是建筑在说明宏观测量仪器的操作时满足一切相对论要求的可能性上的.

这种情况在关于电磁场分量的可测量性的讨论中得到了特别的阐明,那种讨论是由朗道和派尔斯作为反对量子场论之自洽性的一种严重论点而掀起的. 事实上,和罗森菲耳德合作进行的一次详细的考察证明了,理论在这方面的一切预见,当适当注意到电场强度值及磁强度值的确定和场的光子成分的确定之间的互斥性时就都是可以实现的. 在正子理论中也遇到一种类似的局势;在那里,任何适于用来测量空间中的电荷分布的装置,都必然意味着电子偶的不可控制的产生.

电磁场的典型量子特色,并不依赖于尺度,因为光速 c 和作用量子 h 这两个基本常量并不能确定具有长度量纲或时间量纲的任何量. 然而,相对论式的电子理论却包括着电子的电荷 e 和质量 m,从而现象的本质性特征就被限制在数量级为 h/mc 的范围内. 然而,这个长度仍然远远大于限制着经典电磁理论之无歧义应用的"电子半径" e^2/mc^2 这一事实却意味着,仍然存在量子电动力学的一个很宽的适用范围,尽管它的许多推论并不能用某些实际的实验装置来检验,那些装置中包括着一些足够大的测量仪器,以致它们的构造和使用中的统计要素可以忽略不计. 这样一些困难当然也会妨碍对物质基本成分的密切相互作用的任何直接的探索;那些基本成分的数目已经通过近来的发现而大为增加,从而在探索它们的关系时我们必须对超越现有的量子理论的一种新的处理方式有所准备.

几乎用不着强调,在建筑在卢瑟福原子模型上的关于物质的普通的物理性质和化学性质的说明中,这样的问题并不会出现,因为那种模型的分析只需用到成分粒子的一些明确定义了的特征. 在这里, 互补描述确实就提供着对我们从一开始就已遇到的原子稳定性问题的适当处理方式. 例如, 在光谱规律和化学键的诠释中, 我们就遇到一些实验条件, 它们和允许原子体系中各个电子之位置和位移的控制的那些实验条件是互斥的.

在这方面, 意识到一点是有决定重要性的, 那就是, 化学中的结构式的有成果应用是仅仅建筑在这样一件事实上的: 原子核比电子重得多, 以致比起分子的线度来, 核的位置的不准量可以大大地忽略不计. 当我们回顾整个的发展时, 我们就确实会认识到, 关于原子的质量集中在一个远小于原子大小的区域中的发现, 曾经是理解一个巨大经验领域的线索, 该领域包括了固体的晶体结构, 也包括了携带有生机体的遗传特性的那种复杂的分子体系.

如所周知, 量子理论的方法已经被证实为对于阐明有关原子核本身的构造和稳定性的许多问题也是有决定意义的. 关于这种问题的一些早先被揭示出来的侧面, 我在继续叙述我的关于卢瑟福的回忆时将有机会再提到, 但是试图详细论述由现在这一代实验物理学家和理论物理学家的工作所带来的迅速增多的对内禀核结构的洞察, 却将是超出这次纪念演讲的范围之外的. 这种发展确实使我们中间一些年长的人们回想起原子的电子构造在卢瑟福发现原子核的第一个十年中的逐渐被阐明.

X

每一位物理学家当然都熟悉那一系列宏伟的研究, 通过那些研究, 卢瑟福扩大了我们对原子核的性质和构造的洞察, 直到他一生的最后时刻为止. 因此, 我在这里将只提到我关于我常常有机会追随卡文迪许实验室中的工作并通过和卢瑟福交谈而了解他的观点趋向和他及他的同事们所从事的问题的那些年月的一些回忆.

以他那种深入的直觉, 卢瑟福从很早就知道由组合核的存在和稳定性所引起的奇特而新颖的问题. 确实, 早在曼彻斯特时期他就已经指出, 这些问题的任何处理都必须假设核成分之间的短程力, 其种类是和作用在带电粒子之间的电力本质地不同的. 为了更多地了解特殊的核力, 卢瑟福和查德威克在来到卡文迪许的第一年就对 α 射线在近核碰撞中的反常散射进行了考察.

虽然在这些考察中得到了许多重要的新资料, 但是人们却越来越感到, 为了更广阔地研究核问题, 天然 α 射线源是不够的, 而必须弄到由离子的人工加速而产生的很强的高能粒子注. 尽管查德威克强烈催促开始建造适当的加速器, 卢瑟福却在几年之内不愿意在实验室中进入这样一种巨大而昂贵的事业. 当考虑到卢瑟福一直是用很简易的实验设备来完成了奇妙的进步时, 他这种态度就是可以理解的. 和天然放射性源进行竞争的任务, 在当时看来想必是很可怕的. 然而, 通过量子理论的发展及其对核问题的初步应用, 看法却改变了.

卢瑟福自己早在 1920 年的第二篇贝克尔演讲中就已清楚地指出了在简单的力学概念的基础上诠释 α 射线的由核发射的困难, 尽管那种概念在解释 α 粒子的被核散射时是很有用处的, 因为, 被放出的粒子的速度不够大, 当使它们反向运动时它们并不能反抗电斥力而重新回到核中. 然而, 核子穿透势垒的可能性很快就作为波动力学的推论而被认识到了, 而在 1928 年, 在哥廷根工作的伽莫夫以及在普林斯顿工作的康顿和格尔内, 就在这种基础上给出了 α 衰变的一种普遍解释, 甚至给出了关于核的寿命和所发射的 α 粒子的动能之间的关系的一种详细的说明, 其结果和盖革及努塔耳在曼彻斯特早期所发现的规律相符.

当伽莫夫在 1928 年夏天到哥本哈根来参加我们的集体时, 他正在研究带电粒子通过一种逆隧道效应而进入核中的穿透现象. 他已经在哥廷根开始了这一工作, 并且和豪特曼斯及阿肯孙讨论过, 结果后二人就被引导着提出了这种观点: 太阳能量的起源可以追溯到由热运动速度很大的质子的撞击所导致的核嬗变, 而按谓照艾丁顿的概念, 应该预期太阳内部是有这样的热运动的.

在 1928 年 10 月间对剑桥的一次短期访问中, 伽莫夫和考克劳夫特讨论了由他的理论考虑显示出来的实验前景, 而考克劳夫特通过更详细的估算使自己确信了用能量远小于由天然放射源得出的 α 粒子能量的 α 粒子轰击一种轻核而得到可观察的效应的可能性. 由于结果看来很有希望, 卢瑟福就接受了考克劳夫特的为这种实验而建造一个高电压加速器的建议. 建造这种仪器的工作是在 1928 年的年底由考克劳夫特开始的, 并在随后的一年中在和瓦耳顿的合作下继续进行了的. 他们在 1930 年 3 月份用被加速的质子做了最早的一些实验, 他们在实验中寻找了作为质子和靶核的相互作用的结果而发射的 γ 射线, 但是没有得到结果. 然后, 由于换实验室, 仪器必须重新建造. 然后, 如所周知, 由质子撞击锂核而造成的高速 α 粒子的产生是在 1932 年 3 月间得到的.

这些实验开始了一个最重要进步的新阶段; 在这一阶段中, 我们关于核反应的知识和对于加速器技术的掌握全都一年一年地迅速加深了. 考克劳夫特和瓦耳顿的初期实验就已经给出了在若干方面具有很大意义的结果. 它们不仅仅在一切细节上肯定了量子理论关于反应截面对质子能量的依赖关系的预言, 而且也能够把所发射的 α 射线的动能和发生反应的粒子的质量联系起来了; 感谢阿斯顿对质谱学的巧妙发展, 这些质量在当时是足够精确地已知的. 事实上, 这种比较给爱因斯坦的能量和质量之间的著名关系式提供了最初的实验检验, 他是在许多年以前被相对论的论点引导到了这一关系式的. 几乎用不着重述这一关系式后来被证实为对核研究的进一步发展是多么基本的了.

查德威克发现中子的故事也带有同样的戏剧性. 作为卢瑟福眼光的宽广性的特征的是，他早先就预料了一种重的中性成分粒子在核中的存在，该粒子的质量和质子的质量密切重合. 正如渐渐弄清楚的那样，这种概念确实可以解释阿斯顿的关于几乎一切元素都有同位素的发现，各同位素的原子质量可以用氢原子量的整倍数来密切地逼近. 联系到他们关于许多类型的由 α 射线诱发的核蜕变的研究，卢瑟福和查德威克对关于这样一种粒子的存在的证据进行了广泛的寻索. 然而，问题通过玻特以及约里奥—居里关于一种穿透性辐射的观察而达到了一个高潮；那种辐射是从 α 粒子对铍的轰击中得出的. 在起初，这种辐射被认为属于 γ 射线的类型，但是，按照查德威克对辐射现象的多姿多彩侧面的彻底熟悉性，他清晰地觉察到了实验资料和这种观点是不相容的.

确实，通过一种熟练的考察，揭示了现象的一些新特色；根据这种考察，查德威克就能够证明了人们遇到的是通过一个中性粒子来进行的动量交换和能量交换；他测定了该粒子的质量，和质子质量之差小于千分之一. 和带电粒子相比，中子更容易穿透物质而进入原子核内，而并不把能量传给电子；由于这种情况，查德威克的发现就开辟了产生新型核嬗变的很大可能性. 这种新效应的某些最有兴趣的事例，很快就在剑桥由菲则尔证实了；他得出了一些云室照片，显示了氮核通过中子轰击而发射 α 粒子的蜕变. 如所周知，在许多实验室中沿着这种路线继续进行了的研究，后来迅速地增长了我们关于核构造和嬗变过程的知识.

1932 年的春季，在我们像往常一样很高兴地见到许多从前的同事们的一次哥本哈根研究所的年度会议上，主要的议题之一当然就是中子发现的涵义，而提出的一个特殊问题就是一种表面上很奇特的情况：在狄的漂亮的云室照片上，没有观察到中子和束缚在原子中的电子之间的任何相互作用. 联系到这一点，曾经论证说，由于量子物理学中的散射截面对碰撞粒子的约化质量的依赖性，这一事实甚至和关于中子和电子之间的一种短程相互作用的假设并不是不相容的，那种相互作用的强度类似于中子和质子之间的相互作用强度. 不多几天以后，我收到卢瑟福的一封信，信中顺便谈到了这一点，从而我禁不住地要把这封信的全文引在这里：

4 月 21 日,1932

我的亲爱的玻尔：

　　当否勒回到剑桥时，我很高兴地听到了关于你的一切情况，并且得悉了你们和老朋友们开了一个多么精彩的会. 听到你的中子理论，我很感兴趣. 我看到它在《曼彻斯特导报》上被克若瑟很好地描述了，他对这些事情是很有理解力的. 我很高兴听说你对中子很有好感. 我认为，由查德威克和别的人们得出的支持它的资料现在已经在主要的方面完备了. 不考虑和核的碰撞, 为了说明吸收, 将要产生或应该产生多大的电离, 这仍然是一个有待探索的问题.

"不雨则已, 雨必倾盆", 因此我有另一种有趣的发展要告诉你, 关于这种发展, 一篇简短的论述将在下星期的《自然》上刊出. 你知道我们有一个高电压实验室, 在那里可以很容易地得到高达 600,000 伏特或更高的直流电压. 他们近来正在检验质子对轻元素的轰击效应. 质子打在和管轴成 45° 角的物质表面上, 而引起的效应则在旁边用闪烁法来观察, 硫化锌屏用足够的云母来覆盖以使质子能够停止. 在锂的事例中, 观察到了明亮的闪光, 大约从 125,000 伏特开始, 而且随着电压而很快上升, 这时可以用几毫安的质子流得到每分钟数百次闪烁. α 粒子显然有一个确定的程长, 实际上不依赖于电压, 在空气中为 8 厘米. 可以提出的最简单的假设就是, 锂 7 俘获一个质子而分裂成两个被发射的普通的 α 粒子. 按照这种观点, 释放的总能量约为 16 兆伏, 而这对所涉及的质量改变来说是正确的数量级, 当假设了能量守恒时.

以后还要做些特定的实验来检验粒子的种类, 但是从闪光的亮度和在云室中的径迹来看它或许是 α 粒子. 在最近几天的实验中, 同样的效应也在硼中和氟中被观察到了, 但是粒子的程长却小一些, 尽管它们看来也像是 α 粒子. 有可能, 硼 11 俘获一个质子而裂成三个 α, 而氟则分裂成氧和一个 α. 能量改变量和这些结论近似地相符. 我确信你对这些新结果将很感兴趣, 我们希望在不久的将来对这些结果加以扩充.

很明显, α 粒子、中子和质子或许会引起不同类型的蜕变, 而且可能有重要意义的是, 迄今为止只在 $4n+3$ 的元素中观察到了结果. 看来似乎是, 第 4 个质子的加入立即会导致一个 α 粒子的形成并导致随后的蜕变. 然而, 我想, 整个的问题应该看成一个过程的结果而不是看成若干步骤的结果.

我很高兴, 花在获得高电压方面的精力和钱财得到了确定的和有兴趣的结果的回报. 事实上他们应该在一年左右以前就已经观察到效应, 但是他们没有找对路子. 你可以很容易地意识到, 这些结果可能在嬗变的研究方面普遍地打开一条广阔的道路.

我们在这里都很好, 我明天开始讲课. 谨向你和玻尔夫人致以最好的祝愿.

你的永远忠实的

卢瑟福

铍显示了一些奇特的效应——尚待确定.

我或许将在 4 月 25 日星期四的皇家学会关于核的讨论中提到这些实验.

当然,在读这封信时必须记得,我的前几次对剑桥的访问使我一直熟悉正在卡文迪许实验室中进行着的工作,因此卢瑟福用不着指明他的同事们的个人贡献.这封信确实是他对那些年中的伟大成就的极大喜悦以及他追索这些成就的推论的热切心情的一种自发的表达.

XI

作为一位真正的开创者,卢瑟福从来不仅仅依靠他的直觉,不论他的直觉能把他带得多远;他永远寻求有可能导致没有意料到的进步的新知识的源泉.例如,也是在剑桥,卢瑟福和他的合作者们用巨大的精力和不断改进的仪器继续考察了 α 衰变和 β 衰变的放射性过程.卢瑟福和艾利斯关于 β 射线谱的重要工作,揭示了明确区分核内效应和 β 粒子与核外电子体系的相互作用的可能性,并且导致了内转换机制的澄清.

另外,艾利斯关于直接从核中发射出来的那些电子的连续谱分布的演证,也提出了一个关于能量守恒的令人困惑的问题;这个问题最后被泡利的关于同时发射一个中微子的大胆假说所回答了,该假说给费米的巧妙的 β 衰变理论提供了一个基础.

通过卢瑟福、维恩-维廉斯以及别人对 β 射线谱的测量精确度的巨大改进,使这些谱的精细结构及其和由 α 衰变造成的剩余核的能级的关系得到了许多新的阐明.较早阶段的一次奇遇就是关于电子被 α 射线所俘获的发现;在这种现象1922 年被亨德孙第一次观察到以后,卢瑟福就在他的最精通的研究之一中对它进行了考察.如所周知,这种在有关电子俘获过程的方面带来了那么多信息的工作,在卢瑟福逝世的不多几年以后吸引了新的注意力;那时随着由中子撞击引起的重核裂变过程的发现,高电荷核碎片在物质中的穿透过程的研究变得特别引人注意了;在那种过程中,电子俘获是主导的特色.

在一般看法和实验技巧两方面的巨大进步,是在 1933 年由腓特烈·约里奥和爱伦·居里的关于由 α 射线轰击开始的核嬗变引起的所谓人工 β 放射性的发现开始的.我几乎用不着在这儿重提,通过恩里科·费米对由中子引起的核嬗变的光辉研究,许许多多元素的同位素被发现了,而关于由慢中子俘获所引起的核过程的许多资料也被得出了.特别是这种过程的继续研究揭示了一些最引人注目的共振效应,其尖锐性远远超过由 α 射线诱发的那些反应的截面的高峰尖锐性;那些反应是由普斯第一次观察到的,而伽莫夫立刻就请卢瑟福注意到了它们的在势阱模型的基础上的格尔内解释.

412

布拉开特用他那巧妙的自动云室技术所作的那些观察就已经证明了,在卢瑟福关于人工核蜕变的开创性实验所研究的过程中,入射的 α 粒子是留在质子逸出后的剩余核中的. 现在人们清楚了,在一个很大的能量区域内,所有类型的核嬗变都按两个划分得很清楚的步骤而发生. 其中第一步是一个寿命较长的组合核的形成,而第二步则是作为各式各样可能的蜕变模式和辐射过程之间的一种竞争结果的过剩能量的释放. 卢瑟福对之甚感兴趣的这种观点,就是我在1936 年应卢瑟福的邀请在卡文迪许实验室发表的最后一次系列演讲的主题.

卢瑟福在 1937 年逝世的不到两年以后,一次新的和戏剧性的发展就由他在蒙特利尔时的老朋友和老同事,当时在柏林和弗里兹·斯特喇斯曼一起工作的奥托·哈恩关于最重元素的裂变过程的发现开始了. 紧接在这一发现之后,当时在斯德哥尔摩和哥本哈根工作而现在都在剑桥的丽丝·迈特纳和奥托·弗里什,就通过指出高电荷之稳定性的临界减小是核成分间的内聚力和静电斥力的平衡的一种简单后果而对现象的理解作出了一次重大的贡献. 在我和惠勒的合作中对裂变过程进行的一次更仔细的考察表明,它的许多特征性的特色都可以用那种作为第一步而包括着组合核的形成的核反应机制来说明.

在卢瑟福的晚年,他的一位合作者和朋友是马尔克斯·奥里凡特;而奥里凡特的一般态度和工作能力使我们对他自己也回想得很多. 在那时,新的研究可能性是由尤里的重氢同位素 ^{2}H 或称氘的发现以及劳伦斯的回旋加速器的建造开辟了的;劳伦斯在他用氘核㴾做的最初几次实验中就得到了一些新的惊人效应. 在卢瑟福和奥里凡特的那些经典性的实验中,用质子和氘核来轰击分离了的锂同位素,把他们引到了 ^{3}H 或称氚和 ^{3}He 的发现;这些实验确实打下了应用热核反应来实现原子能源之充分前景的那些精力充沛的尝试的基础.

从他的放射性研究的一开始,卢瑟福就深切地知道了这些研究在许多方向上打开的广阔视野. 特别说来,他从很早就对得出地球年龄的估计和理解我们这个行星的外壳中的热平衡的可能性感到了深深的兴趣. 尽管为了工业目的的核能释放还没有到来,但是,作为他所开始的那种发展的结果,一直是完全未知的太阳能起源的解释在他的有生之年已经遥遥在望,这想必对卢瑟福来说是一种很大的满足.

XII

当我们回顾卢瑟福的一生时,我们当然是对照他那些划时代科学成就的独一无二的背景来看待它的,但是我们的记忆却永远会受到他那人格魅力的照耀. 在早先那些纪念演讲中,卢瑟福的一些最亲密的合作者们已经回忆了从他的精力和热诚以及那冲动性方式的魅力中放射出来的灵感. 确实,尽管卢瑟福的科学活动和行政活动的范围很大而且迅速扩张,我们大家在曼彻斯特早期享受到的那同一种精神还是一直洋溢在卡文迪许的.

关于卢瑟福的从童年到晚年的丰富生活的一种忠实的叙述,已经由他在蒙特利尔时期的老朋友 A·S·伊夫写了出来. 特别是伊夫书中许多取自卢瑟福的数量惊人的通信的引文,给出了关于他和全世界的同道们及学生们的关系的一种生动的印象. 伊夫也没有忘记报道那些一直在卢瑟福周围发荣滋长的幽默故事,其中的一个故事我曾在卢瑟福于 1932 年第二次也就是最后一次到哥本哈根访问时发表的一篇演讲中提到;那篇演讲已重印在伊夫的书中.

卢瑟福的整个态度的特征,就是他对在较短时间内或较长时间内接触到的许多青年物理学家中的任何一个物理学家所感到的那种热情的兴趣. 例如我生动地记得在卡文迪许的卢瑟福办公室中第一次见到青年罗伯特·奥本海默时的情况;后来我和奥本海默成了很亲密的朋友. 确实,在奥本海默走进办公室以前,卢瑟福就以他对才能的敏锐觉察力描述了这位青年人的丰富天赋;这种天赋后来在时间进程中给他创造了他在美国科学生活中的杰出地位.

如所周知,在他访问剑桥的不久以后,奥本海默在哥廷根的求学期间是首先使人们注意到粒子穿透势垒的现象的人物之一;这种现象后来被证实为伽莫夫等人对 α 衰变的巧妙解释的基础. 在他在哥本哈根的停留以后,伽莫夫在 1929 年来到了剑桥,在这里,他对核现象的诠释的不断贡献受到了卢瑟福的高度赏识. 卢瑟福也很欣赏伽莫夫在日常交往中所展示的那种奇特而微妙的幽默,后来伽莫夫在他那些众所周知的通俗书籍中流露了他的许多幽默.

在那些年间从国外到卡文迪许实验室来工作的许多青年物理学家中,最富有色彩的一个人物就是卡匹察,他作为一个物理工程师的想象力和才能是卢瑟福大为赞赏的. 卢瑟福和卡匹察之间的关系对他们双方来说都是很有特征性的,而且尽管情绪上的冲突有时难以避免,但他们的关系自始至终是以深切的相互亲近为其标志的. 这样的情感也是卢瑟福在卡匹察于 1934 年返回俄国以后还支持他的工作的那种努力的动机,而在卡匹察那一方,则最感人地表示在我在卢瑟福逝世以后收到的卡匹察的一封来信中.

当在 20 世纪 30 年代初期,作为卡文迪许的一种扩充,蒙德实验室在卢瑟福的倡议下为了推行卡匹察的很有前途的计划而被创办时,卡匹察要求在该实验室的装饰上表示出他对和卢瑟福的友谊的喜悦. 不过,外墙的一条鳄鱼的雕像还是引起了一些议论;只有当提到特定的关于动物生活的俄国民间故事时,这种议论才得以平息. 然而,最重要的是放在门厅中由艾里克·基耳制成的卢瑟福浮雕像引起了卢瑟福的许多朋友深深的震惊. 在对剑桥的一次访问中,我承认了我不能同意那样的愤慨,而这种说法受到了如此的欢迎,以致卡匹察和狄喇克送给了

414

我一件浮雕的复制品;安装在我在哥本哈根研究所的办公室中的壁炉上方,这件复制品一直是我每日的享受.

当为了表彰他在科学中的地位而授予了卢瑟福一个英国贵族的身份时,他对自己作为贵族院的一员所负的责任是很感兴趣的,但是他的爽直和单纯却肯定没有任何变化.例如,我不记得他对我说过比有一次在皇家学会俱乐部中在和他的一些朋友的交谈中用第三人称把他说成卢瑟福勋爵时他所说的更加严厉的话,他愤怒地转向我说:"你把我称为勋爵吗?"

在卢瑟福直到他去世为止用那种永不衰退的精力在剑桥工作的将近 20 年的过程中,我妻子和我与他和他的家庭保持了密切的接触.几乎每一年,我们都会在老学院背后"纽汉庐"中他的美好的家中受到殷勤的接待;那里有一座可爱的花园,卢瑟福喜欢在园中休息,而花园的培育则给玛丽·卢瑟福平添许多可喜的工作.我记得许多在卢瑟福的书房中度过的夜晚,我们不但讨论物理科学中的新前景,而且也讨论许多其他的人类兴趣领域中的问题.在那样的交谈中,你从来不会被诱导着过高估价自己谈话的兴趣,因为,在一天冗长的工作以后,卢瑟福当谈话使他觉得没意思时往往就睡熟了.然后你就只能等着,直到他醒过来又像平日那样精力充沛地恢复谈论,就像什么事都没有发生一样.

415　　在星期天,卢瑟福通常在上午和一些亲密朋友打高尔夫球,而晚上则到三一学院就餐;他在那里会见到许多杰出的学者,并且喜欢和他们谈论最不相同的一些问题.以他那种对人生的所有方面永不满足的好奇心,卢瑟福对他那些有学问的同事们是有很大敬意的;然而,我记得有一次,在我们从三一学院回来的路上他是怎样说的;他说,在他看来,当那些所谓的人文学者们因为完全不知道从他们在前门按一个按钮到厨房中一个铃响起来的过程中发生了什么事情而表现得沾沾自喜时,他们是太过分了.

卢瑟福的一些言论曾经导致一些误解,被认为他并不充分赏识数学表述形式对物理科学的进步来说的价值.完全相反,当大部分由他亲自创立的那一整个物理学分支迅速地发展起来时,卢瑟福是常常对那些新的理论方法表示赞赏的,甚至对量子理论的哲学涵义问题也是感兴趣的.我特别记得,在他逝世的几个星期以前,当我和他最后一次在一起时,他对生物学问题和社会学问题的互补处理方式是何等地入迷,以及他是多么热衷于通过在民族之间交换新生的婴儿之类的非常规程序来获得关于民族传统和民族偏见之起源的实验资料的可能性.

几个星期以后,在波洛尼亚纪念伽伐尼[二]100 周年的会议上,我们很伤心和很吃惊地听到了卢瑟福逝世的消息,于是我立即到了英格兰来参加他的葬礼.曾经在那么短的时间以前和他们在一起并看到卢瑟福像以往那样精力充沛和神采飞扬, 我确实是在一种悲剧的情况下再次见到玛丽·卢瑟福的. 我们谈到了欧内斯特的伟大的一生, 在这一生中她从他们的早期青年时期就是他的一位忠诚的伴侣; 我们也谈到了他对我来说怎样曾经几乎是第二位父亲. 在此后的一天, 卢瑟福就被安葬在威斯敏斯特教堂墓地上, 和牛顿的墓地相去不远.

卢瑟福没能活到亲眼看到从他的原子核的发现和他的随后的基本研究出发的那种巨大的技术革命. 然而他一直是知道和知识及能力的任何增长相联系着的那种责任的. 我们现在正面临着对我们的整个文明的一次挑战, 这要求我们设法阻止已经握在人类手中的那种可怕力量的灾难性应用, 并把巨大的进步转向全人类的福利的增进. 我们中间一些曾经被召唤参加了战争计划的人们常常想到卢瑟福, 并且谦虚地努力按照我们设想他自己会采取的那种方式来行动.

卢瑟福给我们留下的记忆, 将永远是每一个有幸认识他并和他有了亲密关系的人的一种鼓舞和坚毅的丰富源泉. 在以后的岁月中对原子世界进行探索的世世代代, 将继续从伟大的开创者的工作和生活中汲取灵感.

欧内斯特·卢瑟福在 1932 年访问玻尔时摄于卡尔斯伯荣誉府中[p. 380]

THE RUTHERFORD MEMORIAL LECTURE 1958

Reminiscences of the Founder of Nuclear Science and of Some Developments Based on his Work

By NIELS BOHR

Footnotes to an article published in the
PROCEEDINGS OF THE PHYSICAL SOCIETY
Vol. LXXVIII, p.1083, 1961*

* ［中译者按：以下几页是玻尔为他的《卢瑟福纪念演讲》准备的小注，只印在演讲词的一种文本中. 下表分为五个竖栏，分别是"编号"、"页码"、"正数行数"、"倒数行数"和"参考文献". 其中"页码"给出的是演讲词刊行时的原刊(Droc. Dhys. Soc.)的页码. 和本卷原书页码相差 700 页，即从表中所给页码减去 700，即得相应的原书页码. 至于行数，无法和译本对应，只能大致估计.］

1.   417

No.	Page	Line above	from below	Reference
1)	1083		last	E. Rutherford: Phil. Mag. <u>21</u>, 669 (1911).
2)	1085	10		G. Hevesy: Perspectives in Biology and Medicine <u>1</u>, 345 (1958); cf. also Naturwiss. <u>27</u>, 604 (1923).
3)	1085		5	F. Soddy: Chem. News <u>107</u>, 97 (1913).
4)	1085		3	K. Fajans: Verh. deutsch. Phys. Ges. <u>15</u>, 240 (1913).
5)	1086	2		A. v. d. Broek: Phys. Z. <u>14</u>, 32 (1913).
6)	1086	28		A. Haas: Sitz. Ber. Wiener Akad. d. Wiss., mat. nat. Kl. Abt. IIa (1910).
7)	1086		19	J. Nicholson: Month. Not. Roy. Astr. Soc. <u>72</u>, 679 (1912).
8)	1086		16	N. Bjerrum: Nernst-Festschrift, p. 90 (Halle 1912); cf. also Verh. deutsch. Phys. Ges. <u>16</u>, 640, 737 (1914).
9)	1087	5		R. Whiddington: Proc. Roy. Soc. A <u>85</u>, 323 (1911).
10)	1087	21		E. Rutherford and T. Royds: Phil. Mag. <u>17</u>, 281 (1909).
11)	1087	25		N. Bohr: Phil. Mag. <u>25</u>, 10 (1913). For the proper treatment of this problem by modern methods of quantum mechanics, cf. H. Bethe: Ann. d. Phys. (5) <u>5</u>, 325 (1930).
12)	1087	28		E. Rutherford: Radioactive Substances and their Radiations. Cambridge University Press (1913).
13)	1088	11		cf. N. Bohr: Rydberg's Discovery of the Spectral Law. Proc. Rydberg Centennial Conf. on Atomic Spectroscopy (Lund 1955).

418

2. 续 表

No.	Page	Line above	from below	Reference
14)	1090	24		A. Fowler: Month. Not. Roy. Astr. Soc. (Dec. 1912).
15)	1091		7	cf. N. Bohr: Fysisk Tidsskr. $\underline{12}$, 3 (1913); translated in The Theory of Spectra and Atomic Constitution. Cambridge University Press (1922).
16)	1091		4	A. Einstein: Phys. Z. $\underline{18}$, 121 (1917).
17)	1092	23		E. J. Evans: Nature $\underline{92}$, 5 (1913).
18)	1092	23		A. Fowler: Nature $\underline{92}$, 95 (1913).
19)	1092		18	N. Bohr: Nature $\underline{92}$, 231 (1913).
20)	1092		17	A. Fowler: Nature $\underline{92}$, 232 (1913).
21)	1093	6		N. Bohr: Phil. Mag. $\underline{26}$, 476 (1913).
22)	1094	2		H. G. J. Moseley: Phil. Mag. $\underline{26}$, 1024 (1913).
23)	1094	16		W. Kossel: Verh. deutsch. Phys. Ges. $\underline{16}$, 898, 953 (1914).
24)	1094	27		N. Bohr: Phil. Mag. $\underline{30}$, 394 (1915).
25)	1095	9		E. Uhlenbeck and S. Goudsmit: Naturwiss. $\underline{13}$, 953 (1925) and Nature $\underline{117}$, 264 (1926); cf. also The Pauli Memorial Volume, ed. by M. Fierz and V. Weisskopf (Interscience Publishers, New York, London, 1960), where the history of the concept of electron spin is treated in various articles.
26)	1095	22		N. Bohr: Phil. Mag. $\underline{27}$, 506 (1914).
27)	1095		21	W. Wilson: Phil. Mag. $\underline{29}$, 795 (1915)
28)	1095		13	A. Sommerfeld: Ann. d. Phys. (4) $\underline{51}$, 1 (1916).

No.	Page	Line above	from below	Reference
29)	1096	4		cf. N. Bohr: The Quantum Theory of Line Spectra I – III. Det Kgl. Dan. Vid. Selsk. Skr. (1918 – 22), and H. A. Kramers: Intensities of Spectral Lines, ibid. (1919).
30)	1096	10		A. Rubinowicz: Phys. Z. $\underline{19}$, 441, 465 (1918).
31)	1096	22		cf. N. Bohr: Nature $\underline{107}$, 104 (1921) and Z. Phys. $\underline{9}$, 1 (1922); N. Bohr and D. Coster: Z. Phys. $\underline{12}$, 342 (1923), and in particular E. Stoner: Phil. Mag. $\underline{48}$, 79 (1924).
32)	1097	11		cf. N. Bohr: Phil. Mag. $\underline{30}$, 394 (1915).
33)	1102		12	N. Bohr, H. A. Kramers and J. C. Slater: Phil. Mag. $\underline{47}$, 785 (1924).
34)	1106	14		W. Heisenberg: Z. Phys. $\underline{43}$, 172 (1927); cf. also N. Bohr: Nature $\underline{121}$, 580 (1928) and C. G. Darwin: Proc. Roy. Soc. A $\underline{130}$, 632 (1931).
35)	1106		13	cf., e. g., W. Pauli: Institut Solvay, 6me Conseil de Physique, p. 175 (1930) and N. Bohr: Atti del Congresso di Fisica Nucleare (Roma 1932).
36)	1106		5	cf. N. Bohr: Atomic Physics and Human Knowledge. (John Wiley and Sons, New York 1958).
37)	1107	16		cf. N. Bohr and L. Rosenfeld: Det Kgl. Dan. Vid. Selsk., Mat.-fys. Medd. $\underline{12}$, no.8 (1933) and Phys. Rev. $\underline{78}$, 794 (1950).
38)	1108	last		cf. E. Rutherford: Proc. Roy. Soc. A $\underline{97}$, 374 (1920).
38a)	1109		6	cf. 38).

420

4. 续　表

No.	Page	Line above	from below	Reference
39)	1112	12		E. Rutherford: Phil. Mag. （6） $\underline{47}$, 277 (1924).
40)	1112	17		cf. N. Bohr: Det Kgl. Dan. Vid. Selsk. Mat.-fys. Medd. $\underline{18}$, no.8 (1948).
41)	1112		12	N. Bohr: Nature $\underline{137}$, 344 （1936）; N. Bohr and F. Kalckar: Det Kgl. Dan. Vid. Selsk. Mat.-fys. Medd. $\underline{14}$, no.10 (1937).
42)	1113	3		N. Bohr and J. A. Wheeler: Phys. Rev. $\underline{56}$, 426 (1939).
43)	1113		15	A. S. Eve: Rutherford. Cambridge University Press (1939).

V. 量子力学的创立

"Essays 1958—1962 on Atomic Physics and
Human Knowledge", Interscience Publishers,
New York 1963, pp. 74—78

参阅第四编《引言》原第 330 页.

尼耳斯·玻尔、沃尔纳·海森伯和 P·A·M·狄喇克在讨论中. 1962 年摄于林道.

《量子力学的创立》(1961)

用德文、英文和丹麦文发表的各种文本

德文本：*Die Entstehung der Quantenmechanik*

A "Werner Heisenberg und die Physik unserer Zeit", Friedr. Vieweg & Sohn, Braunschweig 1961, pp. IX—XII

B "Atomphysik und menschliche Erkenntnis II". Friedr. Vieweg & Sohn, Braunschweig 1966, pp. 75—79

英文本：*The Genesis of Quantum Mechanics*

C "Essays 1958—1962 on Atomic Physics and Human Knowledge", Interscience Publishers, New York 1963, pp. 74—78 (reprinted in:"Essays 1958—1962 on Atomic Physics and Human Knowledge, The Philosophical Writings of Niels Bohr, Vol. III". Ox Bow Press, Woodbridge, Connecticut 1987, pp. 74—78)

丹麦文本：*Kvantemekanikkens tilblivelse*

D "Atomfysik og menneskelig erkendelse II". J. H. Schultz Forlag, Copenhagen 1964, pp. 95—100

所有的文本都互相一致. 只除了从 A 到 B 有一些表述方面的小的更动.

量子力学的创立[①]

    沃尔纳·海森伯的 60 岁寿辰给了我一个可欢迎的机会来回顾我的一些记忆,从他在哥本哈根和我们一起工作并以那样的天才创立了量子力学的基础时开始.

    我第一次见到青年大学生海森伯是在将近四十年以前,在 1922 年的春天.那是在哥廷根,我应邀到那里去发表一系列关于原子构造之量子理论的状况的演讲.尽管有索末菲及其学派以他对由汉密耳顿和雅科毕发展起来的那些方法的超级精通而达成的伟大的进步,把作用量子纳入到一种经典物理学之自洽推广中去的问题还是包含着一些根子很深的困难的.对待这一问题的不同态度引起了活跃的讨论,而且我很高兴地记得特别是那些青年听讲者们对我强调对应原理作为进一步发展之指南的那种意见作出反应时的那种兴趣.

    在这种场合下,我们讨论了索末菲的最年轻学生中的两个人到哥本哈根来的可能性;对于这两个人,索末菲是寄予了最大希望的.泡利在同一年就加入了我们的集体,而海森伯则在慕尼黑又待了一年,在索末菲的指导下完成了他的博士论文.在海森伯于 1924 年秋天到哥本哈根来停留一段较长的时间以前,我们在那年春天就很高兴地有机会在这里短期地见到了他.那时哥廷根的讨论就在研究所中以及在长长的步行中继续进行了,而我就对海森伯的罕见天赋得到了更强烈的印象.

    我们的谈话接触到了物理学中和哲学中的许多问题,而且关于问题中各概念的无歧义定义的要求也特别地受到了强调.原子物理学中的问题的讨论最首要涉及的是作用量子在和一切实验结果的描述中所用的那些概念的关系方面的奇怪品格,而在这一方面,我们也谈到了数学抽象在这儿正如在相对论中那样被证实为有用的可能性.在当时,任何这样的前景都还没有临近.但是物理想法的发展却刚刚进入了一个新的阶段.

    把个体原子反应容纳在经典辐射理论的构架中的一次尝试曾经在和克喇摩斯及斯累特尔的合作下进行过.虽然我们起初在能量和动量的严格守恒方面遇

---

① 译自德文本 Die Entstehung der Quantenmechanik.

到了困难,但是这些考察却导致了作为原子和辐射场之间的联接纽带的虚振子这一观念的进一步发展. 不久以后,向前迈出的一大步,就由克喇摩斯沿着对应性的思路发展起来的色散理论完成了;这种理论和爱因斯坦的关于吸收过程和自发发射及感生发射过程的普遍几率法则建立了直接的联系.

海森伯和克喇摩斯很快就进行了密切的合作,结果就得出了色散理论的推广. 特别说来,他们考察了和由辐射场引起的微扰有关的一种新型的原子过程. 然而,处理方式在一种意义上仍然是半经验性的,就是说,仍然没有一种自洽的基础可以据以推导原子的谱项或它们的反应几率. 当时只有一种隐隐约约的希望,可以利用上述这种色散和微扰效应之间的联系来对理论进行逐步的革新,以便一步一步地把经典概念的每一种不适当的应用消除掉. 因此,带着关于这种纲领的困难的印象,当 23 岁的海森伯发现这种目标可以一举而达到时,我们全都感到了最大的惊喜.

通过他的用非对易算符来巧妙地表示运动学量和动力学量,确实奠定了进一步的发展即将建筑于其上的基础. 新量子力学的形式上的完工很快就在和玻恩及约尔丹的密切合作下达成了. 联系到这一点,我愿意提到,海森伯在接到约尔丹的一封信时描述了他自己的感受,其说法大致如下:"现在哥廷根那些有学问的数学家大谈其厄密矩阵,但是我却连什么是矩阵都不知道."不久以后,海森伯在对剑桥的一次访问中曾把自己的新想法告诉了他的狄喇克,就给出了另一个光辉的范例,表明青年物理学家们能够自己创造适用于他们的工作的数学工具.

虽然量子问题之自洽表示方面的决定性进步已经由新的表述形式达成了,但是在一段时间内,人们却觉得对应性的要求似乎还没有完全满足. 例如,我记得泡利是怎样表示他的不满的. 他的对氢原子能态的处理是海森伯观点的最初有成果的应用之一,但是他却强调说,应该很明显的是,月球在它的绕地球的轨道上的位置是能够确定的,而按照矩阵力学,有着明确确定的能量的一个二体体系的每一个态却只允许有关的运动学量的统计预期.

正是在这方面,新的光明将来自物质粒子的运动和光子的波动传播之间的类比;关于这种类比,德布罗意早在 1924 年便已经提到过了. 在这种基础上,薛定谔在 1926 年通过他的著名的波动方程的建立而在把强有力的函数论工具非常光辉地应用到许多原子问题的处理方面得到了成功. 在对应性问题方面,最重要的就在于,薛定谔方程的每一个解都可以表示成一些谐和本征函数的叠加,从而就可以在一切细节上追踪粒子的运动可以怎样和波包的传播相对比.

然而,在刚开始时,在量子问题的表观上如此不同的一些数学处理之间的关系方面,仍然有些不清楚. 作为那时的讨论的一个例子,我可以提到特别是由海森伯提出的关于用波传播来解释斯特恩-盖拉赫效应的可能性的一种怀疑. 是怎样被奥斯卡·克莱恩消除了的. 克莱恩对汉密耳顿所指出的力学和光学之间的相似性是特别熟悉的, 而且他本人也走上了波动方程的道路; 他只需要提到惠更斯的关于晶体中的双折射的旧解释就可以了. 薛定谔在 1926 年对哥本哈根的访问, 提供了一个活跃地交换看法的特殊机会. 在这一场合下, 海森伯和我都曾力图使他确信: 不把吸收过程和发射过程的个体性明白地考虑在内, 色散现象的优美处理就不能和普朗克的黑体辐射定律互相协调起来.

　　薛定谔波动力学的统计诠释, 不久就由玻恩对碰撞问题的考察所阐明了. 不同方法的完全等价性也在 1926 年就通过狄喇克和约尔丹的变换理论而确立了. 联系到这一点, 我记得在一次研究所座谈会上海森伯怎样指出了, 矩阵力学不但可以确定物理量的期许值, 而且可以确定这些量的任何次方的期许值、而在随后的讨论中狄喇克就怎样指出了这种说法给他提供了关于普遍交换的线索.

　　1925—1926 年的冬天, 海森伯是在哥廷根工作的, 而我也到那里去过几天. 我们特别谈到了电子自旋的发现; 它的戏剧性的历史近来已由许多方面在泡利纪念文集中阐述过了. 对哥本哈根集体来说的一大喜事就是, 在这次访问中, 海森伯同意了在克喇摩斯之后接任我们研究所的讲师职位; 那时克喇摩斯已经接受了乌得勒支的理论物理学教授的职位. 海森伯在下一学年中的讲课受到了学生们的赞赏, 不仅由于讲课的内容很好, 而且也由于海森伯的丹麦语很流利.

　　对海森伯的基本科学工作的继续来说, 这是特别有成果的一年. 一种杰出的成就是长期以来被认为是原子构造之量子理论中最大困难之一的氦光谱二重性的阐明. 通过海森伯联系到波函数对称性质的对电子自旋的处理, 泡利原理显得清楚多了, 而且这很快就带来了最重要的后果. 海森伯本人被直接引到了对铁磁性的理解, 而且不久就出现了海特勒和伦敦对同极化学键的阐明, 以及邓尼孙对氢比热的旧难题的解决.

　　联系到原子物理学在那几年中的迅速发展, 人们的兴趣越来越集中到了大量经验数据的逻辑整理问题上. 海森伯对这些问题的深入考察, 在著名的《论量子理论的运动学的和力学的直观内容》一文中得到了表现, 该文在他在哥本哈根停留的末期问世, 文中第一次表述了测不准关系式. 从一开始, 对待量子理论中的表观佯谬的态度就是以对和作用量子相联系着的基元过程中的整体性特色的重视为其特征的. 尽管一直都很清楚, 能量内容和其他不变量只有对于孤立体系才是可以严格定义的, 但是海森伯的分析却揭示了一个原子体系的态在任何观察过程中所受到的和测量工具的不可避免的相互作用的影响程度.

　　对观察问题的重视又把海森伯第一次访问哥本哈根时他和我曾经谈论过的那些问题带到了显著的地位, 并且引起了关于普遍的认识论问题的进一步讨论.

正是关于必须能够用一种无歧义的方式来传达实验资料的这一要求，就意味着实验装置和观察纪录都必须用适于用来适应我们的环境的那种普通语言来描述．于是，量子现象的描述就要求被考察的客体和用来确定实验条件的测量仪器之间的一种原理上的区分．特别说来，此处遇到的迄今在物理学中如此不熟悉的对照，强调了在其他经验领域中已经熟知的把获得经验时所处的条件考虑在内的必要性．

在谈论我关于旧日的某些回忆时，我首先想到的是强调来自许多国家的整整一代物理学家们的密切合作，怎样做到了在一个广大的新知识领域中一步一步地建立秩序．参加物理科学的这一发展阶段乃是一种神妙的奇遇；在这一阶段中，沃尔纳・海森伯占据了一个突出的地位．

Ⅵ. 索耳威会议和量子物理学的发展

"La théorie quantique des champs", Douzième
Conseil de physique tenu à l'Université Libre
de Bruxelles du 9 au 14 octobre 1961，Interscience
Publishers，New York 1962，pp. 13—36

1961 年 10 月在布鲁塞尔第十二届
索耳威会议上的演讲

参阅第四编《引言》原第 330 页.

《索耳威会议和量子物理学的发展》(1961)

用英文、丹麦文和德文发表的不同文本

英文本：*The Solvay Meetings and the Development of Quantum Physics*

A "La théorie quantique des champs", Douzième Conseil de physique, Brusselles，9—14 October 1961, Interscience Publishers, New York 1962, pp. 13—36

B "Essays 1958—1962 on Atomic Physics and Human Knowledge", Interscience Publishers, New York 1963, pp. 79—100（reprinted in："Essays 1958—1962 on Atomic Physics and Human Knowledge, The Philosophical Writings of Niels Bohr，Vol.Ⅲ". Ox Bow Press, Woodbridge，Connecticut 1987, pp. 79—100)

丹麦文本：*Solvay-møderne og kvantefysikkens udvikling*

C "Atomfysik og menneskelig erkendelse Ⅱ". J. H. Schultz Forlag, Copenhagen 1964，pp. 101—126

德文本：*Die Solvay-Konferenzen und die Entwicklung der Atomphysik*

D "Atomphysik und menschliche Erkenntnis Ⅱ", Friedr. Vieweg & Sohn, Braunschweig 1966，pp. 80—102

　一切文本都彼此一致. 只除了从 A 到 B 的表述上的少数小的改进.

索耳威会议和量子物理学的发展

起初在正好五十年前由厄恩耐斯特·索耳威很有远见地倡议了的,后来在他所创办的国际物理学研究所的主持下继续召开了的一系列会议,曾经是物理学家们讨论在不同时期成为兴趣中心的一些基本问题的独一无二的场合,从而曾经以许多方式刺激了物理科学的现代发展.

每一次会议上的报告和随后的讨论的细心记录,对于愿意对在 20 世纪初期升起的那些新问题的探索过程得到一种印象的治科学史的人们来说,将来将是一种最宝贵的信息来源.确实,通过整整一代物理学家们的联合努力而获致的这些问题的逐渐澄清,在随后的几十年中不但扩大了我们对物质的原子构造的见解,而且甚至在物理经验的概括方面导致了新的远景.

作为在时间过程中曾经参加了若干届索耳威会议而且曾经在几届早期会议上和许多与会者有过亲身接触的人们中的一员,我很高兴地接受了邀请来借此机会谈谈我的一些关于会上的讨论在澄清我们当时遇到的问题方面所起作用的回忆.在处理这一任务时,我将努力在原子物理学在最近五十年中所曾经历过的多方面发展的背景上来介绍这些讨论.

I

1911 年第一届索耳威会议的议题《辐射理论和量子》本身,就指示了那时的讨论的背景.上一世纪中最重要的物理学进展,或许就是给辐射现象提供了如此范围广阔的一种解释的麦克斯韦电磁理论的发展,以及以玻耳兹曼关于熵和复杂力学体系的状态几率之间的关系的认识为其顶点的热力学原理的统计诠释.不过,闭合空腔中处于热平衡下的辐射的频谱分析的说明,却带来了意想不到的困难;这种困难特别由瑞利的精辟分析揭示了出来.

发展中的一个转折点是由本世纪第一年普朗克的作用量子的发现达到的;这种发现揭示了原子过程中的一种整体性特色,它完全超越了经典物理学概念,甚至超越了物质有限可分性这一古代学说.在这种新的背景上,任何一种细致描述辐射和物质之间的相互作用的尝试都会涉及那些表观佯谬,是由爱因斯坦很早地指出的;他不但让人们注意到了低温下晶体比热的考察对普朗克概念给予的支持,而且也联系到他自己关于光电效应的创造性分析而引用了作为基元辐射过程中能量和动量的载体的光量子或称光子的概念.

事实上,光子概念的引入,意味着牛顿和惠更斯时代关于光的颗粒结构或波动结构的那种古老的两难问题的复活;这种两难问题本来似乎是已经通过辐射的电磁理论的建立而被解决了的.局势是最为奇特的,因为由普朗克常量和辐射的频率或波数的乘积给出的光子的能量或动量的定义本身,直接涉及了波动图景的特征.于是我们就遇到经典物理学的不同基本概念的应用之间的一种新型的互补关系,它的研究后来在时间过程中使得决定论描述的有限范围显示了出来,并且召唤了甚至最基元的原子过程的一种本质上是统计性的说明.

会上的讨论是由洛伦兹的一篇精辟的报告开始的;他介绍了在经典概念的基础上导致能量在一个物理体系的各种自由度之间的均分原理的那种论证;那些自由度不但包括各成分物质粒子的运动,而且包括和各粒子的电荷相联系着的那一电磁场的各个简正振模.然而,这种遵循了瑞利关于平衡热辐射的分析路线的论证,却导致了众所周知的佯谬结果,那就是,体系的全部能量将逐渐传递给频率越来越高的电磁振动.

表面看来,把辐射理论和普通统计力学的原理调和起来的唯一方法就是金斯提出的建议;那就是说,在所给的实验条件下,人们遇到的不是一种真正的平衡而是一种准平衡状态,在那种状态下,高频辐射的产生是人们注意不到的.人们对辐射理论中的困难的感受的那种尖锐性,可以用会上宣读的一封瑞利勋爵的来信作为证明,他在信中劝告了人们要仔细考虑金斯的建议.不过,通过更仔细的检查,很快就弄清楚了金斯的建议是不能成立的.

在许多方面,会议的报告和讨论是最能说明问题的.例如,在瓦尔堡和鲁本斯的关于支持普朗克的温度辐射定律的实验证据的报告以后,普朗克亲自对把他引到作用量子的发现的这些论点进行了阐述.当评论把这种新特色和经典物理学的概念构架谐调起来的困难时,他强调了本质之点不是一种关于能量子的新假说的引入,而是作用量概念本身的再塑造,他并且表示了一种信念,认为在相对论中仍然成立的最小作用量原理将被证实为量子理论的进一步发展的一种指南.

在会上的最后一篇报告中,爱因斯坦总结了量子概念的许多应用,并且特别处理了他在低温下的比热反常性的处理中所用的那些基本论点.这些现象的讨论曾经由能斯特在会上在一篇关于量子理论对物理学和化学的不同问题的应用的报告中介绍过;在报告中,他特别考虑了物质在很低的温度下的性质.读到能斯特在他的报告中的说法是大有兴趣的;他指出,他从 1906 年就已作出过重要应用的关于绝对零度下的能量的定理,现在显现为从量子理论推出的一条更普

433

434

遍定律的特例了.不过,卡末林-昂内斯报告了它的发现的某些金属在极低温度下的超导现象,却引起了一种困惑;这一难题要到许多年以后才得到解释.

从各种方面受到了评论的一个新特色,就是能斯特关于气体分子的量子转动的概念,这种概念后来终于在红外吸收谱线的精细结构的测量中得到了如此优美的确证.量子理论的类似应用是在朗之万的关于他的物质磁性随温度而变化的成功理论的报告中提出的;他在报告中特别提到了磁子的概念,那是由外斯引用了来解释由他的测量结果导出的各种原子的基元磁矩强度之间的引人注目的关系的.事实上,正像朗之万所证明的那样,磁子的值无论如何可以根据一条假设推出;那就是,原子中的电子是以对应于普朗克量子的角动量而转动着的.

探索物质之许多性质中的量子特色的另外一些很有精神的和试探性的尝试;是在索末菲的报告中描述了的;他特别讨论了由高速电子引起的 X 射线的产生,以及有关光电效应中的和由电子撞击所引起的电离的问题.当评论后一问题时,索末菲让人们注意到了他的一些考虑和哈斯在一些近期论文中阐述过的一些考虑的相似性;哈斯在把量子概念应用于一种类似于 J·J·汤姆孙提出的有着均匀正电分布的原子模型中的电子键合上的尝试中,得出了和光谱频率同数量级的转动频率,关于他自己的态度,索末菲接着说,与其从这样的考虑推导普朗克常量,他宁愿把作用量子的存在看成原子构造和分子构造问题的任何处理方式的基础.在当时最新的发展趋势的背景上,这种说法确实带有先知的品格.

虽然在会议的当时当然谈不到普朗克的发现所引起的那些问题的概括处理,但是那时却有一种普遍的理解,认为物理科学的一种伟大前景已经升起了.不过,尽管这里需要对基本物理概念的无歧义应用的基础进行激烈的修正,然而对一切人都是一种鼓舞的却是,建筑基础的巩固性恰恰就在那几年曾被对稀薄气体性质的经典处理和利用统计方法来计数分子等方面的新胜利所突出地证明了.关于这些进展的详细报告,在会议进行中曾经特别适当地由马丁·克努森和让·佩兰给出.

关于第一届索耳威会议上的那些讨论的一种生动的叙述,我是从卢瑟福那里听到的;当他从布鲁塞尔回来的不久以后,我在 1911 年在曼彻斯特见到了他.然而,在那种场合他却没有告诉我,而我只有到了在现在的几个月以前查阅了会议报告时才知道,在会议的讨论中,完全没有提到一个如此深刻地影响了后来的发展的事件,那就是他自己的原子核的发现.事实上,卢瑟福的发现以如此出人意料的方式补齐了关于原子结构的证据;这些证据是可以用简单的力学概念来诠释的,而同时又揭示了这种概念对任何和原子体系的稳定性有关的不适用性;这样的发现不但应该起一种指导的作用,而且应该对量子物理学的许多随后的发展阶段一直是一种挑战.

Ⅱ

1913 年第二届索耳威会议的议题是物质的结构;到了那时,最重要的信息已经在 1912 年通过劳厄关于伦琴射线在晶体中的衍射的发现而得到了.这种发现确实消除了对赋予这种穿透辐射以波动性质的一切怀疑,而由威廉·布喇格所特别强调了的这种辐射在和物质相互作用时的颗粒性特色是由威耳孙云室图片所如此突出地验证了的;那种图片显示了通过气体对辐射的吸收而释放出来的高速电子的径迹.如所周知,劳厄的发现成了威廉·布喇格和劳伦斯·布喇格对晶体结构的精辟研究的直接导火线;他们通过分析单频辐射在晶体点阵中原子的不同平面位形系列上的反射就既确定了辐射的波长又推出了点阵的对称性类型. 436

成为这次会议的主要问题的关于这些发展的讨论,是由 J·J·汤姆孙的一篇关于原子的电子构造的一些巧妙观念的报告作为开端的;利用这些观念,他不必背离经典物理原理就能至少用一种定性的方式来探索物质的许多一般性质.对于理解当时物理学家们的一般态度很有说明意义的是,卢瑟福的原子核发现给这种探索提供的独一无二的基础当时还没有普遍地被接受.对于这种发现的唯一提及来自卢瑟福本人;他在汤姆孙报告以后的讨论中坚持了作为有核原子模型之基础的那些实验资料的丰富性和精确性.

实际上,在会议的少数几个月以前,我的关于原子构造的量子理论的第一篇论文已经发表了;文中已经采取了一些最初的步骤,来利用卢瑟福的原子模型解释依赖于核周围的电子键合的各元素的特定性质.已经说过,当按照普通的力学概念和电动力学概念来处理时,这种问题就显示了不可克服的困难;按照那些概念,任何点电荷体系都没有稳定的静力学平衡性,而电子绕核的任何运动都会通过电磁辐射而发生能量的耗散,这就造成电子轨道的迅速收缩而成为一个中性体系,比从一般的物理经验和化学经验推出的原子大小要小得多.因此,这种局势就使人想到,要把稳定性问题的处理,直接建筑在由作用量子的发现所证明了的原子过程的个体性品格上.

一个出发点是由元素光谱所显示的经验规律提供出来的;正如黎德伯第一次认识到的那样,这种光谱可以利用组合原理来表示;按照该原理,任何谱线的 437 频率,都可以极其准确地表示成作为元素之特征的一组谱项中的两个谱项之差.直接利用爱因斯坦对于光电效应的处理,事实上就能够把组合原理诠释成一些基元过程的证据;在那种过程中,原子在单频辐射的发射或吸收下被从原子的一个所谓的定态送到另一个定态.这种观点使我们可以把普朗克常量与任何一个谱项的乘积和电子在相应定态中的结合能等同起来. 它也能够给线系光谱中发射谱线和吸收谱线之间那种表观上难以捉摸的关系提供一种简单的解释, 因为在发射谱线中, 我们遇到的是从原子的一个受激态到一个较低能态的跃迁, 而在吸收谱线中, 我们遇到的一般是从能量最低的基态到某一个受激态的跃迁.

暂时把电子体系的这种态想象成服从开普勒定律的行星运动, 就发现能够通过和普朗克关于谐振子能态的原始表示式的适当对比而推出黎德伯常量. 和卢瑟福原子模型的密切关系在很大程度上表现在氢原子光谱和氦离子光谱之间的简单关系中, 在这些光谱中, 我们遇到的是由一个电子键合在一个核上而形成的体系, 核的体积甚小, 分别带有一倍和两倍的基元电荷. 联系到这一点, 回想起一种情况是有兴趣的, 那就是, 恰好在召开会议时, 摩斯莱正在用劳厄-布喇格方法研究各元素的高频射线谱, 而且已经发现了那些惊人简单的定律, 它们不但使我们能够确定任何元素的核电荷, 而且后来甚至给出了原子中电子组态的壳层结构的直接迹象, 那种壳层结构就是显示在著名的门捷列夫表中的那种奇特的周期性的起因.

III

由于国际科学合作在第一次世界大战中的被破坏, 索耳威会议直到 1921 年春季才又恢复召开. 这次以原子和电子为题的会议, 是以洛伦兹的关于经典电子理论的原理的一篇透彻的概述开始的; 特别说来, 这种理论提供了塞曼效应之基本特色的说明, 如此直接地指示了原子中作为光谱起源的电子运动.

438

作为第二位演讲者, 卢瑟福对在此期间由他的原子模型得到了如此令人信服的诠释的许多现象作了一次详细的论述. 除了这种模型所提供的放射性变换的本质特色和同位素的存在的直接理解以外, 原子中电子键合的量子理论的应用当时也已经取得了相当的进步. 特别是通过不变性作用量积分的应用而得到的量子定态的更完备的分类, 已经在索末菲及其学派的手中导致了光谱结构的许多细节特别是斯塔克效应的一种解释, 而斯塔克效应的发现已经如此肯定地排除了把线光谱的出现追溯到原子中电子的谐振动的可能性.

在随后的几年内, 确实即将能够通过席格班和卡塔兰等人对高频谱和光谱的继续研究而得到原子基态中电子分布的壳层结构的一种详细的图景, 而这种图景将清楚地反映出门捷列夫表中的周期性特色. 这样的进展蕴涵了许多重大问题的澄清, 例如等价量子态的泡利不相容原理, 以及涉及对电子键合态的中心对称性的背离的内禀电子自旋的发现, 这种自旋是在卢瑟福原子模型的基础上说明反常塞曼效应之所以必需的.

当理论观念的这样的发展还没有到来时, 在会上就作了一些关于辐射和物质之间的相互作用之特征性特色的近期实验进步的报告. 例如毛里斯·德布罗意讨论了在他的 X 射线实验中见到了一些最有兴趣的效应；特别说来这些效应显示了吸收过程和发射过程之间的一种关系，使人想到光学区域中的谱所显示的关系. 同时，密立根报告了他对光电效应继续进行的系统考察，如所周知，这种考察导致了普朗克常量的实验测定精确度方面的如此重要的改进.

　　对量子理论之基础的一种具有基本重要性的贡献，早在战争期间就已由爱因斯坦作出；他证明了普朗克辐射公式可以如何根据同样一些假设而被简单地推出；那些假设曾被证明为对光谱规律的解释是有成果的，而且在弗朗克和赫兹关于电子轰击对原子的激发的著名实验中得到了那么令人信服的支持. 确实，爱因斯坦关于定态之间的自发辐射跃迁以及感生辐射跃迁之出现的普遍统计规律的巧妙表述，同样还有他对发射过程和吸收过程中的能量和动量的守恒的分析，将被证实为对未来的发展是有基础意义的.

　　在召开会议时，通过为了保证热力学原理能够成立的一些普遍论点的应用，以及在所涉及的作用量大得足以允许个体量子的被忽视的极限下经典物理理论描述的渐近处理方式的应用，已经取得了一些初步的进步. 在第一个方面，艾伦菲斯特已经引入了定态的浸渐不变性原理. 后一种要求已经通过所谓对应原理的表述而得到了表达；该原理从一开始就对许多不同原子现象的定性考察提供了指导，而该原理的目标就是要使个体量子过程的统计说明显示为经典物理学的决定论描述的一种合理的推广.

　　为了这次会议，我被邀请对量子理论的这些近期发展给出一种一般的概述，但是既然我因病没能出席会议，艾伦菲斯特就很亲切地承担了宣读我的论文的任务；他也加上了一篇关于对应原理之要点的很清楚的总结. 通过作为艾伦菲斯特的整个态度之特征的那种对缺点的敏锐觉察和对哪怕是很平常的进展的热诚，他的论述忠实地反映了我们当时的意识流的状态，反映了对正在到来的决定性进步的期待感.

Ⅳ

　　在能够发展出更概括地描述物质的性质的适当方法以前还有多少事情要做，在其次一届 1924 年的致力于金属传导问题的索耳威会议上的讨论中得到了例证. 关于在经典物理学的基础上可以用来处理这些问题的那些手续的一篇概述，由洛伦兹给出；他曾经在一系列著名的论文中追索了一条假设的推论，那假设就是，金属中的电子表现得像是一种服从麦克斯韦速度分布定律的气体. 尽管这种想法起初是成功的，关于基本假设之适当性的严重怀疑却慢慢地兴起了. 这些困难在会上的讨论过程中被进一步强化了；在会上，关于实验进步的报告是由

439

440

布瑞治曼、卡末林-昂内斯、罗伯孙和霍耳这样的专家给出的,而局势的理论侧面则特别是由瑞查孙介绍的,他也按照原子问题中的使用路线尝试性地应用了量子理论.

不过,在会议召开时,已经越来越明显的是,即使一直在对应性处理方式中被保留了的那种力学图景的有限用法,当处理更加复杂的问题时也是不能保留的.回顾当年时,想到一点确实是有兴趣的;那就是,对后来的发展将有很大重要性的各种进步已经开始了.例如,阿塞尔·康普顿已经在 1923 年发现了 X 射线在受到自由电子的散射时的频率改变,而且他自己,以及德拜,已经强调了这种发现给爱因斯坦的光子观念提供的支持,尽管按照在原子光谱的诠释中所使用的那种简单方式来形象地想象光子被电子所吸收和发射的过程之间的相关性是更加困难了.

然而,在一年之内,这样的问题就被路易·德布罗意的粒子运动和波传播的中肯对比放到了新的光照之下:这种对比很快就在戴维孙和革末的以及乔治·汤姆孙的电子在晶体中的衍射的实验中得到了突出的证实.我在这个地方用不着仔细重述德布罗意的想法后来在薛定谔的手中怎样被证明为对一个普遍波动方程的建立起了基础的作用,而通过高度发展了的数学物理学方法的一种新颖的应用,这一方程后来给许许多多原子问题的阐明提供了如此有力的工具.

如所周知,量子物理学之基本问题的另一种处理方式在 1924 年已经由克喇摩斯开始了;他在会议的一个月以前就已经成功地发展了一种辐射在原子体系上的色散的普遍理论.色散的处理从一开始就是辐射问题之经典处理的一个重要部分,而且回想到洛伦兹曾经亲自反复指出量子理论中缺少这方面的指导也是很有兴趣的.然而,依靠着对应性论点,克喇摩斯证明了可以怎样把色散效应和爱因斯坦所表述的关于自发的及感生的个体辐射跃迁的几率的定律直接联系起来.

事实上正是在克喇摩斯和海森伯进一步发展了的把起源于电磁场对原子体系的态的干扰作用的那些新效应包括在内的色散理论中,海森伯找到了发展一种量子力学表述形式的立脚点;在这种表述形式中,一切对超出渐近对应性的经典图景的提法都被完全地消除了.通过玻恩、海森伯和约尔丹的工作以及狄喇克的工作,这种大胆的而又巧妙的观念很快就得到了一种普遍的表述;在这种表述中,经典的运动学变量和动力学变量被换成了一些服从一种涉及普朗克常量的非对易代数学的算符.

海森伯的和薛定谔的对量子理论问题的处理方式之间的关系,以及这些表述形式的充分诠释范围,不久以后就由狄喇克和约尔丹借助于变量的正则变换沿着经典力学问题的汉密耳顿原始处理的路线而作出了特别发人深思的阐明.

441

特别说来,这样的考虑起了阐明波动力学中的叠加原理和基元量子过程的个体性公设之间的表观对立的作用. 狄喇克甚至做到了把这样的考虑应用到电磁场问题上,而且,通过把成分谐分量的振幅和周相当作共轭变量来使用. 发展了一种辐射的量子理论,而爱因斯坦的原始光子概念也被自洽地纳入了这种理论之中. 这整个的革命性的发展将形成下一届会议的主题,那是我能够参加的第一次索耳威会议.

Ⅴ

以电子和光子为其主题的 1927 年的会议,是以劳伦斯·布喇格的和阿塞尔·康普顿的关于电子对高频辐射的散射方面的丰富的新实验证据的报告为其开端的;当坚实地束缚在重物质的晶体结构中时和当在轻原子的气体中实际上是自由的时,电子将显示相差甚远的特色. 这些报告以后,就是路易·德布罗意的、玻恩和海森伯的以及薛定谔的关于量子理论之自洽表述方面的巨大进展的报告;关于这些进展,我已经提到过了.

442

讨论的一个主要课题是包含在新方法中的对形象化决定论描述的放弃. 一个特定之点就是这样的问题: 波动力学在多大程度上指示了比在解决作用量子的发现从一开始就引起的那些佯谬的一切尝试中所一直遇到的背离更加不激烈的对普通物理描述的背离的可能性. 不过,波动力学对物理经验的诠释的本质上是统计的品格,不仅在玻恩对碰撞问题的成功处理中已经看得很清楚,而且整个观点的符号品格也许在把普通的三维空间标示换成把一个包含粒子的体系的态看成坐标个数等于体系自由度数的一个位形空间中的波函数的那种表象的必要性中显示得最突出.

在讨论的进行中,后一问题特别联系到在包括着同质量、同电荷和同自旋的粒子的体系的处理中已经达成的巨大进步而得到了强调;这种处理在这种“等同”粒子的事例中揭示了包括在经典颗粒概念中的那种个体性的一种局限性. 关于电子的这种新颖特色的迹象,已经包括在泡利的不相容原理的表述中,而且,联系到辐射量子的粒子概念,玻色甚至在更早的阶段就已经使人们注意到了通过一种统计法的应用来推出普朗克温度辐射公式的简单可能性;这种统计法包含着对玻耳兹曼在计数多粒子体系的配容时所遵循的方法的背离,而那种方法曾被证实为对统典统计力学的许多应用来说是行之有效的.

早在 1926 年,对包含不止一个电子的原子的处理的一个决定性的贡献就已经由海森伯对氦光谱的奇特双重性的解释所给出;这种双重性多少年来一直是原子构造之量子理论的主要障碍之一. 通过考查位形空间中波函数的对称性质,通过狄喇克独立进行了的和费米随后继续进行了的考虑,海森伯成功地证明了

443

氢原子的定态分成两类,对应于两组不能互相组合的谱项,并且用分别附属于反向电子自旋及平行电子自旋的对称的和反对称的空间波函数来表示.

我几乎用不着重述这种惊人的成就如何引发了更多进步的真正雪崩,以及怎样在一年之内海特勒和伦敦的关于氢分子之电子构造的类似处理就给出了理解同极化学键的第一条线索.此外,关于转动氢分子的质子波函数的同样考虑导致了指定给质子一个自旋,从而导致了对正态和仲态的间距的理解,而正如邓尼孙所证明了的那样,这种理解给氢气在低温下的比热方面的一直很神秘的反常性提供了一种解释.

整个的这种发展在关于现在称为费米子和玻色子的两类粒子的存在的认识中达到了极致.于是,由像电子或质子那样的具有半整数自旋的粒子构成的那种体系的态,应该用一个在某种意义上是反对称的波函数来表示;其意义就是,当同一种粒子中的两个粒子的坐标互相交换时,波函数就变号.相反地,只有对称的波函数才出现在光子的考虑中,而按照狄喇克的辐射理论,应该指定给光子的自旋是1;对于没有自旋的α粒子之类的客体,情况也是如此.

这一局势很快就在莫特关于对卢瑟福的著名散射公式的显著偏差的解释中得到了优美的例证;那种偏差出现在α粒子和氦核或质子和氢核之类的等同粒子之间的碰撞事例中.在表述形式的这样的应用中,我们确实遇到的不仅是轨道图景的不适当性,而且甚至是对所涉及粒子的区分的放弃.事实上,每当关于粒子个体性的习见概念可以通过确定它们在不同空间域中的位置而得到保持时,费米-狄喇克统计法和玻色-爱因斯坦统计法的一切应用就在一种意义上是不相干的;其意义就是,它们导致相同的粒子几率密度的表示式.

仅仅在会议的不多几个月以前,海森伯就通过表示着正则共轭变量之确定的反比变动界限的所谓测不准原理的表述而对量子力学之物理内容的阐明作出了一种最有意义的贡献.这种界限不仅显现为这些变量之间的对易关系式的直接推论,而且也直接反映了所考察的体系和测量仪器之间的相互作用.然而,最后这一关键问题的充分认识,却牵涉到经典物理概念在说明原子现象时的无歧义适用性的范围问题.

为了引导关于这样一些问题的讨论,我被邀请在会上作了一篇关于我们在量子物理学中遇到的认识论问题的报告,并借此机会谈到了适当术语的问题和强调了互补性的观点.主要的论点就是,物理资料的无歧义传达,要求实验的装置和观察结果的记录都必须用经过经典物理学语汇的适当精化的普通语言来表达.在所有实际的实验工作中,这种要求是通过利用诸如屏板、透镜和照相底片之类的物体作为测量仪器来满足的;这些物体足够大和足够重,以致尽管作用量子对这些物体的稳定性和性质来说具有决定的意义,但是所有的量子效应却都

444

可以在各该物体的位置和运动的说明中被忽略不计.

我们在经典物理学的范围内处理的是一种理想化;按照这种理想化,一切现象都可以随意地细分,而测量仪器和被观察的客体之间的相互作用则可以被忽视,或无论如何是可以被补偿掉,但是我们却强调了,这样的相互作用在量子物理学中代表现象的一个不可分割的部分,而如果仪器应该起到确定得出观察结果时所处的条件,则对这种相互作用不能作出任何单独的说明.联系到这一点也必须记得,观察结果的记录归根结蒂是建筑在测量仪器上的永久记号的生成上的,例如由于光子或电子的撞击而在照相底片上造成的一个斑点.这样的记录涉及本质上是不可逆的一些物理过程和化学过程,这一点并不引入任何的特定复杂性,而却强调了包括在任何观察概念中的那种不可逆性要素.量子物理学中所特有的特色只是现象的有限可分性,而为了无歧义的描述,这种有限可分性就要求实验装置的一切重要部件的说明.

既然在同一种装置中一般将观察到若干种不同的个体效应,在量子物理学中采用统计法就是在原理上不可避免的.此外,在不同的条件下观察到的不能概括在单独一个图景中的资料,不论有什么表观对立性,都必须在一种意义下被认为是互补的;其意义就是,它们在一起就包举无遗地代表了关于原子客体的一切明确定义的信息.从这种观点看来,量子理论的整个目的就是要推出在给定实验条件下得出的观察结果的期许值.联系到这一点而强调了的是,一切矛盾的消除是通过表述形式的数学自洽性来保证的,而描述在它的范围内的包举无遗性是由对任何可设想的实验装置的适用性来指示的.

洛伦兹以其开阔的胸怀和不偏不倚的态度设法把讨论引上了有成果的方向;在这些问题的讨论中,术语的歧义性给在认识论问题方面取得一致带来了巨大的困难.这种局势由艾伦菲斯特很幽默地表示了出来,他在黑板上写出了《圣经》中描述语言的混乱扰乱了通天塔的建造的句子*.

在会上开始了的观点的交流,在晚间也在一些小组中热切地继续进行了.对我来说,较长地和爱因斯坦及艾伦菲斯特交谈的机会是一种最可欢迎的经历.爱因斯坦特别表示了不情愿在原理上放弃决定论的描述,他用暗示着把原子客体和测量仪器之间的相互作用更明确地考虑在内的可能性的一些论点来向我们进行了挑战.虽然我们关于这种前景的无效性的答复没能说服爱因斯坦,他在下一届会议上又回到了这个问题上来,但是讨论却是一种鼓励,推动

---

* ［中译者按:据《圣经·创世纪》第十一章的记载:人类起源于巴比伦.他们为了和天上往来,打算建造一座高塔.上帝为了保护天庭的尊严,便在人民中间制造语言混乱,于是通天塔未能造成,而讲不同语言的人类便散布于全世界.］

人们进一步探索了量子物理学中的分析和综合方面的局势及其在人类知识的
其他领域中的类例;在那些领域中,习见的术语蕴涵了对获得经验时所处条件
的注意.

VI

在 1930 年的会议上,朗之万在洛伦兹逝世以后第一次担任了主席,并且讲
到了索耳威研究所由于欧内斯特·索耳威的逝世而受到的损失;该研究所正是
由于他的倡议和慷慨才得以成立. 主席也详谈论了洛伦兹领导以前历届索
耳威会议的那种独一无二的方式,以及他继续进行自己的光辉科学研究直到逝
世为止的那种精力. 会议的主题是物质的磁性;朗之万本人对理解这种问题曾经
作出了非常重要的贡献,而这方面的实验知识在那几年中特别是通过外斯及其
学派的研究已经大大地扩大了.

会议是由索末菲的一篇关于磁性和光谱学的报告开始的;他在报告中特别
讨论了从对原子的电子构造的考察导出的导致了周期表的解释的那种关于角动
量和磁矩的知识.关于磁矩在稀土族中的奇特变化这一有趣的问题,范·弗来
克报告了最近的结果及其理论诠释.泡利也作了一篇关于原子核的磁矩的报告;正
如他第一次指出的那样,光谱线的所谓超精细结构的起源就是要到核磁矩中去
找的.

关于迅速增长着的物质磁性方面的实验资料的一般综述,是在卡布瑞拉的
和外斯的报告中给出的;他们讨论了铁磁性物质的物态方程;这种方程概括了这
种物质的性质在居里点之类的确定温度处的突然变化.尽管在早先特别是通过
外斯的引用一种和铁磁状态相连着的内磁场来试图把这些效应联系起来,理解
这些现象的一种线索却在最近才由海森伯的创造性对比得出;他对比了铁磁性
物质中的电子自旋的定向排列和支配着作为海特勒和伦敦的分子形成理论中的
化学键之起因的波函数对称性的那种量子统计法.

在会上,关于磁现象的理论处理的一种概括性的阐述在泡利的一篇报告
中被给出. 以他所特有的清晰性和对本质的重视,他也讨论了由狄喇克的巧妙
的电子量子理论所引起的问题;在那种理论中,由克莱恩和高尔顿提出的相对
论式波动方程被换成了一组可以把电子的自旋和磁矩和谐地概括在内的一次
方程. 联系到这一点讨论过的一个特殊问题就是,在多大程度上可以把这些量
看成在和电子的质量及电荷相同的意义上是可测量的,质量和电荷的定义所
依据的是完全可以按经典的方式加以说明的一些现象的分析. 然而,正如作用
量子的概念一样,自旋概念的任何自洽的应用都会涉及一些不能那样分析的
现象,而特别说来,自旋概念是允许角动量守恒的推广表述的一种理想化. 这

446

447

一局势由在泡利报告中详细讨论了的测量自由电子之磁矩的不可能性表现了出来.

实验技术的近期发展为磁性的进一步考察所打开的前景,在会上由考顿和卡匹察报告了. 通过卡匹察的大胆装置,已经能够在有限的空间区域和时间阶段中产生强度大得出人意料的磁场,而考顿的巨大永久磁铁的巧妙设计则可以得到其恒稳性和空间范围都超过以前所能达到的程度的磁场. 在补充考顿的报告的一篇报告中,居里夫人使人们特别注意到了这种磁铁在放射性过程的考察中的应用;这种考察后来特别是通过罗森伯姆的工作在 α 射线谱的结构方面得出了重要的新结果.

尽管会议的主题是磁现象,回想起一点却是很有兴趣的;那就是,当时在对物质性质的其他方面的处理中也已经得出了很大的进展. 例如,在 1924 年的会议如此尖锐地感觉到的妨碍着金属的电子构造的理解的许多困难已经在此期间被克服了. 早在 1928 年,索末菲就通过把电子的麦克斯韦速度分布换成一种费米分布而在这一问题的阐明方面得出了最有希望的结果. 如所周知,布劳赫做到了在这种基础上通过波动方程的适当应用来发展一种能够解释许多特色的,特别是现象对温度的依赖性方面的特色的详细的金属传导理论. 不过,理论还是不能说明超导性;关于理解它的一种线索只是在最近几年才能通过多体体系相互作用的改进了的处理方法的发展而被找到. 这样一些方法似乎也适于用来说明近来得到的关于超流的量子品格的惊人资料.

然而,关于 1930 年会议的一种特殊的回忆是和它所提供的重新讨论 1927 年会议上讨论过的认识论问题的那种机会相联系着的. 在这一场合下,爱因斯坦提出了新的论点,他力图利用这些新论点而通过应用由相对论导出的能量和质量的等价性来绕过测不准原理. 例如他提出,应该能够通过称量一个仪器的重量来无限精确地测量一个定了时的辐射脉冲的能量,那个仪器包括一个和释放脉冲的快门相连接着的时钟. 然而,经过更仔细的考虑,这种表观佯谬在一个引力场对一个时钟快慢的影响中找到了它的解答;正是利用这种影响,爱因斯坦本人曾经在早先预言了由很重的天空体系发射的光的光谱分布的红移现象. 然而,最有教育意义地强调了在量子物理学中明确区分客体和测量仪器的必要性的这一问题,在若干年内仍然成了活跃争论的一个问题,特别是在哲学圈子中.

这是爱因斯坦在德国的政治发展迫使他移居美国以前能够参加了的最后一届会议. 在下一届的 1933 年会议的不久以前,我们全都因为听到艾伦菲斯特的过早去世的消息而大为震惊了;在我们再聚首时朗之万用动人的词句谈到了艾伦菲斯特的发人深思的性格.

448

449

Ⅶ

　　特别致力于原子核的结构和性质的 1933 年的会议,是在论题正处于一个最迅速和最兴盛的发展阶段时召开的. 会议由考克劳夫特的一篇报告开始;在报告中,在简短地提到了卢瑟福和他的合作者们在前几年得到的关于由粒子撞击所引起的核蜕变的丰富证据以后,考克劳夫特详细描述了通过用适当高电压装置加速了的质子对核的轰击而得到的重要的新结果.

　　如所周知,考克劳夫特和瓦耳顿的用质子对锂核的撞击来产生高速 α 粒子的开创性实验,给出了爱因斯坦关于能量和质量之间的普遍关系式的最初的直接证实,这种关系式在后来的年月中向核研究提供了经常的指引. 此外,考克劳夫特也描述了关于这种过程的截面随质子速度而变化的测量结果多么接近地证实了波动力学的预言,这种预言是伽莫夫联系到由他自己和别人发展起来的自发 α 衰变理论而得出的. 在包括着当时已有的关于所谓人工核蜕变的全部证据的这篇报告中,考克劳夫特也比较了在剑桥用质子轰击得到的结果和在伯克利用在劳伦斯刚刚建成的回旋加速器中加速了的氘核得到的结果.

　　随后的讨论是由卢瑟福开始的. 他在表达了他常说的现代炼金术的近期发展所给予他的巨大喜悦以后,谈到了一些最有兴趣的新结果,这是他和奥里凡特通过用质子和氘核来轰击锂核而得到的. 事实上,这些实验给出了关于存在当时一直未知的氢的和氦的原子质量为 3 的同位素的证据,这些同位素的性质近年来引起了人们很大的注意. 更详细地描述了他的回旋加速器的建造的劳伦斯,也介绍了伯克利集体的最新研究.

　　另一个最有影响的进步是代表了如此戏剧性的一种发展的查德威克的中子的发现;它导致了卢瑟福关于存在一种重的中性原子核成分的预言的证实. 查德威克的报告在开始时描述了在剑桥有目的地寻索 α 射线散射中的反常性的情况,最后则对中子在核结构中所起的作用以及它在感生核嬗变方面的重要影响发表了一些最中肯的想法. 在这种发展在会上进行讨论之前,与会者被告知了另一种决定性的进步,那就是由控制下的核蜕变引起的所谓人工放射性的发现.

450

　　关于在会议的几个月以前才得出的这一发现的一种说明,包括在腓特烈·约里奥和爱伦·居里的一篇报告中,该报告也包含了对他们的有成果的研究的许多方面的综述;在那些研究中,确定了发射正电子的和发射负电子的 β 射线衰变. 在报告以后的讨论中,布拉开特讲了安德孙和他自己在宇宙射线研究中发现正电子的故事,以及用狄喇克的相对论式电子理论对它作出的诠释. 人们在这儿遇到的,确实是量子物理学的发展中的一个新阶段的开始,这里涉及的是物质粒子的产生和湮灭,和光子在其中形成和消失的辐射的发射过程及吸收过程相类似.

如所周知,狄喇克的出发点是他的一种认识. 即他的量子力学的相对论不变的表述形式. 当应用到电子上时,就不但包括了普通的物理态之间的跃迁几率,而且包括了从这种态到负能态的跃迁的期许值. 为了避免这种不需要的推论,他引用了所谓狄喇克海的巧妙概念;在这种海中,所有的负能态都在和等价态的不相容性可以相容的意义上完全被占满了. 在这种图景中,电子的产生是成对进行的;其中带有普通电荷的一个电子简单地被从海中提起,而带有相反电荷的另一个电子则由海中的一个空穴来代表. 如所周知,这种观念为反粒子的概念作好了准备;正反粒子带有相反的电荷,并带有相对于自旋轴为反向的磁矩. 这种情况被证实为物质的一种根本的属性.

在会上,放射性过程的许多方面都被讨论到了,而且伽莫夫也作了一篇关于 γ 射线谱的诠释的最有教育意义的报告;这种诠释是建筑在他的关于自发的和感生的 α 射线发射和质子发射以及它们和 γ 射线谱精细结构的关系的理论上的. 受到热烈讨论的一个特定问题就是连续 β 射线谱的问题. 特别是艾利斯的关于由所发射电子的吸收引起的热效应的考察,似乎是和 β 衰变过程中的能量及动量的平衡不能相容的. 另外,关于过程中所涉及的各个核的自旋的资料,也似乎是和角动量的守恒相矛盾的. 事实上,正是为了避免这样一些困难,泡利才引入了对后来的发展最有成效的大胆想法,就是说,由一种具有零静止质量和1/2自旋的所谓中微子构成的一种高度穿透性的辐射,在 β 衰变过程中和电子一起被射出.

原子核的结构及稳定性的整个问题,在海森伯的一篇最有分量的报告中得到了处理. 他从测不准原理的观点尖锐地感到了假设像电子那样轻的粒子存在于像原子核那样小的空间范围之内的困难性. 因此他抓住了中子的发现来作为只把中子和质子看成真正的核成分的那种观点的基础,并且在这种基础上发展了关于核的许多性质的解释. 特别说来,海森伯的观念蕴涵了这样一种看法:β 射线衰变应该被看成在和一个中子到一个质子或相反的变化相伴随的能量释放中的一个正电子或一个负电子以及一个中微子的产生的证据. 事实上,沿这种方向的巨大进步在会议的不久以后就由费米做到了;他在这种基础上发展了一种自洽的 β 衰变理论;这种理论在后来的发展中被证实为一种重要的指导.

卢瑟福以其惯有的精力参加了许多讨论,他在 1933 年的索耳威会议上当然是一位中心人物. 在他于 1937 年逝世而结束了在物理科学的历史上很少有先例

451

的丰富的终生工作之前,这是他有机会参加了的最后一届会议.

VIII

导致了第二次世界大战的那些政治事件,在许多年内打断了各届索耳威会议的正常日期,而直到1948年会议才得以重开.在这些困难的年月中,核物理学
452   的进步并没有延缓,而且甚至已经实现了释放储存在原子核中的巨大能量的可能性.虽然这种发展的严重涵义是每个人都为之担心的,但是在会上却没人提及这种问题.会议处理的是基本粒子问题;这是静止质量介于电子和核子之间的那些粒子的发现为之开辟了一些新前景的一个领域.如所周知,这种介子的存在,早在它们在1937年由安德孙在宇宙辐射中探测到以前,就已经由汤川预见到了;汤川把它们看成了核子之间的短程力场的量子,这种场和量子物理学的最初处理中所研究的电磁场大不相同.

粒子问题的这些新侧面的丰富性,恰恰在会议之前已被鲍威耳及其合作者们在布里斯托尔对受到宇宙辐射照射的照相底片上的径迹的系统考察所揭露,也被首先在伯克利的巨型回旋加速器中产生的高能核子的碰撞效应的研究所揭露.事实上已经清楚,这样的碰撞直接导致所谓 π 介子的产生,而 π 介子随后就在中微子发射下蜕变为 μ 介子.和 π 介子相反,μ 介子被发现并不显示和核子的强耦合,而是在两个中微子的发射下自己衰变为一些电子.在会上,在关于新的实验证据的一些详细报告之后,各方面发表了关于它的理论诠释的一些最有兴趣的评论.然而,尽管在各种方向上出现了很有希望的进展,但是人们的普遍理解却是,人们正站在一种发展的开头处,在那种发展中新的理论观点是需要的.

讨论到的一个特殊问题是怎样克服和量子电动力学中的发散性的出现相联系,特别突出的是在带电粒子的自身能量问题中的出现相联系着的那些困难.通过对于对应性处理有基本重要性的那种经典电子理论的再表述来解决问题的一些尝试,显然受到了奇点强度对粒子所服从的量子统计法种类的依赖性的阻碍.事实上,正如外斯考普所指出的那样,量子电动力学中的奇异性在费米子的事例中会大大地减低,而在玻色子的事例中则自身能量甚至比在
453   经典电动力学中还要更强地发散;在经典电动力学的构架中,正像在1927年会议的讨论中已经强调过的那样,不同量子统计法之间的一切区别都是被排除了的.

尽管我们在这里涉及了对决定论式的形象化描述的激烈背离,习见的因果性想法的一些基本特色却还是通过参照在一个普通的空间-时间区域中定义的一些波函数的简单叠加来讨论互相竞争的各个过程而在对应性处理方式中被保

留了下来. 然而, 这种处理的可能性, 正如在会议的讨论中被强调指出的那样, 却是建筑在由无量纲的常数 $\alpha = e^2 / \hbar c$ 的微小性来表示的粒子和场之间的较弱的耦合上的; 这种弱耦合使我们可以在很高的近似程度上区分电子体系的态和它对电磁场的辐射反作用. 至于量子电动力学, 巨大的进步当时正在由施温格和朝永的工作刚刚开始; 这种工作导致了所谓的重正化程序, 这种程序涉及了和 α 同数量级的、在所谓兰姆效应的发现中特别明显的改正量.

然而, 核子和 π 介子场之间的强耦合却阻止了对应性论点的适当应用, 而特别是有许多 π 介子产生的那种碰撞过程的研究指示了对基本方程的线性特点的一种背离的必要性, 甚至像海森伯所建议的那样指示了引用代表空间-时间标示本身之终极界限的一个基元长度的必要性. 从观察的观点看来, 这样的界限可能和一切仪器的原子性结构所加在空间-时间测量上的限制密切有关. 当然, 这种局势远远不是和关于不可能在物理经验的任何明确定义的描述中把所考察的原子客体和观测工具之间的相互作用明白地考虑在内的那种论点相抵触, 它只是给这种论证提供一种更多规律的逻辑概括的充分余地而已.

作为整个处理方式之自洽性的一种条件, 包括常数 α 的确定以及基本粒子质量之间的其他无量纲关系式和其他耦合常数的导出在内的那种前景的实现, 在会议召开时还几乎没有尝试过. 然而, 在此期间, 曾经在对称性关系式的研究中寻求了进步的途径, 而且这种途径已经通过许许多多粒子的迅速发现而被带到了显著的地位; 那些粒子显示了如此出人意料的性能, 以致要用各种的"奇异度"来表征它们. 想到最近的发展, 大家知道, 一种巨大的进展已经由 1957 年的李和杨的关于宇称守恒性之有限范围的大胆建议开始了; 这种建议已经被吴女士及其合作者们的美好实验所证实. 中微子螺旋性的演示确实重新提出了关于自然现象描述中的左和右的区别的老问题. 不过, 这方面的认识论佯谬的避免, 还是通过对空间-时间中的反射对称性和粒子-反粒子对称性之间的关系的认识而被达成了.

我当然绝不想用这样简略的论述来在任何程度上预料将成为此次会议的主题的那些问题; 这次会议是在一些新的重大的经验进展和理论进展的时期召开的; 关于这些进展, 我们全都热切地想从青年一代的与会者们那里听到一些情况. 不过, 我们也常常因为不能再得到克喇摩斯、泡利和薛定谔等等已去世的同道和朋友们的协助而感到惋惜, 他们全都参加了 1948 年的会议, 那也是我迄今为止参加了的最后一次会议. 同样, 我们也为了马科斯·玻恩因病不能与会而深感遗憾.

最后, 我要表示, 希望这种关于历史发展的某些特色的回顾, 已经表明了整个物理学界对索耳威研究所的感谢, 以及我们大家对它的未来活动的期望.

454

455

索耳威会议合影(1961 年 10 月 9 日—14 日,布鲁塞尔)

后排:S·曼德耳斯塔姆,G·邱,M·L·高德伯格,G·C·威克,M·盖耳曼,G·卡拐,E·P·维格纳,G·文采耳,J·施温格,M·契尼,A·S·威特曼,I·普里高津,A·派斯,A·萨拉姆,W·海森伯,F·J·戴孙,R·P·费恩曼,L·罗森菲耳德,P·A·M·狄喇克,L·范·霍夫,O·克莱恩,W·海特勒,南部阳一郎,N·玻尔,F·佩兰,J·R·奥本海默,W·罗伦斯,布喇格爵士,C·J·高尔特,汤川秀树,R·E·派尔斯,H·A·贝特.中排:I·普海特.前排:朝永振一郎,W·海特.

第五编 通 信 选 >>>>

引 言

　　本编收载了第一至四编的《引言》中所曾引录或节引的玻尔和别人的往来信件,按来信人名的字母顺序排列. 首先收录信的原文;其原文非英文者皆附英文译本.

　　信的正文前面的表,给出各信在《引言》中被引用处的页码,读者很容易据以找到引用该信时的上下文. 括号中的页码表示《引言》中提到了但并未引用该信.除另行声明者外,各信皆见 BSC.

　　在引录各信时尽量保持了原信的面貌,"无所谓的"错误,例如拼法或标点上的错误,都径行改正,而可以看成"特征性的"错误则保留了下来. 在这方面,玻尔用德文写的信,特别是写给约尔丹的一些信,构成一种特例. 在这里,明显的文法错误,例如一个名词被给予了错误的"性",都已径行改正而没有另加说明,在这些信中,以及在另外一些很少的事例中,编者有时用方括号加上了一两个单词来阐明其意义.

　　信中原有的脚注,用星号"＊"标出,附于信末. 编者的注释在全编中按顺序用数字编号;在翻译的信中,任何编者的脚注都附于原信中,而且编号则重现于译文的相应处. 编者的脚注起两种作用,第一,介绍信中提及的读者们可能并不熟悉的人物;第二,指出提到但并未详细介绍的出版物或稿本.

　　[中译者按: 本书各卷的"通信选"都只给出了中译本,故此处所述的某些细节在中译本中已不复可见.]

所收信件的目录

---

① NBA,未制成缩微胶片.
② 有附寄件.

461

	原信页码	译文页码	引文页码
玻尔致约尔丹,1931 年 6 月 23 日	527	528	(18)
约尔丹致玻尔,1932 年 11 月 26 日	529	530	(18)
玻尔致约尔丹,1932 年 12 月 27 日	530	532	(18)

奥斯卡·克莱恩

玻尔致克莱恩,1933 年 1 月 19 日	533	534	(28)
玻尔致克莱恩,1933 年 3 月 6 日	535	537	(173)

奥托·梅耶尔霍夫

玻尔致梅耶尔霍夫,1936 年 9 月 5 日	538	541	(20)

卡尔·W·奥席恩

玻尔致奥席恩,1928 年 11 月 5 日	卷六 p.430	卷六 p.189	XXXI

沃尔夫冈·泡利

玻尔致泡利,1953 年 12 月 31 日	543	547	XLI, 13,(173)
泡利致戴耳布吕克,1954 年 2 月 16 日	551	—	(13)
泡利致玻尔,1954 年 2 月 19 日	553	—	(13)
泡利致玻尔,1954 年 3 月 26 日①	557	—	(13)
玻尔致泡利,1954 年 4 月 6 日	558	560	(13)
玻尔致泡利,1955 年 2 月 7 日	561	562	(13)
泡利致玻尔,1955 年 2 月 15 日	563	—	(XXXVI)
玻尔致泡利,1955 年 3 月 2 日	567	—	(XXXVI)
泡利致玻尔,1955 年 3 月 11 日	569	—	(XXXVI)
玻尔致泡利,1955 年 3 月 25 日	572	—	(XXXVI)

爱德伽·鲁宾

玻尔致鲁宾,1912 年 5 月 20 日①	575	576	(XXX)

欧内斯特·卢瑟福

玻尔致卢瑟福,1913 年 1 月 31 日	卷二, p.579	—	332
玻尔致卢瑟福,1913 年 3 月 6 日	卷二, p.581	—	332

462

通 信 正 文

查尔斯·达尔文

达尔文致玻尔,1961 年 9 月 11 日

[打字本]

纽汉姆庄园

剑　桥

9 月 11 日,1961

亲爱的尼耳斯:

现在我已经通读了你的论文③. 在阅读中,我想到了一些显然的建议——其中某一些只是文法上的建议,因此看来最简单的办法就是在页边上注出并把论文寄还给你.

你问我有没有关于你对摩斯莱的谈法的建议,我愿意说你已经写得很好,从而我没有改进的建议了.

现在我转向上次我对你提出的问题,即更强调你的理论的开始,特别是强调氢光谱的问题. 我关于你在大约 7—12 页上的处理的印象是那种处理太分散,可以说是没有一直把所有的困难集中起来.

我完全相信,谁也不能替别人写他的文章,从而如果你完全不接受我的建议,我也不会感到意外或伤心,但是我认为你可以考虑加入大致如下的段落,或许加在第 7 页开头的稍后处或加在第 9 页开头处.

---

③　N. Bohr, Manuscript, *Rutherford Memorial Lecture*. Bohr MSS, microfilm no. 25. Published as *The Rutherford Memorial Lecture 1958*: *Reminiscences of the Founder of Nuclear Science and of Some Developments Based on his Work*, Proc. Phys. Soc. **78**(1961) 1083—1115. Reproduced in this volume on pp. 383—415.

　　当一种新理论被提出时,很自然的是它的发现者应该心中有整个的知识领域,包括他所应解决的所有困难在内,而在现在的事例中,许多困难将在下面重述.但是通常会有点燃了发现的一个火花——例如在核本身的发现中,火花就是卢瑟福的关于单次散射的想法.在现在的事例中,火花就是氢光谱,而发现就是,通过量子原理的两次分别的应用,这种光谱就可以得到解释.

464　　　首先,如果电子绕氢核的圆形轨道运动具有为量子之整数倍的角动量,它就会确定出大致正确的原子大小.其次就是这样一种想法:不应该考虑所发射光的频率,而应该考虑里兹的光谱项,而如果把这些光谱项看成量子化氢原子的能量,结果就会得出黎德伯常量.当得到的结果表明这个常量可以根据已知的原子常量正确地算出而不需要任何新的常量时,那就几乎不能怀疑这想必是一条基本的自然原理了,但是仍然有待弄明白它能够引申到多远.

　　正如我说过的那样,谁也不能替别人写文章,因此如果你不同意这一点我也不会感到意外,但是这确实和我关于当我听你告诉我时你的理论最初引起我的注意的方式的那种记忆相一致,因此我希望你能够考虑是否某种强调会有益于论文的表述.如果你同意,我只怕那会意味着我并不希望的某些更多的修改.例如,这很可能会把 R 从第 11 页的下部提前到我所起草的段落的下面,而且你也许会提到半径是 $\hbar^2 n^2/me^2$,而我不认为你曾经在任何地方详细论述过此点,尽管你在第 10 页的下部指出过.

　　然而,不论你是否采纳这一建议,在我看来你已经写出的东西都将构成对这一学科的历史的一种最重要的永久的贡献.

　　在曼彻斯特见到你和马格丽特是使我很高兴的,尽管这次聚会确实使我们忙了一阵子.

你的永远忠诚的
查尔斯·达尔文

玻尔致达尔文,1961 年 9 月 20 日
[复写本]

[哥本哈根,]9 月 20 日,1961.
亲爱的查尔斯:

　　对马格丽特和我来说,在曼彻斯特见到你和卡塞琳是一件很大的乐事,而且

我很欣赏我们关于往事的谈论. 而且我也非常感谢你阅读我的卢瑟福演讲稿时的细心,并且也很赞赏你在关于第二章的某些修改的建议中表现出来的对学科历史的兴趣. 不必说,我曾经很仔细地考虑了这个问题,但是我发现,不改变文章的风格就很难进行这样的改动.　465

事实上,在整篇演讲中,我曾经努力借此机会用一种实事求是的和置身事外的方式来复原发展情况,而不讨论可以在教科书上找到的细节. 这曾经是一种很困难的任务,而且我曾经常常对稿子的长度感到吃惊,这种长度是为了使整个故事有一种合理的平衡而必须谈到的许多情况所造成的. 在这种局势下,听到老朋友们认为这整个的表达并不十分离谱儿,这就是对我的很大鼓励,而且我也对你的态度很感高兴.

马格丽特和我从曼彻斯特去了威尔士,在查德威克家住了些日子,而我和杰姆斯的讨论导致了后面几章讲稿的某些改进,而我现在认为讲稿已经最后定形了,而且当它很快被发表时我会很高兴的.

马格丽特和我谨向卡塞琳和你本人致以最亲切的问候.

你的永远忠诚的
［尼耳斯·玻尔］

马科斯·戴耳布吕克

戴耳布吕克致玻尔,1934 年 11 月 30 日
［手写本］

威廉皇帝化学研究所
哈恩与迈特纳分部

柏林-达勒姆,11 月 30 日,1934
梯耳街 63 号

466

亲爱的玻尔教授:

不多几天以前,约尔丹在这里的帝国哲学学会发表了一篇演讲,并且谈到了量子力学和生物学;所有的生物学家都来听了演讲. 在处理物理学的部分,演讲是很贫乏的;它描述了 1927 年的讨论的状况. 在甚至更贫乏的生物学部分,他完全歪曲了您的每一个论点,在他提到那些论点的范围内完全歪曲了. 在演讲后的讨论中,生物学家哈特曼[④]严重地抱怨了您的论文和约尔丹的论文在生物学文

---

④　马科斯·哈特曼(1876—1962),德国生物学家.

献中造成的混乱. 这样一来, 他就也歪曲了约尔丹甚至不曾提到的您的那些论点. 结果就是, 后来所有的生物学家责骂了所有的物理学家. 我现在擅自把这份关于我们*认定什么和不认定什么的概述交给了哈特曼先生. 我愿意知道, 您在多大程度上赞同概述的表述方式. 必须把问题说得很简短, 因为生物学家们往往很表面化地阅读长篇论文. 因此他们从来不能正确地领会一种新的微妙灵活的思想, 他们永远必须把那种思想挤进他们的概念的那种已经弄好了的构架中去. 根据我的关于我们并未认定的东西的概述, 您可以推测兴起的是什么种类的误解. 我相信, 假如您发表一篇对这种误解的简单解释, 那将是很有用的.

　　这一季度我已经和生物学家们、生物化学家们以及物理学家们安排了一个私人讨论班, 让一些相当有才能的人参加, 从而我们大家都能学到很多东西.

谨致最佳的祝愿

您的

马科斯·戴耳布吕克

* 就是说, 我相信您也认定.

戴耳布吕克致玻尔的信中所附寄件, 11 月 30 日, 1934
〔打字本〕

　　认定: 和生物学现象的因果秩序有关的那些假设可能有一部分是和物理学的及化学的规律在形式上相矛盾的, 因为关于有生机体的实验肯定是和以原子级的精确度确立物理过程及化学过程的那些实验互补的.

　　解释:

　　1) 并没有认定原子理论的规律能够解释特定的生命现象. 相反地,

　　a) 原子理论的规律是物理学和化学的共同根源. 在早先, 人们相信化学必须建筑在经典物理学的基础上. 然而, 后来证实, 人们可以而且必须在物理学和化学中引用在形式上互相矛盾的一些假设, 因为共同的根源恰恰是在原子领域中, 而这一研究领域中的一些实验是部分地具有互补本性的. 例如, 一个制备一种化学化合物的实验(一个宏观的实验!!)是和一个测量支配着化学键的电子轨道的实验互补的. 原子层次上的确切描述只能涉及原子级的实验; 在那种实验中, 可以说实验会干扰过程, 或者说得更准确一些, 在那种实验中客体和观察是不能明确区分的. 形式化矛盾(量子跳跃)的事后证据就是由这种认识得来的.

b）正因为在一个有生机体中物理现象和化学现象是远远地交织在原子领域中的，生物学和物理学及化学的共同根源就必须到原子领域中去找. 然而，正是由于这种原因，关系的因果描述就不能仅仅建筑在物理概念和化学概念上. 因为在原子领域中物理学和化学是不能有任何普通的因果描述的.

2）并没有认定生物学家在他的实验中会杀死乃至必然会杀死什么东西. 恰恰相反：对于遗传学以及发育力学以及生理学以及生物化学以及生物物理学来说，特征性的和本质的一点就在于它们研究的是有生的机体中的过程. 正是由于这种原因，这些研究方法就不能深入到它们与之相距甚远的个体的原子的基元过程中去；在这个问题上，大家是完全一致的. 如果这些学科的描述应该保持为严格地因果性的，它们事实上就必须永远和这一领域相去甚远. 而且正是由于这个原因，这些领域就不能因果地互相归结，正如物理学和化学并不能因果地互相归结一样.

玻尔致戴耳布吕克，1934 年 12 月 8 日
［复写本］

［哥本哈根，］12 月 8 日，［19］34　　470

亲爱的戴耳布吕克：

我刚刚从去瑞典的一次短期出行中返回；在那里发表了一篇演讲并和克莱恩一起度过了美妙的几天. 现在我看到了您的来信，以及所附的您交给哈特曼先生的那份关于概念的生物学定义和物理学定义之间的关系的观点概述，于是我赶紧通知您，我完全同意这种表述. 我当然理解，这不是一份关于观点的全面综述而只是对于在生物学家中间很不幸地广泛流传着的一些误解的更正. 我当然并不知道在柏林进行了的具体讨论，但是按照我根据您的来信以及各种近来由某些生物学家发表的议论所能判断的来看，我认为您的表述是一种很有用的表述. 至于您提到的发表一篇东西的问题，我在今年夏天曾经准备了一篇短文，但是我不得不把它搁置了起来，特别是由于这几年来科学家们必须对付的那些实际问题. 然而，因为受到您的来信的很大鼓舞，我现在决定把它写完并把它立即寄给您，以便听取您的意见.

谨致最亲切的问候，顺候所有的共同友人们.

您的

［尼耳斯·玻尔］

471　戴耳布吕克致玻尔,1935 年 4 月 5 日
　　[手写本]

威廉皇帝化学研究所
哈恩与迈特纳分部

柏林-达勒姆,4 月 5 日,1935
梯耳街 63 号

472　亲爱的玻尔教授:

　　　　现在我擅自寄去一篇不幸写得很长的关于变异的论文稿;这是我和一位 X
射线变异专家(季莫菲耶夫)以及一位辐射生理学家(齐默尔)合撰的(他二人都
住在这里),即将发表在 Göttinger Nachrichten 上⑤.

　　　　论文完全没有包括互补论点. 相反地,我们发现能够表述出一种关于变异和
分子稳定性的统一的原子-物理理论. 这是由于这样一件事实:我们用不着知道
关于基因在发育过程中起作用的确切方式的任何情况,作为变异的后果而出现
的特征差别只是基因中的变化的一些显示.

　　　　如果我能在不久的将来到哥本哈根来和您及弗朗克谈谈这些问题,我将是
无比感谢的. 我特别希望当弗朗克还在那里时前来,因为我很想从他那里学到有
关生物化学问题的许多东西. 在我们的讨论中,我们越来越进入了这一领域.

　　　　在相干散射方面,我还没有得到任何明确的结果.

　　　　我不知道您是否已经听说,我们大学的新校长是一位年轻的兽医学家,而我
们学院的院长是比伯尔巴赫先生⑥.

　　　　向您和您的全家致以最好的问候

您的
马科斯·戴耳布吕克

玻尔致戴耳布吕克,1935 年 8 月 10 日
[复写本]

473

[哥本哈根,]8 月 10 日,[19]35

亲爱的戴耳布吕克:

---

　　　⑤　N. W. Timoféeff-Ressovsky, K. G. Zimmer and M. Delbrück, *Über die Natur der Genmutation und der Genstruktur*, Nach. Ges. Wiss. Göttingen, Math-Phys. Kl. , Fachgruppe VI: Biologie **1** (1935) 189—245.

　　　⑥　威廉·克吕格(1898—1977)和德国数学家路德维希·比伯尔巴赫(1886—1982),戴耳布吕克向
玻尔提供这些信息,或许是由于玻尔关切科学家们在纳粹德国的困难处境. [译者按:当年纳粹政权对这
两个人的任命,特别是对"兽医学家"的任命,被正派的德国学者们传为笑柄.]

多谢您的亲切来信和长篇论文,我为您完成这一工作而再次向您祝贺.我非常盼望有机会和您真正详细地讨论讨论生物学的问题,因此我很遗憾,因为我不得不告诉您,为了各种原因,我们已经决定把我们的会议推迟到明年春天.第一,我们已经意识到,研究所在秋季的相当大的扩建将使得会议的安排比我们所曾想到的更加困难一些,再加上另一事实,即在明年春天的新形象下展示研究所也会更有意思一些;那时除了核问题以外,我们将把生物学问题当作会议的一个主题.第二,近几个月来,我的右肩患了很重的风湿症,这大大影响了我的工作,医生们已经力劝我在 9 月间到一个温泉中去疗养一段时间,以便它能完全治愈.

一旦疗养结束,我将再写信去详细地安排关于在这里再见到您的可能性的问题,您在这儿多待一些时间就会更好.正如我们上次讨论过的那样,洛克菲勒基金会或许愿意为您提供在这里停留六个月的资助,而且或许新的春季学期将对各方都是最好的时间.

474

我们大家都向您致以最好的问候

您的

［尼耳斯·玻尔］

戴耳布吕克致玻尔,1953 年 4 月 14 日
［打字本］

加利福尼亚理工学院
帕萨迪纳

生物学部
科尔克霍夫生物学实验室

4 月 14 日,1953

亲爱的玻尔:

　　Natl. Acad. Sci.[⑦]的《新闻报道(News Report)》上有一份通告说"关于生物学和社会学中的互补性概念和个体性概念的座谈会"已被延期到 1954 年举行.我猜想这就是你和弗喇瑟[⑧]在 1951 年谈论的那次会议.此会若果然在 1954 年召开,我愿意前来开会,如果我还能够前来的话.我有一些试探性的计划,打算在 1954 年 4 月至 7 月到哥廷根,带着全家.我仍然不愿意在会上发表演讲,但是

---

⑦　National Academy of Sciences, Washington, D. C. 即"国家科学院",在华盛顿特区.
⑧　罗纳耳德·弗喇瑟,ICSU 联络员,后成为 ICSU Review 的主编.

我肯定急于听讲.联系到这一点,我不知道那时爱丁堡演讲会不会已经问世⑨.
这里似乎谁也不知道.

非常惊人的事情正在出现在生物学中.我认为吉姆·沃森已经作出了一个
发现,可以和 1911 年卢瑟福的发现分庭抗礼.

致以最好的问候,

忠实的
马科斯·戴耳布吕克

475　玻尔致戴耳布吕克,1953 年 5 月 2 日⑩
　　[打字本]

大　　学
理论物理学研究所

漂布塘路 15—17 号,哥本哈根
5 月 2 日,1953

亲爱的戴耳布吕克:

从你的来信得知你打算在 1954 年 4 月到 7 月间在哥廷根停留并且可能考
虑出席互补性座谈会,我很高兴.座谈会的事我在 1951 年和弗喇瑟谈过,但是
现在还未落实.我现在正要去英格兰,除了别的事以外,也将在那儿讨论座谈
会的事,而当回来时我将把结果告诉你.我很惭愧地承认,爱丁堡演讲还没有
准备好付印稿,但是我在近几年内曾经对普遍的问题考虑了很多,并且想到了
各式各样已经取得某种进步的问题.一些很惊人的事物确实正在出现在生物
学中,而且不必说,我将极感兴趣地听到你在来信中提到的沃森所得到的
发现.

致以从家庭到家庭的最亲切的问候,

你的
[尼耳斯·玻尔]

戴耳布吕克致玻尔,1954 年 12 月 1 日
[打字本,有手写的附言]

---

⑨　这是指的 1949 年的基佛尔德系列演讲,演讲词一直不曾发表过.见本卷原第 174—181 页的"基
佛尔德演讲总结".

⑩　此信从来不曾付邮.

加利福尼亚理工学院
帕萨迪纳

生物学部
科尔瓦索夫生物学实验室

12 月 1 日, 1954

亲爱的玻尔:

　　我愿意告诉你一些和我们的普林斯顿交谈有关的补充想法, 而且我愿意把三种东西之间的联系说得更清楚一些. 第一, 我为什么研究霉菌; 第二, 为什么我在现阶段不太热衷于讨论和复制及杂交有关的发展; 第三, 为什么我确实希望你, 或奥格和你一起, 应该更详细地写出关于物理学中的互补性的思想.

　　第一, 关于霉菌类, 恐怕我在讨论班演讲中没有把我的真正内心动机讲清楚. 我在谈到这种体系时把它说得像是物理学中的一种新玩意儿, 并且长篇大论地讨论了为什么在我看来详细地分析这种新玩意儿会比分析多少年来就是常规研究对象的许多其他生物学新玩意儿更有希望. 我没有能够强调的我的猜测, 或者你几乎可以说是我的希望, 就是当这种分析进行到足够的程度时, 它就会进入一种佯谬的境界, 和经典物理学在试图分析原子现象时所进入的境界相类似. 这当然从一开始就是我进入生物学的内心动机. 我所想到的不是仅仅和在物理学中的用法隐约类似的形式下的互补原理的应用, 例如与观察者和客体之间的分界线的变动有点关系的那种形式; 我所想到的却是和起源于量子过程之个体性和不可细分性的那种物理局势关系更密切的某种东西.

　　喏, 我愿意看到弄得更清楚的一点, 就是观察者和被观察者之间的相互作用在迫使我们对任何一组现象都采取一种多面观点方面所起的作用; 对于那组现象来说, 分界线的变动是有着决定性的意义的. 在物理学中, 我们有这种相互作用的一种量度, 而且看来很清楚的是, 整个论点依赖于我们不能克服它的有限性这一讨厌事实. 因此就应该猜想, 在互补性被认为将在我们的论点中起一种决定作用的一切其他的局势下, 也应该能够引入相互作用的一种量度, 或是用某种其他方式使我们自己明白相互作用是不能被忽视的. 在我看来, 这一点是十分本质的. 没有这一点, 整个论点就会失去它的力量. 这是必然的, 因为我们永远把经典物理学看成我们可以忽略相互作用从而可以不必动用互补论点的那种事例. 现在, 在我看来, 我们在生物学中应该能够达到一点, 在那儿, 我们能够更清楚地看出观察者和客体之间的相互作用如何以一种本质上不可说明的方式来干扰现象. 我觉得可能的是, 我们正在谈论的这种相互作用实际上就是以作用量子为标志的那种相互作用. 老年时, 你习惯于非常重视一件事实, 那就是, 有生机体的

476

477 组织具有那么大的精致性,以至于我们很可以预期作用量子会恰恰像在物理学中一样地起一种决定性的作用. 在更晚的年月中,我注意到你不再提到这一点,而却针对一些局势讨论了互补性论点;在那些局势下,我们在怎样可能测量相互作用或确认其有限性方面并无任何线索. 因此我不知道你认为我们能否得出结论说,有一类现象必须按互补方式来描述而不能引用什么量. 如果是这样,这在物理学中就也应该是可能的,从而我就希望看到整个物理学论点被从这种更普遍的观点再叙述一遍. 也许你会说这是很愚蠢的. 在物理学中,我们可以用厘米和秒来表示一切事物;由于这种原因,我们肯定就能很清楚地叙述我们的问题. 不过我还是没有确信这就是一种适当的办法. 如果论点应该有普遍的正确性,那就应该能够用更普遍的、剥除了物理局势的偶然特色的方式来叙述它. 因此我认为,你的书中就应该包括互补原理的两重叙述,一次是在物理学中进行的叙述,就像在你的关于你和爱因斯坦的讨论的论文中那样[11],而另一次则是按更普遍的和更抽象的方式来叙述,这种叙述应该使学生们能够自己看出同一论点是否确实应该在其他的领域也有其应用.

现在我已经谈了霉菌和你的书,也许在这两方面都谈得很冒昧和很愚蠢,但是也许还不是愚蠢得使你觉得甚至不值得评论它,而我确实希望能在你的大著中看到这种评论[12].

至于复制等等,我干脆觉得局势正处于巨大的流动状态,从而目前并不需要
478 一种新的普遍观点的指导. 这要过一两年,我相信,那时我将重新讨论它.

致以最亲切的问候,
马科斯·戴耳布吕克

我告诉第八届放射学国际会议方面的人士说,我没有什么意见好发表,但是我可能作为一个听众而出席会议.

---

⑪ N. Bohr, *Discussion with Einstein on Epistemological Problems* in *Atomic Physics* in *Albert Einstein: Philosopher - Scientist* (ed. P. A. Schilpp), Library of Living Philosophers, Vol. Ⅶ, The Library of Living Philosophers, Evanston, Illinois 1949, pp. 201—241. Reproduced in Vol. 7, pp. [341]—[381]. Also published in N. Bohr, *Atomic Physics and Human Knowledge*, John Wiley & Sons, Inc., New York 1958, pp. 32—66. The latter volume is photographically reproduced as *Essays 1933—1957 on Atomic Physics and Human Knowledge*, *The Philosophical Writings of Niels Bohr*, *Vol. Ⅱ*, Ox Bow Press, Woodbridge, Connecticut 1987.

⑫ 至晚从 1949 年开始,玻尔就想用一本书的形式发表他的互补性观点的一种综合的叙述. 见 S. Rozental, *Schicksalsjahre mit Niels Bohr: Erinnerungen an den Begründer der modernen Atomtheorie*, Deutsche Verlags-Anstalt, Stuttgart 1991, p. 100. 关于罗森塔耳此书的更广泛的文献,见本卷第二编《引言》原第 220 页的注 3.

戴耳布吕克致玻尔,1959 年 6 月 30 日
[手写本]

6 月 30 日,1959

亲爱的玻尔:

使我很烦恼的是我今天谈论灵魂不朽的想法谈得很糟糕,以致可能根本没有把自己的意思说清楚. 使我更加烦恼的是泡利也没有像我所预料的那样对此作出反应,就是说,他很强烈地作出了反应,但他谈了和写了别的方面的东西. 费恩曼的情况也相同. 用你的话来说,你们谁也没有看到观点的挑战. 因此我要再试一次.

也许提出问题的最明白的方式就是荒唐地过分叙述它:设想你自己已经长逝以后的世界是不可能的,因为你不能想象世界,除了从一种优势地位出发,即暗示你自己观察这个世界,那就是说你自己并不长逝. 在我想来,这就是关于你自己作为旁观者而永世长存的那种思想的唯一根源,而且是一种不可避免的根源. 你无法设想一个世界,除非作为一个旁观者. 当然,这种论点是和关于猫有三尾的证明一样地荒诞的,然而在我看来它却是不可避免的. 你能不但告诉我它为什么应该不是不可避免的,而且告诉我为什么在我看来它是不可避免的,而且告诉我它为什么在我看来是不可避免的而在我的最好的朋友们看来却显然不是不可避免的吗?

答案可以等到我下次见到你时再说. 当我们还很小时,我的叔叔哈尔纳克告诉了我这个故事:两位修士在一个修道院里一起生活了许多年. 他们常常互相谈论身后的生活将是怎样,而且互相许愿,谁若先死,必须托梦给未死者告诉他情况如何. 后来其中一人死了,他很守信用地出现在另一个人的梦中,那个人急切地问道:"Taliter qualiter?"(情况和我们所想的一样吗?)回答是:Totaliter aliter(完全不同)!

现在泡利既然已经不能再给你写信了,也许我应该把任务接过来.

你的忠实的
马科斯

479

戴耳布吕克致玻尔,1959 年 6 月 30 日
[手写本]

6 月 30 日,1959

亲爱的玻尔:

这里还有对我们今天的访问的另一种反响. 在庄子(一位道家人士)的书中

有一个故事,说的是一位斫轮者不相信记载着已死圣贤之言的书.他以自己的斫轮之术为例来说明了事物的真谛,就是说,用正确的手法把钉子敲进去的技巧是无法言传的."臣不能以喻臣之子,臣之子亦不能受之于臣,是以行年七十而老斫轮.古之人与其不可传也死矣,然则君之所读者,古人之糟魄也."*

M.

玻尔致戴耳布吕克,1959 年 7 月 25 日
[复写本]

梯斯维耳德,7 月 25 日,1959

481   亲爱的戴耳布吕克:

在帕萨迪纳看到你和曼妮以及孩子们,使马格丽特和我甚感高兴,而且我也很欣赏我们关于生物学问题和更普遍的人类问题的交谈.你的包括着有趣轶事的美好来信也是对我们的讨论的很受欢迎的贡献.

然而,我仍然不理解你在想到我们自己不再存在时遇到的困难.当然,暗含地涉及一个有意识的主体的"想"这个词的任何用法都是包含着一种歧义性的,如果人们并不意识到语言的目的的话;那目的就是要以一种无歧义的方式,或者更正确地说是以一种客观的方式来和我们的人类伙伴交流思想.正如我们已经讨论过的那样,人们在数学中在用到"可设想的"一词的那些论证中就已经会一次又一次地遇到困难了,而那些困难只能够通过发展一种明确定义的表述形式来加以解决.我也用不着重提我在帕萨迪纳的演讲中为了阐明心理学中的术语的互补用法而讲到过的《一个丹麦大学生的奇遇》中的那位硕士⑬.这里的要点当然就是,即使每一种无歧义的交流者都要求主体和客体之间的明确区分,包含在一种局势的传达中的主体还是可能整体地或部分地被包含在另一种局势的传达的客观内容中的.即使作者没有讨论我们是否能够想象当我们自己死后世界将是什么样子的问题,在我看来你的困难还是和那位硕士在实际生活中遇到的那些困难相似的.我们两个或许都会说,我们很容易想象当我们死后别人会怎样判断我们,而且也许会很自负地希望他们在回忆我们时会在这一方面或那一方面发现对他们的努力的支持,但是我所要说的却是:这样一个句子并不包含比在任何彼此交流中等着我们的那些词句应用方面的困难更大的困难.我当然对

---

* 译者注:引文见《庄子·天道篇》.

⑬ P. M. Møller, *En dansk Students Eventyr* (The Adventures of a Danish Student) in *P. M. Møller*: *Efterladte Skrifter*, Vol. 3, Reitzel, Copenhagen 1843. See above, *General Introduction*, pp. XXXI f, XLIV.

一件事实是有所准备的,那就是,这样一种说法并不能使你满意,从而我盼望听到你的反应,我希望你能够用我已经从泡利那里习惯了的那种坦率来表达你的反应.

我们大家都向你致以最亲切的问候,其中包括奥格・皮特森⑭,我曾和他讨论了这封信的内容. 482

你的老友

[尼耳斯・玻尔]

再启者,寄上我关于量子力学和认识论的小文的抽印本⑮.

另外,我答应了艾耳萨瑟,一旦我能够对他的书的内容形成一种更详细的印象⑯,我就会写信给他. 我当然也会就此事给你写信.

戴耳布吕克致玻尔,1959 年 8 月 3 日
[打字本]

加利福尼亚理工学院

帕萨迪纳,加利福尼亚

8 月 3 日,1959

亲爱的玻尔:

在我所谈到的关于死亡的问题方面,你的来信向我证明的恐怕只有一点,那就是我没能把自己的想法讲清楚. 严格说来,也许我心中所想的根本就不成其为一种想法,而只是和某个人心中所想的有点相近的某种东西;那个人每次去拜访一位牙科医生而医生给他注射了麻醉剂而当他刚刚从麻醉中复原时,在那种半知觉的状态中,他就得了一种奇迹式的但又是非常地稍纵即逝的感受,而他觉得那种感受似乎解释了生命的整个意义. 最后,他和大夫商量好,把一张纸和一支铅笔放在他手边,以便他能立刻记下他那种感受;在以前的几次麻醉中,当他完

---

⑭ 奥格・皮特森(1927 年生),在玻尔一生的最后十年中是他的助手,后移居美国.

⑮ Most likely, N. Bohr, *Quantum Physics and Philosophy — Causality and Complementarity* in *Philosophy in the Mid-Century*, *A Survey* (ed. R. Klibansky), La nuova Italia editrice, Firenze 1958, pp. 308—314. Reproduced in Vol. 7, pp. 388—394. The article is also published in N. Bohr, *Essays 1958—1962 on Atomic Physics and Human Knowledge*, Interscience Publishers, New York 1963, pp. 1—7. The latter volume is photographically reproduced as *Essays 1958—1962 on Atomic Physics and Human Knowledge*, *The Philosophical Writings of Niels Bohr*, *Vol.Ⅲ*, Ox Bow Press, Woodbridge, Connecticut 1987.

⑯ W. M. Elsasser, *The Physical Foundation of Biology*: *An Analytical Study*, Pergamon Press, New York 1958.

全恢复知觉时,那种感受就完全消失了,只剩下一种顿悟的和很想更仔细地知道那种顿悟的感觉了.然后,在最后的一次中,他确实又得到了那种感受并匆忙地把它写了下来,但是当过了一会他读了他写下来的字时,他却大失所望了,因为写的只是:"石油是油滑的."尽管如此,我还是要再试一次.

483　　　　我当然并不是宣称在一个人自己的死亡的想法中有什么逻辑的或认识论的困难.我想,困难出在逻辑方面和情绪方面的混合上.假设你试图设想你死后你太太的处境.除非你在那一时刻立即和她割断了感情,你将发现很难设想一种你会最急于要安慰她的处境,而其要素则是在每一方面任何继续交流的无意义性.事实上,在这种意义上,任何别人的死也是像你自己的死一样地难以设想的,而我的假设就是,各种宗教中的关于灵魂永在的想法是从这种在情感上既卷入又不卷入的不相容性引出的.当然,逻辑地看来这里并没什么困难:"这家伙死了,那又怎样?"正像费恩曼会说的那样(即使他也承认他在他的太太死后曾经对她说过话).同样,任何人也都很容易同意他的律师的意见;律师会告诉你,你在你的遗嘱和契约中必须使用清楚而无歧义的词句,因为你将不会有再讲话和改正你自己意见的机会了.不过,为了预先知道你把大钢琴遗赠给她的茵妮姑姑或你把《一千零一夜》遗赠给他的你的朋友卡尔将对你的遗嘱有何反应,那是很难避免一种态度的,那就是,你希望以后还有机会向他们解释遗嘱的用意,并抚平他们被扰乱了的情感.

　　　　你可以说,这是一个很显然的心理学的问题,而且是和你感兴趣的那些认识论问题没有任何关系的,但是在我看来,这却是有一定的联系的.我们的语言被构造得使每一个宾语都有一个主语,这不仅仅是一种偶然现象.观察世界的主体不仅仅是被动地观察,而且还在动作着;正是这种主体-客体关系就引起了像不朽之类的奇特构想,而且也使人不能在实际生活中想象和你关系密切的人的死,特别是你自己的死.我总是认为,你的认识论回避了这个问题,而且这使我很迷惑.这就是我似乎能够对此问题说出的一切.附带提到,谁写了"En Dansk Students Eventyr"[17]?我愿意读读这本书,以增进我在丹麦文方面的学习.

　　　　关于3月底在巴尔的摩召开的会议,即麦考留姆·普喇特光生物学会议,你已经初步被列在程序单上去致一篇关于"光和生命"的开幕词[18].你可能有兴趣
484听到一些细节.这是一些很好的会议,涵盖着广阔的生物学领域中的一些事实和理论.它们在会后四个月内将出版论文和讨论文集.只有受到邀请的人才能出席

---

⑰　Møller, *En dansk Students Eventyr*, ref. 13.〔按:即《一个丹麦大学生的奇遇》.〕

⑱　N. Bohr, *Physical Models and Living Organisms* in *Light and Life*(eds. W. D. McElroy and B. Glass), The Johns Hopkins Press, Baltimore 1961, pp. 1—3. Reproduced on pp. 135—137.

会议,虽然最后会有 300 人左右能够参加,多数是生物化学家. 我打算前去,但已拒绝在这一届会议上提交论文,因为他们指望的是一些相当详细的综述文章.

在此期间我们到过欧洲,目的之一是要就科隆的建议进行商洽. 结果是,现在看来我们将在 1961 年 4 月间迁往科隆,为期两年. 那样咱们就会变成邻居了,而这正是我们盼望的事情之一.

向你和马格丽特以及奥格·皮特森致以热情的问候,

你的

马科斯·戴

玻尔致戴耳布吕克,1959 年 11 月 19 日

[复写件]

[哥本哈根,]11 月 19 日,1959

亲爱的马科斯:

486

我很抱歉在答复你 8 月 3 日的来信以前过了这么多时间,但这是一段因为科学讨论和研究所事务而非常忙碌的时间. 然而,我曾经想到过各式各样的你我共同感兴趣的问题,而且除了别的东西外也寄出过几页稿子;现在也把它们寄给你,其中包括在布里斯托尔进行的关于模型在生物学中的应用的讨论的开场白[19]. 这篇开场白将发表[20],和一篇论文[21]的简介一起发表;那就是我在今年夏天给了你的关于物理学和哲学的论文,会议组织者对它感到了兴趣. 经过仔细的考虑,我在这篇开场白中没有使用互补性一词,因为量子力学的一切推论已经包括在化学动力学中了. 在我的关于光和生命的旧演讲中[22],包括了有关语言的一种清醒的表达方式,让人们注意到了生物学中局势的描述中的一些重要之点;我并不打算推翻这些要点,但是它们却很容易被误解. 能够在哥本哈根这儿参加遗传学座谈会,特别是能够再次和沃森见面和谈话,是我的一大乐事. 正如你从附寄的致艾耳萨瑟的信[23]的副本可以看到的那样,我近来对一种观点很感热心. 就我所知,沃森对这种观点也是完全同意的. 这种观点就是把一切有机过程,包括

⑲　Manuscript, *Models in Biology* (manuscript for Symposium at the University of Bristol, 7 September 1959). Bohr MSS, microfilm no. 23.

⑳　N. Bohr, *Quantum Physics and Biology* in *Symposion of the Society for Experimental Biology*, Number XIV: *Models and Analogues in Biology*, Cambridge 1960, pp. 1—5. Reproduced on pp. 126—131.

㉑　Bohr, *Quantum Physics and Philosophy*, ref. 15.

㉒　*Light and Life*. The various publications of this lecture are listed on p. 28.

㉓　玻尔致艾耳萨瑟的信,1959 年 11 月 19 日. 全信见本卷原第 497 页.

DNA 链的复制及其对细胞发育的指导影响在内,都看成机体中一种持续增大的稳定性的表现. 这对某些人来说或许并不是完全新的,但是至少给了我一种理解生命之开展的最多样化显示的新启示. 至于将在 3 月间在巴尔的摩召开的会议,现在还没有完全肯定我能否前往出席,但是我希望我能够去,而且如果咱们能够在那里见面当然会是很愉快的. 关于认识论问题,我仍然把许多心思花在互补性概念的真正有用性及其容易被误用方面,而且我必须承认,我仍然不能理解你通过强调设想我们自己的死的困难想要达到什么目的. 我只将再说一次,在我看来,对意识的描述进行一种逻辑分析的努力主要是要指出,和自由意志及不死的灵魂相联系着的那些佯谬问题,恰恰是如何根据对主体和客体之间的不断变动着的分界线的更仔细的分析而得以解决的. 当然,当我们不再存在时,主体就像意识内容一样地消失了,但是只要我们还活着,这就绝不能阻止我们不但想到过去的事件而且想到将来的事件.

487

我很欣赏你对保罗·马丁·摩勒的幽默的兴趣,而且我现在寄去他的书的新版作为我们大家对你的致候.

致以从家庭到家庭的最亲切问候

你的永远的

[尼耳斯·玻尔]

玻尔致戴耳布吕克,1960 年 3 月 17 日

[复写本]

[哥本哈根,]3 月 17 日,1960

亲爱的马科斯:

很抱歉这么久没有给你去信,但是自从马格丽特和我在 1 月间访问印度回来以后,我就一直为积累下来的紧急工作而忙碌;印度之行是一次很奇妙的经历,我希望有朝一日能够告诉你. 我很遗憾的是我也发现不能前往巴尔的摩参加座谈会,并且因为失去和你见面的机会而甚感遗憾. 正如你从我前几封信可能已经了解的那样,我并没有失去对生物学问题的兴趣,而相反地却通过按期参加威斯特郭尔[24]和奥格所倡议的微生物学研究所的讨论班而提高了这种兴趣. 我们在这些讨论班上曾经听了茅劳伊[25]的几篇精彩的演讲,这唤起了我关于咱们的交谈的许多回忆,而且不必说我们大家多么希望当你来到欧洲时能够和你重

㉔　摩根斯·威斯特郭尔(1912—1975),于 1949—1962 年任哥本哈根大学的遗传学教授.

㉕　欧利·乌尔班·茅劳伊(1914—1988),从 1958 年开始任哥本哈根大学的微生物学教授.

新接触.

致以从家庭到家庭的最亲切的问候

和最良好的祝愿,

你的永久的

[尼耳斯·玻尔]

戴耳布吕克致玻尔,1962 年 4 月 15 日　　　　　　　　　488

[手写本]

Inst. f. GENETIK　　　　　　　　　　　　Albergo de la Posta

　WEYERTAL 117　　　　　　　　　　　Ronco S Ascona,

　KÖLN – LINDENTHAL　　　　　　　　　4 月 15 日,1962

亲爱的玻尔:

　　我们打算在 6 月 22 日举行科隆大学遗传学研究所的落成典礼,而且我希望请你在这一庆典上发表主要的演讲.

　　在我看来,这将是奇妙地合适的. 正是你在 30 年前启发了我,使我走进了生物学,而且我相信我是你的弟子中唯一走上这一方向的人. 而且,尽管我将在这里只工作两年,这个研究所的落成却可以看成我的事业的某种顶点,而且这也许是我必须请你来发表这样一篇演讲的唯一机会. 而且,当我在一年多一点的时间以前见到你时,我觉得你仍然像从前那样对互补性观点对生物学的适用性问题感兴趣,从而可能愿意利用这样一个机会,在已经发生了的那些新发展的背景上,更深入地谈谈你在 30 年前发表过的那些意见. 即使我在那一场合下是不很耐心的(在一年以前,也像在 30 年以前那样),但是你知道,也许比我更加知道,在这种不耐心的背后是什么东西. 事实上,没有任何一组别的科学问题更加深刻地影响过我并且在这么多年内给我的工作提供了唯一的动力.

　　正像我可能已经告诉过你的那样,遗传学研究所代表了在一所大学中建立一个现代生物学中心的努力,那个中心有点像由茅劳伊、卡耳卡尔、威斯特郭尔和尤兴组成的一个集体,而且曾经经历了一些那么困难的时间. 现在我们的研究所已经充分运转了. 我和它的关系在过去的五年中已经订在了它的计划中,而现在将在两年内领导它. 现在我们正在接近两年期限的中点. 我相信在我们回到帕萨迪纳以后也不难找到使研究所继续下去的合理安排. 不过我觉得,许多事情将取决于处理这个问题的那种精神,也就是人们看待这样一个研究所的意义的那种精神. 为了保证这种精神的正确性,我想不出比请你来在落成式上占据中心位置的办法更加有力的办法.

　　我们打算把有政府人员参加的官方落成式和科学落成式分开.官方落成式在上午举行,科学落成式在傍晚开始.用这种办法,可以使不愿意参加这一或那一活动的人们有选择的自由.你用英语讲话将是完全可以的,因为我们的许多发言人也用英语.在这样的事例中,我们总是找一个人用插话的方式进行德语总结,但我不知这能否适合你的事例.

　　上午我们将到 Ascona 上面的 Lago Maggiore 去短暂度假,我在 1932 年曾和泡利、伽莫夫及罗斯一起到那里去过.今夜外斯考普夫妇将到我们这里来,他们将把我们的正在瓦利斯滑雪的大儿子约纳坦带来.昨天我们这里像理所应当的那样温暖如春,但是今天却下了雪.因此我们出不去门,而可以集中精力给我们的朋友们写信了.

　　曼尼和我一起向你和马格丽特致以一切良好的祝愿.

你的

马科斯·戴

再启者:我正打算在夏天的什么时候到哥本哈根来,而如果你愿意,我可以在 6 月 22 日以前来,以便把你带入生物学的心情中.

玻尔致戴耳布吕克,1962 年 4 月 27 日
［复写本］

［哥本哈根,］4 月 27 日,1962.

亲爱的戴耳布吕克:

　　多谢你来信邀请我参加科隆新的遗传学研究所的落成并在会上讲话.你所写的一切使我感动,而且如果事实证明我能出席这一盛典并发表一篇你所希望的那种演讲,那将是我的一大乐事.我现在正为必须完成的各式各样工作而忙碌,因此对你的邀请我还不能作出确切的回答.然而,我一接到你的来信,就开始考虑起计划和实际演讲的内容来了;在演讲中,我将力图对今天在物理学家对待普遍的生物学问题的态度方面发生的那些认识论问题给出一种尽可能清楚的阐述.在不多几个星期之内,当我已经更详细地考虑了演讲的内容以后,我将再写信告诉你事情进行的情况,而且希望那时能够说我可以来并为在研究所落成典礼上发表演讲作好了准备.

　　我们所有的人向你致以最亲切的问候,

你的亲近的

［尼耳斯·玻尔］

戴耳布吕克致玻尔,1962 年 5 月 6 日　　　　　　　　　　　　　　　491
[手写本]

遗传学研究所　　　　　　　　　　　　　　　　　　　Köln - Lindenthal
科隆大学　　　　　　　　　　　　　　　　　　　　　　　　Weyertal 115
　　　　　　　　　　　　　　　　　　　　　　　星期日 5 月 6 日,1962

亲爱的玻尔

　　现在我也将用丹麦文来写信并称"您",这是您多年以前对我的称呼,后来咱们就没有再用过了. 在我们的英文谈话和通信中,当然没有这种亲切的区别㉖. 于是,在所有这些年中,都在沟通的可理解性和感情表达的真实性之间存在着一种互补关系. 关于互补性和文化,我就写这么多.

　　在其他方面,我只想说,想到你愿意来,我极其高兴,而且我确实希望实际情况将允许你前来. 在我们这边说来,如果我们在 5 月 20 日以前得到确切的答复从而可以补足我们的计划并发出邀请信,就足够了.

　　我查阅了《光和生命》的英文本(1933 年 4 月 1 日的 Nature)和德文本(1933 年 3 月 30 日的 Naturwissenschaften). 你愿意把新演讲称为《再论光和生命》吗?

　　　　　　　　　　　　　　　　　　　致以一切良好的祝愿
　　　　　　　　　　　　　　　　　　　　　　　你的
　　　　　　　　　　　　　　　　　　　马科斯·戴耳布吕克

我们在从瑞士回来的路上在佐利康的弗朗卡·泡利的家中见到了她. 她正为了泡利的通信而大忙特忙,但是她同时又似乎完全不知道拿这些信件怎么办.

卡耳卡尔致罗森菲耳德,1962 年 5 月 19 日　　　　　　　　　　　492
[复写本]

　　　　　　　　　　　　　　　　　　　[哥本哈根,]5 月 19 日,1962

亲爱的罗森菲耳德教授:

　　联系到玻尔教授将在 7 月间在科隆的遗传学研究所落成典礼上发表的演讲的准备工作,如果您能给我们一些关于不可逆过程热力学的参考文献(特别是昂

　　㉖ [中译者按:原信中这一段是用丹麦文写成的,编者在本注中给出了英文译本,中译本直接译出,不再附注其他文字.]

札克㉗的和普里高津㉘的论文),我们将非常感谢.我想玻尔教授所特别关心的,是卡塔耳斯基㉙在研究所中发表的演讲中提到的那些问题.既然时间已经很急迫,如果您能尽可能早地寄来您的建议,我们当然会很高兴.

多多珍重

您的忠实的
[约尔根·卡耳卡尔]

罗森菲耳德致卡耳卡尔,1962 年 5 月 21 日
[手写本]

洛伦兹理论科学   莱顿,5 月 21 日,1962
　研究所
STEENSCHUUR,莱顿

亲爱的卡耳卡尔:

不可逆过程热力学的全部内容现在已经在由阿姆斯特丹北荷兰出版公司出版的格如特和阿速尔的《非平衡热力学》一书中给出了精彩的论述.事实上我今天就要去阿姆斯特丹,我将确保让人寄一本到卡尔斯伯[荣誉府].

此外,我也另行寄去马速尔和格汝特的两篇论文的抽印本,其中一篇是用荷兰文写的(您将能够并不困难地阅读它),正是处理的熵和生命.

向教授和他的忠实助手致以最热烈的问候.

您的
L·罗森菲耳德

494　玻尔致戴耳布吕克,1962 年 5 月 21 日
[复写本]

[哥本哈根,]5 月 21 日,1962

亲爱的马科斯:

我想你对我足够了解,从而你并不会因为我没能在 5 月 20 日以前写信而感

　　㉗　拉尔斯·昂札克(1903—1976),挪威出生的化学家,于 1928 年移居美国.
　　㉘　伊里亚·普里高津(1917 年生),俄国出生的物理学家,当时是布鲁塞尔的国际物理学和化学研究所(索耳威研究所)的所长,于 1967 年移居美国.
　　㉙　或许是指波兰出生的以色列雷霍沃特的外斯曼研究所的物理学教授卡齐尔-卡恰耳斯基(1913—1972).

到意外. 不过,我希望今天告诉你也还不算太晚;我已经把事情安排好,从而我可以在 6 月 22 日前来参加你的研究所的落成典礼. 在这几个星期中,我对在这一场合下能讲些什么也曾经想了许多,而我也将发表一篇你所要求的那种演讲. 你所建议的标题事实上对我曾是一种启示,但是我将等到准备好了讲稿时再决定标题的问题,而且我希望这对你安排程序不会有什么不便.

马格丽特和我正在盼望再见到你们,并向你们致以最热烈的问候,

你的老

[尼耳斯·玻尔]

保罗·A·M·狄喇克

495

玻尔致狄喇克,1928 年 3 月 24 日[30]
[复写本]

[哥本哈根,]3 月 24 日,[19]28

亲爱的狄喇克:

克莱恩对他在剑桥的访问及他在那里受到的款待甚感高兴. 他告诉我,我们可以盼望你在去莱顿的途中来我们这里访问几个星期. 在这里再次见到你并听到你的工作的最近进展,那确实将是我们所有的人的一大快事. 我希望你愿意住在研究所的当你上次在这儿时由海森伯住着的房间中,那些房间现在已经成了来宾的住房. 也许你已经了解,和你的旅行以及你在这儿的停留有关的一切费用,都将从研究所可以用于这一目的的经费中支付. 我希望不久就能知道我们可以指望在哪一天在这里见到你,以及你可以在哥本哈根待多久.

我很感谢你在我的论文[31]校样方面给予的协助. 然而,根据我们在剑桥的讨论以及克莱恩告诉我的情况,我并不知道你是否十分同情我曾经试图据以表示量子理论各佯谬的那一观点. 虽然我当然能够意识到表述的尝试性,但是我却仍然相信互补性这一观点是适宜用来描述局势的. 我认为,当处理量子问题时,我们对于我们的知觉的不妥当性是不会强调得太过分的. 当然我完全领会你的说法,即在处理观察结果时我们永远是通过某种永久性的效应而目睹大自然在不同的可能性中间作出的一种选择. 然而,在我看来,测量结果的永久性,似乎是观察概念所固有的;

　　㉚　此信亦见本书第六卷原第 44 页.

　　㉛　N. Bohr, *The Quantum Postulate and the Recent Development of Atomic Theory*, Nature（Suppl.）**121**(1928)580—590. Reproduced in Vol. 6, pp. 148—158.

不论我们遇到的是照相底片上的痕迹还是直接的感官知觉,某种记忆的可能性当然都是观察结果之任何使用的必要条件. 在我看来,这种结果的永久性,恰恰就是普通的因果性的空间-时间描述的本质. 这在我看来是如此地明白,以致我在我的文章中并没有把它当作一个特定的论点. 当时我所关心的首先在于这样一种努力:把统计的量子理论的描述表示成普通的因果描述的一种很自然的推广,并分析诸如自然的选择之类的说法之所以出现在实际局势之描述中的原因. 在这方面,我觉得强调观察这一概念的主观性是非常重要的. 确实,我相信,这一概念和孤立客体这一经典概念之间的根本差异,对于作为一切经典概念在量子理论中的应用之特征的那种局限性来说是有决定意义的. 特别是从和变换理论的关系来看,我认为局势可以用这样的说法来描述:只要适当照顾到互补性这一不可避免的特色,任何这样的经典概念就都可以原封不动地加以运用.

在文章中没有直接提到而我近来曾经对它很感兴趣的一点,就是时间的单向性问题. 对于一个孤立体系来说,这个问题当然是没有意义的. 然而,当考虑观察时,光是向着我们的眼睛还是向着照相底片传播的这一事实就是特别重要的了. 我相信,一次更仔细的分析将给由刘易斯[32]所特别提出的关于光的本性之类的佯谬提供恰当的解答. 我正在考虑寄一篇关于这些佯谬的短文给《自然》,而且联系到这个问题我也愿意讨论讨论由爱因斯坦和你本人在索耳威会议上提出的那些说法. 在公开发表以前,我当然很想和你详细讨论这些问题,但我希望你到这里的访问也将在这方面提供一个良好的机会.

我们全都向你们致以最亲切的问候.

你的,

[尼耳斯·玻尔]

瓦耳特·M·艾耳萨瑟

玻尔致艾耳萨瑟,1959 年 11 月 19 日
[复写本]

[哥本哈根,]11 月 19 日,1959

亲爱的艾耳萨瑟博士:

㉜　吉耳伯特·牛顿·刘易斯(1875—1946),美国物理化学家,晚年致力于光化学的研究. 正如本书第四卷所收的许多文章所示的那样,玻尔在 20 世纪 20 年代早期的工作中当他的原子模型的基础上解释周期表时常常提到刘易斯.

　　今年夏天在拉霍亚见到你真是一大快事，而且在此期间我曾抱着很大的兴趣阅读了你的关于生物学的物理基础的书③. 然而，抱着对你的知识广度和你的阐述清晰度的一切欣赏，我觉得不能赞同你的一般观点. 在我看来，有生机体之特殊稳定性及它们储存并利用信息的能力这一整个问题，似乎是不能通过力学模型的研究来处理，而必须完全集中在已经从量子力学中找到适当基础的化学动力学上的. 确实，看来作为信息的储存及其在机体中的利用的基础的，似乎是分子结构的稳定性. 在这方面，在和力学模型的对比中如此诱人的"柔性"组织和"刚性"组织的区分，似乎很难说是中肯的. 今年秋天，我曾经有各种机会和生物化学家们讨论这些问题，而且为了在布里斯托尔召开的一次关于模型在生物学中的使用的会议，我曾经准备了一些简短的论述，现在寄一份副本给你④. 我希望这些论述能够传达关于我的态度的某种概念，而无庸赘言，我是将对了解你的反应深感兴趣的.

　　致以最亲切的问候，并问候在拉霍亚的共同友人们.

　　　　　　　　　　　　　　　　　　　　　　　　　　　　　你的

　　　　　　　　　　　　　　　　　　　　　　　　　　［尼耳斯·玻尔］

艾耳萨瑟致玻尔，1959 年 12 月 18 日　　　　　　　　　　　　　　498
［打字体］

　　　　　　　　　　　　　　加利福尼亚大学

斯克利普斯海洋学院　　　　　　　　　　　　　　　　　12 月 18 日，1959
拉霍亚，加利福尼亚

亲爱的玻尔教授：

　　谢谢你的亲切短札. 它使我有些想起了一种早已忘掉的局势，希望你能原谅我提到它. 在 1934—1935 年，我正在巴黎做着核的壳层结构的工作. 实验证据似乎是清楚的和没有争议的. 每过两三个月，就有人从巴黎经过，他刚刚离开哥本哈根，而且告诉我说我一定是明明白白地错误的. 尼耳斯·玻尔事实上已经证明，原子核是一个均匀的液滴，除了一种适当的表面能量以外几乎不受任何结构的和动力学的限制. 那么，核怎么可能有壳层呢？ 我能不能建议，在现在的问题中，或许也存在一种意料之外的互补性的简单的、幸运的关系呢？

③ Elsasser, *Physical Foundation of Biology*，见注 16.
④ 稿本，*Models in Biology*，见注 19.

　　现在来谈这个问题：我愿意提出两点.第一点和稳定性有关.在量子力学和经典力学中,所有的稳定性都可以归结为一个体系的基态或最低态组的量子力学稳定性,该体系不曾受到足以使它跃迁到高度激发态的干扰.因此,例如晶态物质之类的一个"硬"物体就是那样一个物体,它的基态(或最低态)组的几何位形没有受到宏观剪切力之类的中等大小的干扰的显著变化.另一方面,一个"软"物体是那样一个物体,它的最低态组是适当简并的,以致当一个导致几何上的重新排列的剪切力作用在它上面时就出现这些态的一种近似线性的变换.同样,一切(拉格朗日意义上的)经典力学约束,都可以最终归结为最低态组对几何重排而言的量子力学稳定性.同样的说法显然也适用于电性或化学性的约束.因此,可以归纳到广义的经典拉格朗日方案之中的一切约束(不论对应的动力学变量是可以力学地或在其他方面加以诠释),在本质上就都是最低态组的量子力学稳定性的一些表现.一般说来,对于足够高的激发态来说,并不存在类似的稳定性,正如根据对应原理可以看到的那样.

499

　　喏,我的关于一个计算机的概念,并不是某种特殊的力学装置或电学装置;它要表示的是具有在长时间内处理信息而无噪声损失的那种能力的最广义的动力学体系.要做到这一点,体系必须有稳定的约束.再者,在概念性的处理方面把这些约束称为力学的、电化学或任何其他性质的,是没有多大关系的.我要说的是,为了把一个体系定性为一个计算机(即信息处理装置),必须证实体系具有能够阻止信息耗散为噪声的稳定约束.喏,经验资料似乎在这一点上是相当清楚的.染色体中的 DNA 分子在长时间内是在化学上极其稳定的.但是它们只储存信息而不处理信息.处理工作主要是由蛋白质分子(通过有关的酶机能)来完成的,而这儿的经验证据则相当清楚地是,这里不存在长久的约束.这里有的是蛋白质中的不断的氨基酸转换.这里当然有很强的短暂约束,即催化高度特定的反应的所谓弥补基,但是所有的证据似乎都否定染色体外的长久约束的存在,不论是力学性的、电学性的还是化学性的,而没有这些长久约束,就十分难以理解信息的处理怎么能够在一段稍长的时间内进行.我觉得,所提出的完全建筑在量子力学的论点上的任何有机稳定性的理论都必须能够阐明一些长久约束的本性,至少是定性的本性,而信息在处理时间中的长久保持应该能够建筑在这种约束上.就我所知,现在还没有人作过这种努力.

　　现在我来谈我的第二点,这是性质颇不相同的一点.它和我所说的"有限类别原理"(principle of finite classes)有关(我的第四章的前面部分).原理如下:很容易证明,尽管有它们的统计品格,量子力学的定律还是排除了任何其他自然定律(就是说不能从量子力学推出的任何定律)的共同存在.设体系是用一个 ψ 函数或更普遍的 ρ 矩阵来表示的.不论什么样的关于体系的论述,都可以用某一适当算符的期许值来表示,如果把"投影"算符也包括在内的话(封·诺依曼).但是,如果体系是在 $t=0$ 时给出的,则由此可知,未来的任何时刻的期许值都是由运动方程所确定了的. Q. E. D["证毕"]. 现在我的有限类别原理在一种本质上是经验性的基础上表明,量子力学定律的这种排他性,对于像生物机体那样极其复杂的体系来说是不能操作地证实的. 理由就是,它们的相空间具有极其复杂的结构,而实际体系的像点则在这一相空间中出现得十分稀少. 我由此曾经得出结论说,生物增容规律* 对于那样一些体系类是可能的,类中的体系数是有限的和受到适当限制的. 我愿意说,我认为这是我的书中的最重要的贡献. 这一事实造成了一种完全新颖的认识论局势,而且是一种在传统物理学中没有任何对等情况的局势. 我相信,这一点要求理论物理学家们给以最密切的注意,因为它显然属于要求比生物物理学家们和生物化学家们所通常处理的论点更加抽象的论点的那种类型. 我希望你和你的属员们有时能在这一特殊问题上花些心思. 我也希望有一天我会写一篇有关这个问题的论文. 这个问题显然是和我的关于机体如何起作用的详细假设无关的.

　　致以本季节的最佳祝愿,

　　　　　　　　　　　　　　　你的很忠实的

　　　　　　　　　　　　　　　瓦耳特·M·艾耳萨瑟

玻尔致艾耳萨瑟,1959 年 12 月 29 日

[复写本]

　　　　　　　　　　　　　　　[哥本哈根,]12 月 29 日,1959

亲爱的艾耳萨瑟博士:

　　谢谢你 12 月 18 日的亲切来信,我已经满怀兴趣地拜读过了. 然而我必须承认,你所提出的量子物理学中和生物学中的互补关系之间的对比,在我看来似乎并不是十分中肯的. 我相信我们都同意,经典图景在原子物理学中的互斥应用,和有关术语在分子生物学中的及实用生理学中的用法的差异有一定的相似性. 不过,在我看来,例如暂时应用在核成分和核反应方面的而现在已经在很大程度

---

　　*[中译者按:"生物增容"是我自拟的译法. 其原文 biotonic 一词不见任何字典. 向生物学家们请教都无结果,写信去问本书的原编者否尔霍耳特也说"没有好的答案". 最后还是去问文献馆的菲利斯蒂,承她寄来了艾耳萨瑟《生物学的物理基础》(见前注 33)的部分复件本,才知是艾耳萨塞自创的单词. 其大意如下:因果性的概念应该推广,不仅限于经典力学的因果关系;测量必然是"物理的",没有什么"生物的"测量. 根据测量结果来推断未来的现象,要用到一定的理论. 当适用经典力学时,推断的信息内容将是守恒的,不随时间而变. 当适用量子理论时,信息内容将随时间的增长而减减. 当适用"后成论"的理论来推断胚胎发育之类的过程结果时,信息内容将渐增. 这样的规律就叫做"生物增容的"(biotonic)规律.]

上在基本量子原理的基础上统一了起来的那些表观上相反的处理方式,是不能和生物增容概念的引入相比的;据我所知,生物增容概念假设了量子物理学处理方式的一种超越某些基本粒子问题的固有界限;那些问题仍然有待澄清,但是在生物学中却几乎不占任何地位.

501

在分子生物学中,一切对量子物理学的涉及都包括在以统计热力学为基础的化学动力学中.事实上,这不但提供了分子结构的定义,而且也蕴涵了通过不同的可能反应的竞争来保证机体的奇特稳定性的可能性.这一情况确实强调了"软"结构和"硬"结构之间的区别;"硬"结构可能具有最大的稳定性,但是却不具备生命过程所需要的柔性.因此,你的反对长久约束之存在的论点在我看来是和化学的一般资料相矛盾的,而且也是和化合物之间的反应的一种正式的量子力学处理相矛盾的.

在力图完全坦白地表达我们的观点的不同的同时,我当然是对我可能在某一点上误解了你的论证有所准备的,而且我用不着说,我正盼着看到你正在撰写的新论文.

也向拉霍亚的共同朋友们致以亲切的问候,并致以最好的新年祝愿,

你的很忠实的
〔尼耳斯·玻尔〕

H·P·E·汉森

玻尔致汉森[35],1938 年 9 月 8 日
〔复写本〕

卡尔斯伯,瓦耳比,9 月 8 日,1938

503　亲爱的作家 H·P·E·汉森先生:

由于外出旅行,我直到不多几天以前才收到您最近的友好来信[36],您在信中细心地解释了您对我在"Naturens Verden"上的两篇短文[37]中描述了的认识论观点的诠释.我并不否认我对您的直觉理解和您表达这种理解的优美方式的赞赏,但是我却不能十分肯定这些文章曾经很适于给您提供一种关于互补性观点的完

㉟　汉斯·皮特·艾尔哈德·汉森(1888—1946),丹麦的小说和散文作家.

㊱　现藏 NBA.

㊲　N. Bohr, *Lys og Liv*, Naturens Verden **17**(1933)49—59; N. Bohr, *Kausalitet og Komplementaritet*, Naturens Verden **21**(1937)113—122. Reproduced in English on pp. 29—35 and 39—48.

全正确的印象,尽管它们是用一种通俗的风格写成的,为的是对一种学术性的讨论作出贡献.

特别说来,我觉得我必须强调,这并不是科学知识的任何界限的问题,而相反地是承认通常用来整理自然现象的那些构架都是用处有限的理想化的问题.

关于数学和自然科学之间的关系,我也和您一样认为斯图阿特·密勒的说法只是一个不值一提的符号问题;密勒说,在另一个行星上的居住者看来,二加二可以等于五.如果我们应该是诚实的,我们就确实必须无条件地坚持相信逻辑.数学和正式的自然科学之间的区别只建筑在这样一件事实上:在数学中,我们自己定义游戏规则,从而我们可以叙述定义和概念的先决条件;而在自然科学中,我们必须永远对一种情况有所准备,那就是从新的经验中了解到,任何描述形式的有用性都可能取决于以前不曾注意到的先决条件.

我并不低估您的关于不同心理类型的有趣区分,但是我却无法看到一个逻辑家和一位神秘论者之间的任何基本区别.如果神秘论并不是简单地指概念混乱,它就确实必须是恰恰扎根在对我们的约定的局限性的或多或少自觉的分析中的.这方面最突出的例子或许就是对关于人生的意义或无意义性的通常谈论的摒弃;当年释迦牟尼曾经通过对"意义"一词的相对性的认识而被引到了这种摒弃;这种认识意味着,我们可以给予人生的唯一"意义"就是,说人生没有"意义"是在原理上无意义的.

然而,尽管初看起来显得有点诡辩,只有这样一种态度,才能为悲欢离合的人生丰富性留下余地,其方式恰恰就像只有通过承认因果概念的局限性才能够达成各式各样原子现象的一种逻辑秩序化一样.

利用这些说法,恐怕只能给您一种关于我的看法的初步印象,但是我希望,我现在还没有来得及准备好付印稿的在今年夏天的人类学会议上的演讲㊳,也许更适于给您一种更全面的印象.

致以亲切的问候

您的忠实的

［尼耳斯·玻尔］

再启者:这一次我也附寄两篇文章抽印本.第一篇是更加专门性的,而我并

504

㊳ N. Bohr, *Natural Philosophy and Human Cultures*, Congrès international des sciences anthropologiques et ethnologiques, compte rendu de la deuxième session, Copenhague 1938, Ejnar Munksgaard, Copenhagen 1939, pp. 86—95. Reproduced on pp. 240—249. Also published in Bohr, *Atomic Physics and Human Knowledge*, ref. 11, pp. 23—31.

不是想麻烦您阅读它,而只是认为,您也许会有兴趣把它浏览一遍,以得到一种印象,即甚至像爱因斯坦那样有着开阔的眼界和深刻的理解的科学家,在使自己认真考虑实在这一概念本身的基础方面也曾经是何等地困难⑲. 第二篇文章处理的是和您关于生命和光的短文所处理的相同的课题,但是发表此文的场合却引起了对物理学和生物学之发展的历史背景的更详细的描述⑳.

505

哈若德·赫弗丁

赫弗丁致玻尔,1906 年 11 月 22 日
[手写本]

滨河街 26 号 C　　22/11/[19]06

亲爱的学生玻尔:

现寄去我的"Formel Logik"[形式逻辑学]的初校样,请你用你那种通常的批评方式通读它.请把所有的评论写在一张纸上和校样一起寄回——我希望这并不过于麻烦你.

你的忠实的
哈若德·赫弗丁

赫弗丁致玻尔,1906 年 12 月 1 日
[手写本]

1/12/[19]06

506　亲爱的学生玻尔:

现寄去二校清样.当你看完后请用信封寄还给我,并在附去的纸上提出你的意见.请特别注意二元性原理(p.27).

你的忠实的
哈若德·赫弗丁

---

⑲　N. Bohr, *Can Quantum-Mechanical Description of Physical Reality be Considered Complete?* Phys. Rev. **48**(1935) 696—702. Reproduced in Vol. 7, pp. 292—298.

⑳　N. Bohr, *Biologi og Atomfysik*, Naturens Verden **22**(1938) 433—443. Reproduced in English on pp. 52—62.

赫弗丁致玻尔,1906 年 12 月 4 日

[手写本]

滨河街 26 号 C   507
12 月 4 日,1906

亲爱的学生玻尔:

对你的如何表述二元性原理的建议,我还有点不大明白.

按照你的建议,应该把它表述如下:

$$CA = CAB,$$

$$cA = cAb.$$

但是为什么我们应该只考虑 CA 和 cA 这两个事例呢?我们是不是在这儿只预先假设了旧的表述($A = AC + Ac$)呢?关于我们为什么用这种表述的任何解释会不会引起我们为什么只谈论 CA 和 cA 的问题呢?

当我们联系到换质换位的证明来应用你的表述时,这一点就会变得特别清楚起来.

如假设 $A = AB$,就应该有 $Cb = CbA$,$cb = cba$,既然 $Cb = CbAB = 0$,那么 $cb = cba$ 就应该成立.这里我们理所当然地假设当 Cb 不成立时 cb 就成立.这岂不又是那个老困难吗?除了我们在这儿陷入了 regressus in adfinitum [*sic*]* 以外,我看不到别的东西.

除此以外,我相信,无论如何保留旧的表述将是更简单一些的——当然要有你已经证明为必要的那种条件,那当然是我们仍然必须记得的.

我很感谢你对我的有益帮助,而且我对和你讨论这些问题很感兴趣.我希望在就上述这些困难征求你的意见中不会过于浪费你的时间.

你的忠实的
哈若德·赫弗丁

赫弗丁致玻尔,1906 年 12 月 6 日

[手写本]

---

* 按:原信有一笔误,"adfinitum"应为"adinfinitum".这一拉丁文短语的意义大致是"无限后退".我感谢本卷的编者、我的老友大卫·否尔霍耳特教授告我此事.——译注

12 月 6 日,1906

508　　亲爱的学生玻尔,

　　　　现寄上最后的校样,请你通读. 最重要的部分是 p. 37. 你从我的改笔可以看到我现在决定采用的是二元性原理的哪一种表述. 主要的重点要放在这样一件事实上：各个字母代表的是概念的内涵,而二元性原理的意义就是在两种组合 AB 和 Ab 之间有一种有限的选择性；既然如此,我就不愿意把它表述成一个方程并简单地写道"它可以表述成：$AB \cdot | \cdot Ab$(此处符号 $\cdot | \cdot$ 表示互斥……)". 然后在下文中就叙述道,二元性原理表示两种组合(而不是从前所说的两个命题)之间的一种关系. 现在任何的保留都不需要了. 因此,脊椎类的特征就必然或是和哺乳类的特征同时出现,或是和不属于该类的动物的特征同时出现. 现在这种表述就既适用于较高的又适用于较低的概念了.

509　　　　至于所举二元性原理的应用,新的表述对于在间接推断中安排组合是完全适用的. 关于直接推断的证明(p. 37)也可以清楚地加以表达,因为它在这儿只是从两种可能的组合中排除一种的问题.

　　　　你的来信并没有解除我的疑虑. 如果我们毕竟还要区分矛盾性原理和二元性原理,则当我们假设不必考虑除 AC 和 Ac 以外的任何组合时,我们显然是预先假设了后一原理的. 当你寄还校样时,我将因听到你是否对新的表述还有什么反对意见而甚为感谢.

　　　　　　　　　　　　　　　　　　　　　　　　　　　你的
　　　　　　　　　　　　　　　　　　　　　　　　哈若德·赫弗丁

赫弗丁致玻尔,1922 年 1 月 1 日
[手写本]

　　　　　　　　　　　　　　　　　　　　　　　　卡尔斯伯,瓦耳比
　　　　　　　　　　　　　　　　　　　　　　　　　1 月 1 日,1922

亲爱的尼耳斯·玻尔教授:

　　　　首先,我向你和你的亲人们祝贺新年快乐,也为了你的重要工作而致贺. 其次,我向你转达克萨维·雷昂先生的一个请求. 他是受到高度尊重的哲学刊物
510 Revue de Métaphysique et de Morale(形而上学和伦理学评论)的主编,而不仅是哲学家,而且连像亨利·彭加勒那样的自然科学家和数学家都曾给该刊撰稿. 请求和你的原子构造理论有关. 他们欢迎你用英文写一篇文章,然后文章将在巴黎译成法文.

　　　　这份刊物的得以继续出版在很大程度上有赖于克萨维·雷昂的慷慨资助.

它不付稿酬,但是如果你能答应这种请求,那对它的选定的读者圈子将大有裨益.

致以亲切的问候

你的忠实的

哈若德·赫弗丁

赫弗丁致玻尔,1922 年 9 月 20 日
[手写本]

卡尔斯伯,9 月 20 日,1922

亲爱的玻尔教授:

正如我在今年夏天有一次向你提到过的那样,联系到你的《各元素的原子结构及其物理性质和化学性质》一文[41],我想问你一个问题.

我曾经注意到,在大多数情况下,你用了一些表示法,它们指示的是原子的构造和实际上可供利用的物理数据及化学数据之间的类似性(而不是同一性).这种表示式的例子是"阐明"(p. 1)——"解释,或者不如说是理解"(p. 33)——"诠释"(p. 36)——"正如光谱告诉我们的而原子模型使之成为可以理解的那样"(p. 45).

我的问题是,这样的类比表示是否集中表现了你在关键点上所用的那些名词. 所有的"理解"都依赖于类比(纯逻辑学除外),而科学就是不同知识领域之间的一些类比的一种严格合理的贯彻. 例如,按照赫耶耳姆斯列夫[42](和按照曹臻[43]的最后论文[44])的看法,存在一种算术和几何之间的类比关系,而且我相信这种看法可能是到处得到贯彻的,从而在人文学科和自然科学之间的关系方面也可能得到贯彻. 因此我在可以合理地贯彻的类比和其他一些主要是诗的或宗教的情绪表达的不能自洽地加以保持的类比之间作出了根本的区分.

很自然,我并不想把你卷入一种哲学的讨论中,但是在把你的论著用在我正在写的一篇关于类比概念的论文中以前,希望知道你的观点.

---

[41]　Jul. Gjellerups Forlag, Copenhagen 1922. Translated into English as *Essay Ⅲ* : *The Structure of the Atom and the Physical and Chemical Properties of the Elements* in *The Theory of Spectra and Atomic Constitution. Three Essays by Niels Bohr*, Second Edition, Cambridge University Press, Cambridge 1924, pp. 61—138. Reproduced in Vol. 4, pp. 183—256 (Danish original) and 257—340 (English translation).

[42]　约翰·赫耶耳姆斯列夫(1873—1950),1917—1943 年任哥本哈根大学的数学教授.

[43]　希陶尼密斯·乔治·曹臻(1839—1920),1883—1910 年任哥本哈根大学的数学教授.

[44]　最可能是指的 H. G. Zeuthen, *Sur l'origine de l'algèbre*, Kgl. Dan. Vid. Selsk. , Mat. - fys. Medd. Ⅱ , 4(1919) 70pp.

　　即此致候

　　　　　　　　　　　　　　　　你的忠实的,哈若德·赫弗丁

玻尔致赫弗丁,1922 年 9 月 22 日
[复写本]

　　　　　　　　　　　　　　　　　　　[哥本哈根,]9 月 22 日,[19]22
513　亲爱的赫弗丁教授:

　　　多谢您亲切的来信,我对此信甚感兴趣.您所强调的类比在科学考察中所起作
用的那种关系,肯定是一切自然科学研究中的一种基本特色,尽管并不是永远很清
楚地显示出来的.常常有可能采用一种几何性的或算术性的图景,它在所讨论的范
围内以那样一种清楚的方式涵盖所处理的问题,以致一些考虑几乎达成一种纯逻
辑的品格.然而,一般说来,特别是在新的工作领域中,却必须经常注意图景的表观
的或可能的不适当性,而且只要类似性足够明显,以致图景的用处或者说它的有成
果性在被使用的范围内没有问题就应该满意.这样的关系在原子理论的现阶段也
是成立的.在这里,我们有一种奇特的处境,就是说,我们已经打开了通往某些关于
原子构造的信息的道路,这种信息必须看成是和自然科学的任何事实一样地肯定
的.另一方面,我们却又遇到性质非常深刻的一些困难,以致我们对它们的解决途
径连一点概念也没有;我个人的见解是,这些困难属于那样的种类,即我们几乎不
能希望在原子世界中实行一种和我们的感官印象相对应的空间和时间中的描述.
在这些情况下,当然就必须不断地记得我们正在使用类比,而这些类比在每一单独
514　事例中被定义的那种范围的判定对取得进步来说是具有决定的意义的.

　　　如果您愿意知道关于您在信中谈到的那些具体例子的或是关于别的例子的
更详细一些的情况,我当然愿意尽我所能地给您提供任何信息.

　　　现寄上一本小书[45],书中有您提到的那篇演讲的德文本,以及另外两篇较早
的演讲的德文本;我的用意并不是想用更多的物理学细节来麻烦您,而只是因为
您可以在绪论中看到一些说法,它们虽然哲学地说来并没有什么澄清了的形式,
但是却能向您显示所讨论的问题对我来说是何等地重要.

　　　　　　　　　　　　　　　　我的妻子和我向您
　　　　　　　　　　　　　　　多多致以亲切的问候,
　　　　　　　　　　　　　　您的满怀敬意的和忠实的
　　　　　　　　　　　　　　　　[尼耳斯·玻尔]

---

[45]　N. Bohr, *Drei Aufsatze über Spektren und Atombau*, Friedr. Vieweg, Braunschweig 1922.

帕斯夸耳·约尔丹

玻尔致约尔丹,1930 年 1 月 25 日

[复写本]

[哥本哈根,]1 月 25 日,[19]30

亲爱的约尔丹:

515

　　正像我在写给玻恩的信中所说的那样,你们两位都通过寄给我你们的优美的书⁴⁶和亲切的信而给了我很大的快乐. 正如我被我在这一领域中的旧努力被人们记忆的那种方式所深深感动了那样(在这一领域中,从前所有那些最大胆的梦想现在都已被超过了),我心中也充满了对你们书中表达日前这些奇妙发展的那种清晰和力度的敬佩.

　　在您最近访问哥本哈根的期间,和您谈论物理学中的目前局势所强加给我们的普遍哲学问题是我的一种特殊的乐事. 您或许已经在 Naturwissenschaften 上看到,在去年夏天在哥本哈根的斯堪的纳维亚自然科学家会议上,我在一篇演讲中发表了一些关于生物学中的基本问题的议论⁴⁷. 我曾经深深地陷入了这些问题,但是还没有完全忘记物理学. 在目前,我正为了说明相对论式量子理论中的一些未解决的问题的努力而忙碌. 既然现在您在离丹麦这么近的地方工作,也许

516

我们可以希望您有时可以对哥本哈根进行访问,那时我们就可以继续进行我们的讨论了.

　　我的妻子和我衷心地祝贺您的订婚,并且希望有一天能在哥本哈根欢迎你们两位.

　　我们大家向您衷心致候.

您的

[尼耳斯·玻尔]

---

⑯　M. Born and P. Jordan, *Elementare Quantenmechanik*, Julius Springer, Berlin 1930.

⑰　N. Bohr, *Die Atomtheorie und die Prinzipien der Naturbeschreibung*, Naturwiss. **18**(1930) 73—78. Published in English as N. Bohr, *The Atomic Theory and the Fundamental Principles Underlying the Description of Nature* in *Atomic Theory and the Description of Nature*, Cambridge University Press, Cambridge 1934 (reprinted 1961), pp. 102—119. The latter volume is photographically reproduced as *Atomic Theory and the Description of Nature*, *The Philosophical Writings of Niels Bohr*, Vol. *I*, Ox Bow Press, Woodbridge, Connecticut 1987. The English version of Bohr's article is reproduced in Vol. 6, pp. 236—253.

约尔丹致玻尔,1931 年 5 月 20 日
［打字本］

　　　　罗斯托克大学　　　　　　　　　　　　　　罗斯托克,20.5.1931.
　　帕斯夸耳·约尔丹博士　　　　　　　　　　　　　罗伊格尼街 10 号

517　亲爱的玻尔先生:

　　　　当我在最近有幸在哥本哈根和您谈论量子理论及其对生物学来说的重要性
时,我曾告诉您说我正在写一篇关于这些问题的论文. 现在,正如我从前所计划
的那样,我确实已经写完了这篇论文,现寄去一份副本⑱. 但是我必须承认,特别
是咱们在哥本哈根的交谈,使我又一次意识到我的表达方式比起您的表达方式
有多么逊色;我的方式永远以"清楚"和"激进"的确切为其目的,而您的方式则在
形式上更加慎重而如此相反. 我非常迫切地希望见到您告诉我的您的关于生物
学等等问题的论文.

　　　　多多致以亲切的问候,并请代我向玻尔教授夫人致以崇高的敬礼.

　　　　　　　　　　　　　　　　　　　　　您的永远忠诚的
　　　　　　　　　　　　　　　　　　　　　P·约尔丹

玻尔致约尔丹,1931 年 6 月 5 日
［复写本］

　　　　　　　　　　　　　　　　　　　　　［哥本哈根,]6 月 5 日,[19]31

520　亲爱的约尔丹:

　　　　多谢您的亲切来信和附寄的您的关于因果性和意志自由的美好论文,我在
几天以前从圣灵降临节期间的一次短促出行中回来时在这里收到了来信及尊
文. 我们的一般处理方式的一致性对我来说曾经是一大快事,正如尽管在我的表
521　达方面还有许多不完善之处而您却对我的努力表示了的那种理解一样. 然而,正
因如此,我才允许自己请您注意我们用不同方式来表达的某些点,尽管我充分赏
识您那种更加有力的风格的清晰性.

　　　　其中一个尽管很小的问题就是您联系到经典描述模式而在原子物理学的未
来发展方面表示的保留,这种保留在我看来似乎并不像您所描绘的那样明显. 很
显然,原子物理学中的局势是和存在于经典物理学中的局势本质地不同的. 当

---

　　⑱　The manuscript, *Statistik*, *Kausalität und Willensfreiheit*, is deposited at the NBA.

然,我们不仅仅已经知道每一次观察都涉及现象的一种分布;我们也已经进一步
意识到,整个的观察概念要求一种和闭合体系概念不相容的客体和观察手段之
间的划分. 正是在这种联系中,我曾经在咱们的讨论中那样强调了一件事实:空
间-时间概念的应用必须永远建筑在不属于体系的标尺和时钟的使用上. 我们在
这里处理的是和相对论的一种范围深远的但又不是完备的类例,因为,至少在狭
义相对论中,对经典概念之随意性的那种有成果的和发人深思的强调,并不像在
原子物理学的事例中那样是和那些概念的不可达成性有关的. 正如您自己所曾
强调的那样,我们可以想象,更多的经验将能向我们显示一个绝对坐标系的存
在,但是在我看来,一种类似的可能性似乎在原子物理学中并不存在. 通过对观
察概念的深入分析,我们在这儿遇到了更深刻的认识论问题;这些问题在我们的
经验的描述中是不能忽视的,不论描述是如何形成的. 因为问题不在于规律⑭
[在原子物理学中并不存在,而在于]由于规律的品格不同,这里的局势是和通常
称为因果性的理想化可以应用的那种局势完全不同的.

　　正是这一观点决定了我在 Naturwissenschaften 普朗克专号上那些关于心
理学问题的说法⑤;通过心理分析,我们恰恰熟悉了所提到的那种局势. 我清楚
地知道,我们在这儿遇到的也是问题的表达中的微小出入,然而,联系到这一
点,我要请您注意到这样一件事实:您的关于物理事件和心理事件的平行论
的论述可能会引起对我的观点的一种误解. 我对波-粒问题和心理学中的基本
问题之间的形式相似性的强调,当然并不是以精神-肉体平行论和波-粒二象
性之间的密切类比为目标,而主要是以从物理研究和心理研究得到相互阐明
为目标. 平行论本身当然涉及一种不能借助于单方面的物理性的或心理性的
规律来理解的互补性. 这恰恰就是我在普朗克专号上以及后来刊载在
Naturwissenschaften 上的在斯堪的纳维亚自然科学家会议上的演讲⑤中对这一　　522
问题表达我自己的见解的那种试探性的、从而恐怕是很模糊的方式的原因. 正如
您从我们在哥本哈根的讨论所知道的那样,我相信我已经通过进一步推求在上
述各文中强调了的对有关有生机体的观察概念的放弃而达到了问题的一种充分
发展了的描述;对于这种观察概念来说,观察手段的应用所造成的杀害就给它规

　　⑭　以下方括号中的文字在寄给约尔丹的信中被错误地漏掉了. 后来当和来访的奥斯卡·克莱恩讨
论问题而发现了这种错误时,玻尔就亲手把这些文字添在了现在收入 BSC 的此信的复写本中. 参阅 1931
年 6 月 14 日玻尔致约尔丹的信,BSC.

　　⑤　N. Bohr, *Wirkungsquantum und Naturbeschreibung*, Naturwiss. **17**（1929）483—486.
Translated into English as *The Quantum of Action and the Description of Nature* in Bohr, *Atomic Theory
and the Description of Nature*, ref. 47, pp. 92—101. The latter version is reproduced in Vol. 6,
pp. 208—217.

　　⑤　Bohr, *Die Atomtheorie*, ref. 47.

定了一个原理上的界限. 我特别关心的就是要强调, 从认识论上来说, 在我们的世界观中, 可以给生命现象所服从的规律找到一个自然的位置. 我当然同意一点, 即给我们以必要的自由的, 首先就是无机宏观宇宙中的因果概念之适用性的基本界限; 而且, 在这种意义上, 非因果性可以看成生命的一种特征. 然而, 机体的奇特反应却是以尽可能密切的方式和生物学的规律联系着的; 这种规律不能机械地加以理解, 从而是在原理上不同于在涨落现象的研究中所应用的那些技术性的放大装置的. 正如原子现象的稳定性是和由测不准原理所表示的观察可能性的界限不可分割地联系着的那样, 在我看来, 生命现象的特点也是和确定生命存在于其下的那些物理条件的原理上的不可能性不可分割地联系着的. 或许可以简单地说, 原子统计法处理的是原子在明确定义的外界条件下的行为, 而我们却不能在原子尺度下定义机体的状态. 如果这样来表述问题, 则把对应式的量子统计法看成属于无机界或看成属于有机界就都无可无不可了. 按照我们的世界观, 它占据的是因果性概念这一理想化的适用领域和生命现象的目的论说明之间的一个中间位置.

　　正如我已经说过的那样, 我在这封信中的一切说法都应该被理解为我对我们的共同兴趣的一种喜悦的表达, 以及我的一种愿望的表达, 那愿望就是, 表达模式的不同将有利于问题的普遍澄清. 关于在上次会议[52]上讨论过的尚未解决的那些原子问题, 我正努力给予我的看法以一种令人满意的形式, 因此, 我很不幸地还没有写好一篇关于我对生物学问题的看法的论述. 然而我希望, 在本月之内, 我将完成去年夏天我在爱丁堡发表的一篇演讲的稿子, 在那篇演讲中我比较详细地论述了我对这些问题的普遍看法[53]. 一旦写完, 我将寄给您一份抄本. 在此以前, 我将寄给您 Naturwissenschaften 上三篇文章的丹麦文版[54], 这是在两年以前出版的. 在该书的绪论中, 我或许在某些事例中曾经找到了对我觉得我们共同感到的那种热心的一种比这封信中的表述更好一些的表述.

　　谨向您和您全家多多致以亲切的问候和最佳的祝愿, 我妻子附笔致候.

您的

［尼耳斯·玻尔］

---

　　[52]　1930 年复活节的会议, 是从 1929 年开始在哥本哈根玻尔的研究所中召开的那些不拘形式的会议的第二届会议.

　　[53]　Manuscript, *Philosophical Aspects of Atomic Theory* (lecture given on 26 May 1930, on the award of the James Scott Prize). Bohr MSS, microfilm no. 12. Summary published in Nature **125**(1930) 958. The summary is reproduced in Vol. 6, p. 352.

　　[54]　N. Bohr, *Atomteori og Naturbeskrivelse. Festskrift udgivet af Københavns Universitet i Anledning af Universitetets Aarsfest November 1929*, Copenhagen 1929.

约尔丹致玻尔,1931 年 6 月 22 日

[打字本]

大学

物 理 学 院　　　　　　　　　　　　　罗斯托克,22.6.[19]31

理论物理学分部

亲爱的玻尔先生:

525

衷心多谢您的亲爱而详细的来信,信中对我的文章作出了亲切的反应! 同样多谢随后的改正[55]. 得知您对我的说法的同情和一般态度,实为一大欣慰;我那些说法本身,当然只不过是比较详细地发展您自己近年来的一些建议的一种尝试而已. 至于特别说到您的批评意见,对那些评论的改正给我留下了很深的印象,从而我可以相当简单地表示同意. 我希望能够在我的论文校样的有关部分进行一些改动. 关于生物学的问题,我已经意识到把机体看成原子反应的非因果性在它那里扩展为宏观非因果的一些体系的那种表征方式是不充分的,因为恰恰是您所指出的那种放大管确实存在;为了使自己确信,我首先试着考虑了,放大管只能是人造的而不能在自然产物的任何地方被找到,这几乎不会是偶然的. 这种说法也许并不是毫无兴趣的——然而它当然不应该和您的信中关于什么是生物学事物的本质的那种深入解释相矛盾. 我设想,我们在机体的一些区域中发现对"无机"规律很强的偏差,那些区域是很小的,而且无论如何在能量上看来是不重要的. 因此,我并不认为有机反应的一部分显示出和放大管的反应模式相仿的模式是不可能的.

526

大致说来,我愿意区分机体的三种不同的区域(在三者之间当然并不存在截然的分界线):您的表征可以适用的生物"中心"区域,其次是"放大器官"区域,而最后是"工具器官"区域,在该区域中反应模式和发生在自然界中的无机反应并无重大的不同. 为了强调"放大作用"作为一种目的论积分的那种品格,我的用非因果性向宏观方面的扩大来表征生物的办法很可能是更合适的;也可能,人们必须通过一件事实来理解量子反应和有机反应之间的区别,那就是,因果性在这些量子反应的"中间区域"中已经停止,而目的论则还没有开始;量子物理学领域中的各单个原子的无规的统计性反应,在机体中显示为适当地"被积分"而给出一种和谐的总效应;在这儿,您的表述在我看来是完全令人信服的,那就是,在有生机体中(或者说,在上述为了详细说明而试用的意义下:在生物的"中心"中),应该不再能够在原子尺度上对局势完成一种描述——那将意味着等于"杀死".

―――――――――

[55]　1931 年 6 月 14 日玻尔致约尔丹的信,参阅注[49].

　　我强烈地感受到我的表达的不完善性,它甚至远远不能无歧义地传达我自己的见解. 但是我们当然会逐渐找出一种适用于这些如此新颖的思想的语言. 我毫不怀疑,生物学将从物理学接受到相当决定性的激励,而为了推动这种发展,我们这些物理学家们今后最好试图用一种"思辨的"方式来相当详细地讨论讨论应用来自物理学的那些新结果和新观点的可能性——尽管在后来的阶段中工作必然主要掌握在生物学家手中,而且必须在理论和实验的密切联系中进行.

　　然而我最后必须报告,我的文章的发表似乎会遇到障碍. 自然,唯一可能的刊物就是"Naturwissenschaften";而我刚刚从柏林诺的办公室中得知(他本人正在出访,不在办公室中),柏林诺⑤⑥认为,Naturwissenschaften 已经发表了大量的关于因果性的文章;因此他已经把莱辛巴赫⑤⑦的一篇文章搁置了很久. 无论如何,我将再给他写信,但是我对局势却不太乐观.

　　多多致以衷心的问候——也请代向克莱恩致意,如果他尚在哥本哈根的话.

您的永远的

P·约尔丹

527　玻尔致约尔丹,1931 年 6 月 23 日
[复写本]

[哥本哈根,]6 月 23 日,[19]31

528　亲爱的约尔丹:

　　我相当同意您在您的亲切来信中所说的关于您的观点的每一点. 关于在生物学机能的刺激方面我们主要处理的是和普通的放大装置相似的机能,而与此同时,机体和那种放大装置之间的区别则在于,在机体中,我们遇到的是自身稳定化,而在普通的放大装置中,连续的运行则永远需要人的介入. 这些都是我已经熟知了很久的一些思想,而且我在近年以来也经常和丹麦生物学家们讨论这些思想. 正是把这些事实考虑在内的那种努力,形成了我的一般表达模式的背景,而这种模式的目的,主要就在于我们的一般处境的认识论分析. 然而,如您所知,很久以来我的意向就曾经是更全面地把我的关于生物学问题的看法的细节综合起来,但我还没有做到,因为不断地讨论了尚未解决的原子问题. 特别说来,我曾经希望写完一本小册子,它形成几个星期以前我寄给您的那本丹麦

---

　　⑤⑥　阿诺耳德·柏林诺(1862—1942),德国物理学家,退休以后任 Die Naturwissenschaften 的主编 [后被纳粹政府迫害,自杀身亡. ——译注]

　　⑤⑦　汉斯·莱辛巴赫(1892—1953),德国数学家和哲学家,于 1938 年移居美国. 参阅前面的第一编《引言》原第 16 页.

文小册子⑤⑧的德文版⑤⑨,并具有这样的表达.这样一个版本已经在施普灵格公司印了一年,但是,尽管要求很迫切,我却还没有下定让它问世的决心,因为我恐怕书中的新东西太少.经过一些劝告,特别是经过刚刚到这里访问过我们的艾伦菲斯特的劝告,我现在终于决定让它问世了;我只在丹麦文绪论的译文后面的一篇附志⑥⓪中加了一些关于生物学问题的说法,谈到了绪论结束处的那些议论,以及也收入该书中的在斯堪的纳维亚自然科学家会议上的演讲⑥①.我希望在几天之内就能寄给您一册此书.

529

我们大家向您多多致意,

您的

[尼耳斯·玻尔]

约尔丹致玻尔,1932 年 11 月 26 日

[打字本]

530

亲爱的玻尔先生,

我的量子力学-哲学的文章⑥②(其底稿⑥③您早已看到)刚刚已在"Naturwissenschaften"上刊出.和当时的底稿相比,文章经历了某些改变,为此我曾经得益于您当时的指正.您认为可疑的一些论点经过了精确化,而另外一些也已经改动了.另外,增加了论述量子力学对生物学而言的重要性的一章.最后,我以为比在原来文本中更清楚地强调一点也是正确的,那就是,我的一切议论只是重述并更清楚地表达您在"四篇文章"⑥④中已经叙述过的那些问题的一种尝试.附带说到,我近来刚刚在 Phys. Zeitschr. 上发表了关于您的文集的一篇书评⑥⑤.

多多致候

11 月 26 日,[19]32

您的永远忠实的

P·约尔丹

⑤⑧ N. Bohr, *Atomtheorie und Naturbeschreibung*, Julius Springer Verlag, Berlin 1931. Subsequently published in English as Bohr, *Atomic Theory and the Description of Nature*, ref. 47.

⑤⑨ Bohr, *Atomteori og Naturbeskrivelse*, ref. 54.

⑥⓪ N. Bohr, *Addendum* in Bohr, *Atomtheorie und Naturbeschreibung*, ref. 58, pp. 14—15. The English version of the "Addendum" was printed in Bohr, *Atomic Theory and the Description of Nature*, ref. 47, pp. 21—24, and is reproduced in Vol. 6, pp. 299—302.

⑥① Bohr, Die Atomtheorie, ref. 47.

⑥② P. Jordan, *Die Quantenmechanik und die Grundprobleme der Biologie und Psychologie*, Naturwiss. **20**(1932) 814—821.

⑥③ 见注⑭⑧.

⑥④ Bohr, *Atomtheorie und Naturbeschreibung*, ref. 58.

⑥⑤ Phys. Z. **33**(1932) 671—672.

玻尔致约尔丹,1932 年 12 月 27 日
[复写本]

[哥本哈根,]12 月 27 日,[19]32

532　亲爱的约尔丹:

　　我很抱歉没能答复您的亲切来信,但是一个月以来我一直被各种的任务完全占住了. 我很高兴您的关于量子力学和生物学问题的美好文章终于发表了,而且得悉您为我的小册子写的书评并感受到尽管该书在表达方面还有许多缺点而您却对我的一般努力很表同情,也是我的一大快事. 正像您说的那样,我们涉及的是一种文体,它肯定给读者带来了一些不小的困难,但这是我使读者对我所想到的东西有一个印象的唯一方法. 除了我在此附寄了抽印本的一些一般性的文章以外,我在今年夏天还在哥本哈根的一次国际医学会议上用英语发表了一篇演讲;这篇演讲将在"光和生命"的标题下刊载在会议的报告集中,而正在这里工作的外斯考普⑥即将为"Naturwissenschaften"准备一份演讲的德文译本⑥. 我希望能在不多几星期内寄一份抽印本给您,并且很想知道您在它的表达方式方面有些什么看法. 您或许也有兴趣听到,罗森菲耳德和我已经完成了一篇关于电磁场量的可测量性的大论文,不久就将在 Zeitschrift für Physik 上发表⑥. 我们已经能够证明了量子电动力学的表述形式和可测量性之间的完全和谐,但这只是在我们克服了一些困难和表观佯谬以后才做到的. 不但朗道和派尔斯的批评⑥被证实为没有道理,而且最重要的是,永远必须采用场量在有限的空间-时间域中的平均值,而不是采用各该量在空间-时间点上的值. 为此目的,我们很有益处

533　地从起初由您和泡利提出的对易关系出发,而且除了别的结果以外,还发现了,海森伯在他的关于量子理论之物理原理的书⑦中讨论过的正交电场强度和磁场

---

⑥　维克托·外斯考普(1908 年生),奥地利出生的物理学家,玻尔的亲密合作者之一. 玻尔在 1938 年帮助外斯考普移民去了美国.

⑥　见注②.

⑥　所提到的并没有发表在 Zeitschrift für Physik 上的论文就是 N. Bohr and L. Rosenfeld, *Zur Frage der Messbarkeit der elektromagnetischen Feldgrössen*, Kgl. Dan. Vidensk. Selsk. , Mat. - fys. Medd. **12**, no. 8 (1933). Reproduced in Vol. 7, pp. 57—121 (German original) and 123—166 (English translation).

⑥　L. Landau and R. Peierls, *Erweiterung des Unbestimmtheitsprinzips für die relativistische Quantentheorie*, Z. Phys. **69**(1931) 56—69. The relevant part of the English translation of this article is reproduced in Vol. 7, pp. 231—238. The general background is described by Jørgen Kalckar in his *Introduction* to Part I of Vol. 7, pp. 3—30.

⑦　W. Heisenberg, *Die physikalischen Prinzipien der Quantentheorie*, Hirzel Verlag, Leipzig 1930. Printed in English as W. Heisenberg, *The Physical Principles of Quantum Theory*, University of Chicago Press, Chicago 1930 (reprinted by Dover, New York 1949 and 1967).

强度之瞬时值的非对易性,在检验这一表述形式方面是没有用的.事实上,对同一空间-时间域中的测量来说可以利用的平均场值中的两个值,永远是对易的.如果我们在什么时候能够更详细地谈谈这些问题,以及我曾经考虑了很多而且在我们的论文中也曾接触到的相对论量子力学的佯谬,那将是很好的.希望这一次您能参加我们传统的小小复活节会议⑦.一旦更多地知道了会议日期,我就会写信告诉您.

借此机会我们大家都向您和您的家庭致以最佳的新年祝愿,

您的

[尼耳斯·玻尔]

奥斯卡·克莱恩

玻尔致克莱恩,1933 年 1 月 19 日

[复写本]

[哥本哈根]1 月 19 日,[19]33

534

亲爱的克莱恩:

谢谢你的亲切来信.若能看到你告诉我已经写了的关于我的小文章⑫的论文⑬,那是会使我非常高兴的.应"Naturens Verden"的要求,我在上星期弄好了该文的一篇丹麦译文.现寄去刚刚收到的初校清样.由于丹麦文和英文之间的巨大差异,翻译并不是那么容易的,从而在某些地方我相当随便地改变了几句话,而且我很愿意知道你是否以为这是一些改进,以及你是否认为还有别的一些可以把意义表达得更好的地方.一个问题就是,你认为我在翻译中对理性的和非理

535

性的等词的用法是否有意义.居然引用这些单词的原因是为了指示生理学中目的论论点的应用,我认为那种论点并不是十分清楚的,至少是很难翻译的.我刚才把校样给汝德·尼耳森⑭看过了;他认为有些地方的改进并不是十分重要的,而如果你的想法也相同,我就将在他的协助下在 Nature 上的英译本中把那些变动考虑在内,这意思是把丹麦文本看成原文本.这也许使译成德文的工作更容易些.我因为不断为文章的事麻烦你而甚感抱歉,但这是因为我要为了你的精彩协

---

⑦　见注㊹.

⑫　可能指的是 O. Klein, *Biologi og atomfysik* (Biology and atomic physics), Svenska Dagbladet, 11 January 1933.

⑬　见注⑫.

⑭　因斯·汝德·尼耳森(1894—1979),丹麦-美国物理学家.参阅本书第五卷原第 318 页.

助而向你多多致谢.

你决定立即把你的文章寄给 Zs. f. Phys.⑦,这是很好的;我们都在盼望着能够很快读到它. 至于我自己,从你离开以后我在其他问题方面没有多大进展,特别是因为罗森菲耳德,由于家中有人生病而没能像我曾经希望的那样在一月份到这里来和我一起结束那篇文章. 然而,布劳赫已经在今天来到了,从而我正在盼望在最近的几天内更深地投入到整个的超导问题中去. 我将很快再给你写信并告诉你情况如何.

向你们大家多多致以衷心的问候,

你的

[尼耳斯·玻尔]

玻尔致克莱恩,1940 年 3 月 6 日

[复写本]

[哥本哈根,]3 月 6 日,[19]40

537   亲爱的奥斯卡:

多谢你的亲切来信. 你怎么弄到那么多剪报⑦的啊? 我没法想象,但我收到它们很高兴. 我已经把其中一些转寄给了感兴趣的朋友们:例如我今天寄了一份给奥斯陆的神学教授席格蒙德·莫文开耳⑦,我在一月份在赫斯别尔格会议上见到了他并和他进行了长谈⑦.

我也抱着最大的喜悦读了你为“Ord och Bild”重写的文章⑦,而且像往常一样赞赏了你作出一种既发人深思又益人神智的表达的能力. 然而我愿意向你指出,文中有些句子可能会受到误解. 它们涉及了关于灵魂和肉体之间的关系的讨论. 我的关于本能和理性二词可以有意义地被使用的那些局势之间的互补性关系的说法,正如你如此清楚地描述的那样,是为了促使人们在比较动物和人类时要多加小心. 不过我还是很担心你的表达会在一段时间内使读者想到,本能的显

---

⑦   O. Klein, *Zur Frage der quasimechanischen Lösung der quantenmechanischen Wellengleichung*, Z. Phys. **80**(1933) 792—803.

⑦   O. Klein, *Bibeln och våra dagars naturforskning*(圣经和现代科学研究),Göteborgs Handels-och Sjöfartstidning, 18 December 1939.

⑦   席格蒙德·莫文开耳(1884—1965),于 1922—1954 年在奥斯陆大学任旧约神学教授. NBA 藏有玻尔致莫文开耳的信的复写纸打字本.

⑦   会议于 1940 年 1 月 6 日在挪威城市哈马尔以北的赫斯别尔格召开. 这是由国际联盟主办的一系列斯堪的纳维亚地区会议之一,处理的是由于战争局势而出现的一般的国际科学合作所面临的问题和特殊的芬兰科学家问题.

⑦   *Bibeln och våra dagars naturforskning*. Ord och Bild **50**(1941) 471—478.

示涉及的是纯生物学的问题,而理性的应用则涉及的是关于物质性生物学过程的直接的精神介入.当然,我绝不认为你我之间存在任何意见上的分歧,我所想到的只是例如"一种不受抑制的生物学机能是以意识的不存在为其前提的"(p.10,倒数第 7 行)这一类说法所会引起的误解.当我在旧文章《光和生命》[80]中以及在后来的一些场合下谈到在互补性观点的基础上对精神肉体平行论进行阐发时,我当然不是说平行论本身有什么界限问题,而只是说的对以前未注意到的生物学现象和心理学现象之理性分析的前提之间的那种平行性的认识问题.我绝不想建议对你的表达方式进行大的改动,而只是建议也许在某些句子的表述方面要稍微更小心一些,就像你上次在这儿时我们已经讨论过的那些小的改动一样.

538

　　正如我上次所写的那样,我们仍然满怀喜悦地记得你的来访,那次访问对我是一大鼓舞.然而可惜的是,我们关于世界事务的迅速改善的希望还没有得到实现,而且我担心在此事发生之前我们不得不经历黑暗的日子.不过,我们还是无能为力,只能保持我们的勇气并通过致力于和目前局势尽可能无关的问题来互相帮助而已.

　　我们全家向你们大家多多致以热情的问候.

你的

〔尼耳斯·玻尔〕

奥托·梅耶尔霍夫

玻尔致梅耶尔霍夫,1936 年 9 月 5 日
〔复写本〕

〔哥本哈根,〕9 月 5 日,〔19〕36

亲爱的梅耶尔霍夫教授:

541

　　我很遗憾,由于不容延误的意外任务,我还没能抽出时间来写成我在哲学家会议[81]上的发言的总结.因此在这封信中我必须把自己限制在提及某些可能使您感兴趣的要点方面.

---

　　⑧　见注㉒.
　　⑧　第二届国际科学的统一性会议于 1936 年 6 月在哥本哈根召开,玻尔在会上发表了一篇演讲,后来印成 N. Bohr, *Causality and Complementarity*, Phil. Sci. 4 (1937) 289—298. 玻尔的演讲见本卷原第 39—48 页.演讲的一般背景见上文第一编《引言》原第 20 页及以后的描述.

首先,我在旧作《光和生命》⑧²(今附寄该文副本一份)中的那些说法,只是旨在根据物理学的晚近发展强加给我们的关于对"观察"的要求的观点来澄清生机论和机械论的旧争论.确实,这根本不是观察生物学现象的一种明确定义的界限问题,或一般地利用物理概念来描述这种现象的任何界限问题,而只是强调一个情况的问题:对于观察的问题来说,正如在整个的生物学描述模式中那样,我们遇到的是一种局势,和正式的物理学问题在其中直接以一种所谓的解释为目的的那种局势根本不同.正如我在文中只是简单地指出了的那样,在这方面,原子物理学的普遍教益可以按下列的序列来描述:

a) 经典物理学中的问题,在那里,我们永远处理的是一种明确定义的闭合体系,体系的状态可以被描述,而不必把观察的可能性考虑在内.

b) 量子物理学,在那里,我们处理的是一种明确定义的体系,但是客体和测量仪器之间的不可避免的相互作用却在那里甚至在态的描述中也造成一种基本的互补性特色.

c) 真正的生物学问题,在那里,甚至现象在其中发生的物质体系也不能在原子论的意义上被严格地限定,因为这种现象及其观察的一个基本特色就是,不可能区分那些属于有生机体的原子和那些正在被有生机体吸入或排出的原子.

这个序列的意义应该是,正像由于(客体和测量仪器之间的相互作用在原理上强加给我们的)⑧³我们对一种因果解释所通常要求的那种局限性,新型的规律(例如出现在原子稳定性方面的规律)在原子物理学中有其合理的位置那样,保持客体活着的条件所要求的在观察和定义方面的一种甚至更大的让步,就使我们可以避免物理学和生物学之间的任何表观矛盾.我希望您能看出,这种处理方式并不像初看起来那样危险,而且最重要的是它绝不表示和一种非理性的生机论的任何妥协.另一方面,它很可能适于用来避免所谓机械论中的某些偏见,因为它作为非理性概念而排除了关于生命本身的存在和物理-化学体系的明确定义的性质之间的类比的任何要求.正因如此,就可以尽可能地强调一点:这种情况绝不涉及对物理-化学的描述方法或研究方法的任何限制,而只是表示了,在这些方法的应用中,我们关于生物学现象的知识和理解的不可穷尽的源泉.我愿意特别提到,在我看来,关于热力学定律在有机世界中的失效的任何议论都起源于一种对局势的严重误解.

至于我在精神问题方面的那些说法,我们确实首先处理的是精神经验的观察及分析的困难(我相信这种困难是所有的心理学家都已认识到的而且是由

542

---

⑧² 见注㉒.
⑧³ 括号中的字样是编者为帮助读者的理解而增加的.

W·詹姆士那么精辟地描述了的)和原子物理学中的局势之间的纯形式性的类比.然而,我的看法绝不是认为我们在这儿处理的是这样两组问题之间的任何直接的关系,而在文章中,我的首要意图就是对那种在精神论的意义上滥用量子物理学的倾向提出警告,而在我看来,这种滥用甚至是出现在像艾丁顿那样杰出的物理学家那里的.所谓意志自由的问题,我相信是通过对如何提出问题进行的足够明确的批判而作为上述那种因果性和生机论之间的佯谬而被解决了的.人类行为的一种完全决定论式的描述,将要求一种关于所谓内在的和外在的先决条件的知识,这些条件在原理上是互斥的,而正是在这种局势下,应该留有直接的意志感的余地.然而,最近以来约尔丹通过引申这些考虑而为所谓灵学现象找到余地的尝试,在我看来却是完全错误的,因为这不但会和机体行为的严格物理性的描述严重抵触,而且也会和精神肉体平行论的合理处理相矛盾.我确信,灵学现象只是通过心理经验之观察和诠释中的谬误资料而想象出来的一种荒唐幻想.

543

可以希望,您将在这些提法中找到对我在上一封信中表示过的那种信念的支持;那信念就是,尽管表达的方式有所不同,我们的处理方式却可能在本质上是相同的.

致以亲切的问候,

您的忠实的
[尼耳斯·玻尔]

沃尔夫冈·泡利

玻尔致泡利,1953 年 12 月 31 日
[复写本]

[哥本哈根,]12 月 31 日,1953

547

亲爱的泡利:

在新年以前,我愿意向你略致问候,并为了你在过去一年中对我的一切友情和鼓励而向你致谢.克莱恩夫妇在几个星期以前在他们从苏黎世回国的途中在哥本哈根停留了两天;从他们那里,我们收到了你和弗朗卡的亲切问候和好消息.马格丽特和我听说弗朗卡现在已经完全康复,而且克莱恩夫妇告诉我们,你们现在的精神也很好;我们因此而特别高兴.我也很有兴趣地得悉,除了量子问题以外,你现在正在更详细地进行生物学问题和心理学问题方面的工作;关于那些问题我在过去的一年中也曾经考虑过很多.

我听克莱恩说,你对一本由一位几乎是你的本家的人写的关于达尔文主义和拉马克主义的旧书㉔很感兴趣,而我自己也从那时起更仔细地读了那本书. 书中涉及的是一些无疑包括了深刻真理的观点,而我对这些观点也是从青年时期起就相当熟悉的,因为,正如我们肯定曾经常常讨论过的那样,我父亲对这些问题下了很大工夫,而且在他在各种场合下写的文章中很突出地表达了他自己对生物学研究的状况的看法. 然而,和我最有关系的却是怎样确定我们关于上世纪中生物学和心理学中的伟大进步的想法,并联系到这一点来利用原子物理学的发展已经教给我们的关于一些现象的描述的教益;那些现象,由于它们的整体性特色,是不能用形成机械自然观之基础的那些理想化来处理的.

和所谓无生自然界中的现象相反,生命是由机体的独立性和它们以一种有利于生命的保存、生殖和发展的方式来适应外界条件的能力来表征的;正因如此,一个纯逻辑的要求就是,机械论观点和活力论观点或生物学家所喜欢说的目的论观点就显示为在有机生命的客观描述中是互补的. 在一定的意义下,应该在机械论描述的要素中寻求一种对应性观点的出发点,其方式和力学基本原理被用于关于个体过程之发生的量子力学规律的表述的那种方式相同,而那些个体过程本身在机械自然观中是没有任何相应过程的. 然而,这里当然不是一种简单类例的问题,而是自然的描述的一种甚至更远的推广的问题,那种推广为生命的典型特色留下了余地.

一个重要之点当然就是这样一种情况:在每一个体事例中,由于纯逻辑的原因,在现象的发生和观察之间是不能作出任何区分的. 因此,和用原子级粒子做的简单实验中那种严格闭合的结果相反,在生命现象的事例中,我们必须把机体的构成和更新和机能活动所需的自由能的补充所必需的连续新陈代谢考虑在内. 也正是这些情况,似乎就指示着适于外界条件之适应的一种有机发育的可能性. 物种所特有的不变性无疑是和细胞染色体的原子级稳定性密切有关的;然而,同样重要的是要记得,在一个有生机体中,我们从来不是仅仅处理染色体,而可以看成复制中的最小单位的却是一些细胞;在那些细胞中,染色体的奇妙的分裂和偶合借助于必要的养分和酶来进行. 配子在个体生命的很晚阶段才成熟,那时适应变化的外界条件的要求可能已经发生了;因此,看来就可以很自然地假设,这样的变化不仅仅反映在表现型中,而且遗传型的不变性也只是一种初级的近似,而且是可以经历其特性适于对环境作出适应的那种缓慢的久期变化的.

㉔ A. Pauly, *Darwinismus und Lamarckismus. Entwurf einer psychophysischen Teleologie*, E. Reinhardt, Munich 1905.

这样的一些说法可能显得很含糊,但是我仍然想要依靠的一点却是定义所必需的现象的永久性特点,这些特点在原子过程的观察所依赖的那种不可逆的放大效应中有其类例. 我们在有机生命中到处都遇到这样一些效应,而如你所知,在和生命有关的物理现象的描述中,我是把主要的重点放在这样一件事实上的: 所谓意识经验涉及某种可以被记住的东西,从而一定对应于机体中的一些特殊的局势,而那些局势恰恰就具有作为观察之基础所必需的那种永久性的品格. 从一种纯行为论的立脚点看来,这一情况也是机体以一种最实际或最合适的方式来利用生命的一切展开途径的那些可能性的一种特别清楚的表现.

联系到这一点,曾经使我很高兴的是再多想想本能和理性之类单词的用法;这是我在关于各种人类文化之间的关系的旧论文㊳中特别是联系到动物和人的处境中的许多重要区别而触及过的. 虽然继承性的本能显然在个体的细胞中或至少在受精卵中有它们的烙印,在所谓理性的事例中,那却是神经系中大分子团之间的相互作用的问题;而按照事物的本性,这种相互作用并不能充分地印在个体分子中,从而只能被个人本身记住;这种情况也由于实际的原因而是对有机的发育和人生的乐趣很有好处的. 请想,如果一个人通过遗传而承受了他的祖先们的或多或少偶然的经验和哲学谬见,那会引起多大的混乱和困难啊! 为了文化水平的不断提高,个人的内心经验和外部经验可以传达给别人也就足够了;如有必要,这种经验可以用一种文字写下来以传给后世,那种文字必须被认为是一个人通过遗传而有能力获得的,但却是每一个儿童都必须从头学起从而提供了语文本身不断发展的机会的.

我在这儿的意图并不是要论述我们已经讨论过那么多次的一切老问题,而只是要说,我正在又更仔细地考虑它们并且觉得确实有可能得到更大的清晰性,至少是在我们开过那么多次玩笑的"Sprüche des Confucius"㊴的意义上. 我也用不着说,尽管用了一些术语,但意图并不是要通过加入一个行为论学派或其名称本身就指示了它的支持者们的短小眼光的任何其他意识形态来把哲学态度粗糙化或简单化,而只是要使用那样一些单词,它们指示着甚至对最开明的态度也有必要的一些补充意义. 特别说来,我认为,正是通过这样一种强调,就有可能达成一种概括性的观点,不是为了有机发育和我们作为有意识人类的处境的根本论证而是为了二者的客观描述. 我对这些问题的研究和我目

550

㊳　N. Bohr, *Natural Philosophy and Human Cultures*, ref. 38.
㊴　《孔子曰》,腓特烈·席勒的诗,共两章,写于 1795 年和 1799 年,分别处理的是时间概念和空间概念. 结束的句子是:"Nur die Fülle führt zur Klarheit, //Und im Abgrund wohnt die Wahrheit."(大意:"多言始明,道在无穷.")见 *Schillers Werke*, *Nationalausgabe*, Vol. 2, Part 1, Weimar 1983, pp. 412—413. 这是玻尔喜欢在不拘形式的聚会上向他的同事们朗诵的诗篇之一.

前正在撰写的一篇论文㊲有关,我希望不久就能够将该文寄给你,而且它应该在我近年来我的一些文章的集子中形成一种有希望的澄清问题的结束语,这些正是你常常建议的那种办法. 我也准备在书中加些评语. 这些评语应该能使读者更容易理解我的处理方式,特别是提醒他注意那些很不幸地常常遇到的误解.

同时,作为一种生活的表示,我也寄给你一篇关于物理学和宗教的短文抽印本,该文刚刚发表在庆祝约翰·皮德森 70 寿辰的文集上㊳. 此文恐怕会使你失望,因为我不得不把自己限制在少数几点介绍上,而根本没能真正讨论在文章引言中预料了的各种问题. 你将理解,主要目的就是尽可能清楚地指出笛卡儿及斯宾诺莎时代的哲学背景和我们现在经历的那种发展之间的巨大差别,从而我曾经特别希望有机会更直接得多地论述任何人格化上帝的概念所蕴涵的那些认识论的或者更不如说是逻辑上的困难. 如上所述,结果只是一个很小的片段,这是在我又一次出行之前不得不匆忙写成的;此次出行,我去日内瓦参加了许多 CERN 会议中的一个会议,然后从那里去了巴勒斯坦和希腊. 在那两个地方,马格丽特和我都有过许多有趣的和发人深思的经历,而且对伟大的文化遗产和困难的现代问题都得到了强烈的印象,而且我们希望在不太久的将来就有机会和你及弗朗卡更详细地谈论这一切.

回来以后,我们接待了奥本海默夫妇的一次短期的但却极其愉快的来访;除了别的事情以外,他们告诉我们说,他们指望你和弗兰卡将在春季到达普林斯顿. 至于我们自己,我们不得不把我们去普林斯顿的访问推迟到夏天,但是,如果当回来时你们两个人能够来哥本哈根,而你也能够再对这儿的 CERN 小组发表一篇演讲,那就是极其可感的了,此间的 CERN 小组在那时仍将聚集在这里. 附带说到,两星期前我们也访问了海森伯的集体;海森伯的把他关于基本粒子之概括性理论的新的和大胆的想法告诉了我们. 我想我理解了要点,但是我很难掌握那种复杂的数学计算,从而我急切地想听听你对此事的看法. 这封或许太长的信的主要目的,不是把关于我本人和我自己的鄙见告诉你,而是要诱使你告诉我们一点你的工作和你们两人的打算,特别是你关于一般哲学问题的想法.

马格丽特和我向你和弗兰卡致以新年的最热烈问候和最良好祝愿

你的老

[尼耳斯·玻尔]

㊲ 玻尔在此指的很可能是最初在 1949 年发表的斯提诺演讲,当时他正在开始把那篇演讲写出印行稿. 见 *Steno-Forelæsning i Medicinsk Selskab*（*II*）, Bohr MSS, microfilm no. 22. The lecture, *physical Science and the Problem of Life*, was eventually published as the concluding essay in Bohr, *Atomic Physics and Human Knowledge*, ref. 11, pp. 94—101. 见本卷原第 116—123 页.

㊳ N. Bohr, *Physical Science and the Study of Religions*, Studia Orientalia Ioanni Pedersen Septuagenario A. D. Ⅶ id. Nov. Anno MCMLⅢ, Ejnar Munksgaard, Copenhagen 1953, pp. 385—390. 见本卷原第 275—280 页.

泡利致戴耳布吕克,1954 年 2 月 16 日[89]

[复写本]

高级研究所
普林斯顿,新泽西

2 月 16 日,1954

亲爱的马科斯:

你把你的演讲稿寄给我,其盛意实在可感. 现在按照你的意愿将尊稿寄还. 当然,此稿使我甚感兴趣. 我曾经听说过沃森-克里克论文[90]. 所提出的 DNA 结构,以其一对两个互补的一维带及其建筑在毕达哥拉斯的"神圣四"上的基础,确实很能满足数学感. 我也曾经听说,有人已经开始担心,它在复制之前如何解开并分开它的两个带子. 我纳闷,活细胞的存在对这种过程来说是否不可缺少,或者说,它是否不和任何有生物质相接触也能作为一种普通的化学过程而出现. 后者似乎至少是可以想到的. 然而,荷尔什和恰斯的关于 DNA 物质在噬菌体中也是有效的物质的结果,对我来说却是新的,正如你的演讲中的其他内容一样[91].

你的演讲结尾处的现代生物学和上世纪 90 年代物理学的比较也是很激动人心的(特别是如果一个人是像我自己这样对随后年代的物理学发展感到怀疑的话). 它使我们希望在不太遥远的将来在生物学中也看到和 1900—1905 年的物理学中的情况相类似的情况;在那几年中,量子现象和经典物理学间的裂痕变得确定不疑地明显了. 同样,在生物学中,和我们现在的物理学的裂痕(尽管是在一种"合理推广"的意义下)也必然和将要大白于天下.

我非常盼望见到你,从而弗朗卡和我为你保留了在纽约的 3 月 10 日的夜晚. 地点我们以后再确定. 我将另外写信.

我想在这儿加上几句,这会便于你"对付"我. 使我最感兴趣的是有生机体中一些过程的特征,那些过程不能用建筑在我们已知的量子力学上的现有物理学(和化学)来解释,而且不同于通常的一般物理-化学过程. 我的印象是,这些特征一定存在于不同过程的相互性中,换句话说就是存在于一切过程的组织中. 因此,我就问自己,是不是在机遇出现于量子力学中的那种地方,在有生机体中会

552

---

⑧⑨　此信的复写本现藏 NBA,它本来附在 1954 年 2 月 19 日泡利致玻尔的信(下一信)中.

⑨⓪　J. D. Watson and F. H. C. Crick, *A Structure for Deoxyribose Nucleic Acid*, Nature **171** (1953) 737—738.

⑨①　A. D. Hershey and M. Chase, *Independent Functions of Viral Protein and Nucleic Acid in Growth of Bacteriophage*, Journal of General Physiology **36**(1952) 39—56.

出现另外的相互依赖性. 确实, 遗传规律是统计的规律, 正像量子物理学的规律那样, 而且我清楚地知道, 你在和季莫菲耶夫-莱索夫斯基合写的旧论文中怎样用你的变异模型确立了这两种事实间的一种逻辑联系. 但是在变异的事例中恰恰也出现一个问题, 即这里是不是也有不同基因之间的一种特征性的另外相互依赖性在起作用, 而这种相互依赖性是超出于通常量子物理学中定态之间普通跃迁之发生率所服从的简单几率规律的范围的.

心中有着这样一些模模糊糊的想法, 如果生物学家们试图用一般的"机遇"概念来解释例如出现在生物进化中的那种对有生机体具有很大特征性的现象, 我当然就会生气了. 我当然知道, 每一个谈论基因的化学反应的人, 必须使这种谈论和我们关于基因的化学构造的最新知识取得一致. 但是, 虽然已经存在加利福尼亚生物学家们和玻尔不一致的传统(由已故的摩尔根奠定的一种传统), 但是却不容否认, 当玻尔强调指出最小的有生单位是细胞而不是孤立的染色体时, 他是对的. 这尤其是如此, 因为有些不同的人讨论一种工作假说, 即认为通过细胞质而不是通过细胞核来进行的遗传会包括那样一些过程, 它们可以被导向, 使得它们能够反映环境对机体的一种遗传影响.

不论这会怎样, 一些生物学家似乎都承认, 为了解释有关生物进化的经验资料, 确实还缺少某些本质的东西. 因此我相信, 你可以通过向我们这些物理学家解释生命而向生物学家们解释机遇来做些有用的事——但是看在上帝的面上, 请千万不要反其道而行之!

在这种意义上, "Auf wiedersehen"(再见).

你的老

W·泡利

泡利致玻尔, 1954 年 2 月 19 日
[打字本, 有手写的附言]

高 级 研 究 所
普林斯顿, 新泽西

数　学　部　　　　　　　　　　　　　　　　　　　　　　2 月 19 日, 1954

亲爱的玻尔:

得到你从纽约寄来的长信确实是一大快事, 而我也因为直到现在才能至少以某种即兴的方式来写复信而深感抱歉. 特别是你的关于生物学的议论使我甚感兴趣, 于是我从阅读这方面的文献开始了, 尤其是因为我在这儿比在苏黎世有

多得多的时间. 然后我就一直拖延了给你写信, 直到我"再多读一本书(或一篇论文)". 我所读过的最有兴趣的文章之一是发表在期刊 ENDEAVOUR, **12**, 134, (1953)上的 C. H. Waddington 的"适应的进化". 作者是爱丁堡的教授, 属于那些承认在我们对进化的理解中还缺少某种本质的东西的生物学家之列. 我也读了遗传学家 A·高德施密特[32]的几篇文章和一本书. 他背离了流行的观点, 假设了他称之为"系统变异"、"宏观变异"或"突变"的更大突然跳跃的出现, 这种变化应该是生物进化的起因. 然而我并不相信这种特殊的说法, 因为在我看来, 这些更大的跳跃如果不是太厉害也是很难用"机遇"来解释的("机遇"一词是所有达尔文主义者都很爱用的, 他们按一种宽松的和表面化的方式来应用它), 除非这些大变化是或多或少连续地进行的, 而且是以一系列较小的外表上不可见的变化为其准备的. 利用这后一概念, 我处理了你自己的假说: "遗传型也可以经历一种缓慢的久期变化, 这种变化可以起到适应环境的作用."(来信 p. 2)[33]尽管如此, 你在这里所用的"缓慢"和"久期"等词似乎还都是可以批评讨论的. 关于"久期"一词, 人们必须记得, 生物学中的自然的时间单位是世代的数目而不是物理的时间, 而对于给定的时间来说, 不同物种的世代数是十分不同的. 因此, 如果你所考虑的遗传型的小变化确实存在, 人们就应该预期, 在像果蝇或细菌那样的在一段较短的时间内生产许多代的机体中, 这种小变化就会快得多和更容易看到得多.

另一方面, 罗伯特·奥本海默以及几位生物学家却认为, 比通过细胞核来进行的遗传少见得多的通过细胞质来进行的遗传, 恰恰就是在长时间可以引起反映环境的遗传影响的定向过程的那种遗传. 但是, 在目前, 支持这样一种影响深远的假设的经验资料还极其少见, 如果毕竟存在的话. 尽管如此, 这种猜想却似乎是和你的一种说法有着逻辑联系的; 那说法就是, "在一个有生机体中, 我们从来不是仅仅处理染色体, 而应该联系到传播来考虑的最小单位乃是细胞". —— 在我看来, 这是概括了局势的一个本质部分的一种说法.

因为我知道你的意见对马科斯·戴耳布吕克来说是有一定分量的, 也因为作为一位前物理学家的他可能有一种特殊的才能来向我们说明生物学中的当前局势, 我已经把你的信和一段传话通过外斯考普而带给了他; 外斯考普正好要去帕萨迪纳进行一次短暂的访问. 戴耳布吕克的回信包括了对关于你的信的简短而可悲的说法: "我认为那是可怕的". 但是他也写道, 他将在 3 月间去欧洲, 于是

554

555

---

[32] 理查德·本奈狄克·高德施密特(1878—1958), 德国遗传学家, 于 1935 年移居美国. 他写了一些遗传学方面的文章和书籍.

[33] 此处和以下所引的 1953 年 12 月 31 日玻尔的信(本卷原第 543 页), 泡利用了他自己的英文译文.

我约定在 3 月 10 日在纽约和他见面,我希望在那里更多地听到他的看法和想法. 很幸运,他也会路过哥本哈根,以便会见那里的一些生物学家,在那种场合下他也希望见到你,"以便告诉你一些关于生命的事实,已知的事实和未知的事实".

他也寄给了我一篇关于噬菌体的论文,现寄去一份该文的综述. 他似乎对沃森-克里克论文甚感激动和热心;该文你或许知道,而且它也引起我很大的好感. 另外,我也寄去我给戴耳布吕克的一封信的副本[94]. 信中包括了有关我自己关于物理学和生物学之间的关系的以及关于我的兴趣受到它们越来越强的吸引的那些问题的感受的更多情况. 因此,看来这种讨论还要继续一段相当长的时间呢.

*   *   *

我也很欣赏地读了你的《物理科学和宗教研究》一文[95],但是正如你已经预料的那样,我曾经希望更多地听到你关于"每一种关于人格化上帝的感受都会遇到逻辑困难"的见解. 这些困难也曾经在基督教内部被讨论过,特别是在 17 世纪中当卡耳文的夙命教义引起许多反对意见时. 在我看来,这种教义显得是神学的和哲学的决定论的一种结合体,它把牛顿力学推广到了它的适用范围以外. 属于卡耳文教义反对派的有柏拉图主义者——基督教徒亨利·茅尔,他是牛顿的长辈友人. 费尔茨[96]在他的关于牛顿的历史研究过程中读了茅尔的书;去年秋天他告诉我说,茅尔明白地论述道:"有一些事件是连上帝也无法在事前知道的,因为它们并不是预先就确定了的. 假如上帝知道它们,他知道的就是错的,这是不可能的."

*   *   *

海森伯的论文[97]终于在大约两个星期以前寄到了这里. 然后我就对它进行了许多讨论,特别是和戴森[98]、卡楞[99]以及梯尔灵[100]进行了讨论,而且看来确实有很强烈的反对他的某些数学假设的意见. 我在这几天将就这些反对意见给海森伯写信,然后我们将听到他会怎样回答.

奥本海默夫妇对他们的欧洲之行而特别是对他们到哥本哈根的访问甚感满

556

---

[94] 见前面一封信.

[95] 见注⑧.

[96] 瑞士物理学家马尔库斯·费尔茨(1912 年生),于 1936 年到 1940 年任泡利的助教,在泡利写这封信时他是巴塞尔大学的教授.

[97] 或许是指 W. Heisenberg, *Zur Quantisierung nichtlinearer Gleichungen*, Nach. Akad. Wiss. Göttingen, Math - Phys. K l. **8**(1953) 111—127.

[98] 弗利曼·戴森(1923 年生),英国-美国物理学家.

[99] 古恩纳·卡楞(1926—1968),瑞典物理学家.

[100] 瓦耳特·爱德华·梯尔灵(1927 年生),奥地利物理学家.

意,他们向你致以最衷心的问候.罗伯特[中译者按：指罗伯特·奥本海默]对你给我的信的内容也很感兴趣.

　　我刚刚从隆德得知,那里打算在 7 月 1 日到 5 日召开一次会议,而且你将在会上发表一篇纪念黎德伯的工作的特殊演讲⑩.对我来说,日期方面有些困难,因为那时苏黎世的夏季学期还没有结束.但是我希望能够自己抽出时间来至少去听你关于黎德伯的演讲,如果我不能参加整个会议的话.艾德伦⑩也来信问过我是否愿意谈谈黎德伯,以配合你的演讲.我不知道这是否切合实际,因此我希望听听你的意见.我知道一点黎德伯关于元素周期表的工作,包括他的差错.

　　弗兰卡和我向你本人、马格丽特、也向奥格和他夫人致以最亲切的问候.（当外斯考普回到东方来时,我希望从他那里听到更多的关于奥格的工作的情况.）我们打算大约在四月中旬返回苏黎世.

你的老

W·泡利

附言：如果阿德勒⑱能够把他的博士论文计划和论文的选题报告给我,我将会很高兴.

泡利致玻尔,1954 年 3 月 26 日　　　　　　　　　　　　　　　　557
[手写本]

高级研究所

普林斯顿,新泽西

数　学　部　　　　　　　　　　　　　　　　　　　　3 月 26 日,1954

亲爱的玻尔：

　　现在我寄去简短的报告,以答复你 3 月 3 日较短的来信⑩——同时我也见到了戴耳布吕克并从他那里得到了关于你们在哥本哈根的会晤的简短而愉快的报告.他说,你在发出了给我的信的不久以后就已经改变了你在这些生物学问题方面的主意.对我来说,这似乎是相当令人满意的,因为我现在相当确信基因中

---

⑩　N. Bohr, *Rydberg's Discovery of the Spectral Laws*, Proceedings of the Rydberg Centennial Conference on Atomic Spectroscopy, Lunds Universitets Årsskrift. N. F. Avd. 2. Bd. 50. Nr 21 (1955) 15—21. Reproduced on pp. 373—379.

⑩　宾特·艾德伦(1906—1993),瑞典物理学家.

⑬　库尔特·阿德勒(1927 年生),瑞士物理学家.

⑭　BSC.

的变化和机体的环境(milieu)之间并不存在任何因果联系. 在和戴耳布吕克及另一些生物学家谈过以后,我更清楚得多地看到了真正问题的所在. 但我还是受到了一件事实的烦扰,那就是,一方面是基因或染色体中的化学事件,另一方面是机体的可见特性,由于我们对二者之间的联系茫无所知,看来就不可能理论地估计在生物进化中很重要的那些事件的几率(机遇)*. 因此,现代"选择论者们"所用的"机遇"一词就仍然是空洞的. 为了使"选择"开始进行,"选择论者们"必须事先假设事件在基因和染色体中的出现(机遇),而这是完全超出于任何理论理解的范围之外的. 而——"wo die Begriffe fehlen, stellt das wort 'Chance' zur rechten Zeit sich ein"⑩——当然,我非常想知道你现在对这些问题有何想法.

＊　　　　＊　　　　＊

558　　　　在此期间,我们的另一位共同朋友在从加利福尼亚去欧洲的途中路过了纽约,这就是奥托·斯特恩. 你不久就会在哥本哈根见到他＊＊(他似乎很想在那里住一个旅馆)并"推出他",我只需强调一点:他是和爱因斯坦并不等同的——其意义就是,他对爱因斯坦那个量子力学并不是"自然"的一种完备描述的老"故事"并没有兴趣. 因此,如果你在斯特恩谈话时能够避免(像上次那样)不断地重复"但爱因斯坦却说……"那句话,那就会是很好的. 请记住:斯特恩≠爱因斯坦.

　　　　我离开的时间已经临近了,我们打算在 4 月 11 日回到苏黎世. 也许你能向苏黎世给我寄信,也许我将在这些日内瓦会议的一次会议上见到你. 我也愿意从你那里听到关于七月份隆德会议的情况和关于你的黎德伯演讲的情况(附带说到,M·里茨⑩现在正在普林斯顿.)

　　　　我在 MIT[马萨诸塞理工学院]从外斯考普和维拉斯⑩那里听到了关于奥格的工作的最有说明性的事情.

　　　　向奥格,向马格丽特和向你本人,我们两人(以及普林斯顿的共同朋友们)一起致候.

你的老
W·泡利

---

　　⑩　引文取自约翰·沃耳夫冈·封·歌德的《浮士德》,*Gesamtausgabe*, Insel Verlag, Frankfurt am Main 1983, p. 195:"Den eben, wo Begriffe fehlen, //Da stellt ein Wort zur rechten Zeit sich ein. "大意是:"当你的思想受到阻滞的威胁时, //字句就来挽救局势. "泡利在这封信中的德文引述中,把"wort"(单词)换成了"das wort 'Chance'"("机遇"一词).

　　⑩　马塞耳·里茨(1886—1969),瑞典数学家.

　　⑩　菲利克斯·维拉斯(1921 年生),美国物理学家,在瑞士出生并受了教育.

   * 例如一种爬行动物生出了羽毛(始祖鸟)或是马有了更长的腿和分瓣的蹄子.
   ** 大概是当他从斯德哥尔摩返回时.

玻尔致泡利,1954 年 4 月 6 日
[复写本]

[哥本哈根,]4 月 6 日,1954

亲爱的泡利: 560

　　我在不得不前往日内瓦在欧洲核研究中心⑩参加一次会议之前收到你 3 月
26 日的信,甚为高兴.从我上次去信以来,我们已经接受了戴耳布吕克的一次访
问;如你所知,他今年夏天将留在哥廷根.这次访问也造成了和丹麦的生物化学家
们及生物物理学家们的许多有教益的和有兴趣的讨论.看来我们确实似乎正在得
到解释细胞分裂所特有的节奏中的某些阶段的一种基础,但是与此同时,我觉得一
些整体性特色也正在变得越来越清楚.事实上,我觉得越来越确信,我在一月份写
信给你谈到过的那种关于有机发育的一般反映击中了一个十分重要的要点.一方
面,不论一种指令通过明确规定的化学分子的简单链的复制而从一个细胞传
到另一细胞这件事多么重要,看来很明显的却是,在胚胎发育的过程中,一直
存在一种保证个体之整体性的反馈.因此,在出现决定着配子形成的特殊简化
过程以前,关于机体之成熟的而事实上还有关于生命对它和外界条件的反应
的那些要求的一种信息就必然已被接收到了.你知道我并不因为受到机械论
学派的批评而感到气馁,而我却正在努力了解尽可能多的关于局势的不同方
面的情况.实际上我必须承认,不论在许多专业生物学家看来会显得多么业余
化,我还是试图使自己更深入地梦想生命的节奏和机体内部的全部相互作用,
而且我感到,不论结果将会多么不足挂齿,得到生命问题的那些本质明确的特
色的一种认识论处理方式的可能性正在到来.我希望在秋天的哥伦比亚大学
二百年校庆大会上在一篇演讲《论知识的统一性》⑩中对这样的问题给出一种
更清楚的说明.因为演讲稿最好在六月中旬就交稿,我已经开始准备,并且希望
在这次出行回来之后尽可能快地完稿;在这次出行中,马格丽特和我希望顺便到   561
意大利去度两星期的非常需要的假期.
　　我非常希望咱们不久就有机会真正地讨论讨论这些问题,而且我从古斯塔

---

　　⑩　按即 CERN.
　　⑩　Manuscript, *Unity of Knowledge*. Bohr MSS, microfilm no. 21. 此文后来收入 *The Unity of Knowledge* (ed. L. Leary), Doubleday & Co., New York 1955, pp. 47—62,题为 N. Bohr, *Science and the Unity of Knowledge*,并见本卷原第 83—98 页.

夫孙⑩那里听说,有可能你在五月份就已经访问隆德了;如果那样,我们相信你也会访问哥本哈根的 CERN 小组.希望很快就能见到你,马格丽特和我向弗兰卡和你本人致以最亲切的祝愿.

你的老
[尼耳斯·玻尔]

再启者:很可惜,在斯特恩在去斯德哥尔摩的途中到这里来以前我就将已经离开了,但是马格丽特和我非常希望他在我们回来以后很快就会再到这里来.

玻尔致泡利,1955 年 2 月 7 日
[复写本]

[哥本哈根,]2 月 7 日,1955

562　亲爱的泡利:

　　这么久没有去信,我很抱歉,但是自从马格丽特和我恰恰在圣诞节前从美国回来以后,我的时间一直很紧.重到普林斯顿研究所是很好的,而且看到罗伯特*多么平静和高尚地接受了原子能委员会的决定,也使人特别高兴.事实上他和吉蒂都比以往很长时间内更加愉快,而且对他们来说,感觉到自己不但在物理学家中间而且在更广的科学家圈子中有那么多好朋友也曾经是一大鼓舞;对那些人来说,这个荒唐案件曾经是一大震惊.至于罗伯特本人,我们大家现在都希望他将更能够安心地搞科学工作,而且像普林斯顿的整个团体一样,他当然对被基本粒子实验弄得越来越迫切的许多问题深感兴趣.当我在那里时,我们关于一般的生物学问题和心理学问题进行过许多讨论;除了其他人以外,戴耳布吕克也参加了讨论.近来我越来越受到了有机进化问题的吸引,而在这方面,我曾经更仔细地考虑了不可逆性;关于这种性质,在物理学中的局势和生物学中的局势之间是存在着比人们常常认识到的更大的基本差别的.我正在为一篇关于这些问题的文章⑪而工作,此文我希

563 望很快就能寄给你⑫.然而今天我只寄去一篇演讲词⑬;我在去年十月份在和哥伦比亚大学 200 周年校庆有关的知识统一性问题的会议上发表了这篇演讲,与会者既有科学方面的代表也有人文学科方面的代表.尽管对于一位物理学家来说有那种必须不断地简单重复已知事实的困难,我还是设法尽我所能地表达了一种普遍

---

　　⑩　陶尔斯特恩·瓦耳德玛·古斯塔夫孙(1904—1987),瑞典物理学家,从 1939 年起任隆德大学的教授.

　　*　[中译者按:即奥本海默,他的"原子秘密"冤案曾经震惊一时.]

　　⑪　这很可能也是指的斯提诺演讲,见注㊲.

　　⑫　泡利在他的下一封信中也引用了这个词("snart",即"不久").

　　⑬　见注⑲.

的逻辑处理方式,而且我将很感谢地听听你对我的努力结果是否完全不满意. 另外,我们全都非常盼望你不久就到哥本哈根来访问并对 CERN 小组发表演讲,并盼望弗朗卡也能一起来,我希望她现在已经康复了.

向你们两人致以新年的最亲切的问候和最良好的祝愿,

你的老

[尼耳斯·玻尔]

泡利致玻尔,1955 年 2 月 15 日
[打字本,有手写的改笔]

联邦技术学院 　　　　　　　　　　　苏黎世 7/6,2 月 15 日,1955
　物 理 系 　　　　　　　　　　　　　格劳里亚街 35 号
　苏 黎 世

亲爱的玻尔:

我怀着很大的喜悦心情收到了你的美好来信,而最重要的是收到了你的关于"知识统一性"的演讲词. 演讲词的一般看法当然是和我的看法相同的. 在你的巨大影响下,确实越来越难以找到我和你有不同意见的东西了. 因此,在一定程度上,我很高兴到底找到了一点东西:出现在你的演讲词第 10 页上,而后来又联系到生物学而出现在第 13 页上的"超然的观察者"这个词的定义和用法. 按照我的意见,这种"超然性"的程度在我们对自然的理论解释中是减低了的,而且我正在预期沿这一方向的以下步骤.

1) 正如你在我已经寄给你的我那篇论"几率和物理学"的演讲词抽印本⑭中 　564
所将看到的那样,我认为把爱因斯坦十分强调地指望保留的那种经典物理学中的对自然的概念描述称为"超然观察者的理想"是十分合适的. 激烈地说来,按照这种理想,观察者必须作为潜在的观众而以一种离散的方式消踪匿迹,绝不作为演员,而大自然则被作为预先决定了的事件进程而被单独留下来,和现象被观察的方式无关. 正如爱因斯坦在去年冬天对我说过的那样:"就像月亮有一个确定的位置,不论我们是否注视月亮那样;同样的情况对原子级客体也必须成立,因为在这些客体和宏观客体之间不可能有明确的分界线. 观察不可能创造像位置这样的实在的要素,一定有些什么东西被包括在物理实在的完备描述中,而这种东西是在观察实际上已经进行之前就和观察位置的可能性相对应的."我希望我

---

⑭　W. Pauli, *Wahrscheinlichkeit und Physik*, Dialectica **8** (1954) 112—124.

已经正确地引用了爱因斯坦的话；按照记忆来引用你和他意见不一致的一个人的话永远是困难的. 我称之为超然观察者的理想的，正是这样一种公设.

相反地，在量子力学中，一般说来一次观察将 hic et nunc（即地即时）地以一种并不包含在数学地表述了的定律中的方式改变被观察的体系的"态"，而那些数学地表述了的定律则只适用于闭合体系的态的自动时间依赖性. 我在这儿想到的是由观察引起的到一种新现象的过渡；这种过渡在专业上是通过所谓的"波包减缩"而被照顾到的. 因为可以把观测仪器看成观察者的感官的延伸，我把由单独一次观察所引起的不可预料的态的改变看成对观察者对自己身外的物理事件进程而言的孤立性（超然性）这一理想的一种放弃——不管每一次观察的结果的客观品格，也不管相同条件下重复观察的频次的统计规律.

用非专门化的普通语言来叙述，可以把观察者在量子理论中的身份比喻成那样一个人的身份，他通过自由选定的实验装置和记录结果而给大自然带来了"麻烦"，但却不能影响它那无法预见的进程和结果，这些进程和结果在后来可以由任何人来客观地检验.

565

也许你用"我们作为超然观察者的地位"[⑮]来代表的是和我用它来代表的东西完全不同的东西，因为在我看来，观察者和物理事件进程的这种新关系，是和一件事实完全等同的，那就是，"我们在这一经验领域的客观描述方面的处境"带来了"重新修改我们的基本概念之无歧义应用的基础"的要求，这种修订的结果用互补性这一观念来逻辑地表示.

2）现在，从物理学过渡到像心理学而尤其是生物学那样的其他科学，我对你的处理方式是最感兴趣的；那种处理方式在我看来肯定是找对了方向的. 不必讨论"snart"[⑯]之类概念对运动状态以及心理态度的依赖性，我现在正迫切地盼望着你在上一封信中宣布了的关于有机进化的文章.

在和生物学家们进行的讨论中，当他们在一个相当广阔的领域中应用"自然选择"的概念，而并不能估计那些正是曾对生物进化来说很重要的事件出现在一段经验地给定的时间中的几率时，我遇到了一些很大的困难. 把进化的经验时间范围在理论上看成无限大，他们就有一种很轻松的手法，显然是为了避免目的性这一概念. 当他们自以为停留在这种完全"科学的"和"理性的"方式中时，他们实际上就变得非常"非理性"了，特别说来是因为他们对非常稀有的单次事件应用"机遇"一词而不再和一种数学地定义的几率的估计相联系，这就使"机遇"一词

---

⑮   这里的三段引文采自玻尔的《知识的统一性》一稿，见注⑩. 这些引文也原封不动地出现在标题相同的发表了的文章中，见本卷原第 90 页.

⑯   "snart"是一个丹麦单词，意为"很快". 此处泡利是在取笑玻尔的 1955 年 2 月 7 日的来信，因为玻尔在那封信中写道："我正在为一篇关于这些问题的文章而工作，此文我希望很快就寄给你."（见注⑫）

或多或少地成了"奇迹"的同义语. 我发现,例如 H·J·缪勒就是这一学派中很有代表性的人物(例如参见他近来发表在"Science"1955 年 1 月 7 日号上的《生命》一文,那显然是包含了很有趣的材料的),但我们的朋友马科斯·戴耳布吕克也是这样. 在他那里,这是和热烈的情绪影响及离题太远的永久威胁相结合的;我把这种情况诠释为矫枉过正的怀疑的明显信号.

你可以设想"自然进化"⑪听起来比"自然选择"要好多少;"自然进化"一词我以前从来没听你说过而现在你却在演讲词的第 19 页上用了它. 我希望你已宣布的文章将告诉我们许多你关于这一概念的使用的问题.

566

在结束这封信时,我要对你在第 14 页上关于"精神分析疗法在治愈精神官能症方面的医学用途"的句子发表些议论. 我非常喜欢这句话,因为逻辑学永远是一切医学治疗家的最大弱点,他们从来学不会数学要求的严格逻辑.

"无意识的"一词在历史上是由上世纪的德国哲学家们使用了的,特别是由 E·封·哈特曼(还有 E·G·卡卢斯)使用的,他进一步发展了莱布尼茨和康德的更老的幻想. 我们已经谈到过的精神拉马克主义者 A·泡力⑱在 1905 年引用了封·哈特曼(他并不知道弗洛依德);当时他把在植物中就已出现的生物适应过程称为"机体精神的无意识判断". 然而这样只引入了一个什么问题也没有解决的新名词. 弗洛依德是第一个实际应用了无意识概念的人,这时他把此词换成了你也应用了的"下意识". 通过这种单词的改变,弗洛依德想要强调,所有的"下意识的内容"都在意识中较早地出现而后来则被抑制了("verdrängt"). 就这样,弗洛依德的下意识就好像是容纳着数目有限的物体的一个袋子. 因此,精神分析疗法的目的就要通过提高被抑制的东西来把袋子掏空.

对这种有限制的下意识概念,荣格从 1913 年前后就属于反对者之列. 他重新确认了哲学家们的较旧的无意识一词,所强调的是,意识的每一种变化,例如在一次医学治疗中的变化,也会回过头去改变无意识,从而无意识永远不会被弄得"空无一物",而只有其中的一小部分曾经处于有意识中. 因此,按照荣格和他的学派的看法,医学治疗的目的只在于一种正确而牢固的"有意识和无意识之间的平衡"的建立,就像两大强国之间的平衡的建立那样. 这种平衡的达成或重建的过程,他们也称之为"无意识向有意识的转化或归并".

我在这儿只是历史地提到一种局势,而并不把自己和这种术语等同起来;在我看来,这种术语是和逻辑清楚性相去甚远的. 荣格学派比弗洛依德更加思想广阔一

---

⑪ 这一引语和下一引语都采自玻尔的稿子,并且也照样印在了他发表的文章中,见本卷原第 97 和 93 页,并参阅注⑮.

⑱ 奥古斯特·泡力(1850—1914),德国动物学家,见注㉞.

567 些,但是也相应地更加不清楚一些.使我最不满意的是荣格对"精神"(Psyche)概念的那种情绪性的和含糊的应用,那在我看来甚至并不是逻辑自洽的.

我对今年秋天访问哥本哈根的前景很感高兴,那时人们也将庆贺你的70岁寿辰.弗朗卡的治疗还没有完全结束,但她好得多了,从而她这次再度来哥本哈根的希望也大得多了.

我们两人向你自己、马格丽特和全家致以一切良好的祝愿,

你的老

W·泡利

你的论"知识的统一性"的演讲词将刊登在什么地方? 我也许要引用它.

玻尔致泡利,1955年3月2日
[复写本]

[哥本哈根,]3月2日,1955

亲爱的泡利:

当我从日内瓦的CERN会议上回来时,我正在写信感谢你2月15日的来信.承你好意,这么仔细地写信告诉我你对我的文章的反应,而且像一向那样,你触及了一个非常中心性的问题.像"超然的观察者"这样一个词组,当然像一切词句一样具有不同的语言学的情绪上的方面,但是当和作为知识统一性的讨论主题的"客观的描述"一语结合起来使用时,我却认为它是有很确定的意义的.在一切无歧义的论述中,一个主要的要求确实就是,观察主体和交流的客观内容之间的区分是清楚地规定了的和大家同意了的.文章的目的只是要强调指出,这一条件在包括生物学和心理学在内的一切科学知识中都是不可缺少的,而在艺术或宗教信仰中,人们却允许自己忽视或暗中变动这样的区分.在这方面,来信中关于心理学家们对术语的用法的历史资料对我来说是很有价值的,而且我也很高兴你总的来说是同情我的处理方式的.确实,和咱们的某些共同朋友似乎相信的

568 相反,我曾经总是在认识论中而不是在神秘论中寻求科学灵感,而且听起来多么可怕啊,我现在力图通过逻辑方面的严密性来为情绪留有余地.

正是在这一背景上,我才认为我们在术语问题方面彼此充分理解是很重要的.当然,人们可以说,现代物理学的趋势就是对观察问题的注意,而且正是在这一方面,在物理学和人类知识及人类兴趣的其他领域之间开辟了一种津梁.但是,情况却是,我们在物理学中真正学到的,是如何消除经验的论述中的主观要素,而正是这种认识又在其他科学领域中的客观描述方面提供了指引.在我想

来,这一局势是由"超然的观察者"这一词组很好地描述了的,而且在我看来,你的关于我们和爱因斯坦的争论的提及是和这一点几乎不相干的. 正像爱因斯坦本人曾经证明在相对论中"超然观察者的理想"可以怎样通过强调事件的重合对一切观察者都相同而加以保留一样,我们在量子物理学中也通过承认我们永远是谈论的在特定的实验条件下明确定义的观察结果而达到了相同的目的. 这些条件可以传达给每一个人,他也可以通过查看在照相底片上形成的永久性斑点而使自己确信观察结果的事实性. 在这一方面,量子物理学中实验条件和观察结果之间的比经典物理学中的关系更加广义这一事实并不会造成什么差别. 我认为理所当然的是,关于属于现有量子力学表述形式的范围之内的基本的物理学问题,我们的观点是相同的;但是恐怕我们有时会使用不同的术语. 例如,当谈到表述形式的物理诠释时,我把像"波包的减缩"这样的过程细节看成和现象的不可细分性以及观察概念本身中所涉及的本质不可逆性相谐调的一种自洽方案的不可分割的部分. 正如在文章中强调了的那样,在我看来也很根本的是,表述形式只允许对已完成现象的应用,而特别说来统计描述正是在这种意义上显现为经典物理学之严格决定论描述的一种合理的推广.

　　我急于想知道你对这些论点的反应,因为我觉得,在很大程度上对于我们正在研究的更广阔的问题的处理方式来说,在术语方面做到尽可能确切是十分重要的,而且主要是要避免对客观描述的要求方面的含糊性. 得悉我们可以指望你和弗朗卡将于今秋来访,而且也许有机会更早地见到你们,因为我被邀请在三月份到巴塞尔去发表一篇关于一般认识论问题的演讲,这真使我非常高兴.

569

　　　　　　　我们大家向你们两位致以最亲切的问候和最良好的祝愿,

　　　　　　　　　　　你的在各方面都老了的

　　　　　　　　　　　　　　　[尼耳斯·玻尔]

泡利致玻尔,1955 年 3 月 11 日
[打字本,有手写的改笔]

联邦技术学院　　　　　　　　　　　　苏黎世 7/6,3 月 11 日,1955
　物　理　系　　　　　　　　　　　　　格劳里亚街 35 号
　苏　黎　世

亲爱的玻尔:
　　我发现你的 3 月 2 日的来信很年轻,这就是很难答复它的原因. 虽然我们

"有关属于现有量子力学表述形式的范围之内的基本的物理学问题"⑲的看法是相同的,虽然我同意你的来信的某些部分,但是现在局势却复杂化了,因为你在一篇出版物中用了"超然的观察者"之类的词组(而未加任何评述!),而这个词组是我已经在某些出版物中按一种很不相同的方式用过的. 我相信,为了防止在读者中造成混乱,这种情况是应该避免的*,而我自己并不坚持某些特定的词句. 我在收到你的来信以前也已经觉得,我把量子理论中的观察者说成"超然的"这种简单表征,在一个重要方面是引人误解的. 正如我们双方都清楚地知道的那样,在量子力学中,仪器可以用经典概念来描述这一条件是不可缺少的. 因此观察者对他的观察结果(记录在照相底片上等等)来说永远是隔离[即超然]的,正如他在经典物理学中一样. 然而,在量子物理学中,当他选择他的实验装置时,我就称他为"非超然的"了. 我今天仍然相信,术语的这种更有限制的用法是很好的,而它在你的文章中曾经以一种非逻辑的方式而很不幸地被搞混了.

我将试图把我的论点弄成逻辑上清楚的,通过从此以后用别的词句来代替有争议的词组. 由于我最感兴趣的问题是一种客观的描述包括着多少关于观察者的信息内容,我要强调的就是一次交流一般地会包括关于观察主体的信息.

570

没有特别讨论一个主体和(由他自己或由别人给出的)关于客体的可以显现为一种"客观描述"之因素的信息之间的分界线,我引用了一种科学理论中的"观察者的超然度"的概念,按该描述所包含的对观察者的信息提及的种类和数量来判断. 为了保证这一描述的客观性,充分条件当然就是,每一个别观察者可以换成任何另外的满足相同的条件并服从相同规则的观察者. 在这种意义上,我把对实验条件的提及称为"关于观察者的信息"(尽管是一种非个人的信息),而把满足特定条件的实验条件的确立称为"观察者的作用"——当然不是一个单独确定的观察者的作用而是一般的观察者的作用.

在物理学中,我在一种普遍的概念描述或概念解释中谈到超然的观察者,如果这种描述或观察并不包含对观察者的作用或知识的明显提及. 认为情况理应如此的那种理想,我为了尊重爱因斯坦而称之为"理想(E)". 历史地说来,它的根源是在经典力学中的.

我们之间有一种重要的一致性,那就是我们发现爱因斯坦并不遵从"理想E". 事实上,并不存在任何最原始的理由来在二者之间作出区分:一方面是观察者的运动,另一方面是特定实验条件被观察者的实现. 假如爱因斯坦是彻底的,他就必须把坐标系一词看成"不客观的"而在物理学中"禁止"它. 量子力学中的局势和相对论中的局势有一种深入的相似性,这一事实已由数学变换群在两种

---

⑲ 引自上一封信.

事例中对物理定律的应用所证实了.

用这种办法,我得到了明确区分两种理想的结论:一方面是(比较广义的)"客观描述的理想"(我正和你一样热烈地支持这种理想),另一方面是"超然观察者的理想"(我认为这种理想过于狭窄而反对它).

我认为不能含糊的不是"超然"这个词而是观察者在量子物理学中的更积极的作用,这种作用是你在关于"现象的不可细分性以及观察概念本身中所涉及的本质不可逆性"[120]的论断中已经蕴涵了的. 按照量子物理学,和仅仅是一位观众的观察者相比,观察者确实和他周围的物理事件有一种新的关系.观察者自由选定的实验装置,使得单次事件的出现被定律所决定,而事件的系综则由统计规律来支配. 就这样,人们仅仅得到的是量子力学观察者利用他的实验装置而对他的环境作出的"操作"(Eingriffe)的一种"客观描述"的基础.[注意:在"麻烦"一词和它的"客观的"观察及描述之间,并不存在任何逻辑矛盾!][121]如果你用不同的术语(但是请用真正不同的术语)来说相同的意思,那和我并不相干.那只又一次证实我的叙述,因为所有这些叙述都是一种"客观描述"的一部分.

我承认,和你不同,我确实有时在神秘论中找到一些科学灵感**(如果你以为我有危险,请告诉我),但这种情况却会被一种立即的数学感所补偿. 两者的结果似乎就是我的一种物理学,而我则把认识论只看成数学在物理学中的应用的一种逻辑评注***. 例如,当我读到像"如何消除经验的论述中的主观要素"[122]这样的句子时,我的立即联想就是"群论",从而"群论"就决定了我对你的来信的反应.虽然到达"客观性"的第一步有时是某种"区分",但是这种任务却在我心中唤起一种超级共同秩序的生动图景,而一切主体都必须遵循这种秩序,而且这种秩序是通过作为映象的线索的"变换定律",而一切主体则都是映象的一些"无".

我希望有可能找到一套能够使我们双方都满意的术语,但是这不能着急. 我建议只有当你的新文章已经写好时再重新开始讨论,我正在热切地等待着那篇文章. 它将向我显示你在更普遍的客观描述事例中的术语,对于这种描述我最感兴趣的是它在生物学中的联系到你的"自然进化"这一新说法的应用.

从 3 月 16 日到大约 27 日,我将到德国和荷兰去;当我回来时,我希望或是见到你或是听到你的情况(我写了信到巴塞尔去问你在那里演讲的情况了)****.

希望你在将来(正像我自己一样)能够欣赏来自不同科学家通过对科学的不同种类的掌握而用不同的但并非矛盾的术语表达出来的丰富信息,我,并以弗兰

571

572

---

[120] 同上注.

[121] 这里的和以后(附言中)的方括号都是泡利所加的.

[122] 引自前一封信.

卡的名义,向你本人、马格丽特和全家致以一切美好的祝愿,

你的互补地老了的

W·泡利

* 你的新文章中关于它的一种解释性的说明将是最可欢迎的.

＊＊ 附带提到:任何东西的"统一性"曾经一直是一切神秘思想的最突出的想法之一.

＊＊＊ 在这儿,我们两人在咱们的信中都处于有关"写信的观察者"的信息领域中,这是并不属于"交流的客观内容的".

＊＊＊＊ 在此期间,我从 P·胡伯⑫那里听说[费兹⑭正在美国],你在巴塞尔的演讲日期是 3月 30 日.对于这个日期,我很高兴,因为那时我将会已经从旅行中回来了.

Paa Gensyn!⑮

玻尔致泡利,1955 年 3 月 25 日

[复写本]

[哥本哈根,]3 月 25 日,1955

亲爱的泡利:

　　谢谢你的来信.我很高兴地从信中看到,即使我老了,你也还不认为我已经僵化得使我们不能像比较年轻时那样进行活跃而有成果的讨论.有一点你肯定是对的,就是说,在许多个人兴趣方面,在我的信中也像在你的信中一样,我们并不是超然的旁观者,尽管我们有那么多共同的东西,以致我们中的这一个人或那一个人为了相互指教的目的而使用神秘论或逻辑系统论之类名词中的哪一个名词,那只是讨论中的一种偶然事件而已.我也抱着很大的喜悦心情读了你的哥伦比亚广播演讲⑯,这是我从前不曾见到的.我当然理解你在那一场合下使用"超然的观察者"这一词组的背景,但是在我的文章中我是在一种更广义的(或者,如果你愿意,也可以说是更狭义的)意义下使用它的;这种用法更适于指示我们在科学和艺术中的地位的特征.

　　为了表征科学探索,我不知道比超然性更好的单词,特别是当联系到心理学的研究时.在量子力学和生物学方面,我要强调一些困难,那是甚至在这些领域中为了达成客观描述所要求的或者说一种认识所要求的超然性也必须克服的;

573

---

⑫　保罗·胡伯(1910—1971),瑞士物理学家.

⑭　见注⑨.

⑮　大意是"望能很快见面!"

⑯　W. Pauli, *Matter* in *Man's Right to Knowledge*, International Symposium Presented in Honor of the Two-Hundredth Anniversary of Columbia University, 1754—1954, H. Muschel, New York 1954, pp. 10—18. Pauli informed Bohr of this publication in a separate undated note (wrongly dated in the BSC as "between 6 and 26 April 1954"), which may have been an enclosure to his letter of 11 March 1955.

那种认识就是,在这样一些领域中,我们并不会遇到超出日常生活中起初引用"观察者"一词来适应它们的那些局势的任何特殊的观察困难.对我的思想来说,教益只是,自然规律的继续探索应该只是逐渐教会我们在寻求可以无歧义交流的经验时保持必要的慎重.和你一样,当已经明显知道有助于共同理解时,我当然也对改变术语有所准备,但是在我们决定采取这种步骤以前,我愿意请你注意我在自己的文章[122]中或许表达得不够清楚的纯科学的目的.

为了把自己的意思说得更清楚一些,我可以重提一下所谓"经典"物理学和"批判"哲学的时代;那时,在事件进程的描述中,观察工具的作用是被忽视的,而空间-时间标示和因果性则被看成先验的范畴.你认为爱因斯坦在谈论超然观察者时并不是一贯的和忽视他自己的相对论智慧的,这肯定是对的;那种相对论智慧曾被艾丁顿用一种图景很诗意地描述过,那图景表示了人类多么长久地追踪了沙漠中的一种足迹,直到他认识到了那是他自己的足迹,认真地说,我的意思是,你自己在强调经典力学和量子力学之间的这些方面的不同时也不是一贯的.确实,在观察问题的那些认识论的侧面被如此宽广地弄明白以前,是流行过某种混乱的,但是在我们接受了彻底的教益以后,包括经典力学局势在内的整个局势就有了新的面貌.虽然在一个广大的经验领域中人们可以忽视被看成分离的考察对象的东西和观察工具之间的相互作用,人们却常常忽略了我们通过实验装置的选择而影响事件的进程的那种可能性.事实上,在当时,依靠着力学描述的决定论的和可逆的品格,人们却可能曾经认为,在很大范围内,这样的干预在无限的细节上是可能的.

然而,在关于基元现象之有限可分性的认识的基础上,我们却已经得到了一种概括着新颖的基本自然规律的更广义的描述;这种描述的清楚理解在原理上蕴涵了甚至不可逆性方面的统计性说明,而且这种描述为了知识的穷举无遗而要求了互斥的实验装置.我在文章中所要特别强调的一点就是,正是通过避免对一种主观干预的任何提及(这种提及将带来引人误解的和经典处理方式的对比),我们曾经在很大的范围内满足了可以在确定实验条件下得到的经验的客观描述的一切要求.实验装置之选择的自由,确实是经典物理学和量子物理学所共有的,而且,考虑到局势的所有方面,我们可以说,在两种事例中,"观察者"和"现象"之间的明确区分都是得到了保留的.差别只在于,在量子现象中,作为它们的定义,我们要求把整个实验装置的描述都包括进去,而且我们具有较小的干预事件进程的可能性.

不过,假如自然现象的研究是由简单的经验所穷举无遗的,我们就可以不必太认真地看待术语问题,至少在秩序已经建立的那种范围内是这样.然而我要向你请教,你是否真的认为,在正式生物学现象的描述中,我们遇到的是比你在量

574

---

[122] 见注[109].

子力学中所要强调的更大的观察者对事件的干预. 在我想来,局势是完全相反的,因为我们在生物学研究中的地位的特征,恰恰就是不排除生命的显示而安排机械论描述所要求的实验条件的不可能性. 当然不错,生理学的研究恰恰就在于研究机体对可由我们任意选择的那种实验条件的反应,但是在我看来,把这种在各式各样已指定的条件下的反应包括在有机生命的一种穷举无遗的描述中,却是既实际又合理的. 在这方面出现在我的思想中的另外一点就在于强调,在机体的特征性质的描述中,事件的逆转是在逻辑上被排除了的,而对谈论"自然进化"来说有着根本重要性的当然正是这种情况.

也许你会想,所有这些言论都和我们的争论关系甚小,而我只是要绕圈子而已. 然而我的意图绝非如此,而且我其至曾经费了很大的力气想找到一个不同于"超然观察者"的更适于表达我们作为观察者的地位的字眼儿,但是我没有取得任何成功. 事实上我确实认为,我们的分歧和观察一词本身的用法更加有关;对这个词,我简单地理解为一种用不需要任何进一步的创造性处理的普通语言来无歧义地传达的纪录. 我可能把这种说法怎样和我所喜欢的把数学比喻为一种只有不提及我们自己这样一条规则的游戏的想法联系起来,这就要请你自己去设想了. 我在这里不再重复对你我二人都不新鲜的任何东西,而把关于"超然的"一词的论战推迟到我们在巴塞尔会面的时候;为了准备那次会面,我只想请你回想我们的防守手段和进攻手段,不必管那个"老"字[128].

575

致以家庭之间的最亲切问候,

而且 Paa gensyn[129]

你的永远的

[尼耳斯·玻尔]

爱德伽·鲁宾

玻尔致鲁宾,1912 年 5 月 20 日
[手写本]

胡耳姆楼,曼彻斯特,20 - 5 - 12

576 亲爱的爱德伽:

---

[128] BSC 中包括了这封信最后一段的两种不同的文本. 承 CERN 资料员罗斯维塔·喇赫姆确认了此处所印的是泡利实际上收到的文本,在此致谢.

[129] 见注[128].

　　请原谅我又一次用我的废话来打扰你；我自已也没有时间来考虑它,但是我的思想不能安定,直到我问了你到底有没有任何意义说这一类的话：认识(从它的本性来说就是定性的；以及在那有一个冲破抑制的外在印象的地方)主要地只依赖于时间中两个点上的状态,而次要地依赖于中间的状态(通过制约的或自然的淡忘),而再生作用(它或许是更加定性的(选择性的)??? 而且抑制必须"从内心中"被冲破)则主要地既依赖于印象时间点上的状态又依赖于由再生时刻和中间时刻的状态所引起的抑制.(再生作用当然可以受到酒精或催眠术之类的刺激的促进(在那种情况下认识将在什么地方发生呢???)).亲爱的爱德伽,请你不要认为我不理解这样的事情只有通过可靠的研究和批判而有了正确或一致的可能性时才可以谈论,也不要想我已成了一个疯狂而莽撞的空谈家；事实却是,我已经很久没有机会谈论这样的问题了,而且我的蹩脚英语使我无法在这里练习任何种类的辩论,因此这个问题就成了放在火药桶上的导火线. 正如我说过的那样,我只是把它写下来,因为我没有忘掉它的时间,直到有一天在一次散步中听到我到底误解了多少.

尼耳斯谨致最亲切的问候

我又在开始写了,但是我只不过要说,这只是试图说它的许多方式中的一种,而且我想我已经知道错在什么地方了.(请原谅我写信去,而且如果你没时间读它也请你不用烦恼.)

577

尼耳斯·玻尔文献馆
所藏有关稿本简目

引　言

下面所列举的文件主要属于 1928—1962 年这一时期,也就是本卷所涵盖的时期.

除另行声明者外,以下所列举的各卷宗,形成尼耳斯·玻尔文献馆所藏的"玻尔稿本"的一部分. 在每一事例中,都给出了缩微胶片的编号(例如"mf. 11").

各卷宗的标题为编目者所加,方括号中的日期亦然. 未加括号的日期皆据稿本本身过录.

每当一份稿本被收入本卷时,其有关的页码便在页边上注出. 当所收的只是摘录时,则于页码后缀以 E 字. 在录音带记录的玻尔的一篇演讲由编者重新过录的那一事例中,在页侧用 R 注明.

每一项目皆附有小字注释. 注释后面的一个页码(例如"Cf. p. [221]")表明,该项目为本卷所收的从该页开始的出版物提供了基础.

1 　*Tale ved Studenterjubilœet* 21 September 1928　　582

打字本,复写纸打字本,共 25 页,丹麦文和英文,mf. 11.

在高中毕业班(1903 年)25 周年聚会上的讲话. 稿本,复印本和英译本. Cf. p. [223].

XXXV E　　　2 　*Kausalität und Objektivität* [1929]

打字本和手写本[N·玻尔和 O·克莱恩的笔迹],共 47 页,德文和英文,mf. 12.

几篇未发表论文的底稿和笔记. 主要标题:"Kausalität und Objektivität"(Causality and Objectivity) and "Quantentheorie und Anschaulichkeit"(Quantum Theory and Visualizability). 有一页标有日期 1929 年 9 月 11 日.

3 　*Philosophical Aspects of Atomic Theory* 26 May 1930

打字本,复写纸打字本,手写本[马格丽特·玻尔的笔迹],共 50 页,英文,mf. 12.

(a) 1930 年 5 月 26 日在爱丁堡皇家学会接受杰姆斯·司各特奖时发表的演讲的记录稿.(b) 演讲的底稿.

4 　*International High School* 3 August 1931

打字本,复写纸打字本,有手写的改笔[不知是谁的笔迹],共 20 页,英文,mf. 12.

封套上标有"Stenografisk Referat af Foredrag ved Internationale Højskole i Helsingør 3 - 8 - 1931. 原子理论的哲学方面"(在爱耳辛诺国际学院发表的演讲的速写记录,1931 年 8 月 3 日).

5 　*H. Høffding's Views on Physics and Psychology* [August 1932]

打字本,复写纸打字本,有手写的改笔[N·玻尔的笔迹],共 7 页,英文,mf. 13.

1932 年 8 月,在哥本哈根的卡尔斯伯荣誉府中召开的第 10 届国际心理学会议上的演讲稿.

6 　*Activities of Life and Thermodynamics* [late summer 1934]

手写本[O·克莱恩和贝蒂·舒耳兹的笔迹],共 5 页,英文和丹麦文,mf. 13.

和 Nature 上的讨论有关的一篇未发表论文的部分稿件和笔记.

7 　*Lecture before Warburg Society* [Spring 1936]　　583

手写本[N·玻尔和 F·卡耳卡尔的笔迹],共 2 页,英文,mf. 14.

一篇关于原子理论之若干人文方面的演讲的提纲笔记(N. Bohr):"Disposition til foredrag i Warburg Society i London, Foråret 1937〔1936〕··· i diskussionen deltog Rutherford."(1937〔1936〕年春天在伦敦瓦尔堡学会发表的演讲的提纲······卢瑟福参加了讨论).

8   *Causality and Complementarity*〔21—26 June 1936〕

打字本,复写纸打字本,共 23 页,英文,mf. 14.

在第二届科学的统一性国际会议上发表的演讲的草稿和讲稿.哥本哈根,1936 年 6 月 21—26 日,Cf. p.〔37〕.

9   *Journey to U. S. A. and Japan*〔17 January — June 1937, 20 November〕

复写本和手写本〔汉斯·玻尔,N·玻尔和 F·卡耳卡尔的笔迹〕,共 50 页,英文和丹麦文,mf. 14.

关于 1937 年美国、日本和中国之行的简单笔记.(a) 演讲稿,几乎全都标有日期.(b) 封套上标有"Foredrag holdt ved en Film fra Rejsen 20 Nov 1937"(1937 年 11 月 20 日放映一部美国之行的电影片时的讲话).

10   *Tribute to Rutherford* 20 October 1937

手写本〔N·玻尔和 L·罗森菲耳德的笔迹〕,共 3 页,英文,mf. 14.

1937 年 10 月 20 日宣布卢瑟福逝世时发表的卢瑟福悼词的底稿复印本.

11   *Relations to Rutherford*〔November 1937〕

复写本,手写本〔N·玻尔的笔迹〕,共 6 页,英文和丹麦文,mf. 14.

(a) Nature (Suppl.) **140**(1937) 1048 上卢瑟福讣告的底稿和一部分正文.(b)标题为"Notes about my relations to Rutherford".

12   *Foredrag om Rutherford* 22 November 1937

复写本,共 3 页,丹麦文,mf. 14.

关于卢瑟福的一份演讲稿.1937 年 11 月 22 日在哥本哈根在物理学会发表的演讲.

13   *The Causality Problem in Atomic Physics*〔April — October 1938〕

打字本,复写纸打字本和手写本[L·罗森菲耳德和另
一不知何许人的笔迹],共 174 页,英文和丹麦文,
mf. 15.

在物理学会议上发表的演讲的笔记、草稿和记录稿;该会议于
1938 年 5 月 30 日至 6 月 3 日由国际知识界合作协会在华沙主
办.演讲稿共有两份,其中一份在 p.1 上多一条脚注.资料的一
部分上标日期,其日期是 1938 年 4 月 28 日到 10 月 27 日的一
段时间.

14　*Videnskapen og Livet* [Spring 1939]

打字本,共 21 页,挪威文,mf. 16.

在奥斯陆 Nansenskolen 发表的论《科学和生命》的演讲的速
记稿.

15　*Analysis and Synthesis* [1939—1942]

打字本、复写纸打字本和手写本[厄内斯特·玻尔、
N·玻尔、奥格·玻尔、S·罗森塔耳、L·罗森菲耳德
和一个不知何许人的笔迹],共 164 页,英文和丹麦文,
mf. 16.

论分析和综合的未发表论文的笔记和底稿.几乎所有的页上都
标有日期.

16　*Kommentarer til filosofisk Afhandling* [1939—
1942]

手写本[S·罗森塔耳的笔迹],共 4 页,丹麦文,
mf. 16.

(a) 评论一篇哲学论文的笔记.(b) N·玻尔评论阿耳道斯·赫
胥黎的小说《点对点(Point Counter Point)》中某几行的散页.

17　*Analyse og Syntese i Naturvidenskaben* 3 December
1940

手写本[N·玻尔的笔迹],共 2 页,丹麦文,mf. 16.

标题为"Filosofisk Forening Lund 3 December 1940 Analyse og
Syntese i Naturvidenskaben"(哲学学会,隆德,1940 年 12 月 3
日,科学中的分析和综合)的一篇演讲的笔记,提纲.

18　*Musikaften* 18 June 1941

打字本,复写纸打字本,共 1 页,丹麦文,mf. 16.

标题(马格丽特·玻尔的笔迹):"Tale holdt af Niels ved en
Musikaften den 18de Juni 1941"(尼耳斯在一次音乐晚会上发

表的讲话,1941 年 6 月 18 日).

585

19　*Erkendelsesproblemet i Atomfysikken* 20 February 1942

打字本,共 12 页,丹麦文,mf. 16.

标题为"Erkendelsesproblemet i Atomfysikken. Foredrag i 'Parentesen'"(原子物理学中的认识论问题. 在 Parentesen(哥本哈根大学物理专业学生协会)发表的演讲).

20　*Dansk Kultur* 7 June [1942]

手写本[奥格·玻尔的笔迹],共 2 页,丹麦文, mf. 16.

"Dansk Kultur"(丹麦文化)一文的笔记. Cf. p. [251].

21　*Foredrag for Kreds af Skolefolk* [August 1942]

手写本[奥格·玻尔的笔迹],共 4 页,丹麦文,mf. 16.

向一群教育家们发表的一篇演讲的提纲.

22　*Høffdings efterladte Manuskript* 19 March 1943

打字本,复写纸打字本,共 2 页,丹麦文,mf. 16.

联系到哈若德·赫弗丁逝世后留下的一份文稿的宣读而在丹麦王国科学-文学院的一次会议上发表的一篇演讲. Cf. p. [323].

XXVIII E

23　*Fysik og Biologi* 26 March 1946

打字本,共 13 页,丹麦文,mf. 17.

在[哥本哈根]生物学会上发表的论物理学和生物学的演讲的提纲和速记本.

24　*Atomet og Mennesket* [1 May 1946]

手写本[奥格·玻尔和 S·罗森塔耳的笔迹],共 4 页,丹麦文,mf. 17.

标题:"Atomet og mennesket"(原子和人). 在哥本哈根大学发表的一篇演讲的讲稿. 有三页标有 1946 年 4 月 24 日或 5 月 1 日的日期.

25　*Epistemological Problems in Science* 11 June 1946

手写本[奥格·玻尔和 S·罗森塔耳的笔迹],共 2 页,英文,mf. 17.

1946[1947]年 6 月 11 日在瑞典的隆德大学发表的演讲的讲稿,稿上所标日期为 1946 年 6 月 10 日.

586

26　*10. Skandinaviske Matematikerkongres* 29 August 1946

打字本,共 9 页,丹麦文,mf. 17.

标题："Foredrag ved Matematikerkongressen 1946 holdt paa Carlsberg 29/8, 1946(在 1946 年 8 月 29 日在卡尔斯伯召开的数学家会议上发表的演讲). 速记本,有缺文.

27　*Observational Problem in Atomic Physics* ［24 September 1946］

打字本,复写纸打字本和手写本[不知何人的笔迹],共 29 页,英文和丹麦文,mf. 17.

(a) 标题:《原子物理学中的观察问题》. 1946 年 9 月 24 日在 1946 年 9 月 23—25 日的普林斯顿大学二 100 周年会议上发表的演讲的提纲. (b) 演讲和引言的录音的记录稿.

28　*Foredrag for de studerende* ［November 1947］

打字本和手写本[S·罗森塔耳的笔迹],共 24 页,丹麦文,mf. 17.

(a) 向哥本哈根大学的学生们发表的演讲的讲稿,所标日期为 1947 年 11 月 7 日和 8 日. (b) 演讲的速记本.

29　*Steno - Forelæsning i Medicinsk Selskab* （*I*）［February 1949］

打字本,有手写的改笔[N·玻尔和不知何许人的笔迹],共 15 页,丹麦文,mf. 18.

斯提诺演讲的记录稿. 1949 年 2 月,在哥本哈根的医学学会发表.

30　*Atomerne og vor erkendelse* 1 April 1949

打字本、复写纸打字本和手写本[马格丽特·玻尔、N·玻尔、S·罗森塔耳、贝蒂·舒耳兹和不知何许人的笔迹],共 157 页,丹麦文,mf. 18.

和演讲"Atomerne og vor erkendelse"(原子和人类知识)有关的笔记;该演讲于 1949 年 4 月 1 日在丹麦广播电台向中学播放的节目中播出,并于 1949 年 4 月 7 日在挪威广播电台上播出. 演讲稿发表在 1949 年 4 月 2 日的丹麦报纸 Berlingske Tidende 上,其删节本见 Vor Viden **33**(1950) 123.

31　*Gifford Lectures* 21 October —11 November 1949

打字本和手写本[S·罗森塔耳和 L·罗森菲耳德的笔迹],共 37 页,英文,mf. 19.

587

基佛尔德演讲的讲稿,1949 年 10 月 21 日至 11 月 11 日在爱丁堡大学发表的一系列十篇演讲. 标题为《演讲提要. 因果性和互补性.原子物理学研究的认识论教益》的打字本演讲提要的三种文本.手写的笔记,所标日期从 1948 年 10 月 25 日到 1949 年 9 月 13 日.

[174]—[181]　　32　*Summary of Gifford Lectures* [1949—1950]

打字本和手写本[马格丽特·玻尔、L·罗森菲耳德和 S·罗森塔耳的笔迹],共 26 页,英文和丹麦文,mf. 19.

标题为"因果性和互补性"的演讲稿,准备由大英广播公司播放,所标日期为 1949 年 12 月 27 日至 1950 年 1 月 25 日.

33　*Mindefest for H. C. Ørsted* 9 March 1951

打字本,有手写的改笔[不知何许人的笔迹],共 23 页,丹麦文,mf. 19.

标题:"Tale ved mindefest for H. C. Ørsted, Københavns universitet, den 9. marts 1951"(1951 年 3 月 9 日在哥本哈根大学 H·C·奥斯特纪念会上的讲话).发表在纪念奥斯特逝世 100 周年的会上.演讲词付印时作了一些小的改动. Cf. p. [341].

34　*Atomic Physics and the Problem of Life* 29 March 1951

手写本[奥格·玻尔的笔迹],共 3 页,英文,mf. 19.

1951 年 3 月 29 日在微生物学座谈会上发表的题为《原子物理学和生命问题》的演讲的提纲,该会是在哥本哈根大学理论物理学研究所召开的.

35　*Ny Forskning og gammel Visdom* [3 August 1951]

打字本和手写本[马格丽特·玻尔、N·玻尔和不知何许人的笔迹],共 72 页,丹麦文,mf. 19.

打字的部分标有"Ny Forskning og gammel Visdom"(新研究和旧智慧).(a) 提纲和(b) 记录稿,1951 年在雷克雅未克大学发表的演讲.(a)是为了作为一本冰岛文小册子出版而作的笔记,显然没有出版.

36　*Svar til Oluf Rothe om viljens frihed* 20—25 August 1951

打字本、复写纸打字本和手写本[奥格·玻尔的笔迹],共 28 页,丹麦文,mf. 19.

(a) 剪报:"Niels Bohr og viljens frihed"(尼耳斯·玻尔和意志

588

自由),奥卢夫·罗特发表在丹麦国家日报"Information"1951
年8月18日号上的文章.(b)准备作为答复的报纸文章的草
稿,所标日期为1951年8月20—25日.

37　2. *International Poliomyelitis Conference* [3 September
1951]

打字本,共6页,英文,mf. 19.

在第二届小儿麻痹症会议(1951年9月3—7日)的开幕式上发
表的演讲. Cf. p. [65].

38　*Objektivitet, kausalitet og komplementaritet* [1952]

打字本,复写纸打字本和手写本[N·玻尔和A·皮特
森的笔迹],共29页,英文和丹麦文,mf. 20.

未发表的文章底稿. 打字部分的标题是:"Objectivitet,
kausalitet og komplementaritet"(客观性、因果性和互补性). 一
部分材料上标有1952年3月8—13日的日期.

39　*Atomernes verden og den menneskelige erkendelse* 1952

复写纸打字本和手写本[A·皮特森和S·海耳曼的笔
迹],共33页,丹麦文,mf. 20.

标题为"Atomernes verden og den menneskelige erkendelse"(原
子世界和人类知识)的稿本和笔记. 打字的各页标有10月29—
30日的日期.

40　*Congress of Radiology* 19 July 1953

打字本,共8页,英文,mf. 20.

1953年7月19日在第七届国际放射学会议上致的开幕词的两
份稍有不同的稿本. Cf. p. [73].

41　*Physical Science and the Study of Religions* 7
November 1953

打字本,复写纸打字本和手写本[A·皮特森和不知何
许人的笔迹],共81页,英文和丹麦文,mf. 20.

《物理科学和宗教研究》的草稿,这份资料上所标的日期介于
1953年6月15日到10月22日之间. Cf. p. [273].

42　*Rydberg's discovery of the spectral laws* [1 July 1954]　589

打字本,复写纸打字本和手写的改笔[A·皮特森和不
知何许人的笔迹],共24页,英文,mf. 20.

《黎德伯的光谱定律的发现》一文的稿子,有小的出入. 复写纸
打印本没有包括所有的改笔. Cf. p. [371].

XXXVII，XLVII E

43　*Unity of Knowledge* 28 October 1954

打字本,复写纸打字本和手写本[N·玻尔、A·皮特森和L·罗森菲耳德的笔迹],共 262 页,英文和丹麦文,mf. 21.

在知识的统一性会议上发表的标题为《知识的统一性》的演讲的笔记、草稿和讲稿,该会于 1954 年 10 月 28 日联系到哥伦比亚大学的 200 周年校庆在纽约的阿尔登楼召开. 多数的资料标有从 1954 年 3 月 13 日到 1955 年 1 月 6 日的日期. Cf. p.[79].

44　*Physical Science and Man's Position* 9 August 1955

打字本,复写纸打字本和手写本[马格丽特·玻尔、奥格·玻尔、J·林德哈德、A·皮特森和 S·罗森塔耳的笔迹],共 248 页,英文和法文,mf. 21.

(a) 玻尔在 1955 年 8 月 9—19 日由联合国召开的国际和平利用原子能会议上的演讲的用于付印的演讲词. (b) 讲稿的法文译本. (c) 插入演讲中的一段正文,但没有包括在印行本中. 资料的一部分标有从 1955 年 7 月 1 日到 8 月 4 日的日期. Cf. p.[99].

45　*Atomerne og den menneskelige erkendelse* 14 October 1955

打字本,复写纸打字本和手写本[奥格·玻尔、A·皮特森和 L·罗森菲耳德的笔迹],共 113 页,丹麦文,mf. 21.

1955 年 10 月 14 日在丹麦王国科学-文学院的会议上发表的演讲的讲稿等等,资料的一部分标有从 1955 年 9 月 29 日到 1956 年 9 月 25 日的日期. 两份讲稿标有 1955 年 10 月 14 日的日期.

46　*Fjerde Nordiske Psykologmøde* [25 June 1956]

手写本[A·皮特森的笔迹],共 19 页,丹麦文,mf. 22.

在第四届斯堪的纳维亚心理学家会议(1956 年 6 月 25—30 日)上发表的演讲的讲稿. 资料标有 1956 年 6 月 6—25 日的日期.

47　*Atoms and Human Knowledge，Nicola Tesla* [10 July —7 November 1956]

打字本,复写纸打字本和手写本[A·皮特森的笔迹],共 37 页,英文和丹麦文,mf. 22.

(a) 在 1956 年 7 月 10 日贝尔格莱德的尼古拉·特斯拉会议开

幕式上的致词.(b) 稿本,标题:《原子和人类知识》.脚注:"除了已经润色过的某些点外,这篇文章给出作者在 1956 年 7 月在尼古拉·特斯拉会议上发表的无讲稿演讲的内容."稿本之一标有 1956 年 11 月 7 日的日期.(c) 演讲的记录稿,所标日期为 1956 年 10 月 27 日.

48 *Human Genetics Congress* [1 August 1956]

打字本,复写纸打字本和手写本[A·皮特森的笔迹],共 2 页,英文,mf. 22.

在第一届国际人类遗传学会议(1956 年 8 月 1—6 日)上发表的讲话的部分底稿,所标日期为 1956 年 7 月 26 日.

XLVIII E

49 *Steno-Forelæsning i Medicinsk Selskab* (*II*) [August 1957]

复写纸打字本和手写本[A·皮特森的笔迹],共 43 页,丹麦文,mf. 22.

"Fysikken og livets problem"(物理科学和生命问题)一文的草稿,为在 1957 年付印而准备(舒耳兹).文章的基础是 1949 年 2 月间在哥本哈根在医学会发表的斯提诺演讲.资料的一部分标有从 1953 年 8 月 25 日到 1957 年 8 月 2 日的日期. Cf. p. [113].

50 *Lecture at Macalester College* 11 December 1957

有手写改笔[A·皮特森的笔迹]的复写本和手写本[马格丽特·玻尔的笔迹],共 23 页,英文,mf. 22.

(a) 1957 年 12 月 11 日在明尼苏达的马卡里斯特学院接受科学博士荣誉学位时发表的演讲的讲稿.包括院长 C·J·图尔克的介绍词和学监亨特利的总结.(b) 演讲稿,所标日期为 1957 年 12 月 10 日.

51 *Lecture at the University of Oklahoma* [13 December 1957]

打字本,复写纸打字本,共 17 页,英文,mf. 22.

标题:《原子和人类知识》.在俄克拉何马大学发表的演讲的讲稿. Cf. p. [191].

52 *Atomic Physics and Human Knowledge* 1957

591

手写本[奥格·玻尔、厄内斯特·玻尔、A·皮特森的笔迹],共 109 页,丹麦文和英文,mf. 22.

和《分析和综合》、《光和生命》、《原子物理学中的地位和技术》

有关的各种笔记.《原子物理学和人类知识》(Wiley 1958)一书的引论和序文的草稿.《和爱因斯坦的商榷的附记》,所标日期为 1957 年 8 月 8 日.Cf. p.[107].

[182]—[190] E, R　　53　*Karl Compton Lectures M. I. T.* [23 May —28 August 1958]

手写本[N·玻尔、马格丽特·玻尔、A·皮特森的笔迹],共 165 页,英文和丹麦文,mf. 22.

《原子物理学和互补性概念》或《原子物理学的哲学教益》的演讲稿.1957 年 11 月在马萨诸塞理工学院发表的六篇演讲.后来曾准备出版,但未成.(a) 第一讲,《经典物理学和原子理论》,1957 年 11 月 5 日.(b) 第二讲,《量子理论概要》,1957 年 11 月 8 日.(c) 第三讲,《量子力学的发展》,1957 年 11 月 14 日.(d) 第四讲,《观察问题和认识论的阐明,第一部分》,1957 年 11 月 18 日.(e) 第五讲,《观察问题和认识论的阐明,第二部分》,1957 年 11 月 21 日.(f) 第六讲,《互补性(并应用于生物学和心理学)》,1957 年 11 月 26 日.(g) 为了可能的出版而准备的稿件,《原子物理学的哲学教益》,以及似乎是第一讲的原稿的一些材料.

54　*Philosophical lesson* [3 January —13 February 1958]

手写本[A·皮特森的笔迹],共 22 页,英文和丹麦文,mf. 23.

关于原子物理学和哲学问题的关系的草稿,包括一个“人类研究所”的计划.

55　*Diverse manuskripter* 1958

打字本和手写本[N·玻尔、马格丽特·玻尔、S·海耳曼的笔迹],共 28 页,英文,mf. 23.

各种稿件.(a) 知识的统一性,1958 年 1 月,在衣阿华州立大学的讲话.(b) 原子和人类知识,1958 年 2 月 4 日在罗斯福大学的讲话.(c) 在德克萨斯州休斯顿市的讲话稿.

56　*Rutherford Lecture* [November 1958]

手写本[L·罗森菲耳德和 A·皮特森的笔迹],打字本和复写纸打字本,共 38 页,英文和丹麦文,mf. 23.

(a) 演讲以前的手写稿,1958 年 11 月 8—19 日.(b) 演讲中玻尔回忆 1911 年在曼彻斯特时期的卢瑟福的那一部分的打字稿.(c) *The Physical Society Bulletin*, November 1958,宣布演讲将于 1958 年 11 月 28 日在伦敦的帝国学院举行.

57　*Quantum Physics and Biology* ［29 July to 23 November 1959］

手写本［N·玻尔、A·皮特森、T·外斯-否格和 S·海耳曼的笔迹］和打字本,共 166 页,英文和丹麦文, mf. 23.

1959 年 9 月 7 日在布里斯托尔的生物学中的模型讨论会上的讲话的讲稿和草稿,后来为出版作了准备.

58　*Models in Biology* ［22 November 1959 to 18 February 1960］

打字本和手写本［L·罗森菲耳德、厄内斯特·玻尔和 A·皮特森的笔迹］,共 26 页,英文和丹麦文,mf. 23.

1959 年 9 月 7 日在布里斯托尔的生物学中的模型讨论会上的讲话的讲稿和草稿. Cf. p.［125］.

59　*Physical Models and Living Organisms* ［1 June 1960］

打字本,有手写的改笔［A·皮特森的笔迹］,共 10 页,英文,mf. 24.

以 1959 年布里斯托尔的生物学中的模型讨论会为基础的［在约翰斯·霍布金斯大学校庆上的］发言.

60　*Quantum Physics, Biology, Psychology* ［10—27 May 1960］

打字本和手写本［N·玻尔、马格丽特·玻尔、L·罗森菲耳德和 A·皮特森的笔迹］,共 22 页,英文,mf. 24.

（a）玻尔在布里斯托尔讨论会上的发言《量子物理学和生物学》的三份发言稿,有小的改动.（b）这份出版物的修订本的预备稿,所标日期为 1960 年 5 月 10—27 日. Cf. p.［125］.

61　*Farmaceutkongres* ［29 August 1960］

打字本,有手写的改笔［A·皮特森、J·卡耳卡尔和 E·吕丁格尔的笔迹］,共 34 页,丹麦文和英文,mf. 24.

1960 年 8 月 29 日在哥本哈根的国际制药学会议上发表的演讲的讲稿. Cf. p.［145］.

62　*Germanistkongres, 2. Internationale* ［22 August 1960］

打字本,有手写的改笔,共 24 页,英文,mf. 24.

1960 年 8 月 22 日在哥本哈根的第二届国际日耳曼语言学家会

议开幕式上发表的一篇演讲的讲稿. Cf. p. [139].

63　*Kulturkongres*（*Fond. Européenne*）[31 August to 21 October 1960]

手写本[N·玻尔和马格丽特·玻尔的笔迹]和打字本,共 200 页,英文和丹麦文,mf. 24.

1960 年 10 月 21 日在由欧洲文化基金会在哥本哈根召开的会议上发表的演讲《人类知识的统一性》的讲稿和草稿. Cf. p. [155].

[416]—[420]E　64　*Rutherford Memorial Lecture*（*1—4*）[29 July — August 1961]

手写本[N·玻尔、L·罗森菲耳德、A·皮特森、E·吕丁格尔、S·海耳曼的笔迹]和打字本,共 132 页,英文和丹麦文,mf. 25.

1958 年 11 月 28 日在伦敦物理学会发表的一篇演讲的为出版而加工了的文本的笔记和草稿. 那篇演讲也于 1961 年 9 月 5 日在曼彻斯特的卢瑟福纪念会上发表. Cf. p. [381].

65　*Diverse manuskripter* [March and August 1961]

打字本,共 16 页,英文和德文,mf. 25.

为发表而准备的打字稿.（a）为一本纪念文集而准备的关于高岭俊夫的回忆,所标日期为 1961 年 3 月.（b）《人类知识的统一性》的德文译本 "Die Einheit menschlicher Erkenntnis",供 Zeitschrift Europa 1961 年 8 月号刊用.

66　*Heisenberg Festskrift* [24 March and November 1961]

手写本[N·玻尔、J·卡耳卡尔、L·罗森菲耳德、S·海耳曼的笔迹]和打字本,共 28 页,英文、丹麦文和德文,mf. 25.

"Die Entstehung der Quantenmechanik"（量子力学的创立）一文的笔记和草稿,为海森伯祝寿文集而作,1961 年 11 月. 校样. Cf. p. [421].

[207]—[216]E　67　*Taler og forelæsninger* [2 September —11 October 1961]

手写本[L·罗森菲耳德和 J·卡耳卡尔的笔迹]和打字本,共 46 页,丹麦文和英文,mf. 25.

草稿和稿本;（a）在卡尔斯伯啤酒厂主 J·C·雅科布森 150 周

年诞辰纪念会上发表的讲话,1961 年 9 月 2 日;(b) 在纪念卢　594
瑟福的国际会议上发表的讲话,1961 年 9 月;(c) 在丹麦工程
师学会上向赫维斯致的欢迎词,1961 年 10 月 5 日;(d) 在布鲁
塞尔大学接受博士学位时的致词,1961 年 10 月 11 日.

68　*Sonning prisen* [19 April 1961]

手写本[N·玻尔的笔迹]和打字本,共 13 页,丹麦文,
mf. 25.

1961 年 4 月 19 日在哥本哈根大学领取桑宁奖时的演讲的草稿
和讲稿. Cf. p. [281].

69　*Köln, Indvielse af Genetisk Institut* [13 and 22 June
1962]

打字本和手写本[R·吕丁格尔、N·玻尔、奥格·玻尔
和 M·戴耳布吕克的笔迹],共 67 页,英文、丹麦文和
德文,mf. 26.

在科隆遗传学研究所的落成式上发表的演讲《再论光和生命》
的草稿和讲稿,1962 年 6 月 22 日. Cf. p. [161].

索引 *

＊ 索引据原书辑译，改为汉英对照，并以汉语拼音字母为序．索引中的页码，是指英文原书中的页码，
即中译本中的边码．

全书中到处可见的词条未列入索引中．既然本卷的主题是玻尔的哲学，特别是互补性概念，故"互
补性"已列入，并附亚词条若干．同样也列入了玻尔的一些典型用语，例如"教益"，也列入了玻尔所举的互
补概念，例如"爱心"与"公正"．"现象"一词只列了玻尔赋予它特殊意义的词条．

正文中的所有人名（除"尼耳斯·玻尔"以外）皆已列入，但机构名称则仅列其重要者．

页码后附有 n 或 p，表示词条出现在脚注中或图片说明中．

图书在版编目（CIP）数据

尼耳斯·玻尔集. 第 10 卷，物理学以外的互补性：1928～
1962/（丹）玻尔（Bohr，N. H. D.）著；戈革译. —上海：华
东师范大学出版社，2012.5
　ISBN 978 - 7 - 5617 - 9562 - 0

Ⅰ.①尼…　Ⅱ.①玻…②戈…　Ⅲ.①玻尔，
N. H. D.（1885～1962）-文集　②互补性问题-应用-文集　Ⅳ.
①Z453.4②O22 - 53

中国版本图书馆 CIP 数据核字（2012）第 108392 号

尼耳斯·玻尔集
第十卷　物理学以外的互补性(1928—1962)

著　　者　（丹麦)尼耳斯·玻尔
译　　者　戈　革
策划编辑　王　焰
特约策划　黄曙辉
项目编辑　庞　坚
审读编辑　沈毅骅
装帧设计　高　山

出版发行　**华东师范大学出版社**
社　　址　上海市中山北路 3663 号　邮编 200062
网　　址　www.ecnupress.com.cn
电　　话　021 - 60821666　行政传真 021 - 62572105
客服电话　021 - 62865537　门市(邮购)电话　021 - 62869887
门市地址　上海市中山北路 3663 号华东师范大学校内先锋路口
网　　店　http://hdsdcbs.tmall.com/

印　刷　者　上海中华商务联合印刷有限公司
开　　本　787×1092　16 开
印　　张　31.75
字　　数　550 千字
版　　次　2012 年 6 月第 1 版
印　　次　2012 年 6 月第 1 次
印　　数　1—1 500
书　　号　ISBN 978 - 7 - 5617 - 9562 - 0/O · 225
定　　价　128.00 元(精)

出 版 人　朱杰人

（如发现本版图书有印订质量问题,请寄回本社市场部调换或电话 021 - 62865537 联系）